RE 融媒体版

入眼·入脑·入手·易教·乐学

学前教育专业能力基础系列教材

依据《幼儿园教师专业标准（试行）》《中小学和幼儿园教师资格考试标准（试行）》编写

幼儿园课程与教学

（第2版）

YOU'ERYUAN KECHENG YU JIAOXUE

主　编：邵小佩

编写者：（按姓氏笔画排列）

田波琼　张　哲　陈妙娥　邵小佩

邵明星　赵丽丹　莫云娟　郭　苹

蔺　静　裴光华　黎金凤

北京师范大学出版集团
BEIJING NORMAL UNIVERSITY PUBLISHING GROUP
北京师范大学出版社

图书在版编目(CIP)数据

幼儿园课程与教学/邵小佩主编．—2版．—北京：北京师范大学出版社，2020.10(2024.7重印)

ISBN 978-7-303-26288-5

Ⅰ．①幼… Ⅱ．①邵… Ⅲ．①幼儿园—课程—教学研究—学前教育—教材 Ⅳ．①G612

中国版本图书馆CIP数据核字(2020)第157378号

教材意见反馈 gaozhifk@bnupg.com 010-58805079
营销中心电话 010-58802755 58801876

出版发行：北京师范大学出版社 www.bnup.com
北京市西城区新街口外大街12-3号
邮政编码：100088
印　刷：天津中印联印务有限公司
经　销：全国新华书店
开　本：787 mm×1092 mm 1/16
印　张：23
字　数：420千字
版　次：2020年10月第2版
印　次：2024年7月第11次印刷
定　价：49.80元

策划编辑：于晓晴　　责任编辑：周　鹏
美术编辑：焦　丽　　装帧设计：焦　丽
责任校对：陈　民　　责任印制：陈　涛　赵　龙
封面插图：袁铄钧

前　言

“幼儿园课程与教学”是学前教育专业的一门专业核心课程。它上承“三学(学前教育学、学前心理学、学前卫生学)”专业理论课，整合“五大领域(健康、语言、社会、科学、艺术)”设计与实施理论，是一门介于“三学”和“五大领域”教法课程的桥梁性课程。本教材以党的二十大报告中所提出的“全面贯彻党的教育方针，落实立德树人根本任务”为引领，以幼儿园课程与教学的专业知识和技能为主线，以幼儿教师岗位能力需求为核心，以幼儿园真实活动情境为载体，遵循“学以致用”的原则，在《幼儿园教育指导纲要(试行)》(以下简称《纲要》)、《幼儿园工作规程》(以下简称《规程》)、《幼儿园教师专业标准(试行)》(以下简称《专业标准》)、《3～6岁儿童学习与发展指南》(以下简称《指南》)的精神和理念指导下精心设计，拓展新时期幼儿教师应知应会的专业能力。它是一门理论与实践相结合的综合性课程，既有幼儿园课程与教学基础理论性知识，又有幼儿园课程与教学实践操作性知识，同时集课内教学与课外试(实)作、专业能力培养与职业素质训练于一体。

本教材吸收了国内外有关幼儿园课程与教学的先进理论和经验，与当今幼儿教育改革与发展的需要相适应。围绕幼儿园课程与教学的基本理论与实践需求，科学构建课程体例，采取“总—分—总”的思路合理安排课程内容。具体内容包括：幼儿园课程与教学概述、幼儿园课程编制、园本课程的开发与利用、国内外典型的幼儿园课程方案、幼儿园教学计划的制订、幼儿园教学活动设计与指导、幼儿园教学手段与教学方法、幼儿园教学活动的指导策略、国内外幼儿园课程与教学改革。每章均设置了学习目标、本章导言、思维导图、本节自评、思考与练习等板块。

本教材运用“互联网＋”思维，充分利用现代化信息技术手段，创新教材呈现形式，建设立体化教材。教材中设置了很多二维码，使学习者能通过扫描二维码，拓展教材内容和学习材料。

本教材具有内容广、理念新、可读性强、实践性强的特点，既适合本、专科学前教育专业的学生使用，又适合幼儿园教师在职培训与自学使用，幼儿教育研究者和管理者也可参考使用。

本教材是集体智慧的结晶，凝聚了编写人员的智慧与辛劳。具体分工如下：第一章由陈妙娥(重庆师范大学教育科学学院副教授)编写；第二章、第五章由邵小佩(重庆师范大学教育科学学院副教授、硕士生导师、学前教育学博士)编写；第三章由田波琼(重庆师范大学教育科学学院副教授、学前教育学博士)、莫云娟(重庆幼儿师范高等专科学校讲师)编写；第四章由张哲(保定学院讲师)编写；第六章第一节、第二节、第三节由郭苹(佳木斯大学教育科学学院讲师)编写，第四节由裴光华(广州市荔湾区教育发展研究院教研员)编写；第七章由蔺静(重庆青年职业技术学院教师)编写；第八章第一节、第三节由赵丽丹(重庆三峡学院教师)编写，第二节、第四节由黎金凤(重庆市城口县复兴小学附属幼儿园教师)编写；第九章由邵明星(琼台师范学院讲师)编写。全书由邵小佩统稿、审稿、改稿和定稿。

编写人员在编写过程中借鉴和参阅了国内外同行大量的相关研究成果，在此，谨向这些相关成果的作者表示衷心的感谢！同时，由于种种原因，书中引用的部分资料未能标明相关作者及资料的出处，在此对他们表示歉意！

为了写好本教材，编写人员查阅了大量文献，做了积极的思考，虽竭尽全力，但由于编写匆忙，水平有限，书中难免有错误、缺漏和不当之处，敬请阅读和使用本书的专家、同行与广大读者批评指正，以便我们修正与完善。

在本教材付梓之际，感谢所有编写人员及相关幼儿园的大力支持和通力合作，感谢北京师范大学出版社给予的支持与关心，感谢策划编辑于晓晴老师提出的修改意见及辛苦劳动！

编者

目 录

第一章

幼儿园课程与教学概述

学习目标

1. 理解课程与教学定义的复杂性。

2. 掌握幼儿园课程的内涵与特点，掌握幼儿园教学的内涵与特点。

3. 能正确定位幼儿园课程与教学的关系。

4. 具有学习和研究幼儿园课程与教学的兴趣，具有初步分析幼儿园课程与教学问题的意识和能力。

本章导言

在学前教育界，一些学者认为幼儿园课程是一个宏大的系统，包含课程设计、课程实施、课程评价等诸多环节，而教学只是课程实施的环节，即幼儿园教学是从属于幼儿园课程的。他们认为“幼儿园教学”这一说法已经过时，应由“教育活动”代之，幼儿园教学成为受冷落的领域并将逐渐消失。另一些学者认为“幼儿园教学”是上位概念，“幼儿园课程”是包含于“幼儿园教学”之中的，是“教学内容”的代名词，是教学的一个组成部分。

思维导图

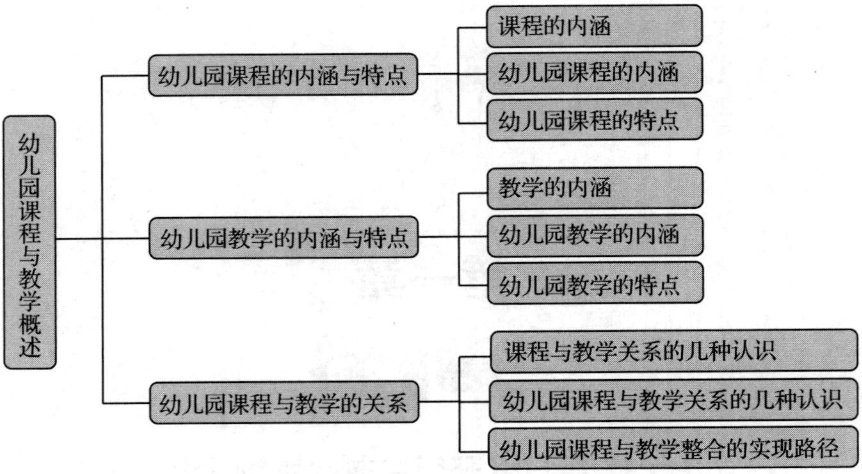

课程与教学是教育的基本构成和核心构成内容。课程与教学的关系问题是困扰现代教育理论与实践的重大问题。然而，由于对两者词义理解的不同，加上它们之间关系的错综复杂以及文化传统和教育传统的影响，长久以来中外专家对于课程与教学之间关系的认识各不相同。本章拟就幼儿园课程与教学的内涵、特点及幼儿园课程与教学的关系进行探讨。

第一节　幼儿园课程的内涵与特点

幼儿园课程是幼儿园教育的核心，是幼儿园教育运行的手段，在幼儿园教育活动中起着决定性作用。要研究幼儿园课程的问题，首先必须回答什么是幼儿园课程。因此，本节将探讨幼儿园课程的内涵与特点。

一、课程的内涵

为了弄清幼儿园课程的内涵，我们需对课程的内涵有基本的认识。对课程的内涵有一个明确的界定，是进行课程及其相关研究首先要解决的问题。“课程”是一个既古老又年轻的概念。说它古老，是因为早在古代，东西方就有了各种各样的课程实践，如在原始社会，年长者向儿童传授捕鱼、狩猎经验及民俗传统等，即属于课程活动。我国春秋时期的教育家孔子办私学，弟子三千，因材施教，就是课程实践的例证。当时的课程内容有礼、乐、射、御、书、数六艺。在古希腊、古罗马的学校中，基本课程包括“七艺”，即文法、修辞、辩证法、算术、几何、天文、音乐。说它年轻，是因为课程作为独立领域的学科研究只有90多年的短暂历史，其标志是1918年，美国著名学者博比特(Bobbit)《课程》一书的出版。

(一)"课程"的词源分析

"课程"一词在我国始见于唐宋时期。唐朝孔颖达为《诗经·小雅·巧言》中"奕奕寝庙，君子作之"一句作疏："维护课程，必君子监之，乃依法制。"但这里课程的含义与我们今天所用之意相去甚远。宋代朱熹在《朱子全书·论学》中多次提及课程，如"宽着期限，紧着课程""小立课程，大作工夫"等。虽然他对这里的"课程"没有明确界定，但含义是很清楚的，即指功课及其进程。

在西方，英国著名哲学家、教育家斯宾塞(Edmund Spenser)在1859年发表的一篇著名文章《什么知识最有价值》(*What Knowledge Is of Most Worth*)中最早提出"curriculum(课程)"一词，意指"教学内容的系统组织"。该词源于拉丁语"currere"，"currere"是动词，意为"跑"。"curriculum"则是名词，原意为"跑道(racecourse)"。根据这个词源，西方最常见的课程定义是"学习的进程(course of study)"，简称"学程"。由于斯宾塞所使用的"curriculum"一词原意是静态的跑道，它在教育中过多强调课程作为静态的、外在于学习者的层面，相对忽略了学习者与教育者的动态的经验和体验层面。因此，在当代的课程理论文献中，许多课程学者对"curriculum"的词源"currere"表现出浓厚的兴趣，因为"currere"指"跑的过程与经历"，它可以把课程的内涵表征为学生与教师在教育过程中的活生生的经验和体验。①

(二)课程定义的维度分析

据美国学者I. A. C. 鲁尔在其博士学位论文《课程含义的哲学探讨》(1973年)中的统计，课程定义至少已有119种。② 究其原因，是课程本身的复杂性和发展变化性以及不同的人看问题的视角有所不同，使得对课程给出一个精确而又被大家认可的定义相当困难。比较有代表性的定义如下。

《中国大百科全书·教育》中对课程的定义是"课业及进程。广义指所教学科(教学科目)的总和，或指学生在教师指导下各种活动的总和；狭义指一门学科"③。

《国际课程百科全书》(*The International Encyclopedia of Curriculum*)曾列举了9种有代表性的课程定义。④

---

① 钟启泉、张华：《课程与教学论》，52～53页，广州，广东教育出版社，169页，1999。

② 转引自[美]乔治·A. 比彻姆：《课程理论》，黄明皖译，169页，北京，人民教育出版社，1989。

③ 中国大百科全书总编辑委员会《教育》编辑委员会、中国大百科全书出版社编辑部：《中国大百科全书·教育》，207页，北京，中国大百科全书出版社，1985。

④ A. Lewy ed., *The International Encyclopedia of Curriculum*, Oxford, Pergamon Press, 1991, p. 15.

①为达成训练儿童和青年在集体中思维和行动而建立的一系列可能经验。(Smity，1957)

②学生在学校指导下获得的全部经验。(Foshay，1969)

③为使学生能够毕业，获得证书或进入专门职业领域的资格，而由学校提供给他们的教学内容或者具体教材的总计划。(Good，1959)

④课程是探索学科中的教师、学生、科目和环境等因素的方法论研究。(Wearbury and Steimer，1971)

⑤课程是学校的生活与计划……一种有指导的生活事业；课程构成人类生活的生机勃勃的活动长流。(Rugg，1947)

⑥课程是一种学习计划。(Tsha，1962)

⑦为了在学校的指导下使学生的个人能力和社会能力获得不断的、有意识的发展，通过知识和经验的系统重建而形成的有计划和有指导的学习经验以及预期的学习结果。(Tanners，1975)

⑧课程必须基本上由5个领域的学科学习组成：掌握母语并系统学习的语法、文学和写作，数学，科学，历史，外语。(Bcstcr，1955)

⑨课程被誉为有关人类经验的日益广泛的可能的思维方式——不是结论，而是结论产生的方式以及建立这些结论即所谓真理并使之发挥效用的背景。(Beltb，1965)

各种课程定义的出发点尽管有所不同，但分别代表了课程认识中的某些倾向性看法，都在某种程度上部分地揭示了课程的本质。这些定义之间有很多交叉、重叠之处。通过对课程内涵的各种表述的梳理，大致可以将其分为以下三个维度。

1. 课程的要素维度

(1)课程是知识

把课程的本质看成知识，不仅是一种比较传统的观点，而且是目前国内比较有代表性和普遍性的观点。这种观点的基本思想是，课程的主要使命在于使学生获得知识。课程被等同于知识，而知识是按学科分类的。因此，这种定义的另一种表达方式就是“课程即学科(科目)”。这也是一种常识化的课程观，在学校的日常实践中和人们的头脑里根深蒂固。

(2)课程是经验

这种课程定义把课程视为学生在教师指导下所获得的经验或体验以及学生自发获得的经验或体验。它是在对前一种观点批判和反思的基础上形成的。杜威将这种观点加以系统化、理论化并付诸实践。

2. 课程的功能维度

(1)课程作为目标或计划

这种课程定义把课程视为教学过程要达到的目标、教学的预期结果或教学的预先计划。这是一种预设性的课程观，它揭示了课程的目标性和计划性。课程总是指向一定的目标，并通过有计划的实施而达成。

(2)课程作为活动或进程

把课程界定为活动或进程是一种生成性的课程观，这意味着课程不再是静止的“跑道”，不再是需要贯彻的课程计划或需要遵循的教学指南，而是个体生活经验的改造和建构，是自我的“履历情境(biographic situation)”，即“在跑道上奔跑(run on the race-course)”的历程。美国当代著名课程论学者派纳(W. Pinar)的概括最具典型性：“课程不再是一个事物，也不仅是一个过程。它成为一个动词，一种行动，一种社会实践，一种私人的意义，一种公民的希望。”①

(3)课程即文化再生产

有研究者认为，任何社会文化中的课程，事实上都是(也应该是)这种社会文化的反映，学校教育的职责是再生出对下一代有用的知识和价值。政府有关部门根据国家需要来规定所教的知识、技能等，专业教育者的任务是考虑如何把它们转换成可以传递给学生的课程。这一课程定义的依据是：学校部门是培养人的社会机构，要适应各种社会的要求。而作为培养人的核心内容的学校课程，则必然要打上一定历史时期的社会文化的烙印，反映社会文化的时代特征。

(4)课程即社会改造的过程

有些激进的教育家认为，课程不是要使学生适应或顺从于社会文化，而是要帮助学生摆脱社会制度的束缚。有人认为，课程是一个“懒惰的巨人”，它总是落后于汹涌的社会变革潮流。因此，他们建议课程把重点放在当代社会的主要问题和主要弊端、学生关心的社会现象以及改造社会和社会活动规划等方面。

3. 课程的层次维度

对课程的不同定义，有时是针对课程在不同层次上所起的作用而言的。美国学者古德莱德(J. I. Goodlad) 对课程的理解最具代表性。在他看来，人们在谈论课程时，往往谈的不是同样意义上的课程。他认为存在着 5 种不同的课程。②

---

① W. F. Pinar, W. M. Reynolds, P. Slattery & P. M. Taubman, *Understanding Curriculum: An Introduction to the Study of Historical and Contemporary Curriculum Discoures*, New York, Peter Lang, 1995, p. 53.

② J. I. Goodlad, *Curriculum Inquiry: The Study of Curriculum Practice*, New York, McGraw-Hill, 1979, pp. 60-64.

(1)理想的课程(ideological curriculum)

理想的课程是指由一些研究机构、学术团体和课程专家提出的应该开设的课程。例如，现在有人提议在中学开设性教育或健康教育课程，并从理论和实践的角度论证其必要性，就属于理想的课程。这种课程的开设与否取决于其是否被官方采纳。

(2)正式的课程(formal curriculum)

正式的课程是指由教育行政部门规定的课程计划、课程标准和教材，也就是列入学校课程表中的课程。许多人理解的课程就是这类课程。

(3)领悟的课程(perceived curriculum)

领悟的课程是指任课教师所领会的课程。由于不同教师对正式课程会有不同的理解和解释，因此教师对课程"实际上是什么"或"应该是什么"的领会，与正式的课程之间会有一定的距离，从而减弱了正式的课程的某些预期影响。

(4)运作的课程(operational curriculum)

运作的课程是指在课堂上实际实施的课程。观察和研究表明，教师领悟的课程与他们实际实施的课程之间会有一定差距，因为教师要根据学生的反应随时进行调整。

(5)经验的课程(experiential curriculum)

经验的课程是指学生实际体验到的课程。因为每个学生对事物有自己独特的理解，两个学生听同一门课，会有不同的体验或学习经验。

课程的定义维度广泛、种类繁多，彰显着研究者各自的见解和思路。综合对研究者的分析，任何一种课程的定义都是在特定的历史时期、特定的政治经济背景下出现的，都隐含着某些课程论的假设和理性思维的倾向。课程定义的重点是放在过程上还是放在结果或产品上，抑或两者的整合上，是课程论研究非常重要的课题。

(三)课程的本质内涵

综上所述，不难看出人们可以从不同的角度和不同的层次来理解课程，这样就形成了对课程概念的不同认识，对课程内涵的理解也随着人们对课程研究的不断深入而不断发展和延伸。究竟该如何定义课程呢？课程作为学校教育系统的重要组成部分、作为实现教育目标的主要手段和媒介，根据当前教育思想和教育实践的发展变化，其本质内涵应是指在学校教育环境中，旨在使学生获得的、促进其身心全面发展的教育性经验体系。① 这一内涵反映出课程具有以下特征。

---

① 靳玉乐:《现代课程论》，65页，重庆，西南师范大学出版社，1995。

1. 客体性

相对于学习者来说，课程是一种外在于学习主体的客观存在，是学习主体认识和经验的对象，而不是主观性的自我意识或观念。

2. 目的性

课程是实现育人目标的手段，具有预期的目标指向性。

3. 经验性

作为一种重要的教育影响因素、一个教师和学生共同作用的对象，课程应该是可以通过认识和实践而转化为个体经验的，不管这种经验是知识性的还是活动性的。

4. 教育性

从内容性质看，学校课程应在学校环境中对学生具有教育意义和作用，缺乏教育性的经验不属于课程范围之列。

5. 系统性

具有预期目标的课程不论其存在形式如何，总脱离不了一定的结构系统，包括横向的组织与纵向的序列。

拓展学习

请扫描文旁二维码，阅读材料《课程的类型》，说一说目前国内外有哪几种代表性的课程。

二、幼儿园课程的内涵

从20世纪开始，我国的幼教界已普遍使用“幼儿园课程”一词。1928年5月在南京举行的全国第一次教育会议上，陶行知提出《审查编辑幼稚园课程与教材案》。1951年，陈鹤琴发表了《幼稚园的课程》一文，系统地论述了自己关于幼儿园课程编制的观点。可见在我国“课程”这一概念早已正式运用于幼儿园。

20世纪50年代至80年代初期，国家对课程采取中央集中管理的模式，即统一决策、统一规划和统一编制。地方和一般研究人员只需把专家制订的课程计划(大纲)付诸实施。由于课程只需少数人来研究制订，所以，课程，包括幼儿园课程的问题就逐渐从人们的视野中消失了。

改革开放以来，国家对于课程的管理模式发生了转变，中央集中和地方分权相结合的新型管理模式给了各级教育部门较大的自主权，研究者和教师才有了不同程度地参与课程决策的权力和机会。课程问题又逐渐进入人们的视野。

在“幼儿园课程”这一概念的使用历程中，研究者对幼儿园课程的理解和认识也在发生变化。

(一)三种典型的幼儿园课程定义

源于课程内涵的复杂性和变化性，人们对“幼儿园课程”也表现出了多种不同的理解。在我国，关于幼儿园课程的内涵，主要有三种定义。

1. 幼儿园课程即教学科目(“教学科目说”)

赵寄石等人认为，幼儿园课程是“反映幼儿园某一门科目的客观规律的整体教育结构，或反映幼儿园整体教育客观规律的总体结构”①。卢乐山也认为，幼儿园课程是指“幼儿园整体教育或某一科目教学的教学内容、教学过程及时间安排等”②。

“幼儿园课程即教学科目”是对我国幼儿园课程影响时间最长、范围最广的一种定义。1952年3月，教育部颁布了由苏联专家戈林娜等人指导，经过部分地区试验和修改而制定的《幼儿园暂行规程(草案)》和《幼儿园暂行教学纲要(草案)》，在全国实行。《幼儿园暂行规程(草案)》设置了6个教养活动项目：体育(包括日常生活、卫生习惯、体育游戏、舞蹈和律动)，语言(包括谈话、讲故事、歌谣、谜语)，认识环境(包括日常生活环境、社会环境、自然环境)，图画手工(包括图画、纸工、泥工、其他材料作业)，音乐(包括唱歌、听音乐、乐器表演)，计算(包括认识数目、心算、度量)。这一规程一直影响着我国幼儿园课程标准的内容，如1981年颁布的《幼儿园教育纲要(试行草案)》规定，幼儿园设置语言、计算、常识、音乐、美术和体育6门课程。

2. 幼儿园课程即教育活动(“教育活动说”)

这种课程观试图从宏观角度来定义幼儿园课程，认为幼儿园课程是幼儿园教育活动的总和。例如，张宗麟在自己的文章中写道：“幼儿园课程者，由广义的说之，乃幼稚生在幼稚园一切之活动也。”③他强调幼儿园课程是有助于儿童发展的各种活动的总和。冯晓霞也提出，幼儿园课程是幼儿在幼儿园教育环境中进行的，旨在促进其身心全面和谐发展的各种活动的总和。④ 李季湄也认为，幼儿园课程是“实现幼儿园教育目的的手段，是帮助幼儿获得有益的学习经验，促进其身心和谐发展的各种活动的总和”⑤。

---

① 转引自黄人颂：《学前教育学参考资料(上)》，336页，北京，人民教育出版社，1991。

②⑤ 转引自王春燕、王秀萍、秦元东：《幼儿园课程论》，12页，北京，新时代出版社，2005。

③ 张沪：《张宗麟幼儿教育论集》，31页，长沙，湖南教育出版社，1985。

④ 冯晓霞：《幼儿园课程》，11页，北京，北京师范大学出版社，2000。

3. 幼儿园课程即学习经验("学习经验说")

这种定义认为，幼儿园课程是儿童通过幼儿园环境获得的，旨在促进其身心全面发展的教育性经验。而且，儿童习得的经验是经过精选的、有价值的经验，而不是零散的、杂乱的自然经验。

例如，陈鹤琴一再强调，幼儿园应该给儿童一种充分的经验，这种经验的来源有两种：一是与实物接触；二是与人接触。应该把儿童能够学而且必须学的东西有选择地组织成系统，应该以儿童的两个环境——自然环境和社会环境为中心组织幼儿园课程。这表明陈鹤琴强调儿童的经验、环境，以及儿童和环境的相互作用。

张雪门在《幼稚园的课程》一文中指出："课程是什么？课程是经验；是人类的经验，用最经济的手段，按有组织的调制，用各种的方法，以引起孩子的反应和活动。幼稚园的课程是什么？就是给三足岁到六足岁的孩子所能够做而且喜欢做的经验的预备。"①

虞永平也提出，幼儿园课程是"从幼儿身心发展的特点和特定的社会文化背景出发，有目的地选择、组织和提供的综合性的、有益的经验"②。

(二)对三种典型定义的评析

"教学科目说"强调系统的知识体系和教学，有利于课程内容的系统化选择及组织。但它不仅人为地割裂了知识间的联系，而且把课程理解为学科，只描述了一部分课程现象，易忽视情感陶冶、创造性表现、个性培养等一些对幼儿成长有重大影响的因素。同时，它过于强调课程的学科化，容易忽视幼儿的经验和兴趣的需要，导致把学科知识与幼儿生活经验割裂开来。另外，在"教学科目说"背景下，教师通过各种手段把外部的知识内化，并且对幼儿有整齐划一的教育目标与要求，易导致把教学活动看成是一种训练。

"教育活动说"把幼儿园的狭义的教学科目进行了拓展，泛化为对幼儿进行的一切教育活动。幼儿园课程不局限于学科教学，还包括其他类型的教育活动。

"学习经验说"把课程从学科、教育活动转到重视幼儿的学习经验上，是一种人文主义的努力。这种课程观从学习者出发，实现了课程本质由"物"向"人"的转变、由"教育者"向"学习者"的转变，反映了一种教育哲学的变革，更好地体现了教育的本质。课程即经验，扩大了课程内容的范围，将课程由"静态"变为"动态"，考虑到了幼儿的兴趣、需要和体验。但正如一些研究者所指出的，"学习经验说"理论上吸引人，但实践中很难施行，因为学习经验是主观的东西，而教师容易把握的是客

---

① 戴自俺：《张雪门幼儿教育文集(上卷)》，24页，北京，北京少年儿童出版社，1994。

② 虞永平：《试论幼儿园课程及其特质》，载《早期教育(教师版)》，2001(1)。

观的东西。

(三)对幼儿园课程内涵的理解

以上三种对幼儿园课程的定义和解释表明，我国幼教理论界从一开始就把幼儿的经验、幼儿的活动、幼儿的生活视为课程关注的重点。相对于“经验”“生活”这些抽象的概念，“活动”一词更能反映幼儿学习的本质和特点，更适于解释幼儿园课程，也比较容易让研究者与教师把握和控制。

综上所述，幼儿园课程可定义为：“幼儿园课程是实现幼儿园教育目的的手段，是为了帮助幼儿获得有益的学习经验，以促进其身心全面和谐发展的各种活动的总和。”这个定义从广义的角度指明了幼儿园课程的全部内容。这里的所谓各种活动，即《纲要》所说的“教师以多种形式有目的、有计划地引导幼儿生动、活泼、主动活动的教育过程”。

对于这一定义，我们可以做以下分层理解。

1. 幼儿园课程是“活动”

幼儿认知的具体形象性及行动性，使得幼儿的学习具有直接经验性的特点，难以离开对客观事物的直接感知和相互作用。因此，用活动来定义幼儿园课程，突出了幼儿学习的本质特征。课程研究者和教师可以通过活动了解幼儿的兴趣、需要、已有经验和发展水平，也可以通过创设活动情境、提供活动材料、引发活动主题、指导活动方式等策略来指导幼儿的活动，进而影响他们的学习经验。

2. 幼儿园课程是“帮助幼儿获得有益的学习经验，以促进其身心全面和谐发展的各种活动”

对“幼儿获得有益的学习经验”“促进其身心全面和谐发展”的强调，是为了突出课程的目的性，避免以活动来定义幼儿园课程可能导致的危险，即把活动本身看作目的，导致为活动而活动的倾向。这样可以起到进一步明确活动目的性、指向性的作用，使过程与结果、形式和实质更加密切地融合为一体。

3. 幼儿园课程是“各种活动的总和”

课程不仅仅是“上课”或集体教学活动，还应包括幼儿的生活活动、交往活动和游戏活动等各种活动。不管是教师组织的集体教学活动还是通过创设环境诱发的生活、交往和游戏活动，只要能帮助幼儿获得有益的学习经验，有助于达到我们所期望的目标，就都是幼儿园课程的有机组成部分。

三、幼儿园课程的特点

幼儿园课程担负着促进幼儿全面和谐发展的任务，与其他学校课程相比，其具有以下特点。

(一)地位的特殊性与不可替代性

幼儿园是为处于人生发展初级阶段的幼儿特设的教育机构。幼儿园面对的是身心处于特定发展阶段的特定对象，需要特殊的课程、特殊的方法和特殊的教师，是其他课程、方法、教师所不可替代的。幼儿教育的特殊性、不可替代性决定了幼儿园课程也具有特殊性、不可替代性。幼儿的学习和心理特点决定了幼儿的学习不同于其他年龄段人群的学习，他们不可能从事系统的学科知识学习，而是通过多种类型的信息和途径来学习。幼儿园课程要求的是一种多样的、参与性的学习，而不是书面的、学科的学习。

(二)目标的全面性与启蒙性

幼儿园课程以实现幼儿在身体、认知、情感、个性、社会性等方面的全面和谐发展为目标，其中又以身体发展为首要目标，要使幼儿在原有发展水平基础上得到与其发展水平相适应的发展和提高，而不宜追求过高的目标。幼儿园课程的任务是开启幼儿的智慧与心灵，萌发其优良的个性品质，以为幼儿各方面的发展奠基。

(三)内容的生活性与浅显性

幼儿感性、直观的思维决定了他们最有效的学习是感兴趣的学习，最有效的学习内容是可感知的、具体形象的内容。幼儿园课程内容与现实生活的距离越近，越能激发幼儿的学习兴趣，幼儿学习就越有效。当然，应对现实生活进行过滤，以生活的逻辑组织多样化的、感性化的、趣味化的活动。

(四)结构的整体性与综合性

幼儿生活是整体的，多个发展领域之间是相互联系、相互促进的，因此，幼儿园课程内容应是综合的，应尽可能使不同的课程内容之间产生联系，以促进幼儿的学习迁移。让幼儿以完整的人的面貌面对完整的生活、有机的经验，不要把学科、领域这种人为划分知识的方式用来划分幼儿的经验，不以单一的经验作为幼儿活动的起点。

(五)实施的活动性与经验性

幼儿园课程实施的关键在于为幼儿创设丰富的活动情境、创设有利于幼儿自发主动活动的氛围，为幼儿提供各种互动的机会、提供与其发展相适应的帮助。幼儿的学习特点决定了游戏是幼儿园课程实施的重要途径。由于幼儿园课程与幼儿生活联系在一起，因此，幼儿园课程的实施是情境性的、参与性的、操作性的。

(六)影响的广泛性与潜在性

幼儿身心发展和学习的特点，使得幼儿园课程虽然也有明确的目标和基本明确的学习领域，但并不体现在课程表、教材、课堂教学或“作业”中，而是广泛蕴藏在环境、生活、游戏和幼儿喜闻乐见的各种活动中，潜移默化地发挥着促进幼儿健康成长的作用，因此幼儿园课程具有广泛性与潜在性的特点。

练一练

请分析该案例①体现了幼儿园课程的哪些特点。

教师带着幼儿观察笼子里的豚鼠。

教师提出“豚鼠喜欢吃什么”的问题。在幼儿猜谜般地说出“糖果”“巧克力”“牛奶”之后，教师拿出生菜，幼儿拿出糖果、巧克力等，把它们都放进笼子，幼儿惊讶地发现：豚鼠吃生菜！

接着，教师提出另一个问题：豚鼠是如何发现生菜的？是看到的、听到的还是嗅到的？幼儿又众说纷纭。教师建议几个幼儿用绿色纸剪出“假生菜”，和真生菜一起放入笼中，结果豚鼠直奔真生菜，“看到的”被排除掉了。

随后，几个幼儿把生菜嚼得很响，豚鼠还是充耳不闻，“听到的”也被排除掉了。结论是“嗅到的”。

最后，幼儿将自己的发现“报告”出来，“报告”上画了只豚鼠，贴上了纸生菜，还将糖果纸等贴到了边上……

在这里，教师事先并没有考虑“领域”，课程未按领域进行，却将各领域都自然而然地包含进去了。

本节自评

本节知识点	了解程度				
	☆☆☆☆☆	☆☆☆☆	☆☆☆	☆☆	☆
课程的内涵					
幼儿园课程的内涵					
幼儿园课程的特点					

① 摘自郑三元：《论幼儿园课程的本质》，载《学前教育研究》，2005(3)。

第二节　幼儿园教学的内涵与特点

聚焦近年来的幼儿园教育，可以发现，虽然《纲要》颁布以来，幼儿园教学发生了一定程度的变革，但也存在不少问题。例如，在教学内容方面，仍围绕着教学计划、教材内容来设计、组织、实施教学，教学与生活仍然是两条平行线。在教学形式方面，游戏仅在形式上被采用，只是教学的辅助工具，而没有与教学真正融合在一起。幼儿园教学实践与幼教改革理论之间存在这些问题的主要原因，是对幼儿园教学内涵的认识不清楚、界定不明确。如何解决上述问题，适应时代发展的需要？首先我们必须回答什么是幼儿园教学，其主要特点是什么。因此，本节将探讨幼儿园教学的内涵与特点。

一、教学的内涵

教学是学校教育的一种重要而又特殊的方式，是实现学校教育目的的重要途径。为了弄清并深入理解幼儿园教学，我们先理解其上位概念“教学”的内涵。

(一)“教学”的词源分析

在我国，早在商朝(约前 17 世纪—前 11 世纪)时，甲骨文中已经出现了“教”字，即“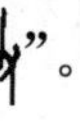”。例如，“丁酉卜，其呼以多方小子小臣其教戒”[①]。甲骨文中也有了“学”字，即“”。例如，“壬子卜，弗酒小求，学”[②]。“教”“学”二字连用，始见于《尚书・商书・说命》的“学(xiào)学(xué)半”。《学记》引用它作为“教学相长”思想的经典依据，特别用来说明“教然后知困”“知困然后能自强也”。宋人蔡沈注：“学，教也……始之自学，学也；终之，教人，亦学也。”意思是说，一开始自己学，这当然是学；学了以后去教别人，这也是学。《学记》一开始就说“建国君民，教学为先”。这里，“教学”一词含有教者和学者双方活动的意思。据有的学者考证，宋代欧阳修作胡瑗先生墓表，说：“先生之徒最盛，其在湖州学，弟子来去常数百人，各以其经传相传授，其教学之法最备，行之数年，东南之士，莫不以仁义礼乐为学。”其中“教学”二字，才是正式指教师“教”和学生“学”。[③]

① 孟宪承、陈学恂、张瑞璠等：《中国古代教育史资料》，15 页，北京，人民教育出版社，1961。
② 沈灌群：《中国古代教育和教育思想》，5 页，武汉，湖北人民出版社，1956。
③ 孙邦正：《普通教学法》，27～28 页，台北，编译馆，1977。

在英语中，涉及教学的单词有teach(教)，learn(学、学习)，instruct(教导)。其中，teach和learn是由同一词源派生出来的，只不过learn与所教的内容相互联系，teach与使教学得以进行的媒介相互联系。研究者认为，前者多与教师的行为相联系，作为一种活动；后者多与教学的情境有关，作为一种过程。大多数西方研究者所指的“教学”是前者。①

(二)教学内涵的多样理解

教学的概念是从教学现象和教学实践中抽象和概括出来的，教学的内涵也随着历史的发展而发展。因此，对教学这一概念的厘定也不是一成不变的，人类对教学的认识是连续性的。回顾历史上对教学这一概念的解释，有利于我们正确认识教学的内涵。

1. 国外研究者对教学的理解

在西方国家，有代表性的认识就是《国际教育百科全书(第9卷)》②和《培格曼最新国际教师百科全书》③中对教学概念的分析。前者由瑞典斯德哥尔摩大学国际教育研究所胡森(T. Husen)主编，后者由英国培格曼出版公司委托澳大利亚悉尼大学的邓金(M. Dunkin)主编。这两本于20世纪80年代末90年代初出版的权威著作不约而同地使用了史密斯概括的西方国家关于“教学(teaching)”界定的五种观点。

(1)描述性定义

在不同历史时期，对于教学的使用，人们有不同的认识和看法，它的外延、内涵也都会发生或多或少的变化。例如，在古代，教学就是向某人演示如何做某些事情；而在现代，教学就是传授知识或技能。

(2)成功式定义

从教与学相互作用的角度来定义，教学即成功。这个定义的要旨为——教必须保证学。教学可以解释为这样一种活动，即学生学习教师所教的东西应有一定的成效，假如学生没有学会教师所教的内容，则教师的教学没有任何意义。

(3)意向式定义

它认为教学是一种有意向的活动(intentional activity)。这种认识强调教师如何在特定环境中想方设法使学生学会某事。它还认为教学并不能保证教师一定取得成功，但教学要求教师积极参与这项活动，注意这项活动的进展，发现问题的症

---

① 施良方、崔允漷：《教学理论：课堂教学的原理、策略与研究》，12页，上海，华东师范大学出版社，1999。

② Torsten Husen et. al.，《国际教育百科全书(第9卷)》，120～125页，贵阳，贵州教育出版社，1990。

③ [澳]邓金：《培格曼最新国际教师百科全书》，教育与科普研究所编译，7～11页，北京，学苑出版社，1989。

结，努力改变学生的行为，以帮助学生学习行为的形成。

(4)规范性定义

从定义的规范性来阐述教学：教学活动要符合特定的道德条件，即只要符合一定的道德规范的一系列活动都是教学。

(5)科学式定义

它认为"教学"这样一个词虽然经常出现在日常语言中，但在教育科学中，其含义是用已证实的经验来表述教师的工作效果。

2. 国内研究者对教学的理解

我国当代教学思想主要受到三个方面的影响：一是我国传统的教学思想；二是西方国家以教育心理学为依据的认知学派、行为主义学派和人本主义学派的教学思想；三是以苏联凯洛夫为代表的"授受知识为中心"和维果茨基学派为代表的"发展能力为中心"的教学思想。从目前已经发表的论著来看，我国学者对教学的理解主要有以下四种。

①认为教学就是指"教师的教"。我国教育话语系统中约定俗成的观点认为，所谓"教学理论"实质上就是"教的理论"或"教论"，所以应该把它们作为同义词来使用。

②强调教学的最基本方面，即教师的教和学生的学。例如，"'教学'就是指教的人指导学的人进行学习的活动。进一步说，指的是教和学相结合或相统一的活动"①。此外还有相当多的教学论著作在强调教学的双边活动的同时，还较为全面地论述了教学的任务。例如，"所谓教学，乃是教师教、学生学的统一活动；在这个活动中，学生掌握一定的知识和技能，同时，身心获得一定的发展，形成一定的思想品德"②。

③认为教学活动的构成要素不仅由教师和学生两方面构成，还应包括使教师的教和学生的学融为一体的中介因素。只有这样的教学定义才能反映教学的本质属性。有人就提出，教学是一种"由教师、学生相互作用，以课程为中介而专门组织起来的教育活动"③。

④认为教学的定义可以从不同角度(层次)给予不同的界定。例如，有研究者认为教学可以分为诸多层次，还有研究者认为教学分为广义和狭义两种。广义的教学泛指那种经验传授和经验获得的活动，不拘形式、场合、内容，如"师传徒"也是一种教学活动；狭义的教学是指各级各类学校教育中进行的教学活动，这是一种根据教育目的以传授和学习知识为基础的有计划、有领导的学习过程。④

---

① 李秉德：《教学论》，2页，北京，人民教育出版社，2000。

② 季霞：《试论教学概念的界定》，载《华东师范大学学报(教育科学版)》，1990(2)。

③ 吴也显：《教学论新编》，5页，北京，教育科学出版社，1991。

④ 刘克兰：《教学论》，12页，重庆，西南师范大学出版社，1988。

有的学者对教学的含义提出了一种新颖的观点，认为教学的含义可以从操作层次、社会学层次以及哲学层次三个层面来理解。从操作层次看，“教”和“学”都是个体独自的活动。教的理论是关于教师活动的原则与方法的理论，教是指教师如何开展自己的活动；而学的理论是关于学生学习过程的特征与方法的理论，学是指学生如何在时间的维度上开展活动。从社会学层次看，教学只是描述了教师与学生之间的一种关系，表示一种有效的活动应该在一定的社会背景下进行，它指的是一种互动的关系。从哲学层次看，“教学”一词可以解释为一个包含师生两个侧面的矛盾运动过程，它表达了教师与学生在一种特定背景下彼此充分参与的形式。①

对教学的界定之所以会出现如此多样化的局面，其根源在于教学本身的复杂性，其直接原因是研究者不同的立场和出发点。综合上述分析，对教学概念的界定，基本上是围绕着教学活动的要素在四个方面进行探讨：一是在“教”的意义上使用并界定“教学”，二是在“学”的意义上使用并界定“教学”，三是在“教”与“学”协同活动的意义上界定“教学”，四是在“教学生学”的意义上使用“教学”。

(三)教学的内涵

如何正确地界定教学，需要我们多层次、多方面地了解教学现象，透过教学现象揭示教学的本质。在体现时代要求和综合前人研究的基础上，我们认为，教学是教师和学生以教学内容为中介而开展的一种教育活动，教师的教与学生的学有机统一在这一活动中，是这一过程中的两个侧面。

那么，应该如何理解教学这一概念呢？

首先，教不同于学。在课堂教学情境中，教主要是教师的行为，学主要是学生的行为。教师与学生之间存在差异，教与学之间也存在差异。教主要是一种外化过程，学主要是一种内化过程。正因为教师与学生之间、教与学之间存在差异，教与学之间的交往才有价值。

其次，教与学互相依赖。教与学之间互为基础、互为方向。在课堂教学情境中，教师的教就意味着学生的学，学生的学也体现着教师的教，这是同一个过程。在教学情境中不存在没有教的学，也不存在没有学的教。

最后，教学过程是师生间的交往过程。在教学过程中，教师和学生都是主体，而且是人格绝对平等的主体。教师与学生之间的关系是主体与主体之间的关系——“交互主体的关系”。正是教师与学生这两类主体之间的交往过程，构成了教学。学生有其独立人格，独特的精神世界，独特的认知、情感、态度和价值观念，学生是教学过程的主体。教师是教学交往关系的另一方，担负着教学过程的

---

① 周浩波：《从教学概念的分析谈教学论》，载《教育研究与实验》，1990(1)。

组织者、引导者、咨询者、促进者的职责，教师自然也是教学过程的主体。教师与学生之间不是单向的主体与客体之间的关系，不是塑造与被塑造的关系，而是复杂的、多向的交往关系。

二、幼儿园教学的内涵

我国“幼儿园教学”这一概念，在早期受苏联学前教育学的影响比较深。苏联幼教研究者乌索娃把“学前教学”这一概念引入幼儿园，形成了以作业教学为基本组织形式的幼儿园教学活动模式。教学被看成是智育的主要手段，被定义为发展幼儿的认识能力，用系统的基本知识武装他们，按《幼儿园教育大纲》所规定的范围培养他们的技能和技巧的有系统、有计划和有目的的过程。学习被认为是接受由教师预先建构好的知识体系的过程；上课或全班集体教学是传授这种预先建构好的知识体系的“捷径”；教学过程只是由外向内的“迁移”过程。

议一议

当今幼儿园教学实践中仍然存在哪些问题？

2001年《纲要》的颁布与实施，对幼儿园教学的发展起到了重大的推动作用。但是，当今幼儿园教学实践中仍然存在着一些问题。这些问题的实质是一种小学化倾向，就是把幼儿园教学等同于小学教学，如开设各种各样的特色班、兴趣班；要求幼儿提前学习小学的知识，学习读写算；重视教师的权威地位和集体教学，忽视幼儿的主体地位和个别差异；教学形式是“满堂灌”，缺少教具，缺少图案和色彩，没有幼儿喜欢的游戏等。究其原因，主要在于人们未能正确认识幼儿园教学的本质特性，也就不可能以其为依据实施幼儿园教学。

根据前面对教学内涵的解读，我们认为幼儿园教学是在平等的基础上，教师根据一定的教育目标、教育计划，通过与幼儿互动，有目的、有计划地组织、支持、帮助、引导幼儿积极主动地认识世界，获得全面发展的双边活动过程，是提升教师、幼儿生命价值与意义的途径和手段。

“幼儿园教学”这一定义蕴含以下意思。

幼儿园教学既是一个教的过程，也是一个学的过程，同时还是一个教与学协同共进的过程。教师根据幼儿学习的可能和需要来指导，教的过程是一个引导、激发幼儿主动、有效学习的过程。教师与幼儿之间是一种“交互主体的关系”。教师在“教”中的主体性和学生在“学”中的主体性互不矛盾，并相得益彰。

教和学不应只是传授和接受,“教”更应是一种组织、支持、帮助和引导,“学”则是一种经验的习得和自主建构过程。教与学不仅仅是师幼关系,还包括幼儿与幼儿的关系、幼儿群体与幼儿群体的关系、教师与幼儿群体的关系。教与学也并不是一一对应的关系,教学活动的基本功能是为幼儿的学习创造良好的条件,支持和引导幼儿的学习活动,强调幼儿学习的主动性。

幼儿园教学的过程不仅仅是认识过程,更应是教师与幼儿创造生命意义的生活过程。

拓展学习

请扫描文旁二维码,阅读材料《活动教学是幼儿园教学的根本属性》,说一说活动教学实施的策略与要求。

三、幼儿园教学的特点

在理解幼儿园教学内涵的基础上,幼儿园教学应该具备以下几个特点。

(一)游戏性

幼儿园教学的游戏性,就是要求彻底转变以知识传递为价值取向的学科中心主义教育观和以教师为主导、以学科为基础的幼儿园教学模式,而以游戏的方式来组织教学,将游戏与教学有机结合。游戏是幼儿的基本活动,这不仅是因为幼儿最喜欢它,它在幼儿的生活中占据的时间最多,更重要的是游戏最适合幼儿的发展,最能满足幼儿的需要,也能最好地促进幼儿的成长。由于学前儿童在游戏中生活、在游戏中成长的特点,所以将幼儿教育与小学教育区别开来,以游戏为基本活动成为幼儿园教学的特色。

(二)生活性

幼儿园教学的生活性,是指选择符合幼儿学习特点的生活经验,把富于教育价值的生活内容纳入教学中,使幼儿园教学具有生活的气息和意义,寓教育于生活,在生活中进行教育,让幼儿在生活中学习、在生活中发展。幼儿的认知特点决定了幼儿园教学不能以系统知识的传授为任务。对幼儿而言,生活是重要的学习内容,也是重要的学习途径。幼儿的一日生活、与幼儿有关的社会生活及幼儿的游戏等都是重要的教学资源。幼儿是在生活实践中积累起对周围世界的认识和体验,形成发展基础的。所以幼儿园教学要以幼儿的兴趣爱好为基础,从幼儿生活中发现教学内容，并在能获得直接体验的生活中开展教育，从而使教学具有生活的特征。生活化的教学符合幼儿身心发展的水平，能帮助幼儿组织起生活经验，让幼儿获得更好的发展。

（三）主体性

幼儿园教学的主体性，是指幼儿园教学活动的设计和组织要充分考虑幼儿的主体性并肯定幼儿的主体地位。幼儿作为独立的个体，享有和成人一样的权利与地位，在其发展中产生积极的能动作用。同时，幼儿是需要个性全面和谐发展的人，幼儿在其发展中表现出来的选择性、能动性及创造性都是幼儿园教学过程中不可忽视的积极因素。由此，教学过程中要尊重和重视幼儿的需要、兴趣、个性、尊严、价值、自主性和自由等，将幼儿的视野从学科和教材引向宽广的生活世界，把幼儿有限的幼儿园学习时间引向无限的生活学习和终身学习，使幼儿园教学成为师幼共同探究、相互情感交融、心灵沟通、激励欣赏、不断体验生命的美好过程。

（四）生成性①

由于教学的开放性、多变性、丰富性和复杂性，幼儿园教学过程充满了创造色彩。教学中教师不能用僵化的形式作用于幼儿、用预先设定的目标僵硬地规定和限定幼儿，否则就会束缚幼儿的自由发展。教师只能引导幼儿自由、主动地生成和发展。幼儿不是画家笔下被动的图画，也不是电视电影面前无可奈何的观众，更不是配合教师上课的配角，而是具有主观能动性的人。他们作为一种活生生的力量，带着自己的知识、经验、思考、灵感、兴致参与教学活动，并成为教学不可分割的一部分，从而使教学呈现出多样性、丰富性和随机性。幼儿园教学的生成性要求幼儿教师根据幼儿园教学时空的变化、幼儿的变化以及影响幼儿园教学的其他因素的不同，运用教学智慧，灵活应对与处理教学中的实际情况，创造性地进行教学设计，使幼儿园教学目标既有预设性目标，也有生成性目标。关注幼儿的兴趣与需要，根据幼儿在教学活动中产生的思想、遇到的问题，同幼儿一起探讨、交流、分享，创造性地开展幼儿园教学活动。

（五）体验性②

体验是积极的参与、双方的互动。体验的方式有两类：一类是直接的亲身体验，在亲历活动中感动自己、感动他人；另一类是间接的想象体验，运用自己的想象去感受别人的存在状态。无论是直接的亲身体验还是间接的想象体验，都渗透着情感和人文关怀的主体间的交流。没有充满情感的平等的交流，就不可能有

---

①② 邵小佩：《幼儿园生命关怀教学研究》，博士学位论文，西南大学，2012。

体验的发生。幼儿园教学的体验性，要求幼儿园教学不是符号的传递，而是生活的体验。幼儿园教学应从知性的世界转向生活的世界，通过在幼儿园教学生活世界中创设有意义的情境，激发幼儿的生命直觉，唤醒他们的生命体验，使他人、他物融入幼儿之心，浸染其生命。

(六)整体性

幼儿园教学的整体性，一方面要求幼儿园教学满足幼儿整体发展的需要，对幼儿施加整体性影响，促进幼儿全面发展，培养“完整的人”。幼儿园教育教学不能以孤立地发展幼儿的某种机能为主要任务，而是要从整体角度考虑，促进幼儿的全面发展。这是因为幼儿的发展包括身体的、认知的、行为的、情感的发展等方面，而各个方面的发展又相互联系、相互制约，形成了一个有机整体。同时，幼儿的生活是一个整体，幼儿在活动中的知识的获得是一个连续的过程，幼儿在与综合的外部环境相互作用中获得的知识、体验、态度也是相互联系的整体。因此，幼儿园的教学必须整体化。另一方面，它要求幼儿园教学整合各个领域的教育内容，实施综合性的教育；要求打破学科或领域的界限，以主题或活动为中心来组织教学，把学习内容融汇成一种新的体系。

本节自评

本节知识点	了解程度				
	☆☆☆☆☆	☆☆☆☆	☆☆☆	☆☆	☆
教学的内涵					
幼儿园教学的内涵					
幼儿园教学的特点					

第三节　幼儿园课程与教学的关系

幼儿园课程与教学的关系是影响幼儿园课程与教学理论建设和实践的重要因素。教育实践与研究表明：有什么样的课程与教学关系，就有什么样的课程与教学的理论建设和实践。本节拟就幼儿园课程与教学的关系进行探讨。

一、课程与教学关系的几种认识

对于课程与教学关系问题的认识，有学者归纳为以下四种模式。

(一)独立模式

独立模式，即课程、教学相对独立，各执一端，互不交叉。

这种观点在教育理论界的支持者颇多。例如，布鲁纳将课程与教学看作分离的实体。蔡斯坚决主张将课程和教学分离研究，他的观点是将课程视为一个广义的概念，教学则是一个特殊的现象或亚系统，在某种程度上，教学是课程的延续。① 坦纳夫妇主张：在当代的课程理论家中，课程与教学是两个独立的领域，这种论点已经获得了广泛的认可。也就是说，课程与教学在互不发生重大影响的情况下，自行发生变化，见图 1-1。

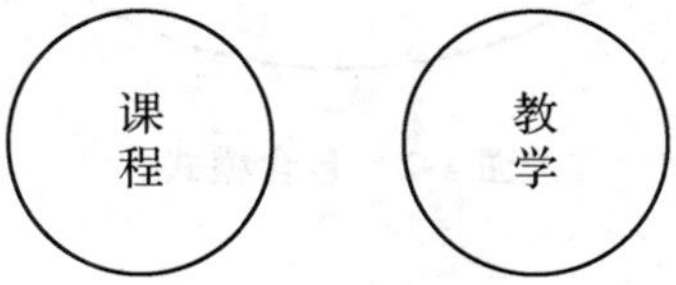

图 1-1　独立模式

(二)包含模式

这种模式有两种情形。

1. 大教学小课程

大教学小课程即认为教学是上位概念，课程包含于其中。由于我国和苏联长期采用中央集权的教育体制，因此我国的学者和实践工作者长期持有这种观点。这种观点隐含着课程等同于教学内容的趋向，如把课程定义为“学校教育科目及各科教材，也就是教学内容”。这样，课程就成了教学理论中的一个基本要素。课程常以教材形式出现，采用国家级的认可制度，对于“教什么”的问题，学校、教师等缺乏自主权，因而对于课程的研究、认识相对统一。

2. 大课程小教学

大课程小教学即把课程理解为上位概念，课程的内涵和外延都相对扩大。这种观点在北美影响较大。美国现代课程理论奠基人泰勒把教学作为课程理论的组成部分，这在其代表性著作《课程与教学的基本原理》中已经有所体现。美国学者比姆进一步阐明这种观点，如在《课程规划与编制》一书中的图解②。我国也有学者持这类观点，认为课程是实现教育目标的蓝图和规划，教学就是这种蓝图和规划的具体实施过程，见图 1-2。

---

① 转引自崔允漷：《课程与教学》，载《华东师范大学学报(教育科学版)》，1997(1)。

② 转引自施良方：《试论北美教学理论的形成与发展——兼论教学理论与学习理论、课程理论的关系》，载《教育研究》，1993(1)。

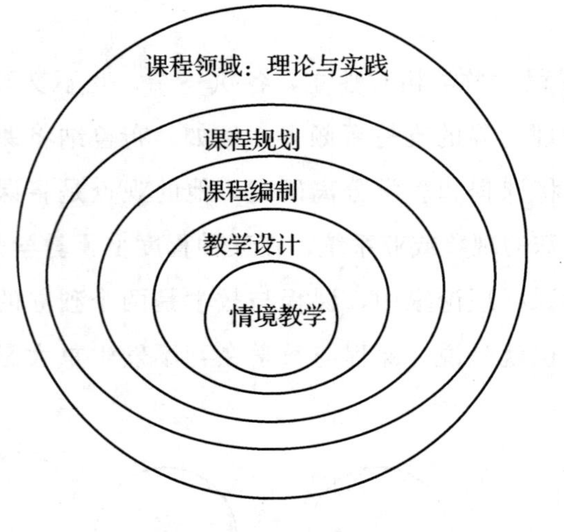

图 1-2　包含模式

(三)相互交叉模式

相互交叉模式是国外部分学者在课程与教学关系上持有的一种观点，即认为教学和教学论包含了课程与课程论的一部分，课程与课程论也包含了教学和教学论的一部分。[①] 见图 1-3。

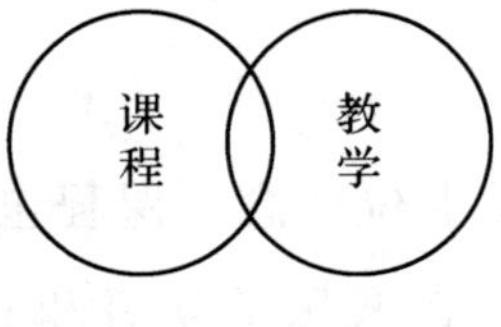

图 1-3　相互交叉模式

(四)循环模式

循环模式即两种系统虽然相对独立，但存在互为反馈的延续关系。课程不断地对教学产生影响，反之亦然。该模式意指教学决定在课程决定之后，并且在教学决定付诸实施与评价之后，根据成效，修正课程决定。这一过程周而复始，永不终止。在该模式中，课程与教学的关系如图 1-4 所示，虽为分开的实体，但是均为一个圆周的一部分，两个实体彼此相互调适与改良。

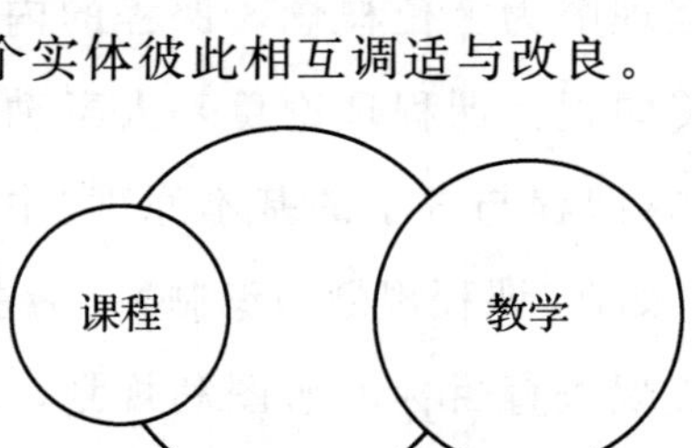

图 1-4　循环模式

① 黄甫全、王本陆:《现代教学论学程》，14 页，北京，教育科学出版社，1998。

议一议

请你对以上课程与教学关系的四种模式进行评析。

独立模式将课程与教学相互独立并分离，容易产生一种误导，导致教学研究与课程研究相互独立、相互脱离，教学实践与课程实践相互独立、相互脱离，最终给课程理论和教学理论、课程事业和教学事业的健康发展带来严重的负面影响。包含模式、相互交叉模式和循环模式虽然都充分说明了课程与教学的密切联系，但仍然是将课程与教学割裂开来的二元对立观点，只不过是不同的表现形式而已。无论是认为课程与教学各自独立的观点，还是课程与教学的包含模式、相互交叉模式抑或循环模式，其实学者们都预设了存在课程与教学两个对立的系统这一前提，并以此为出发点来探讨两者之间的关系。这种做法导致长期以来人们在课程观与教学观上的机械性和凝固化，并导致理论与实践脱节。

二、幼儿园课程与教学关系的几种认识

幼儿园课程与教学的关系在历史上也存在过独立、包含、并行、整合等模式。

(一)幼儿园课程与教学的独立关系

在传统的幼儿园课程与教学理念中，幼儿园课程与教学是分离的。幼儿园课程被理解为规范性的教学内容。幼儿园教学的根本任务是传授知识经验，教学的基本途径是以教师讲授为主的教学形式。在这种观念的影响下，游戏、日常生活没有得到应有的重视，被排除在教学之外，“课程”被理解为“学科”“教材”“教学计划”或“教学大纲”等。这种把课程与教学截然分开、使一方控制另一方的做法，从本质上讲是“工具理性”的产物。

(二)幼儿园课程与教学的包含关系

在教育界，一些学者认为幼儿园课程是一个宏大的系统，包括课程设计、课程实施、课程评价等诸多环节，而教学只是课程实施的环节，幼儿园教学是从属于幼儿园课程的。更有甚者认为“幼儿园教学”这一说法已经过时，应由“教育活动”代之，幼儿园教学成为受冷落的领域并将逐渐消失。另有一些学者认为“幼儿园教学”是上位概念，幼儿园课程是包含于幼儿园教学之中的，是“教学内容”的代名词，是教学的一个组成部分。

(三)幼儿园课程与教学的并行关系

持这种关系论的学者认为，幼儿园课程与幼儿园教学作为一对存在于幼儿园

教育中紧密联系、相辅相成的概念，不宜用包含和被包含的逻辑关系来进行规范。幼儿园教学作为一个根深蒂固的概念体系，不应因为幼儿园课程改革的发展而逐渐消失，即建立幼儿园课程的概念不能以幼儿园教学概念的消失为前提。关于幼儿园课程与教学的研究应该并行不悖、共同促进。因为只有当幼儿园课程与教学在“实践理性”的基础上整合起来的时候，幼儿园教育才会呈现前所未有的生机。

（四）幼儿园课程与教学的整合关系

幼儿园课程与教学的整合关系即认为幼儿园课程与教学是相互融合、统一的整体，而不是相互独立、分离的个体。[①] 首先，教学是教师的教与幼儿的学的双边活动。教学作为一种客观存在，是由一些要素有机结合而成的。教学的构成要素之一，便是课程内容。教师和幼儿都是课程的创造者和主体，共同参与课程的开发。从这个意义上说，教学不只是实施课程计划的过程，更是课程建设和开发的过程。也就是说，教学一旦与课程分离，缺少了课程内容，教学将不再是教学。其次，在教育经验中，教学与课程是在交互作用中融为一体的。在教育实践中，课程是教育性经验，教学是通过“对话”活动使幼儿获得经验的过程。幼儿园课程的设计和实施，就是要给予幼儿对话的时空，让幼儿在对话中学习，在对话中发展。课程不再只是“文本课程”，而更是“体验课程”；课程不再只是特定知识的载体，而更是教师和幼儿共同探求新知的过程。

拓展学习

请扫描文旁二维码，阅读材料《概念和关系的明晰：幼儿园课程与教学——文化视角的审视和考察》[②]，从文化视角说一说幼儿园课程与教学的概念。

三、幼儿园课程与教学整合的实现路径

基于课程与教学关系的发展走向，我们认为，对幼儿园课程与教学的关系，不必着重限定于是课程包含于教学还是教学包含于课程，重点是应把两者之间的关系视为一个促进幼儿身心发展的整体。那么，幼儿园课程与教学如何实现整合，成为促进幼儿身心发展的整体呢？从实践操作层面看，至少应有三个方面的整合：

① 张亚妮：《试论幼儿园课程与教学的关系》，载《新西部（下半月）》，2007(12)。

② 摘自唐晓娟：《概念和关系的明晰：幼儿园课程与教学——文化视角的审视和考察》，载《学前教育研究》，2005(1)。

课程编制主体与教学主体合作，课程标准与教学目标同质，课程内容与教学内容相互生成。①

(一)课程编制主体与教学主体合作

要实现幼儿园课程与教学的整合，就需要培养专家型教师和实践型课程编制者。教师必须具有两个方面的知识和技能：一是教学的知识和技能，二是课程开发与设计的知识和技能。实践型课程编制者是指课程编制者不仅具备课程编制的理论和技能，还必须有在幼儿园教学的经历，并能在课程推广中进行教学示范。要形成专家型教师和实践型课程编制者，就必须进行两类知识(课程知识与教学知识)所有权的转让，而这两类知识是需要大量的亲身实践才能获得的，其中最有效的途径就是加强课程编制者和教师之间的对话与实践。通过对话，课程编制者能够认识到教师是如何理解课程并组织教学的，教师能够认识到课程编制者希望课程怎样被理解、怎样被组织、怎样被教以及教到什么程度。双方能够在对话中发现对方隐含的思维假设，找出理解差异的主要原因，从而对教学和课程在认识上达成一致，培养专家型教师和实践型课程编制者。

(二)课程标准与教学目标同质

要实现幼儿园课程与教学的整合，课程标准与教学目标必须同质。如何实现两者同质呢？幼儿教师在组织开展教学活动前应全面深入地理解课程标准，之后还应建立一个与课程标准具有同质性的教学目标。课程标准是教师教学的参照标准，幼儿教师要建立与课程标准同质的教学目标，可以采取自上而下和自下而上相结合的方式进行。首先，从课程标准演绎出具体详尽的教学目标；其次，以幼儿的学习准备为基础，考虑如何补充一些教学目标，从而使每一个幼儿都能获得最佳发展。

(三)课程内容与教学内容相互生成

要实现幼儿园课程与教学的整合，就需要课程内容与教学内容相互生成。首先，从课程编制的角度讲，课程所涉及的问题或主题应该是综合性的、开放性的，关注幼儿的整体认知和感性体验；同时也应该是层次性的、渐进性的，使幼儿获得逻辑化的经验和进行系统化的知识学习。其次，从教学对话的角度讲，教学对话应该是自由的、开放的，师幼要充分利用课堂教学、游戏、一日活动等提供的对话平台和课程提供的内容所激发的各种问题展开对话。教学对话的任务就在于不断地建构意义和统整师幼的经验，协调幼儿园课程内容与教学内容之间的关系，实现课程内容与教学内容的相互调适、相互生成。

---

①　董小平、靳玉乐：《论课程与教学关系的重建》，载《当代教育论坛》，2006(22)。

本节自评

本节知识点	了解程度				
	☆☆☆☆☆	☆☆☆☆	☆☆☆	☆☆	☆
课程与教学关系的几种认识					
幼儿园课程与教学关系的几种认识					
幼儿园课程与教学整合的实现路径					

思考与练习

1. 什么是幼儿园课程，其特点是什么？
2. 什么是幼儿园教学，其特点是什么？
3. 幼儿园课程与教学的关系是什么？
4. 如何实现幼儿园课程与教学的整合？

实践与操作

查阅关于幼儿园课程与教学内涵、特点以及两者关系的文献，在课堂上交流。

学习反思

第二章

幼儿园课程编制

学习目标

1. 理解幼儿园课程编制的目标模式（the objective model）和过程模式（the process model）的理论基础，泰勒的目标模式和斯腾豪斯的过程模式的优劣及其对幼儿园课程编制的影响。

2. 知道幼儿园课程编制的环节。

3. 理解幼儿园课程目标制订的依据，了解幼儿园课程目标的取向，掌握幼儿园课程目标的层次及目标的表述。

4. 理解幼儿园课程内容的不同取向，了解幼儿园课程内容的范围、特点，掌握幼儿园课程内容选择和组织的基本原则。

5. 了解幼儿园课程实施的取向和实施的途径。

6. 了解幼儿园课程评价的作用和类型，以及评价的主体、内容及原则。

本章导言

近年来，在教育民主化运动的驱使下，幼儿教育课程决策民主化的理念已经深入人心。我国各地的许多幼儿园在实践中努力实现自身的课程决策权，依靠幼儿园的“自组织能力”，不断寻找适合自身发展的课程内容，尝试编制并利用适合自身发展的课程方案。在此过程中，他们不仅关注幼儿园课程的创设与实施，更希望了解幼儿园课程从构思、设计到实施、评价的全过程。例如，幼儿园课程编制的模式有哪些，如何确定幼儿园课程目标，如何选择幼儿园课程内容，如何组织与实施幼儿园课程，如何评价幼儿园课程等，本章将针对以上问题展开讨论。

思维导图

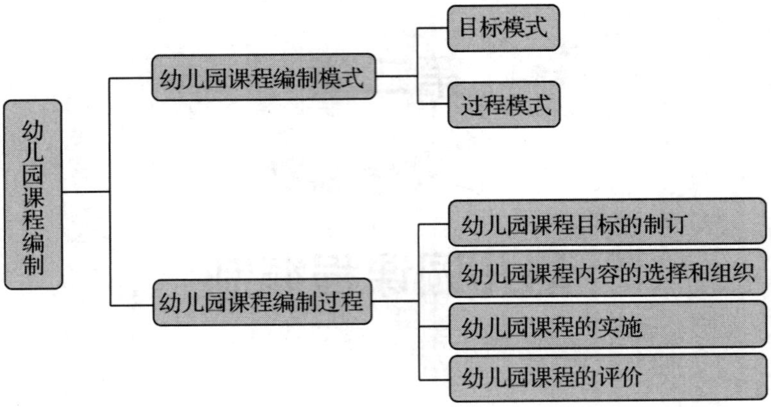

第一节　幼儿园课程编制模式

课程编制是指遵循一定的规则和程序，经过若干过程和步骤，把思想上、观念上的东西加以具体化，最终形成所期望的课程结构的过程。[①] 在课程编制过程中，不同的课程模式会以不同的方式展开课程的编制。常见的课程模式有泰勒的目标模式、斯滕豪斯的过程模式、施瓦布的实践模式等。在各种课程编制模式中，目标模式和过程模式对幼儿园课程编制所产生的影响较大。本节将对这两种课程模式进行介绍。

一、目标模式

目标模式是指将课程目标的设定视为课程开发的基础和核心，围绕课程目标的确定及其实现、评价而进行课程开发的模式。这种模式开始于 20 世纪初期的课程设计科学化运动。在这场运动中，美国课程理论专家博比特、查特斯（Charters）等人扮演了旗手和奠基者的角色，他们对这种模式进行了前期理论铺垫。到 20 世

① 潘懋元、王伟廉：《高等教育学》，145～146 页，福州，福建教育出版社，1995。

纪中叶，泰勒将这种模式发展到了极致。泰勒构建的课程开发模式成为目标模式的经典理论，后人在泰勒的理论基础上又对目标模式进行了修正和充实。

(一)目标模式的理论基础

目标模式受到实用主义哲学及行为主义心理学的影响。目标模式无论是初期的雏形还是后期的“完形”，始终遵循着实用主义的价值准则。这不仅是因为目标模式本身带有实用主义的“血缘”，更重要的是当时的社会政治、经济及文化状况为目标模式的实用主义价值取向提供了历史性依据。行为主义心理学的“效果律”及“练习律”构成了目标模式选择、组织与评价的经典程序，其中，行为目标的确立成为目标模式的逻辑起点。

(二)目标模式的经典性形态——泰勒模式

课程设计科学化运动中产生了目标模式的初始形态，但并未从根本上改变美国课程脱离社会现实的状况。直到 20 世纪 30 年代，美国课程发展史上著名的“八年研究”计划才使课程的科学化研究在实践中正式展开。“八年研究”的主要负责人泰勒在对“八年研究”的经验总结基础上提出了课程设计的基本程序、步骤和方法，其基本原理囊括于《课程与教学的基本原理》一书中，它是公认的课程编制目标模式经典形态形成的标志。

泰勒是围绕四个方面的基本问题来阐述他的理论的。他认为，这四个问题是在任何课程编制中都必须回答的。这四个问题是：第一，学校试图达到什么样的教育目标？第二，提供什么样的教育经验才能实现这些目标？第三，怎样有效地组织这些经验？第四，我们怎样确定这些目标正在被实现？①

泰勒并不试图具体回答这些问题，在他看来，这些问题的答案将因教育阶段与学校性质的不同而有所不同。于是，他侧重于对解决这些问题的方法及程序进行探讨。众多研究者将泰勒原理的四个基本问题进一步简化为四段渐进式的课程编制模式：目标的确定、经验的选择、经验的组织、结果的评价。

1. 目标的确定

泰勒原理中目标的确定主要包括两个方面：第一，“三个来源”。泰勒建议课程编制者以三个方面的来源为依据制订一般的教育目标。一是学习者。泰勒主张教育目标的确定首先应考虑学生的兴趣和需要。二是当前的社会生活。泰勒主张在教育目标的确定过程中，必须从社区以及大的社会背景出发分析当前的生活，不要让学生学习过去重要但现在已没有意义的内容。三是学科。泰勒认为，学科专家应考虑某一学科在普通教育中的作用与功能以及对一般公民的用处，而不是

① [美]拉尔夫·泰勒：《课程与教学的基本原理》，施良方译，17 页，北京，人民教育出版社，1994。

以培养该领域的专家为目的。第二，两个“过滤器”。泰勒建议以社会哲学和心理学作为对这些目标进行筛选的“过滤器”。

2. 经验的选择

关于学习经验的选择，泰勒提出了五个基本原则：第一，为了达到所规定的目标，学生必须具有实践这个目标所含载的那种行为的经验。第二，学习经验必须使学生从实践目标所含载的那种行为中获得满足。第三，学习经验所期望的反应须在学生力所能及的范围内。第四，有许多特定的经验可用于达到同样的教育目标。第五，同样的学习经验往往会产生几种不同的结果。① 除此之外，泰勒还阐述了有效的学习经验的四种特点：第一，培养思维技能；第二，有助于获得信息；第三，有助于培养社会态度；第四，有助于培养兴趣。

3. 经验的组织

关于学习经验的组织，泰勒提出了学习经验的两种组织，即横向组织和纵向组织。横向组织指不同领域的学习经验之间的联系，纵向组织指不同阶段或时期的学习经验之间的联系。关于有效组织学习经验的标准，泰勒提出了连续性、顺序性和整合性三个原则，以确保学习经验的循序渐进性、相关性。同时，泰勒提出了最高层次、中间层次以及最低层次上的结构要素。

4. 结果的评价

泰勒第一个将评价正式引入课程编制的过程。他提出了从教育目标到评价情境再到评价手段的过程和程序，即首先应明确教育目标，其次确认评价情境，最后在此基础上选择、确定评价手段。

确定教育目标、选择学习经验、组织学习经验以及评价教育计划四个环节，构成了泰勒关于课程开发的系统观点(其关系见图 2-1)。其中，确定教育目标是课程开发的出发点；选择学习经验和组织学习经验是课程开发的主体环节，指向教育目标的实现；评价教育计划则是课程开发的整个系统运行的基本保证。教育目标既作用于学习经验，又作用于评价。

(三)目标模式的变形、发展及完善

目标模式继泰勒原理之后产生了多种变形，经历了不断被改造、修正的过程。塔巴(Hilda Taba)、惠勒(Wheeler)、凯尔(John F. Kerr)等人都对泰勒模式进行了改造、发展，完善了目标模式。

1. 塔巴模式

塔巴是泰勒的学生和助手，她对泰勒模式提出了一个更为详细而具体的解释

---

① [美]拉尔夫·泰勒：《课程与教学的基本原理》，施良方译，51～53页，北京，人民教育出版社，1994。

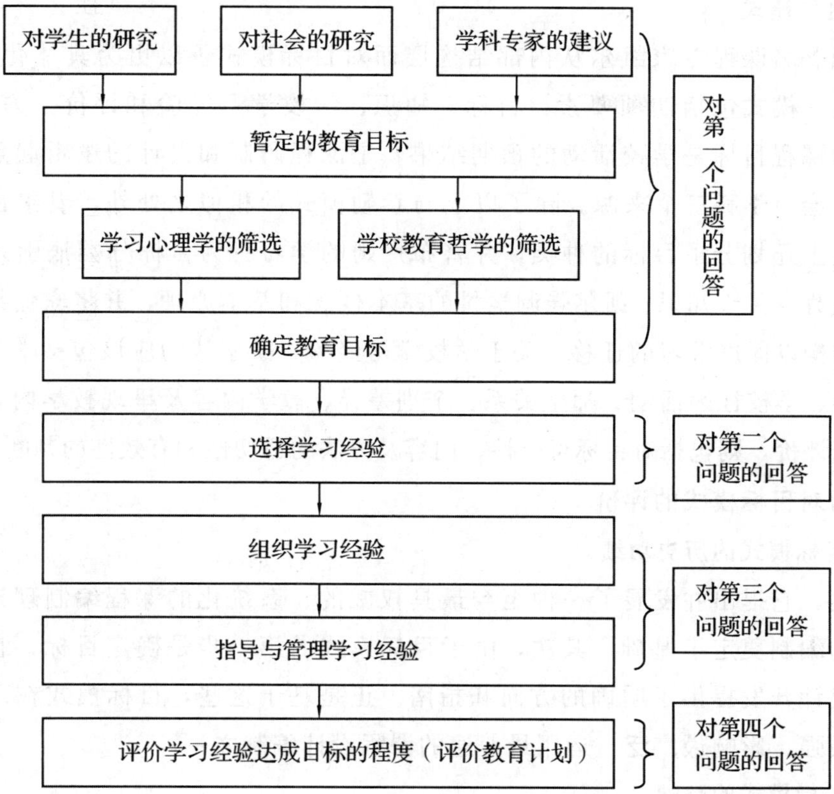

图 2-1　目标模式示意图

方案，在一定程度上扩展了泰勒模式。塔巴坚持泰勒原理的直线式课程设计过程，并在泰勒原理的基础上于 1962 年提出课程设计过程的八步模式：诊断需要，建立目标，选择内容，组织内容，选择学习经验，组织学习经验，决定评价的内容与手段，检查平衡与顺序。①

2. 惠勒模式

英国课程专家惠勒于 1967 年在《课程过程》(*Curriculum Process*)一书中将直线式目标模式改为圆环式目标模式。这一模式的课程设计路线同样以目的、目标作为起点，然后循序渐进地进行选择学习经验—选择学习内容—组织、综合学习经验与内容—评价，然后再回到目的、目标，对其予以调整，进行新一轮的课程设计过程。②在目的、目标的确定阶段，惠勒采取的程序为：首先，将一般的目的分解为终极目标；其次，将每一项终极目标分解为若干个中间目标；再次，依据中间目标确定短期内能够达成的近期目标；最后，依据近期目标设计具体的单元教学目标。

①② 汪霞：《课程开发的目标模式及其特点》，载《外国教育研究》，2002(6)。

3. 凯尔模式

英国著名课程专家凯尔从内部结构层面对目标模式予以更为具体化的分析、阐述。这一模式包括四项要素：目标、知识、学校学习经验和评价。关于目标，凯尔认为课程目标是学校活动的预期结果，是课程研制和设计的逻辑起点，并有学生、社会、学科三个来源。除了以上与泰勒模式的相似之处外，凯尔在目标选择和确定上还划分了目标的种类，并将布卢姆的学习行为目标分类法引入课程目标确定过程。关于知识，凯尔强调学科的基本概念和基本原理，并将它们组成一定的知识结构以促进学习的迁移。关于学校学习经验，凯尔认为应该包括学校安排的社会机会、学校社区活动、师生关系、个别差异、教学内容及呈现教学内容的方法等。关于评价，则包括对目标可行性、内容及方法的适切性和有效性的判断。

(四)对目标模式的评价

1. 目标模式的历史功绩

首先，它提出并发展了一种至今最具权威的、系统化的课程编制理论，为探究课程的编制奠定了基础。其次，由于目标模式的第一步是确定目标，它为随后的课程设计开发提供了明确的方向和指南。正是基于这些，目标模式在理论上是权威性最强、影响最广泛、运用最普遍的课程设计编制之一。

2. 目标模式的弊端

首先，目标模式受工业管理理论的影响，在课程编制中强调技术控制。其次，目标模式过分强调明确而具体的预设性教育目标，这使设定的目标成为衡量学习的唯一标准，而对于目标本身的合理性及目标的动态发展欠缺考虑。同时，预设性的课程必然难以与学生发展的长期性、综合性、渐进性及累积性等特征相融合，而只是一味地将学生加工成所需的某种规格的“标准件”，这种视学校如工厂的隐喻容易造成学生个性的扭曲。

(五)目标模式对幼儿园课程编制的影响

目标模式强调课程目标的制订，强调课程目标的层层分解并落实于具体的教育活动，强调根据课程目标是否落实和达成来评价教育的结果。目标模式采用行为目标的方式设置课程目标，并以此为出发点来编制课程，使整个课程的运作具有一个具体化和结构化的操作程序，这样能提高幼儿园教育教学的计划性、可操作性和可控性。

但也正是目标模式的这种特征，依据目标模式编制的幼儿园课程也有不少弊端。例如，课程目标是由课程编制者确定的，往往难以与发展中的幼儿相适应；课程目标以幼儿行为来确定，但是幼儿的许多高级心理素质很难用外显的、可观察的行为来预先具体化；按行为目标的方式来编制课程，使课程目标被分解成各个独立的部分，这种将幼儿的学习经验分割成碎片的做法，强调的是通过训练而达成预期的目标，与学龄前幼儿从其自身已有经验出发，整体地学习知识和获得经验的学习方式之间存在距离。

二、过程模式

（一）过程模式的产生

20世纪五六十年代后，英国著名的课程理论家斯滕豪斯立足教育的内在价值及实践，针对目标模式在课程编制中存在的缺陷，在进行了大量理论研究并吸收了英国许多课程编制的实践经验基础上，提出了课程编制的过程模式，主要体现在其代表作《课程研究与编制导论》一书中。过程模式倡导一种立足教育内在价值，旨在培养儿童智慧、教养和自由品质的教育观以及注重理解与思维的价值的知识观。过程模式吸收了现代儿童发展心理学和认知心理学理论中的一些合理成分。斯滕豪斯认为，教育是为了使人获得理性的自主能力，使人从作为权威的固定知识的束缚中解放出来，把已有知识作为思考的材料，发展理解、“负责的判断”和批判反思的能力。他认为儿童不是知识的被动接受者，而是知识的主动探究者，学习过程是个体能动地与外界环境交互作用的过程。过程模式注重内在的、整体关联性认知结构的生成。斯滕豪斯并没有绝对反对目标，但是，他所提出的过程模式的目标与目标模式的目标有着本质的区别。

（二）过程模式的理论基础

1. 结构主义哲学

结构主义哲学强调认识事物的基本结构，反对单纯研究外部现象；强调整体的研究，反对孤立的局部研究；强调从系统、功能、关系中把握事物，反对单纯的经验描述。在学科结构上，结构主义认为，任何学科中的知识都可以引导出结构，这种结构就构成了该学科的概念、原则与方法。课程编制应从分析学科的基本结构入手，寻求一种能够及时反映学科基本结构的方式进行课程编制。

2. 认知心理学

认知心理学认为人不是被动的刺激接受者，人脑中进行着积极的、对所接受的信息加工的过程，这个过程就是认知过程。认知心理学研究高级的心理过程，它在感觉登记的基础上，进行编码、译码、存储和提取，也就是知觉、记忆、思维、推理、概念形成和问题解决等过程。

（三）过程模式的主要内容

斯滕豪斯根据自己的实践经验撰写了《人文学科课程导论》(1970年)和《课程研究与编制导论》(1975年)。在这些著作中，斯滕豪斯提出过程模式的特征不是以事先确定好的、由仔细分解一般目的而得出的目标系统作为课程编制的依据，而是关注整个课程(包括教学)展开过程的基本规范，使之与宽泛的目的保持一致。在他看来，编制课程不是为生产出一套“计划(plan)”“处方(prescription)”，然后予以实施和评价效果，而是一种研究的过程，其中贯穿着对整个过程所涉及的变量、要素及其相互关系的不断评价和修正。课程的研究和开发应该是一个动态的、持续发展的过程，课程的设计应该是将研究、编制和评价合而为一，是一个连续不断的过程。整个过程是一种尝试，没有确定不变的、必须实施的东西。所有的关注点集中于课堂教学实践，教师是整个过程的核心人物。人们可以通过详细说明内容和过程中各种原理的方法来合理地设计课程，而不必用目标预先指定所希望达到的结果。所以，与其说它是一个详述编制步骤的“模式”，不如说它是一种编制的思路、一种编制的思想。在这种“模式”中，编制过程究竟如何展开，恰恰是需要在实践中研究和探索的。

1. 课程编制的依据

斯滕豪斯认为，课程乃至全部教育，除按照目的—手段模式加以组织外，还可以通过其内在的逻辑关系加以安排。教育与课程意味着向学习者传授具有价值的东西，即发展学习者的知识和理解能力，所以教育与课程有着自己固有的内在价值和优劣标准。[①] 人们完全可以通过详细说明课程内容和过程原则的方法来编制课程。课程内容是指那些能够反映学科领域内在价值的概念、原则和方法，过程原则是指导整个课程活动过程的总要求或总目标。但此总目标不同于目标模式的预定目标，它并不构成最后的评价依据。它是非行为性的，主要功能是概述教育过程中可能出现的各种学习结果，并使教师明确教学过程中内在的价值标准及总体要求，而不指向对课程实施最后结果的控制。

2. 课程内容的选择原则

研究者通过分析公共文化价值、研究知识本质来寻找关于课程内容的选择原则。斯滕豪斯对于课程内容的选择，不是以其所要引起的学生行为结果为依据，而是以其在多大程度上反映知识形式和学科基本结构为依据。课程内容的选择应以教育及知识本身固有的标准为依据，而不应以预设的学生行为结果为依据。课程内容的选择必须立足对教育教学过程中的各种原理、方法的详细分析，从具有内在价值的知识及学科基本结构中选择基本概念、基本原理、基本方法作为课程内容。

3. 课程内容组织与教学原则

在课程内容组织与教学原则方面，斯滕豪斯强调既要使之清楚地反映各学科领域的基本概念、过程和方法，又要能被普通教师教给普通学生，因此，他选择了布鲁纳的螺旋式课程组织。斯滕豪斯认为，这不仅有利于反映知识形式，而且有助于

---

① 李子建、黄显华：《课程：范式、取向和设计》，241页，香港，香港中文大学出版社，1996。

学科知识和能力的统一，从而把反映学科的基本结构作为组织课程内容的主导性原则。在课堂教学中，斯滕豪斯提倡采用讨论法，强调发现法学习，因为这种方法有助于加深学生对课程的理解，能够促进知识的个别化，还可以提高学生的思考能力。

4. 课程评价

课程评价不是以目标的实现情况为依据，而是以课程在多大程度上反映了知识的内在价值和教育的本体功能、在多大程度上实现了过程原则(课程总要求)为依据。教师是诊断者，而非评分者。要评语，不要分数。

(四)对过程模式的评价

第一，过程模式反对通过阐述课程目标来编制课程，而主张通过确定课程内容和过程原则来编制课程。其理论依据是：课程内容是有其内在价值的，它包含了各学科领域特有的概念和过程，不需要从外部加以论证，也不需要用目标预先指定所希望达到的结果。过程模式主张用原则取代目标，主张只提总要求，不提具体课程结果，尤其不提行为结果，以原则来指导课程活动、评价课程活动。过程模式的目标与目标模式的目标有着本质的区别：过程模式的目标只是总体教育过程的一般性的、宽泛的目标，这些目标不构成评价的主要依据；这些目标是非行为性的，使教师明确教育过程中内在的价值标准及总体要求，而不是课程实施后的某些预期结果。目标模式的目标则与之相反。

第二，过程模式的基本特征之一，就是主张通过分析知识本质，根据各知识形式特有的结构，确定具有内在价值的课程内容。该模式重视对课程内容进行价值判断，在实践中则表现为重视研究知识本质、承认知识的内在逻辑性、强调精选内容，从而有利于学校实现传授系统知识、发展学生能力的目标。

第三，强调设计有效的课程组织形式和课程教学方法，以恰当地转译、组织或传授反映学科内在价值的课程内容，使之既能遵循学生的心理特征，为任何年龄的儿童所接受，又保留了知识的特质。注重发现法与讨论法，既可加深学生对课程内容的理解，促进知识的个别化、具体化，又可借此发展学生的思考能力。

第四，过程模式编制的课程往往缺乏科学性、计划性和系统性，对教育的评价因缺乏客观标准而带有过多的主观色彩。

第五，过程模式赋予了教师过分理想化的角色和过高的要求，往往会因为教师难以达到这样的标准而使该课程模式不易推广。

(五)过程模式对幼儿园课程编制的影响

过程模式批判了目标模式的许多弊端，淡化课程目标的预设，强调教育和知识内在的本体价值，强调儿童活动的过程和在教育过程中对具体情境的诊断；强调“教师即研究者”所应发挥的作用，淡化教师在教育活动组织中的计划性和控制性，强调根据儿童的兴趣和需要组织活动，尊重儿童的选择和创造；淡化根据客观标准对幼儿园教育进行评价，强调过程性评价，强调教师自我在教育评价中的作用。所有这些主张对于儿童主体精神和创造性思维的培养、对于在教育中更多体现民主精神和人文精神都是十分有益的。

但是，依据过程模式编制的幼儿园课程也有弊病，正如上述“对过程模式的评价”中的第四、第五点。

理论上，目标模式和过程模式是两种对立的模式，但是在幼儿园课程编制实践中，课程编制者完全可以吸取这两种模式各自的长处，在它们之间建立互补关系。

拓展学习

请扫描文旁二维码，阅读材料《目标模式与过程模式在幼儿园课程开发中的动态契合研究》①，说一说在幼儿园课程开发中，怎样实现目标模式与过程模式的动态契合。

请扫描文旁二维码，阅读材料《课程开发的实践模式》，对课程开发的实践模式进行评价，并谈一谈其对幼儿园课程编制的影响。

请扫描文旁二维码，阅读材料《课程开发的批判模式及其评价》②，请你对课程开发的批判模式进行评价，并谈一谈其对幼儿园课程编制的影响。

本节自评

本节知识点	了解程度				
	☆☆☆☆☆	☆☆☆☆	☆☆☆	☆☆	☆
目标模式的理论基础、泰勒模式以及目标模式的优劣					
目标模式对幼儿园课程编制的影响					
过程模式的理论基础、主要内容以及过程模式的优劣					
过程模式对幼儿园课程编制的影响					

① 摘自王少华：《目标模式与过程模式在幼儿园课程开发中的动态契合研究》，载《教育评论》，2016(9)。

② 摘自李梅艳：《课程开发的批判模式及其评价》，载《黑龙江教育学院学报》，2008(8)。

第二节　幼儿园课程编制过程

课程编制是一个复杂而系统的工作，包括确定课程目标、选择课程内容、组织实施和课程评价等主要环节。课程编制过程需要对上述四个基本问题进行思考，并在价值判断的基础上做出某种决策(决定或选择)。

课程决策可以分为两个不同的层次：一是广义的(理论的)层次。这一层次的决策在于对课程的方向问题做出基本的价值选择。历史经验表明，课程的方向主要取决于编制者对课程的三大基础——社会、儿童和知识内容之间关系的处理。而如何处理这三者之间的关系又取决于编制者关于课程应在儿童的成长中起什么作用的价值观念。从原则上讲，课程编制应把上述三个因素结合起来考虑，以保证课程的平衡和多方面的适宜性。二是具体的(技术的)层次。这一层次的决策是在理论决策的指导下对课程要素(课程目标、课程内容、组织实施、评价)及其关系进行处理。幼儿园课程编制就是通过上述两种决策拟制出“预定的课程”，即课程计划与方案，并在实施过程中不断调整、修正，进行“再设计”。下面围绕幼儿园课程目标的制订、幼儿园课程内容的选择和组织、幼儿园课程的实施、幼儿园课程的评价展开讨论。

一、幼儿园课程目标的制订

幼儿园课程目标是幼教工作者对幼儿在一定学习期限内的学习效果的预期。它是幼儿园教育目的的具体化。作为幼儿园课程编制的第一要素，幼儿园课程目标具有导向、调控和标准作用。幼儿园课程目标的确立使幼儿园课程编制的方向得以明确。幼儿园课程目标是选择幼儿园课程内容、课程组织方式和教学策略的依据，也是幼儿园课程评价的标准。总之，幼儿园课程目标是幼儿园课程行动的指南，它使课程行动的各个阶段内在统一、紧密联系，从而成为一个有机整体。那么，幼儿园课程目标制订的依据是什么，应该如何制订？这是每一个课程设计者必须弄清楚的问题。

(一)幼儿园课程目标制订的依据

一般认为，幼儿发展、社会生活和人类知识是制订课程目标的依据。因此，要科学地制订幼儿园课程目标，就必须研究幼儿、社会、人类知识，从三方面信息中寻求支持。

1. 对幼儿的研究

幼儿园课程的功能之一就是要促进幼儿身心全面、健康、和谐发展，因此课程目标的确立首先必须充分考虑幼儿的身心发展特点，遵循其发展规律，尤其是要尊重幼儿的发展需要和兴趣。

关于幼儿发展的知识可以帮助课程编制者确定哪些课程目标是合适的，是符合幼儿兴趣、能力和需要的，是能有效促进幼儿健康成长的。幼儿园课程目标制订者必须认真学习并了解幼儿的身体动作发育、认知思维发展、情感萌发、社会性发展以及个性养成等方面的科学研究成果，并内化为自身的幼儿观、教育观，在此基础上制订的课程目标才具有科学性和合理性。

幼儿园课程应该充分考虑幼儿的身心发展特点及其规律，但并非只是在幼儿的现有发展水平和特点后亦步亦趋，幼儿园课程应具有前瞻性，应在幼儿的现实发展水平和理想发展水平之间建立桥梁。在制订幼儿园课程目标时，既要考虑幼儿的理想发展水平，也要考虑幼儿的现实发展水平，充分估计幼儿的普遍发展现状和发展潜力，还要兼顾幼儿之间的个别差异，从而确立什么目标是适宜的、什么目标是不适宜的。① 课程编制者还必须善于利用幼儿发展知识观察、了解自己的教育对象，使课程既能适合多数幼儿的需要和发展水平，又能适合幼儿的个别差异。

2. 对社会的研究

教育是帮助幼儿实现社会化的主要途径，而课程则充当了幼儿社会化的主要手段。幼儿园课程应当反映社会生活及其发展需要，只有这样，幼儿的成长才是一个不断社会化的过程，才能为幼儿将来逐渐融入社会打下基础。因此，确立幼儿园课程目标，不仅要立足幼儿当下的生活现实，更要考虑为幼儿适应未来社会生活做准备，即要考虑社会对于幼儿成长的期望和要求。这些需要可能直接反映在国家制定的教育法律法规和有关文件中，也可能反映在特定阶段社会的政治、经济、文化中，还可能集中体现在家庭生活中。幼儿园课程目标制订者必须研究如何将这些需要转化为有效的课程目标，既要凸显对幼儿家庭的现实需要的充分尊重，又要全面关注社会生活的发展变化。唯有在此基础上制订的幼儿园课程目标，方能提升幼儿园课程对社会的适切性，为培养个性彰显、全面发展且对社会有用的人才奠基。例如，“萌发幼儿爱家乡、爱集体、爱祖国、爱劳动的情感”的目标就集中体现了我国当前社会价值观对儿童未来发展的社会品质要求。②

---

① 冯晓霞:《幼儿园课程》，27页，北京，北京师范大学出版社，2000。

② 陈文华:《幼儿园课程论》，24页，北京，科学出版社，2011。

3. 对人类知识的研究

幼儿园课程的功能之一是传递社会文化，作为文化的载体之一——知识应当是确立幼儿园课程目标的重要依据之一。什么样的知识才有价值？什么样的知识对幼儿才有价值？这些问题是我们制订幼儿园课程目标时必须考虑的。对于学习者而言，知识一般是指以分门别类为特征的学科知识。我国学者施良方提出，学科的功能有两种：一是这门学科本身的特殊功能，二是这门学科所能起到的一般教育功能。[①] 若强调学科知识的特殊功能，就会倾向于强调学科知识体系本身；若强调学科知识的一般教育功能，则会倾向于强调学科知识对于幼儿发展的价值。幼儿的年龄特点和幼儿教育的性质，决定了幼儿园课程注重的是学科知识的一般教育功能。也就是说，从知识的角度考虑幼儿园课程目标时，课程编制者最为关心的应该是该学科领域与幼儿的身心发展有什么关系，它能促进幼儿哪些方面的发展。例如，《纲要》中科学领域的课程目标为：对周围的事物、现象感兴趣，有好奇心和求知欲；能运用各种感官，动手动脑，探究问题；能用恰当的方式表达、交流探索的过程和结果；能从生活和游戏中感受事物的数量关系并体验数学的重要和有趣；爱护动植物，关心周围环境，亲近大自然，珍惜自然资源，有初步的环保意识。

综上所述，幼儿、社会、知识领域为制订幼儿园课程目标提供了基本依据，我们要在保证科学性和合理性的基础上，认真对待与分析这三者在幼儿园课程中的地位与关系，最终确立适宜的课程目标。

(二)幼儿园课程目标的取向

课程目标总是体现着一定的立场，对儿童发展、社会需求和知识性质三者之间关系的不同理解呈现出幼儿园课程目标的不同价值取向。当前幼儿园课程目标的取向大致可以分为行为目标取向、生成性目标取向和表现性目标取向。

1. 行为目标取向

行为目标是指以具体的、可操作的、可被观察的行为来陈述的课程目标。它指向课程活动结束以后幼儿身上所发生的行为变化，具有客观性、精确性、可操作性等特点。行为目标取向以技术理性为依据，是随着课程领域科学化和独立而产生的，主要流行于20世纪初至60年代末70年代初。

每一项行为目标应该包括三个构成要素：核心的行为、行为产生的条件和行为表现标准。核心的行为往往用一个操作性动词表示，如“说出”“指出”“区分”等；行为产生的条件是指明这种核心行为产生的特定情境或方式，如“不需提醒，能饭

---

① 施良方：《课程理论——课程的基础、原理与问题》，124页，北京，教育科学出版社，1996。

后漱口”“能模仿榜样，连贯地完成体操动作”等；行为表现标准则是对学习结果的叙述，如“会唱3/4拍的歌曲”“能分辨故事中人物行为的对与错”等。例如，幼儿园课程中艺术领域的美术欣赏领域的行为目标可以设计为：能说出其周围环境中东西的颜色、形状、大小和样式；能指出他(或她)所画或所做的东西中自己认为重要的特征；能对自己所画或所做的某些东西表达喜爱之情；能对观看和讨论他们所认识的艺术家创作的作品表现出兴趣；能评价自己的绘画和手工作品；能认识和比较不同艺术家的风格等。①

在幼儿园课程中，有关基础知识和基本技能方面的目标采用行为目标比较有效，而幼儿态度形成、情感萌发、价值观塑造之类的目标则难以用行为目标表述。

2. 生成性目标取向

生成性目标是指在教育过程中幼儿、教师、课程文本与教育情境之间相互作用而形成的课程目标，也有学者称之为形成性目标或展开性目标。生成性目标取向的本质是对“实践理性”的追求，早在20世纪初杜威的思想中即已诞生，但真正流行于课程领域却在70年代。

生成性目标关注的是教育过程中幼儿成长与发展的需要和兴趣，是一定课程经验下幼儿自身经验的获得程度和水平。如果说行为目标取向关注的是课程活动的结果，那么生成性目标取向关注的则是课程活动的过程。生成性目标取向否定预先设定，没有文本表述形式，是在课程活动中自行产生的目标。生成性目标取向最基本的特点是过程性(行为目标关注的是结果)，其目标是变化的、动态的。例如，美国的高瞻课程(High Scope Curriculum，又译为“高宽课程”)模式，用58条关键经验替代预先设定的课程目标，指导教师的课程设计与实施，把教师从课程文本和预设框架中解放出来，其目的就是让教师从中自行生成目标，充分尊重和发挥幼儿的主体性，强调幼儿的主动活动，强调活动的过程，强调课程中人与环境的交互作用，更好地发挥师幼双方的主动性和积极性。

3. 表现性目标取向

表现性目标取向是指在课程目标中关注每一个幼儿与具体教育情境交互作用中所产生的个性化表现，强调个性化和多元化，指向幼儿的创造性。表现性目标取向追求的是“解放理性”，流行于20世纪80年代以后的课程领域。

表现性目标并不关注幼儿在某些课程活动后所获得的行为改变，它只描述幼儿在课程活动中的经历。表现性目标更多的是用来引发幼儿的情感、态度等的变

---

① 朱家雄：《幼儿园课程》，143页，上海，华东师范大学出版社，2003。

化，提升动作技能的创造力等。表现性目标关注的是幼儿想象力、创造力以及个性品质的形成，不要求幼儿具有统一的、特定的行为变化。① 例如，“参观动物园”活动的表现性目标可以陈述为：参观动物园，与同伴讨论自己的感受和体验。② 再如，“参观海底世界”的活动，表现性目标可以陈述为让幼儿“讨论海底世界有趣的事情”和“利用语言、绘画等方式表达对海底世界的喜爱”等。③

各种课程目标取向各有其长处，也有其短处。应该说，从行为目标取向到生成性目标取向，再到表现性目标取向，体现了课程发展对人的主体价值和个性解放的追求，反映了时代精神的发展方向，但并不意味着后者可以取代前者，每一种目标取向都有其存在的价值。在幼儿园课程的编制中，应兼容并蓄以上三种目标取向，结合课程方案的特点和幼儿发展的需要灵活选择，综合运用。

(三)幼儿园课程目标的层次

幼儿园课程目标的层次一般是指幼儿园课程目标的纵向结构，通常包括课程总目标(课程领域目标)、学年目标、单元目标和具体教育活动目标四个层次。总体来看，四个层次之间是从宏观到微观、从概括到具体的关系。

1. 课程总目标

幼儿园课程总目标即幼儿园课程领域目标，如《纲要》中所规定的教育目标(课程领域目标)，即幼儿园课程的总目标。这类目标一般是从宏观层面规定各个领域的总体发展要求，表述较为抽象、概括，在课程目标体系中主要起提纲挈领的作用。

相关链接

《幼儿园教育指导纲要(试行)》规定的教育目标

一、健康

1. 身体健康，在集体生活中情绪安定、愉快。
2. 生活、卫生习惯良好，有基本的生活自理能力。
3. 知道必要的安全保健常识，学习保护自己。
4. 喜欢参加体育活动，动作协调、灵活。

---

① Eisner, E. W., *Educational Imagination*, New York, MacMillan, 1979, p. 15.
② 高敬：《幼儿园课程》，24页，杭州，浙江教育出版社，2010。
③ 陈文华：《幼儿园课程论》，22页，北京，科学出版社，2011。

二、语言

1. 乐意与人交谈，讲话礼貌。

2. 注意倾听对方讲话，能理解日常用语。

3. 能清楚地说出自己想说的事。

4. 喜欢听故事、看图书。

5. 能听懂和会说普通话。

三、社会

1. 能主动地参与各项活动，有自信心。

2. 乐意与人交往，学习互助、合作和分享，有同情心。

3. 理解并遵守日常生活中基本的社会行为规则。

4. 能努力做好力所能及的事，不怕困难，有初步的责任感。

5. 爱父母长辈、老师和同伴，爱集体、爱家乡、爱祖国。

四、科学

1. 对周围的事物、现象感兴趣，有好奇心和求知欲。

2. 能运用各种感官，动手动脑，探究问题。

3. 能用适当的方式表达、交流探索的过程和结果。

4. 能从生活和游戏中感受事物的数量关系并体验到数学的重要和有趣。

5. 爱护动植物，关心周围环境，亲近大自然，珍惜自然资源，有初步的环保意识。

五、艺术

1. 能初步感受并喜爱环境、生活和艺术中的美。

2. 喜欢参加艺术活动，并能大胆地表现自己的情感和体验。

3. 能用自己喜欢的方式进行艺术表现活动。

2. 学年目标

学年目标指的是以课程总目标为依据，遵循3～4岁、4～5岁、5～6岁不同年龄阶段幼儿的发展特点，制订幼儿从小班、中班再到大班每个学年要达到的目标。这三个目标之间衔接起来，分阶段保证幼儿园课程总目标的实现。

相关链接

幼儿园语言领域的学年目标①

小班(3～4 岁)：

1. 学会安静地听他人讲话。听懂日常用语并学习按语言调节自身行为。

2. 继续学说普通话，乐意用普通话与人交流。能用简单的语言回答别人的问题，表达自己的愿望和需要。

3. 喜欢唱儿歌、听故事、看表演、看图书等，初步了解其大致内容，并乐意表达自己的感受。

中班(4～5 岁)：

1. 学习注意倾听，理解日常用语。

2. 学习用普通话大胆、清楚地说出自己想说的事。

3. 学习欣赏文学作品，乐意表达自己的感受。能口齿清楚地朗诵儿歌和学习复述故事。

4. 学习有顺序地看图书，乐意与同伴交流图书的主要内容。喜欢看电视、听广播，并乐意将熟悉的内容与同伴进行交流。

大班(5～6 岁)：

1. 能注意倾听，学习理解与其生活经验相关的语言。

2. 能用普通话大胆地说出自己想说的事。乐意与人交谈，讲话礼貌。

3. 喜欢欣赏文学作品，理解作品内容，感受文学作品的美。能独立地朗诵儿歌和复述故事。学习创编和表演文学作品。

4. 学会看图书，并喜欢将从图书、电视、广播等途径获得的信息在同伴中进行交流和讨论。

5. 对文学产生兴趣。

3. 单元目标

单元目标是对学年目标的进一步细化。划分单元有两种方式：一种是以时间为单位划分，可以是学期单元目标、月单元目标或周单元目标；另一种是以特定的教育内容为单位划分，例如，小班幼儿的健康领域目标可以划分为大肌肉动作

---

① 分别摘自浙江省《幼儿园课程指导》编写委员会："幼儿园课程指导——教育活动设计"丛书小、中、大班分册，北京，新时代出版社，2001。

单元目标、小肌肉动作单元目标、自我保健单元目标、生活能力单元目标等。[①]

4. 具体教育活动目标

具体教育活动目标是对单元目标的再细化，是一日中生活活动、游戏活动或教学活动的目标。具体教育活动目标必须清晰、具体、明确，表明幼儿在一次教育活动结束后应获得的知识、技能、情感等方面的变化。

在幼儿园课程目标的四级层次结构中(见图 2-2)，课程总目标和学年目标通常由国家教育部门或者理论研究人员制订，单元目标和具体教育活动目标则由一线幼儿教育实践工作者完成。

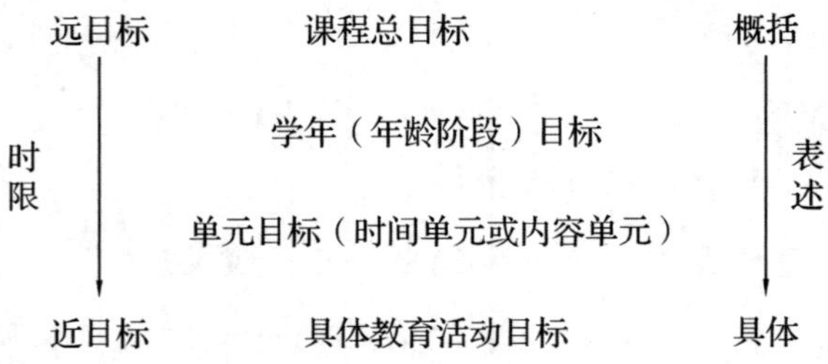

图 2-2　幼儿园课程目标的层次图

(四)幼儿园课程目标的表述

一线幼儿教育实践工作者在制订课程单元目标和具体教育活动目标时，需要注意幼儿园课程目标的表述。

1. 幼儿园课程目标表述的角度

在确定目标表述的角度时，可以选择从教师角度或者从幼儿角度表述。

(1)从教师角度表述

从教师角度表述，即指明教师应该做的工作或应该努力达到的教育效果。通常使用“鼓励”“帮助”“引导”“使”等字眼来凸显教师的教。例如，科学领域的目标表述为：①激发幼儿对事物的好奇心，通过引导幼儿主动地观察、操作、分析和发现，培养其开放的研究态度。②通过与自然的接触，发展幼儿的观察能力。③培养幼儿对动植物的爱心。④帮助幼儿认识人类与自然界的关系，并关注生活环境。⑤帮助幼儿发展解决疑难的能力。[②]

(2)从幼儿角度表述

从幼儿角度表述，即指明幼儿通过学习应该达到的发展水平。常用“感受”“喜欢”“愿意”“理解”“能”等字眼。例如，上述目标相应地表述为：①对事物有好奇

① 霍力岩：《学前教育评价》，76～81 页，北京，北京师范大学出版社，2000。

② 李季湄：《幼儿教育学基础》，182 页，北京，北京师范大学出版社，1999。

心，学会观察、操作、分析和发现的方法，养成开放的研究态度。②积极主动地与自然接触，观察敏锐、细致。③关心与爱护动植物。④认识人类与自然界的关系，并关注生活环境。⑤增强解决疑难的能力。

目前，多数人主张从幼儿的角度表述，以强调幼儿的“学”，凸显幼儿在课程活动中的主体性。

练一练

以下列举的目标是从哪个角度表述的？

1. 帮助幼儿主动同周围的人交往，培养对他人的友爱之情和信赖感。
2. 注意倾听对方讲话，能理解日常生活用语。
3. 增进幼儿对周围环境的认识。
4. 喜欢参加游戏和各种有益的活动，在活动中快乐、自信。

2. 幼儿园课程目标表述的要求

幼儿园课程目标在表述时需注意以下几点。

①简洁明了、清晰具体，忌过于笼统，不具操作性。

②内容应全面，目标尽可能涵盖情感、态度、知识、技能等方面。

③表述角度需保持一致，尽可能从幼儿角度表述。

④目标是陈述活动预期的结果，忌表述时目标与途径或手段混淆。

练一练

请分析下面的活动目标表述有无问题，如有问题，请指出有什么问题，应如何调整。

1. 小班早期阅读活动“小海龟”的活动目标。

①通过讲述故事、阅读大书、做游戏等多种形式，加深幼儿对故事的理解，体验小海龟的情感世界。

②学习运用简单句式“××看见了××”进行完整表述。

③激发幼儿的想象和大胆表述的愿望。

2. 小班艺术活动“喂小鸟”(音乐)目标。

①培养幼儿随音乐的变化做不同动作的能力。

②能大胆演唱歌曲，体验歌曲中美好的情绪情感。

拓展学习

请扫描文旁二维码，阅读材料《当前确定幼儿园课程目标应特别注意的三个原则——三谈与确定幼儿园课程目标有关的几个问题》①，说说幼儿园课程目标确定中的面向未来原则、缺失优先原则和辩证原则的内涵。

二、幼儿园课程内容的选择和组织

课程内容是实现课程目标的载体，主要解决的是“教什么”和“学什么”的问题。② 它根据课程目标以及相应年龄阶段幼儿的身心发展规律和特点而选定，是幼儿应该学、能够学并适宜学的有关知识和经验。幼儿在幼儿园究竟应该学些什么？什么样的东西对幼儿来说是有价值的而且是必需的？这些课程内容的体系如何组织和编排？下面我们将就此进行讨论。

（一）幼儿园课程内容的取向

幼儿园课程内容的选择往往受不同价值取向的影响。由于人们对课程本质有不同的理解，幼儿园课程内容通常呈现出三种取向：课程内容即教材，课程内容即学习活动，课程内容即学习经验。

1. 课程内容即教材

在课程内容即教材取向下，幼儿教师在课程实施中主要关注的是教材，关注如何促进幼儿理解知识、掌握知识。这种取向虽然让教师的教学有据可依，并能兼顾知识的系统性、完整性，却忽略了幼儿发展的实际需要、兴趣、情感体验、成长经历、个性化表现、幼儿的主体地位，也远离了幼儿丰富多彩的生活世界。

2. 课程内容即学习活动

课程内容即学习活动取向否定在幼儿园课程中对学科知识体系的过度关注，提出应该把课程与社会生活联系起来，让幼儿在积极地参加各种活动当中建构自身。这种取向把幼儿的活动作为课程内容，有利于激发幼儿的学习兴趣，让幼儿在实际经验中获取知识、获得发展，从而把枯燥的学习过程变成幼儿积极主动的生活体验过程。但这种取向常常只关注幼儿学习活动的表面现象，对幼儿内在的、

---

① 摘自冯晓霞：《当前确定幼儿园课程目标应特别注意的三个原则——三谈与确定幼儿园课程目标有关的几个问题》，载《学前教育研究》，1998(1)。

② 朱家雄：《幼儿园课程(第 2 版)》，161 页，上海，华东师范大学出版社，2011。

深层次的心理活动、情感变化则关注较少。对教师教学而言，课程内容呈现出零散、非系统性和逻辑性的特点，因此活动内容不好把握，这就对教师的教育教学水平提出了较高的要求。

3. 课程内容即学习经验

课程内容即学习经验取向强调幼儿在与环境相互作用下自身经验的获得和对知识有意义的建构，而不是特定知识的传递。幼儿是主动的学习者和探究者，知识是幼儿自己“学”会的，而非教师“教”会的。这一取向要求选择课程内容时，注重幼儿的兴趣和需要，创设有利于幼儿能力形成与兴趣激发的各种课程情境，以便为幼儿提供有意义的经验机会。这一取向有利于激发幼儿学习兴趣，强化其在学习与发展中的主体地位，增强幼儿在学习过程中的生命体验，促进其和谐发展。但需要提醒的是，这一取向也有诸多不足之处：幼儿的学习经验主观性强，教师难以把握；课程内容过于泛化，致使幼儿的知识掌握缺乏系统性等。

综上所述，课程内容的三种取向均有其合理的一面，也都有其不足的一面。因此，我们在选择课程内容时，应始终坚持以幼儿园课程目标为依据，兼顾三种取向，取长补短，综合运用。

(二)幼儿园课程内容的范围

幼儿园课程内容的范围是指幼儿园课程内容的基本要素或基本组成部分。[①]

有学者认为，幼儿园课程内容的范围应该包括有助于幼儿发展的基本知识、基本态度和基本行为。[②] 基本知识包括：生命活动必需的知识，有利于幼儿解决基本的生活、交往问题的知识，帮助幼儿认识自己生活环境的知识，为今后学习系统的科学知识打基础的知识，为成长为未来社会需要的高素质公民奠基的知识。基本态度是指幼儿的基本情感和个性品质方面的内容，如兴趣、自信、自我价值感、责任感、归属感、关心、友好、尊重、同情之类的态度。基本行为主要通过幼儿的一日活动安排来培养，如锻炼、自我服务、游戏、观察、散步、交流、探索等，这些基本行为的本质在于促使幼儿获得有益的基本方式、方法，以便幼儿日常生活的顺利进行。

另有学者认为，幼儿园课程内容的形式包括静态形式、动态形式、动静结合的形式。[③] 所谓静态的课程内容是指知识和知识体系，这种课程内容往往是文本形式的。而动态的课程内容是指以儿童兴趣、动机为中心建构的活动课程，这种课

---

① 冯晓霞：《幼儿园课程》，50 页，北京，北京师范大学出版社，2000。

② 王春燕：《幼儿园课程概论》，69～71 页，北京，高等教育出版社，2007。

③ 陈文华：《幼儿园课程论》，35 页，北京，科学出版社，2011。

程内容往往是生成的、创造的。动静结合的课程内容是指课程内容既包含静态的、预设的文本形式,也包括动态的、创生的活动课程。

相关链接

《幼儿园教育指导纲要(试行)》规定的教育内容与要求

一、健康

1. 建立良好的师生、同伴关系,让幼儿在集体生活中感到温暖,心情愉快,形成安全感、信赖感。

2. 与家长配合,根据幼儿的需要建立科学的生活常规。培养幼儿良好的饮食、睡眠、盥洗、排泄等生活习惯和生活自理能力。

3. 教育幼儿爱清洁、讲卫生,注意保持个人和生活场所的整洁和卫生。

4. 密切结合幼儿的生活进行安全、营养和保健教育,提高幼儿的自我保护意识和能力。

5. 开展丰富多彩的户外游戏和体育活动,培养幼儿参加体育活动的兴趣和习惯,增强体质,提高对环境的适应能力。

6. 用幼儿感兴趣的方式发展基本动作,提高动作的协调性、灵活性。

7. 在体育活动中,培养幼儿坚强、勇敢、不怕困难的意志品质和主动、乐观、合作的态度。

二、语言

1. 创造一个自由、宽松的语言交往环境,支持、鼓励、吸引幼儿与教师、同伴或其他人交谈,体验语言交流的乐趣,学习使用适当的、礼貌的语言交往。

2. 养成幼儿注意倾听的习惯,发展语言理解能力。

3. 鼓励幼儿大胆、清楚地表达自己的想法和感受,尝试说明、描述简单的事物或过程,发展语言表达能力和思维能力。

4. 引导幼儿接触优秀的儿童文学作品,使之感受语言的丰富和优美,并通过多种活动帮助幼儿加深对作品的体验和理解。

5. 培养幼儿对生活中常见的简单标记和文字符号的兴趣。

6. 利用图书、绘画和其他多种方式,引发幼儿对书籍、阅读和书写的兴趣,培养前阅读和前书写技能。

7. 提供普通话的语言环境，帮助幼儿熟悉、听懂并学说普通话。少数民族地区还应帮助幼儿学习本民族语言。

三、社会

1. 引导幼儿参加各种集体活动，体验与教师、同伴等共同生活的乐趣，帮助他们正确认识自己和他人，养成对他人、社会亲近、合作的态度，学习初步的人际交往技能。

2. 为每个幼儿提供表现自己长处和获得成功的机会，增强其自尊心和自信心。

3. 提供自由活动的机会，支持幼儿自主地选择、计划活动，鼓励他们通过多方面的努力解决问题，不轻易放弃克服困难的尝试。

4. 在共同的生活和活动中，以多种方式引导幼儿认识、体验并理解基本的社会行为规则，学习自律和尊重他人。

5. 教育幼儿爱护玩具和其他物品，爱护公物和公共环境。

6. 与家庭、社区合作，引导幼儿了解自己的亲人以及与自己生活有关的各行各业人们的劳动，培养其对劳动者的热爱和对劳动成果的尊重。

7. 充分利用社会资源，引导幼儿实际感受祖国文化的丰富与优秀，感受家乡的变化和发展，激发幼儿爱家乡、爱祖国的情感。

8. 适当向幼儿介绍我国各民族和世界其他国家、民族的文化，使其感知人类文化的多样性和差异性，培养理解、尊重、平等的态度。

四、科学

1. 引导幼儿对身边常见事物和现象的特点、变化规律产生兴趣和探究的欲望。

2. 为幼儿的探究活动创造宽松的环境，让每个幼儿都有机会参与尝试，支持、鼓励他们大胆提出问题，发表不同意见，学会尊重别人的观点和经验。

3. 提供丰富的可操作的材料，为每个幼儿都能运用多种感官、多种方式进行探索提供活动的条件。

4. 通过引导幼儿积极参加小组讨论、探索等方式，培养幼儿合作学习的意识和能力，学习用多种方式表现、交流、分享探索的过程和结果。

5. 引导幼儿对周围环境中的数、量、形、时间和空间等现象产生兴趣，建构初步的数概念，并学习用简单的数学方法解决生活和游戏中某些简单的问题。

6. 从生活或媒体中幼儿熟悉的科技成果入手，引导幼儿感受科学技术对生活的影响，培养他们对科学的兴趣和对科学家的崇敬。

7. 在幼儿生活经验的基础上，帮助幼儿了解自然、环境与人类生活的关系。从身边的小事入手，培养初步的环保意识和行为。

五、艺术

1. 引导幼儿接触周围环境和生活中美好的人、事、物，丰富他们的感性经验和审美情趣，激发他们表现美、创造美的情趣。

2. 在艺术活动中面向全体幼儿，要针对他们的不同特点和需要，让每个幼儿都得到美的熏陶和培养。对有艺术天赋的幼儿要注意发展他们的艺术潜能。

3. 提供自由表现的机会，鼓励幼儿用不同艺术形式大胆地表达自己的情感、理解和想象，尊重每个幼儿的想法和创造，肯定和接纳他们独特的审美感受和表现方式，分享他们创造的快乐。

4. 在支持、鼓励幼儿积极参加各种艺术活动并大胆表现的同时，帮助他们提高表现的技能和能力。

5. 指导幼儿利用身边的物品或废旧材料制作玩具、手工艺品等来美化自己的生活或开展其他活动。

6. 为幼儿创设展示自己作品的条件，引导幼儿相互交流、相互欣赏、共同提高。

(三)幼儿园课程内容的特点

幼儿的身心发展规律及幼儿园机构的特殊性决定了幼儿园课程内容具有以下特点。①

1. 启蒙性

蒙台梭利认为，“3岁时儿童已经打下了作为一个人的人格基础”②。幼儿园课程是终身教育的开端课程，幼儿园课程内容必须承担起对幼儿心智启蒙的重任。因此，幼儿园课程内容应该是最粗浅的知识、最基本的经验、最简单的活动、最

① 石筠弢：《学前教育课程论》，111～137页，北京，北京师范大学出版社，1999。

② [意]蒙台梭利：《蒙台梭利幼儿教育科学方法》，任代文主译校，339页，北京，人民教育出版社，1993。

常见而表面的现象，是与学前儿童生活、学习与发展最有直接关系和重要关系的人、事、物以及它们的组合体。幼儿园课程内容也要特别关注幼儿的兴趣、求知欲、独立性、自信心、成功感等非智力因素以及健康生理和心理状态的培养，因为后者对幼儿未来的成长发展有着更为重要的作用。

2. 兴趣性

“兴趣是最好的老师”，对于幼儿而言，无疑更是如此，最有效的学习就是感兴趣地学习。幼儿园课程内容应体现兴趣性的特点。美国著名教育家杜威认为儿童有四种基本的兴趣：谈话或沟通的兴趣，质疑或探究事物的兴趣，制造或组织的兴趣，艺术表达的兴趣。幼儿园课程内容应安排符合幼儿这些兴趣的部分。通常，幼儿比较容易对自己熟悉的和与自己有关联的内容产生兴趣，幼儿园课程内容必须贴近幼儿的生活经验，体现幼儿的认知逻辑，融合幼儿的自由天性，“寓学于乐，学乐结合”。

3. 整体性

幼儿园课程内容的整体性是指课程内容各组成部分之间有机联系，形成具有整体功能的结构。这主要表现在横的和纵的两个方面。从横的方面看，不同领域、不同类型的课程之间彼此联系，构成统一整体。例如，健康、语言、社会、科学和艺术五大领域的课程内容之间应当彼此联系、相互衔接，成为一个系统。从纵的方面看，同一领域、相同类型的内容按一定顺序组成整体，发挥整体功能。

4. 全面性

幼儿园课程内容最终也是为了促进幼儿身心全面和谐发展这一目的而服务的，因此，课程内容应当具有全面性的特点。幼儿园课程内容必须覆盖幼儿的德、智、体、美、劳等诸方面的发展，既要兼顾促进幼儿器官、组织、神经系统的健康发育，也要考虑幼儿感知觉、记忆、思维、想象、兴趣、动机、需要、能力等方面的锻炼与培养。

5. 生活性

幼儿学习与思维的特点决定了幼儿园课程内容应该具备生活性。幼儿的学习是直观的，因此，越贴近幼儿真实生活经验的知识、行为及态度就越能引起幼儿的兴趣。当课程所涉及的内容是源于幼儿的生活时，幼儿不仅在行动上的表现是真实的，而且体验是真实的，这样就必能给幼儿带来现实感、满足感。反之，如果课程内容远离幼儿的现实生活，那么也就是远离幼儿自身。当然，生活性也并不是对幼儿生活的原版复制，也不是对未来生活的预演或者假定，而应是对真实生活进行过滤、筛选与加工，以生活的逻辑组织多样化、直观化的活动。

6. **发展性**

幼儿园课程的发展性是指幼儿园课程内容既要顺应科技的进步、时代的发展和知识日益更新的要求，也要符合幼儿生理成熟和心理成长的内在规律，能促进幼儿身心朝着预期的方向发展变化。所选内容应有助于所有幼儿健康人格和主体性的发展，要着眼于未来，培养幼儿长久发展的能力，促进幼儿心理机能由低级向高级转化。因此，课程内容不能只满足于幼儿的已有水平，要稍有超前性。

(四)幼儿园课程内容选择的原则

幼儿园课程内容体系庞大，不可能也没必要将所有的范围都囊括在幼儿园课程当中。因此，我们需要选择那些最基本的、最适宜的知识、活动和经验作为幼儿学习的载体。我们必须明确课程内容选择的原则。

我国2001年颁布的《纲要》第三部分“组织与实施”中第五条对幼儿园课程内容的选择做了明确规定：“教育活动内容的选择应遵照本《纲要》第二部分的有关条款进行，同时体现以下原则：(一)既适合幼儿的现有水平，又有一定的挑战性；(二)既符合幼儿的现实需要，又有利于其长远发展；(三)既贴近幼儿的生活来选择幼儿感兴趣的事物和问题，又有助于拓展幼儿的经验和视野。”基于其基本精神，我们提出，幼儿园课程内容的选择应遵循以下原则。①

1. **有利于目标的实现**

幼儿园课程内容是实现幼儿园课程目标的手段，课程内容的适切与否直接影响着幼儿园课程目标的达成程度。选择内容时应时刻从以下方面把握这个方向。

第一，有目标意识。选择内容时首先要考虑的问题是“我所选择的内容是为了实现哪一项或哪几项目标”，将那些有助于实现目标的材料选择到课程中来。第二，选择多项内容达到同一目标。选择内容时还需考虑“哪些内容可以促进这一目标的实现”。例如，“让幼儿初步建立数概念”这一目标就需要有“感知实物的数量、按物体数量多少排序、比较数的多少、认识数字1～10、用数字表示物体的数量、认识序数、学习10以内数的组成和分解”等项目的内容与之对应，方能实现。第三，同一内容应尽可能指向多项目标。选择内容还需要考虑“我选择的这一内容可以达到哪些目标”。例如，“音乐游戏”方面的内容不仅可以使幼儿获得游戏规则、感知音乐美的节奏，而且可以激发幼儿参与游戏的兴趣和满足幼儿情感上的需求等多项目标。

在实际操作过程中往往出现课程目标缺失的问题，突出地表现在选择课程内容时，德、智、体、美、劳等方面比重失调，过分偏重智育，往往选择那些知识

① 陈世联：《幼儿园课程与活动指导》，18～19页，重庆，重庆出版社，2007。

性和技能性较强的课程内容，较少涉及情感态度价值观方面的内容，与课程目标的要求不符，造成了课程目标缺失。鉴于此，我们在选择课程内容时必须牢牢遵循目的性这一标准，全面选择课程内容，促进幼儿的全面发展。

2. 适合幼儿的需要、兴趣、能力

幼儿园课程内容的选择要考虑幼儿身心发展水平。课程内容既要符合幼儿的一般发展水平和一般年龄特点，又要符合幼儿发展的个别差异。要根据幼儿的兴趣和需要选择课程内容，从而引发幼儿自觉地学习与发展，使学习活动变得轻松愉快，让幼儿在自觉、积极主动中获得发展。

3. 反映科学技术和社会文化的发展

课程内容要不断更新，跟上时代发展的步伐。当代社会，随着科学技术的迅猛发展，许多新技术、新材料、新工艺的成果不断涌现，在新技术革命的历史背景下，幼儿园课程内容应充满时代气息，把科学技术的新成果逐渐列入幼儿园课程之中。同时现代社会国际交往日益频繁、增多，1989 年 11 月至 12 月，联合国教科文组织在北京召开的“面向 21 世纪教育国际研讨会”，主题为“学会关心”，提倡教育要使一代又一代新人学会关心国家和社会的经济、生态利益、全球的生活条件，家庭、朋友和同行，他人和其他物种，自己和自己的健康，真理、知识和学习。所以，在幼儿园课程内容中，应加强全球教育、合作教育和双语教育，把反映不同文化的饮食、服饰、餐具、玩具、文学、艺术等引入幼儿园课程内容中，使幼儿从小了解不同文化的异同点，为自己的文化感到骄傲和自豪，同时学会尊重外国文化，以促进幼儿早日社会化。

4. 安排的广度和深度要保持平衡

课程内容是一个整体，其中各组成部分的比例应相对平衡。选择课程内容时既要考虑每个目标都有相关的内容与之对应，同时也要考虑这些内容在课程内容总量中的比例，使课程内容的广度和深度保持平衡。根据这一原则，在课程内容的选择过程中和选择结束后，需要做以下两项工作：一是检查每项课程目标是否有相关的内容与之对应，努力做到每一项目标都有一定比例的课程内容与之对应；二是检查各部分内容之间比例是否合适、恰当，做到重要内容比例较大、次要内容比例较小。

目前幼儿园选择课程内容时常会出现课程超载的问题，具体表现在：一是课程内容“量”过大，二是课程内容选择“质”不优。要么课程内容难、深、怪，大大超出了幼儿的能力发展水平，导致幼儿学习十分吃力，挫伤了幼儿学习的积极性和动力；要么过于简单、浅显，对幼儿没有挑战和吸引力，让幼儿失去了学习的兴趣，甚至导致厌学。

(五)幼儿园课程内容的组织

完成了课程内容的选择以后，我们就需要对课程内容进行组织。幼儿园课程内容的组织是指对选择出来的课程内容、活动、材料和环境、教师和幼儿的互动方式等加以编排、组合、平衡，以使课程活动有序化、结构化、适宜化，从而产生最优的教育效应，最大化实现课程目标的工作。

《纲要》第三部分“组织与实施”第六条、第七条对课程内容的组织做出了以下原则性规定：“教育活动内容的组织应充分考虑幼儿的学习特点和认识规律，各领域的内容要有机联系，相互渗透，注重综合性、趣味性、活动性，寓教育于生活、游戏之中。”“教育活动的组织形式应根据需要合理安排，因时、因地、因内容、因材料灵活地运用。”这些规定为我们理解和把握幼儿园课程内容组织提供了基本的参照。

1. 幼儿园课程内容的组织原则

以《纲要》中所规定的课程内容组织的基本精神为依据，结合课程组织的相关理论，我们认为幼儿园课程内容组织需要遵循几个原则：逻辑顺序和心理顺序相结合，横向组织和纵向组织相结合，直线式组织和螺旋式组织相结合。[①]

(1)逻辑顺序和心理顺序相结合

逻辑顺序是指根据学科本身的系统及其内在的联系组织课程内容；心理顺序是指以适合儿童特点的方式组织课程内容。前者更多的是强调学科知识本身的体系结构，对于学科知识与儿童的心理发展之间的关联观照不足；后者更多的是强调儿童的兴趣、需要、学习能力和认知水平，而较少考虑学科知识本身的固有体系。在组织幼儿园课程内容时，应将逻辑顺序和心理顺序有机结合起来，充分发挥各自的优势。

(2)横向组织和纵向组织相结合

横向组织打破传统的知识体系，使课程内容与幼儿已有的经验连为一体；纵向组织是指按照课程组织的某些准则，以先后顺序排列课程内容。在幼儿园课程内容组织中，应兼顾纵向组织和横向组织，既考虑幼儿的经验和活动，又顾及幼儿初步的知识掌握。

(3)直线式组织和螺旋式组织相结合

直线式组织是指将课程内容组织成一条在逻辑上前后联系的直线，使前后内容互不重复；螺旋式组织是指在不同的阶段，课程内容会重复出现，但是这些重复出现的内容在深度和广度上都有所加强。在幼儿园课程内容的组织中，运用螺旋式组织的方式比较常见。因为幼儿的认知与思维水平尚处于比较初级的阶段，

---

① 朱家雄：《幼儿园课程(第2版)》，164页，上海，华东师范大学出版社，2011。

课程内容不断重复有利于幼儿知识的掌握和经验的获得。比如，在综合课程、方案教学等幼儿园课程类型中，螺旋式组织方式就比较常见。但是，直线式组织并非一无是处，在语言、数学等学科课程中，直线式组织有助于幼儿逻辑性地思考问题，同时在知识获取方面效率较高。

2. 幼儿园课程内容的组织形式

根据各门学科知识在课程中的融合程度不同，幼儿园课程内容的组织形式有三种：学科中心组织形式，活动中心组织形式，经验中心组织形式。

(1)学科中心组织形式

学科中心组织形式是按照知识的内在联系及其结构组织课程内容，体现了知识本身的完整性和系统性。在这类组织形式中，幼儿园教师的角色是主导教学的活动进程，幼儿的角色是对幼儿教师的主导活动做出反应。在幼儿园课程目标的指导下，教师根据幼儿的认知特点和规律设计编排幼儿园课程内容，帮助幼儿一步一步地获得必需的知识和技能，通常学科组织形式在幼儿知识和技能获取方面效率较高。但这种组织形式导致的学科分离，不利于幼儿真实地认识世界；学科内在逻辑的严密性脱离幼儿的实际生活，不利于幼儿在生活中学习；通过集体上课传授知识技能的教育活动，忽视了幼儿动手操作和其他能力的培养，忽视了幼儿的情感态度和个性的发展。

(2)活动中心组织形式

活动中心组织形式强调按照幼儿的兴趣、需要和发展水平组织课程内容。在此类组织形式下，幼儿的主动性、参与性是课程内容组织的出发点，幼儿获得了较多的自主设计、积极参与各种活动的机会，能够在与教育情境互动中建构自我的发展。幼儿园的活动形式有很多类型，包括游戏活动、教学活动、生活活动等，若以幼儿参与的规模来划分，还可以分成集体活动、小组活动和个别活动等。活动中心组织形式对于发展幼儿的实践能力、思维品质和个性心理等作用明显。但这种组织形式不能让幼儿获得系统的知识和技能，不利于人类文化的传递，同时对教师的知识准备、组织活动能力等方面要求也比较高。

(3)经验中心组织形式

经验中心组织形式强调依据幼儿的学习和生活经验来组织课程内容。一般通过解决问题来实现，尤其是幼儿生活的各种问题。教师预先设计好问题，拟定所选问题的发展目标，然后引导幼儿主动参与解决问题，让幼儿在发现和探索中获得知识技能、情感培养、态度与价值观形成等。与活动中心组织形式一致的是，经验中心组织形式也强调幼儿的兴趣和需要，不同的是，前者强调各种活动情境的构建，后者注重生活情境的构建。幼儿教师的任务是为幼儿提供学习材料和学习机会，创设一个富有教育性的情境，让幼儿自发地通过自己的直接经验发现和掌握知识、发展能力。经验中心组织形式有利于幼儿思维能力和动手能力的提高，更有利于幼儿个性心理品质的养成。但这种组织形式对教师在选择课程内容、制订计划等方面的能力要求很高。

三、幼儿园课程的实施

课程实施是把设计好的课程方案或拟订的课程计划付诸实践的过程，是从理论到实践、从文本到行动的转换过程。课程实施是整个课程系统中的一个重要环节，因为课程方案里的目标和内容以及教育活动设计准备得再好，如果被束之高阁或者被使用课程的教师大打折扣，就不能产生应有的教育效应。

(一)课程实施的取向

课程实施的取向是指对课程实施过程本质的不同认识以及支配这些认识的相应的价值观。在课程实施过程中，由于不同的人持不同的教育价值观，相应地会对课程实施有不同的认识，并会以不同的态度和方式参与课程实施。课程实施存在三种基本取向，即忠实取向(fidelity orientation)、相互调适取向(mutual adaptation orientation)和创生取向(enactment orientation)。①

1. 忠实取向

忠实取向即视课程实施为忠实地执行课程方案的过程。衡量课程实施成功与否的基本标准是课程实施过程中实现预定的课程方案的程度。实施课程越接近预定的课程方案，则越忠实，课程实施程度也越高；若与预定的课程方案差距越大，则越不忠实，课程实施程度越低。

在这种取向下，课程的设计者和实施者是完全分开的。借用美国学者塞勒(J. G. Saylor)等人对课程与教学关系的一种隐喻：课程就像一幢建筑的设计图纸，会对如何施工做出具体的计划和详细的说明，教学(在此种取向下，教学是课程的主要实施手段)则是具体的施工。② 教师就是施工的工匠，教学的好坏是根据施工效果与设计图纸之间的吻合程度来评价的。

仔细考察我国幼儿园课程的实施现状，可发现有不少幼儿园采用的是忠实取向，特别是一些教育不发达地区和师资水平不高的幼儿园。很多课程方案几乎排好了教师需要上的每一节课，规定了每节课的教学流程，甚至列出了在课上需要提出的问题。除了规定的教具、学具之外，教师几乎不需要做任何准备。教师长

---

① 张华：《课程与教学论》，336页，上海，上海教育出版社，2000。

② 施良方：《课程理论——课程的基础、原理与问题》，139页，北京，教育科学出版社，1996。

期这样执行他人的计划和活动，对自己的工作缺乏支配感和成就感，会逐渐丧失思考和研究能力，到最后，是否有能力忠实地执行课程设计者的计划和意图也是个未知数。

2. 相互调适取向

相互调适取向即把课程实施视为课程设计人员与课程实施者双方同意进行修正调整，采用最有效的方法以确保课程实施成效的过程。相互调适取向强调课程实施不是单向的传递、接受，而是双向的互动与改变。课程方案有必要应学校教育的实际情境而做出弹性调整。事实上，所有的课程方案在实施过程中都必须经过修正、调整才能适用于特定的、变化的课堂情境。唯有如此，教师才能使学生的学习获得最大的效能。

相互调适取向倾向于把课程变革视为一种复杂的、非线性的和不可预知的过程，而不是预期目标与规划方案的线性演绎过程。相互调适取向考虑了具体实践情境，如社区条件、学校情境、师生特点等对课程实施的影响，反映了师生的主动性以及课程实施的复杂性、不确定性和过程性。与忠实取向相比，它更符合课程实施的实际情况。

我国地域辽阔，物质条件、师资水平以及幼儿的先期经验各有差异，不管多么周密和完善的课程计划，用到每个具体的班级和不同准备状态的幼儿时，适应程度肯定有所不同。在这种取向下，幼儿教师参考课程方案里的目标、内容和方法建议，但又不照搬计划或书本，能随时根据外部环境如天气、动植物的生长状况、突发事件等调整课程内容，根据班级幼儿的能力水平和环境条件适当调整教学流程和活动方法，充分发挥课程方案的价值和教师的能动性，实施有质量的学前教育。

3. 创生取向

创生取向即把课程实施视为师幼在具体情境中共同合作、创造新的教育经验的过程。因为教育过程中幼儿的思想和行为是无法预测的，因而课程实施的方向也不确定，很多目标和内容需要在教育过程中临时决定，其结果也无法事先预计。

这种取向能够最大限度地关注幼儿兴趣的变化、能力水平、个性发展等，也能发挥教师和幼儿在课程开发中的作用。但是，边实施边设计的创生取向对教师的要求实在太高。它需要教师对幼儿兴趣和发展水平进行准确把握，对教育目标和内容的价值进行合理筛选，对新的教育过程进行精心组织。从我国目前的师资状况和教育条件来看，真正有能力独立开发课程的教师并不多。

下面我们用表格的形式对三种课程实施取向的异同点进行归纳和比较(见表 2-1)。

表 2-1　三种课程实施取向的比较①

实施取向	课程方案	实施者的角色	评价
忠实取向	事先确定好，不可变。	完全按预定的计划和方案执行。	与方案一致程度越高，效果越好。
相互调适取向	事先确定好，但可根据情况适当调整和改变。	需要根据实际情况对方案进行适当调整。	综合考虑方案的运用和实际效果。
创生取向	不确定，在实施过程中创造和生成。	实施过程中创造和生成新方案。	方案的形成和实际效果。

上述三种取向从不同侧面揭示了课程实施的本质，各有其存在的价值。在课程实施过程中，教师必须综合考虑各方面的因素，既要清楚地理解课程设计者的意图，能够在实践中执行，同时也需要根据具体的教育情境进行调整和相互适应，在可能的情况下，也欢迎创造和生成新课程。从忠实取向到相互调适取向，再到创生取向，意味着课程变革从追求“技术理性”到追求“实践理性”，再到追求“解放理性”，体现了课程变革的发展方向。

(二)幼儿园课程实施的途径

预定好的课程计划或者课程方案在实施过程中可以选用多种方式或途径，而方式或途径选择得适切是幼儿园课程目标达成的关键。教学活动、游戏活动、生活活动是幼儿园课程实施的主要途径。②

1. 教学活动

教学活动是幼儿园课程实施的一种重要途径，是幼儿教师通过有计划、有系统地为幼儿提供相应的学习环境和材料，帮助幼儿获得和提升经验而设计和组织的专门活动(主要是集体教学)。它是精心安排的，用以支持、激发、促进和引导幼儿顺利开展学习和达成有效学习结果的过程，是一种以建构幼儿完满的精神世界为核心的活动过程。任何教学活动都是教师与学生双方共同参与的，是教师的“教”、学生的“学”构成的双边复合活动。在幼儿园课程实施中，幼儿教师作为活动的组织者，其教育行为在课程实施过程中起着关键性作用。课程实施过程是幼儿教师与幼儿平等对话与交流的过程，是体现幼儿教师教育理念的过程，也是幼儿教师教育行为显现的过程。幼儿教师对教育、幼儿的正确认识和理解将通过外显的教育行为在教学实施中影响教学的效果。因此，幼儿园课程的顺利进行需要对教师的教学意识与教学能力、幼儿的学习特点进行分析，对教学活动组织与指导的原则进行探讨。

---

① 全国十二所重点师范大学：《课程论》，207页，北京，教育科学出版社，2007。

② 邵小佩：《幼儿园生命关怀教学研究》，博士学位论文，西南大学，2012。

(1)教师的教学意识与教学能力

教师是教学活动的组织、指导与实施的重要因素。教师的教学意识与教学能力水平直接影响教学活动的组织与实施，并最终影响幼儿的发展。

①幼儿教师的教学意识。

幼儿教师的教学意识是直接或间接影响教学活动实施的关键因素，要树立正确的教学意识，幼儿教师必须把握和处理好以下两对关系。

第一，正确处理好教师权威和幼儿权威之间的关系。在幼儿园课程实施中，幼儿教师应当“蹲下身来”“倾听幼儿”“跟随幼儿”“等待幼儿”“接纳幼儿”，将幼儿视为平等、独立而受尊重的社会成员；在合作交流和共同磋商中张扬“幼儿权威”，民主平等地对待所有的幼儿；“以关怀、接纳、尊重的态度与幼儿交往。耐心倾听，努力理解幼儿的想法与感受，支持、鼓励他们大胆探索与表达”[①]；建立“平等对话”的师幼关系，使幼儿与教师一样拥有平等思考的权利、自由发表见解的权利、与他人展开争鸣的权利，进而使教学活动中的师幼对话真正成为双方心灵沟通、情感互融和生命共同发展的过程。

第二，处理好幼儿自主与教师引导之间的关系。幼儿的学习是一个积极主动的知识建构过程，教师应充分重视幼儿的主体性。在幼儿园课程实施中，幼儿的自主性并不排斥教师的引导，教师要面向全体幼儿，尊重并平等地对待每一位幼儿；根据幼儿的需要、兴趣和能力，提供更多的选择，发挥幼儿在学习与发展中的积极性和自主性；激发幼儿的求知欲和探索精神，引导每一位幼儿发展个性、舒展自我，从而达到自我实现。

②幼儿教师的教学能力。

幼儿教师不仅应当具备正确的教学意识，还应具备实施教学所需的能力。在幼儿园课程实施中，幼儿教师的教学能力主要包括以下三个方面。

一是观察了解幼儿的能力。教学活动情境的复杂性与教学对象的个体差异性要求幼儿教师具备敏锐的观察能力。首先，在教学活动中，教师要观察了解幼儿的兴趣、需要以及认知发展水平和起点，以更好地确立和调整教学活动的目标与内容。其次，教师要能够及时观察幼儿对活动材料、环境、组织形式的反应，分析了解幼儿的不同发展水平和心理活动特点，进而为幼儿提供帮助和指导。最后，教师还应当观察幼儿参与活动的态度、情感，通过幼儿的行为、言语、神情来捕捉有效信息，积极鼓励幼儿大胆地探索和创造。

二是与幼儿积极互动的能力。教学活动是师幼双向交流和互动的过程。幼儿

---

① 教育部基础教育司：《〈幼儿园教育指导纲要(试行)〉解读》，37页，南京，江苏教育出版社，2002。

教师作为一个更有目的和计划性的主体，应当在教学活动实施过程中，积极地与幼儿展开沟通和交流。一方面，教师可以从语言沟通入手与幼儿进行对话交流，激励幼儿的探究兴趣，推动幼儿的思考过程或引导幼儿主动与同伴交往；另一方面，也可以运用非语言沟通的方式，如通过身体动作暗示、行为示范等与幼儿进行情感交流，增强幼儿的信心和勇气。

三是不断评价和反思的能力。在幼儿园课程实施中，教师除了创设情境和材料积极地与幼儿进行互动外，还应当及时对幼儿的活动和学习做出分析评价，进而反思自己的教学行为策略以及对幼儿所产生的影响，以此理解自己的教育行为与幼儿的行为或态度之间的关系。对教学活动的评价和反思主要考虑：活动或学习的目标是否与幼儿的已有经验水平相契合；所提供的学习经验是否能有效地促进幼儿的发展；所采用的活动组织形式是否适合幼儿的兴趣需要和年龄特点；活动过程是否体现调动幼儿的主体性以及鼓励幼儿间的合作交往；是否为幼儿提供了及时、适宜而有效的支持与指导等。

(2)幼儿的学习特点

幼儿园课程实施应根据幼儿学习的特点来进行，时刻关注幼儿的需要，分析幼儿的行为和情感态度表现，了解幼儿的学习方式和特点，从而保证课程实施的实效性。

第一，幼儿的学习具有整体性。幼儿的生活是一个不可分割的整体，他们的认知也是整体性的。幼儿的这种整体性学习特点要求幼儿园课程也具有整体性。因此，在幼儿园课程实施中，教师要注意多创设生活场景、模拟性情境，让幼儿在具体的活动中整体地感知、自主地建构。教师要引导幼儿在生活中学，引导幼儿走向生活世界去整体感知与体验。

第二，幼儿的学习受兴趣与需求的直接影响。兴趣是激发幼儿学习的原动力，在幼儿学习中具有重要作用。一定的需要是兴趣发生的基础，有什么样的需要，幼儿就会对什么样的对象产生兴趣。幼儿的兴趣和需求直接影响幼儿的认识活动，对感兴趣、感到好奇和有需求的事物，他们会以极大的热情积极主动地探索和认识。只有兴趣和需求得到足够的尊重，幼儿才能成为主动的学习者。因此，一方面，教师要关注并追随幼儿的兴趣，将幼儿的兴趣和需求作为幼儿园课程实施的生长点，确立幼儿感兴趣的课程主题，支持并促进幼儿的学习活动；另一方面，教师要注意尽可能把期望幼儿学习的内容转化为幼儿的兴趣和需求，注重用幼儿感兴趣的方式，激发幼儿的兴趣，引起并引导幼儿的学习活动。

第三，幼儿的学习以直接经验为基础。幼儿主要通过各种感官来认识世界，对世界的认识是具体的、感性的、形象的，常借助动作来帮助其思维，表明幼儿的学习以直接经验为基础。对幼儿来讲，只有基于直接经验的学习才是理解性的学习，只有在活动中的学习才是有意义的学习。幼儿园课程实施的关键在于为幼儿创设丰富的活动情境，创设有利于其自发、主动活动的氛围，为其提供各种互动的机会以及与其发展相应的帮助。

第四，幼儿的学习具有独特性与差异性。每一个幼儿作为社会个体都是独立的、自主的。由于受各方面因素的影响，每个幼儿在发展的起点、方向、速度和最终达到的水平上存在着明显差异。这就要求教师尊重幼儿在发展水平、经验、能力、学习方式等方面的个体差异，在教学中必须坚持因人施教原则，满足他们的好奇心、好问、探究、交往，尊重幼儿的精神和情感世界，支持幼儿自主、独立、主动地学习，努力使每一个幼儿都能获得满足和成功，都能在原有水平上有所提高并获得最充分的发展。

(3)教学活动组织与指导的原则

对于幼儿教师来说，幼儿园教学活动的组织与指导既是一项创造性的工作，又是一项艺术性的工作。它需要幼儿教师的教育机智和个人智慧的创造性投入，并不是简单的几条规律和要点可以明晰的。但一般而言，教师对教学活动的组织与指导可遵循如下基本原则。

第一，灵活性原则。一是教师需灵活处理“预设”与“生成”的关系。教师不能拘泥于既定的教学计划，而应当及时捕捉幼儿的兴趣和需要，以此作为灵活调整教学活动的新的“生长点”，在大多数幼儿的经验和兴趣范围内即时生成新的活动主题，体现以幼儿为主体，让幼儿主动建构和提升经验。二是灵活处理“抛球”与“接球”的关系。教师不仅应当敏锐地接过幼儿抛来的“球”，即时回应，而且应当在一定的情境中主动向幼儿“抛球”，以此推动幼儿的探究。三是灵活处理角色身份。教学活动过程中的教师是一个多重角色身份的体现，在不同的活动类型和组织形式中，在对待不同个性和发展水平的幼儿个体时，教师应当灵活调整多重身份，以不同的角色介入幼儿的活动。例如，当幼儿在自我探究和发现材料所蕴含的问题情境并积极地进行思考时，教师应当是一个忠实的“欣赏者”或“合作者”；当幼儿在解决问题过程中遇到困难止步不前时，教师应当是一个“激励者”和“建议者”。教师在这样的角色变换中给幼儿提供有效的支持。

第二，主导性原则。“导”有“引导”“指导”和“诱导”之意。在幼儿园教学活动的组织与实施中，教师应当引导幼儿自主探究，通过平等参与幼儿的活动，使教师与幼儿的心智在共同感兴趣的问题上汇合。教师对幼儿参与活动的态度情感进行引导，对幼儿活动进程中解决问题的能力进行指导，以及对幼儿进一步探究问题进行诱导。

第三，针对性原则。所谓针对性原则，是指教师的指导必须有明确的定位和目标，能够根据幼儿的实际情况和行为表现，在观察分析的基础上，采用灵活有效的方法提供指导。在教学活动中，教师的指导要做到因人而异、因环境而异。在面对纷繁复杂的教学活动情境、因素以及可能出现的意外事件时，利用一定的教育智慧，有针对性地予以关注和解决。

2. 游戏活动

我国学前教育领域的纲领性文件《规程》和《纲要》都规定幼儿园“以游戏为基本活动”。游戏是幼儿“整个未来生活的胚芽，因为整个人的最纯洁的素质和最内在的思想就是在游戏中得到发展和表现的”①。游戏是幼儿“生命”的一部分，是幼儿的“精神乐园”，伴随幼儿的成长，以不同的方式使其生命丰富而充满希望。游戏是幼儿园课程实施的重要途径之一。因此，本部分就教师对游戏活动的组织指导进行阐述。

为了彰显幼儿在游戏活动中的自由、自主、愉悦、富有创造性的生命状态，使游戏真正成为幼儿的基本活动，教师需要为幼儿提供一定的游戏条件，对幼儿的游戏进行有效的组织与指导。教师组织与指导幼儿的游戏活动一般需经历三个阶段——准备阶段、观察阶段与介入阶段，见图2-3。教师在每个阶段工作中的合理性，是幼儿游戏活动顺利进行的保证。

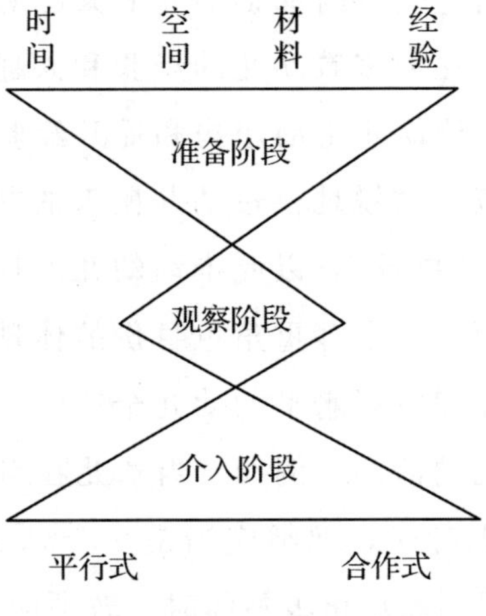

图2-3　游戏活动组织指导阶段示意图

(1)准备阶段

准备阶段包括游戏时间准备、游戏空间准备、游戏材料准备和游戏经验准备。时间是保障幼儿游戏的第一主要因素，幼儿需要充足的时间来计划和完成游戏。

① [德]福禄培尔：《人的教育》，孙祖复译，34页，北京，人民教育出版社，1991。

游戏时间的长短与其年龄、游戏技能、游戏类型有关。如果时间太短，会影响幼儿游戏的质量，幼儿更多地表现为旁观行为、闲散行为、过渡性行为以及进行一些实物游戏和模仿表演游戏，幼儿的想象力、创造力很难发挥。幼儿园应合理安排一日生活，可开展集体游戏、小组游戏和自由游戏，不可因背古诗、做加减法、练节目、练操等非常规事件而取消幼儿的游戏时间。足够的空间是开展游戏的必要条件。空间的密度会影响幼儿的游戏行为，教师应想办法因地制宜地开发和利用有限的空间，如设立内容丰富的活动区角，改变桌椅摆放位置以节省空间，充分利用室内外游戏空间以满足幼儿发展需要。幼儿的游戏在很大程度上受游戏材料的制约。游戏材料是游戏的工具或物质支柱，能诱发、支撑、发展幼儿的游戏活动，使幼儿获得多方面的刺激，积极主动地进行活动。不同类型的游戏材料会引发幼儿不同类型的游戏，教师应根据幼儿的年龄特点和个体差异为幼儿提供丰富且适宜的材料。幼儿的游戏是其生活经验的反映，因此，在组织幼儿游戏之前，教师应根据幼儿的年龄和游戏的类别做好游戏经验的准备。

(2)观察阶段

观察是教师了解幼儿游戏行为的窗口。通过观察，教师不仅能知道幼儿当前的游戏兴趣，如幼儿喜欢进行何种游戏、喜欢使用哪些游戏材料、喜欢什么样的游戏场地、喜欢何种主题的游戏，而且能发现幼儿的游戏水平、游戏中的性别差异等。观察是教师准备游戏与介入游戏之间的桥梁。通过仔细观察，教师才能更好地为幼儿提供时间、空间、材料与经验上的准备；才能使自己对游戏的介入或干预建立在尊重幼儿兴趣与需要的基础之上，有针对性地进行游戏指导。因此，观察是教师推动幼儿游戏进程、丰富幼儿游戏情节的重要手段。在观察时，教师要学会倾听，做幼儿的忠实听众，与幼儿产生互动的心灵感应；教师要学会判断，从幼儿活动的言语和行为中筛选对幼儿游戏发展有价值的东西；教师要学会等待，留出时间和空间，让幼儿充分探索，自己克服困难，解决问题；教师要学会反思，在反思分析中调整幼儿活动的物质环境和心理环境，调整自己的教育行为。

(3)介入阶段

“介入”并不是教师在幼儿游戏时间内的所有行为，它既不是教师对游戏的无意干预，又不完全等同于对游戏的有意指导。“介入”一词在字面上没有自上而下的方向性，而是指插入两者之间进行有效的干预。介入既要考虑教育目标，也要考虑幼儿自身的愿望，教师应明确自身的立足点是幼儿与幼儿当前的游戏。教师对幼儿游戏活动的介入方式有很多种，不同的介入方式对幼儿会有不同的影响，应适时加以选用。在幼儿园生命关怀教学游戏活动中，从教师的角色身份来看，教师的介入方式主要有以下两种。一是平行式介入。这种介入指教师在空间距离上接近幼儿，与幼儿用相同的材料从事相同的活动，但没有直接与幼儿发生交往互动，旨在引导模仿，起着暗示的作用。平行式介入营造了师幼间平等、宽松、和谐的氛围，幼儿在这种氛围中受到了积极影响，获得了潜移默化的发展。二是合作式介入。这种介入是当教师观察到幼儿的游戏活动需要指导时，以游戏合作者的身份进入活动情境或被幼儿邀请，通过角色与角色之间的互动，就游戏情节的发展提出相关问题，激发幼儿思考，推动游戏的深入发展，提高幼儿的游戏水平。无论是平行式介入还是合作式介入，教师在介入幼儿游戏活动之前，都要仔细观察了解幼儿的游戏行为，确定他在干什么、有什么问题或困难，确定介入的契机，介入一定要以不破坏幼儿的游戏气氛为前提。在实际介入过程中，教师可通过情感性鼓励和技艺性帮助的方式引导幼儿的游戏。情感性鼓励是指教师在介入时的微笑、鼓励、赞美等激发幼儿游戏兴趣的方式。技艺性帮助是指教师通过动作示范、实物提供等支持和帮助幼儿提升游戏水平。

3. 生活活动

生活活动是一日活动的重要组成部分，贯穿一日生活的始终，主要包括进餐、睡眠、盥洗、饮水、如厕、散步、日常劳动等环节和内容，它们对幼儿的发展起着重要作用。因此，它是幼儿园课程实施的重要途径之一。幼儿园生活活动约占幼儿在园生活时间的一半，其组织与指导主要从以下几个方面做起。

(1)创造适宜的生活活动环境

环境既是教育的背景，也是教育的手段，同时又是教育自身。经过优化的生活活动环境能够使幼儿受到潜移默化的影响，因此，要注重生活活动环境的创设，把教育渗透在环境中，使幼儿在“无声”的环境中受到熏陶感染、启迪、润泽，萌发他们内在的生命张力。例如，在盥洗室里为小班幼儿准备洗手流程图，让幼儿了解正确的洗手方法；张贴节约用水的卡通图，让幼儿养成洗完手后拧紧水龙头的好习惯。在幼儿园的各个角落，有幼儿自行设计的各种小图标，时时提醒幼儿遵守生活常规，养成良好的行为习惯。例如，饭前要先手，手脏了要及时洗，不浪费水，把玩具放回原处，图书看完后整齐地放回书架，鞋带松了要系好，不挑食，不浪费粮食等。可创造生活活动区，让幼儿通过在活动区操作材料，逐步掌握生活活动技能，激发自我服务的兴趣。

(2)采用灵活多样的方法进行指导

由于受到年龄与认知特点的限制，幼儿需要反复练习才能养成良好的习惯。可是幼儿的注意力集中时间短，因此要注意使教学活动、游戏活动与生活活动相结合，指导方法的运用灵活恰当。可通过教师榜样的潜移默化影响作用或同伴榜样使幼儿互相模仿；利用诗歌、故事等幼儿感兴趣的文学艺术作品讲述来启发引导幼儿；组织幼儿到隔壁班、社区等参观，在参观活动中观察幼儿的行为，及时矫正幼儿乱丢垃圾、随地吐痰等不良行为，让社区环境影响幼儿爱护环境的意识与行为；教师也可通过讲解示范让幼儿练习，结合游戏，有效开展生活活动，培养幼儿良好的生活习惯，使生活活动真正起到促进幼儿发展的作用。

(3)体现幼儿的主动性和差异性

在生活活动中，幼儿是活动的主体。对幼儿而言，他们不是被动地接受养护，而是需要通过自身的活动获得身体、心理的发展。在生活活动中，幼儿能够自己想的，就让他们自己想；幼儿能够自己做的，就让他们自己做，以体现幼儿的主动性，培养他们生活上的自我管理能力。生活活动中的规则，由幼儿自己制订，让幼儿成为自己生活的主人，成为生活活动的主体，积极主动地发展自己，看到自己的力量，意识到自身的价值，体验生命成长的快乐。

幼儿与幼儿之间由于身体状况、家庭环境、性格等方面差异的影响，会表现出个体差异，这些差异也会反映在生活活动中。教师不能对幼儿生活的每一环节都进行干预，要求幼儿的行动由教师统一指挥、整齐划一，而是应该重视这些差异，区别对待，个别照顾。例如，集体喝水、集体盥洗等，只考虑教师便于管理，没有考虑幼儿的个体需求，有损幼儿的身心健康。对入园情绪不稳定的幼儿、体弱多病的幼儿、吃饭慢等某一环节中有困难的幼儿，教师要给予格外的关注和引导。以注意倾听、耐心观看、适时询问等方法，及时体察和探明幼儿在生活活动中的需要，因人施保施教，使其在幼儿园的生活活动中感到安全、温暖、宽松和愉快。生活技能的获得和习惯的养成，对于每个幼儿来说也不是同步的，存在着很大的差异，同样需要因人施保施教，给予不同的指导和帮助。例如，在中班就餐环节，教师可摆放小勺和筷子两种餐具供幼儿进餐前自由选择，满足各发展阶段幼儿的需要。

(4)积极与家长配合

幼儿生活习惯和生活能力的提高也离不开家庭教育，家长的参与与配合是必不可少的。同步教育才会让教育价值得以落实，如果在幼儿园，幼儿能够独立或在教师的帮助指导下完成自己吃饭、穿(脱)衣裤、如厕、整理玩具等活动，但一回到家中，家长就包办了幼儿的生活，就会使幼儿在幼儿园内学到的生活技能没有得到锻炼，也容易让幼儿形成“幼儿园一个样、家中一个样”的负面印象。因此，教师应通过与家长的交流(如家长会、家访、个别谈话等)，向家长介绍幼儿园生活活动的目标、内容和方法，让家长了解应如何教育、帮助、指导幼儿养成良好的生活习惯和生活技能，争取家长的理解和配合，和家长统一思想，以保持家园教育的一致性，使幼儿生活活动的良好行为得到巩固和强化。

相关链接

《幼儿园教育指导纲要(试行)》规定的教育活动的组织与实施

一、幼儿园的教育是为所有在园幼儿的健康成长服务的，要为每一个儿童，包括有特殊需要的儿童提供积极的支持和帮助。

二、幼儿园的教育活动，是教师以多种形式有目的、有计划地引导幼儿生动、活泼、主动活动的教育过程。

三、教育活动的组织与实施过程是教师创造性地开展工作的过程。教师要根据本《纲要》，从本地、本园的条件出发，结合本班幼儿的实际情况，制订切实可行的工作计划并灵活地执行。

四、教育活动目标要以《幼儿园工作规程》和本《纲要》所提出的各领域目标为指导，结合本班幼儿的发展水平、经验和需要来确定。

五、教育活动内容的选择应遵照本《纲要》第二部分的有关条款进行，同时体现以下原则：

(一)既适合幼儿的现有水平，又有一定的挑战性。

(二)既符合幼儿的现实需要，又有利于其长远发展。

(三)既贴近幼儿的生活来选择幼儿感兴趣的事物和问题，又有助于拓展幼儿的经验和视野。

六、教育活动内容的组织应充分考虑幼儿的学习特点和认识规律，各领域的内容要有机联系，相互渗透，注重综合性、趣味性、活动性，寓教育于生活、游戏之中。

七、教育活动的组织形式应根据需要合理安排，因时、因地、因内容、因材料灵活地运用。

八、环境是重要的教育资源，应通过环境的创设和利用，有效地促进幼儿的发展。

(一)幼儿园的空间、设施、活动材料和常规要求等应有利于引发、支持幼儿的游戏和各种探索活动，有利于引发、支持幼儿与周围环境之间积极的相互作用。

(二)幼儿同伴群体及幼儿园教师集体是宝贵的教育资源，应充分发挥这一资源的作用。

(三)教师的态度和管理方式应有助于形成安全、温馨的心理环境；言行举止应成为幼儿学习的良好榜样。

（四）家庭是幼儿园重要的合作伙伴。应本着尊重、平等、合作的原则，争取家长的理解、支持和主动参与，并积极支持、帮助家长提高教育能力。

（五）充分利用自然环境和社区的教育资源，扩展幼儿生活和学习的空间。幼儿园同时应为社区的早期教育提供服务。

九、科学、合理地安排和组织一日生活。

（一）时间安排应有相对的稳定性与灵活性，既有利于形成秩序，又能满足幼儿的合理需要，照顾到个体差异。

（二）教师直接指导的活动和间接指导的活动相结合，保证幼儿每天有适当的自主选择和自由活动时间。教师直接指导的集体活动要能保证幼儿的积极参与，避免时间的隐性浪费。

（三）尽量减少不必要的集体行动和过渡环节，减少和消除消极等待现象。

（四）建立良好的常规，避免不必要的管理行为，逐步引导幼儿学习自我管理。

十、教师应成为幼儿学习活动的支持者、合作者、引导者。

（一）以关怀、接纳、尊重的态度与幼儿交往。耐心倾听，努力理解幼儿的想法与感受，支持、鼓励他们大胆探索与表达。

（二）善于发现幼儿感兴趣的事物、游戏和偶发事件中所隐含的教育价值，把握时机，积极引导。

（三）关注幼儿在活动中的表现和反应，敏感地察觉他们的需要，及时以适当的方式应答，形成合作探究式的师生互动。

（四）尊重幼儿在发展水平、能力、经验、学习方式等方面的个体差异，因人施教，努力使每一个幼儿都能获得满足和成功。

（五）关注幼儿的特殊需要，包括各种发展潜能和不同发展障碍，与家庭密切配合，共同促进幼儿健康成长。

十一、幼儿园教育要与0～3岁儿童的保育教育以及小学教育相互衔接。

四、幼儿园课程的评价

幼儿园课程的评价是指为了制订课程目标，检测课程目标实现的程度，在课程实施之前、课程实施过程中及课程实施某阶段终结时，对学习者的学习过程和结果进行测量和描绘，对课程各要素的适宜性进行评估的工作。

(一)幼儿园课程评价的作用

《纲要》指出："教育评价是幼儿园教育工作的重要组成部分，是了解教育的适宜性、有效性，调整和改进工作，促进每一个幼儿发展，提高教育质量的必要手段。"课程评价可以诊断课程、修正课程、预测教育的需求，确定课程目标达成的程度等。通过评价，可以及时发现现行课程与预定目标之间的差距和问题；通过信息反馈，促进保教工作的改进，使课程更适合幼儿的需要，更符合教育目标的要求，对提高教育效果、改善今后的教育教学有很大的意义。

(二)幼儿园课程评价的类型

根据不同的评价标准，幼儿园课程评价有以下不同的类型。

1. 诊断性评价、形成性评价和总结性评价

根据评价时间以及评价结果的应用，可以将幼儿园课程评价分为诊断性评价、形成性评价和总结性评价三类。

(1)诊断性评价

诊断性评价是在课程开发的准备阶段进行的活动，即在幼儿园教育活动开始之前或确定具体的幼儿园课程之前，为使幼儿园教学计划和教学内容更好地满足幼儿发展的需要、使教学计划有效实施而进行的预测性评价。其作用在于诊断课程开发的相关背景，如幼儿的兴趣与需要、教师的能力与意愿、幼儿园的现实状况、地方需求与期望、课程材料的特点与质量等，在一定程度上，优先预测教育的需要，为课程的设计与发展提供适时的、合理的信息。①

(2)形成性评价

形成性评价是在实施课程方案的全过程中，对课程各要素及其相关因素的合理性、适宜性、协调性进行检核，为调整、改进、完善课程提供反馈信息，以不断提高教育的效果。这种评价具有动态性，注重评价课程设计、课程实施的过程；具有即时性，可以立即获取反馈信息，及时对课程计划做出调整。

(3)总结性评价

总结性评价是在课程方案实施告一段落后，对课程进行综合性的检核，以判断课程方案的成功程度及其推广价值。这种评价具有静态性，所获得的反馈信息比较稳定；具有终结性，是对该课程计划是否有效做出的结论。

形成性评价与总结性评价是相对划分的。在评价过程中，两者可相互转化。例如，总结性评价的结果可能认为某个教育阶段未达到预期目标，需要对此做出

---

① 李子建、杨晓萍、殷洁：《幼儿园园本课程开发的理论与实践》，155～156页，北京，人民教育出版社，2009。

调整或修订，这种情况下的评价就是形成性评价。反之，在发展课程的过程中，也可对某一阶段的教育做短期效益的总结性评价。

2. 内在评价和效果评价

根据评价关注的问题，可以将幼儿园课程评价分为内在评价和效果评价两类。

(1)内在评价

内在评价是指对课程计划本身的评价。① 这种评价更多关注的是课程计划本身的内在价值和课程内容组织的合理性，如课程目标设置的合理性、课程内容组织的结构性和逻辑性等。课程计划实施后可能获得的效果，则不属于该类评价的内容。

(2)效果评价

效果评价是对课程实施效果的评价，关注的是课程计划实施的效果与课程预设目标之间的一致度。这种评价不关注课程计划本身的合理性、课程计划实施的具体状况以及变化产生的原因等。

3. 内部人员评价和外部人员评价

根据参与评价的主体，可以将幼儿园课程评价分为内部人员评价和外部人员评价两类。

(1)内部人员评价

内部人员评价是指课程设计者或课程计划实施者根据一定的评价指标和标准对幼儿园课程的相关内容进行的评价。内部人员包括制订幼儿园课程计划的专家、学者等理论研究者和实施幼儿园课程计划的园长、教师等幼儿园一线教师。内部人员评价具有很大的自由性，尤其是对于课程计划实施者来说，在课程计划实施前、实施中、实施后都可以进行评价。

(2)外部人员评价

外部人员评价是指与课程计划制订和实施无直接关系的人员对幼儿园课程进行的评价。外部人员评价主要包括教育行政人员对幼儿园课程的评价、督学系统的督导评价、专家评价、系统内同行评价、幼儿家长评价以及社会评价。

4. 量化评价和质性评价

根据评价的方法，可以将幼儿园课程评价分为量化评价和质性评价两类。

(1)量化评价

量化评价是指用简化的数字、数量对复杂的教育现象和课程现象进行分析和

---

① 李子建、杨晓萍、殷洁：《幼儿园园本课程开发的理论与实践》，155～156、156 页，北京，人民教育出版社，2009。

解读，进而得出评价结论。量化评价以科学实证主义为认识论基础，认为只有通过量化研究、量化的数据才能得出科学、客观的评价结论。

虽然量化评价在一定程度上确实能凸显教育现象和课程现象及其中存在的问题，提供直观、具有可比性的强有力的证据，但是量化评价对于某些教育现象和课程现象的评价仍不能给出令人信服的结论。例如，量化评价不能很好地显现出特定的教育观、儿童观、课程观、课程价值观等方面的问题，也不能很好地揭示诱发问题存在的深层次原因。

(2)质性评价

质性评价即通过自然的方法，对真实的课程计划、课程方案以及教学现象进行全面、深刻的描述，反映其真实情况。由于质性评价的评价者和评价对象都是主体的人，因而会不可避免地受到各种主观因素的干扰，从而影响评价的信度和效度。质性评价对评价者的要求很高，并不是所有的评价者都能胜任。

总之，上述各种分类使用的是不同的标准，一种分类方式并不一定能涵盖所有的评价形式，而且各个类型之间并非相互排斥，而是可以彼此相容的。即使是某种分类内部，也并非十分严格，而只是一种典型的概括。因此，评价分类研究的目的是便于了解、把握各类评价的特点。

(三)幼儿园课程评价的主体

《纲要》指出："管理人员、教师、幼儿及其家长均是幼儿园教育评价工作的参与者。评价过程是各方共同参与、相互支持与合作的过程。"因此，幼儿园课程评价的主体具有全员性、多元性的特点，是多元主体间双向或多向选择、沟通的评价机制，是体现"以人为本"的评价机制。

(四)幼儿园课程评价的内容

幼儿园课程评价的内容主要涉及以下三个方面。

1. 对课程方案本身的评价

对课程方案本身的评价主要了解两个方面：一是方案及其中的各个要素、部分是否依据科学的原理、原则，是否以正确的课程理论为指导等；二是课程结构是否合理，各个要素之间是否具有较高的内部一致性。例如，幼儿园课程目标是否建立在了解本班幼儿现状的基础上，课程的内容是否能调动幼儿学习的积极性。

2. 对课程实施过程的评价

对课程实施过程的评价主要了解：幼儿在课程活动中的反应(如主动性、参与程度、情绪状态等)，教师的态度和行为(如对儿童的控制程度、管理方式、教学策略以及教育机智等)，师生互动的质量，学习环境等。通过对实施过程的评价，一方面可以获得课程方案对幼儿适应性方面的信息，另一方面可以了解影响课程效果的因素。例如，课程实施方式和策略是否与幼儿的学习特点相符合。

3. 对课程效果的评价

对课程效果的评价可以从幼儿、教师和课程本身三个方面来考虑：幼儿是否在原有经验水平上得到了发展，这是最主要的方面；同时也要看教师从中获得了什么，是否通过对自己的教学进行反思而有所收获；最后还要看课程本身是不是在这一过程中得到了充实和发展。例如，课程实施的最终结果，能否为幼儿提供有益的学习经验并符合幼儿发展的需要，是否兼顾群体需要和个体差异，是否有利于幼儿主动有效地学习。

（五）幼儿园课程评价的原则①

幼儿园课程评价应遵循以下原则。

1. 评价应有利于改进和发展课程

幼儿园对教育教学计划执行情况以及教育效果进行测量与评估，要侧重于诊断和改进课程与教学，不应把评价只作为对教师工作或幼儿发展的鉴定手段。例如，有一所幼儿园在学期测查中发现幼儿的小肌肉动作发展迟缓，手指动作不灵活，大多数幼儿不会用剪刀，握笔无力等。针对这种现象，他们在每日活动中增加了手工制作等活动，通过一个阶段的努力，弥补了幼儿在这方面发展的缺失。所以，评价是为了发现问题和解决问题，是为了改进工作，促进幼儿发展，达到预期的教育目标。

2. 以自评为主，充分发挥教师的主体性

教师是教学活动的设计者和课程的执行者，在课程实施中，教师常被当作主要的被评价者，以此检核教师所采取的教育措施是否有效地实现了预定的目标。但教师不应被动地接受检查，而应把评价作为不断改进教学、提高教育能力、有效促进幼儿发展的一种手段。在每一次教育活动结束后，自觉地对活动过程进行分析与评价，发挥教师的主体性。外部评价者也应充分与教师沟通，尊重他们的说明与意见，共同商讨解决方法和今后发展的方向，把评价结果作为发展中的一个新起点。

3. 评价应有利于幼儿的发展

教师在对幼儿的学习与发展进行评价时，要特别注意以下方面。

评价目标符合幼儿身心整体发展；评价内容及方法符合幼儿的年龄特点；评价要尊重幼儿的个体差异，发现和发挥幼儿的潜能，反对进行相互比较；评价时接纳幼儿的看法，发展幼儿的自我评价能力；评价时要收集各方面的资料，包括对幼儿连续的定期观察和记录、家长提供的资料、幼儿的学习作品等，客观地加

① 陈世联：《幼儿园课程与活动指导》，25～26页，重庆，重庆出版社，2007。

以整理和分析，不存偏见；评价结果要及时告诉家长，使他们了解幼儿的发展进度，增强对幼儿成长的认识，以利于家园合作。

4. 评价应科学、有效

课程评价要有正确的指导思想和评价标准，幼儿园课程评价的指标要与《纲要》的精神保持一致，防止用不适宜的标准来干扰幼儿园课程评价工作。课程评价应讲求实效性，要为改善和提高教育质量提供有用的信息，防止形式化。

相关链接

《幼儿园教育指导纲要(试行)》规定的教育活动评价

一、教育评价是幼儿园教育工作的重要组成部分，是了解教育的适宜性、有效性，调整和改进工作，促进每一个幼儿发展，提高教育质量的必要手段。

二、管理人员、教师、幼儿及其家长均是幼儿园教育评价工作的参与者。评价过程是各方共同参与、相互支持与合作的过程。

三、评价的过程，是教师运用专业知识审视教育实践，发现、分析、研究、解决问题的过程，也是其自我成长的重要途径。

四、幼儿园教育工作评价实行以教师自评为主，园长以及有关管理人员、其他教师和家长等参与评价的制度。

五、评价应自然地伴随着整个教育过程进行。综合采用观察、谈话、作品分析等多种方法。

六、幼儿的行为表现和发展变化具有重要的评价意义，教师应视之为重要的评价信息和改进工作的依据。

七、教育工作评价宜重点考察以下方面：

(一)教育计划和教育活动的目标是否建立在了解本班幼儿现状的基础上。

(二)教育的内容、方式、策略、环境条件是否能调动幼儿学习的积极性。

(三)教育过程是否能为幼儿提供有益的学习经验，并符合其发展需要。

(四)教育内容、要求能否兼顾群体需要和个体差异，使每个幼儿都能得到发展，都有成功感。

(五)教师的指导是否有利于幼儿主动、有效地学习。

八、对幼儿发展状况的评估，要注意：

（一）明确评价的目的是了解幼儿的发展需要，以便提供更加适宜的帮助和指导。

（二）全面了解幼儿的发展状况，防止片面性，尤其要避免只重知识和技能，忽略情感、社会性和实际能力的倾向。

（三）在日常活动与教育教学过程中采用自然的方法进行。平时观察所获的具有典型意义的幼儿行为表现和所积累的各种作品等，是评价的重要依据。

（四）承认和关注幼儿的个体差异，避免用划一的标准评价不同的幼儿，在幼儿面前慎用横向的比较。

（五）以发展的眼光看待幼儿，既要了解现有水平，更要关注其发展的速度、特点和倾向等。

本节自评

本节知识点	了解程度				
	☆☆☆☆☆	☆☆☆☆	☆☆☆	☆☆	☆
幼儿园课程目标制订的依据、取向、层次、表述					
幼儿园课程内容的取向、范围、特点、选择的原则、组织					
幼儿园课程实施的取向、途径					
幼儿园课程评价的作用、类型、主体、内容、原则					

思考与练习

1. 目标模式课程编制的程序是什么？有什么优势与劣势？
2. 谈谈斯滕豪斯的过程模式对幼儿园课程编制有什么影响。
3.《纲要》中五大领域的课程目标是什么？
4. 幼儿园课程实施途径有哪些？各实施途径在运用时应该注意什么？
5. 幼儿园课程评价应遵循哪些原则？

实践与操作

1. 请分别以“水”“雨”“蚯蚓”“马路上的车辆”为活动主题，列出：

(1)一个以上中远期目标。

(2)两个以上表现性目标。

(3)三个以上行为目标。

2. 到图书馆查找某出版社出版的幼儿园教材，根据幼儿园课程内容选择的原则及内容的组织，做出适宜性分析。

学习反思

第三章

园本课程的开发与利用

学习目标

1. 了解园本课程的内涵与特点。

2. 了解园本课程开发的内涵、特点及开发条件，掌握园本课程开发的程序，并能在实践中运用。

3. 了解园本课程资源的内涵、类型与特点，掌握园本课程资源开发与利用的一般流程，并能在幼儿园实践中运用。

本章导言

“园本课程”一词开始在幼教界流行后，有人认为“园本课程”是独立于幼儿园课程之外的另一套特别的课程，是与幼儿园课程平行实施的。还有人认为幼儿园课程与“园本课程”的关系是“包含关系”，幼儿园除了通常的课程外，还有“园本课程”，把园本课程看作幼儿园课程的一个组成部分即幼儿园的特色课程，将“编制教材”“创建特色课程”等同于园本课程开发。有些教师在园本课程开发过程中，脱离本园本班幼儿实际，盲目模仿、照搬其他幼儿园的做法……

思维导图

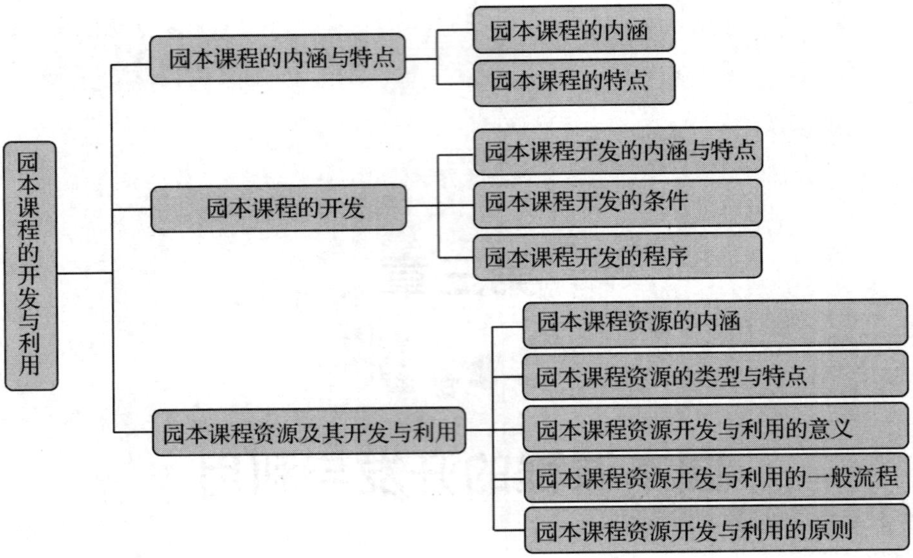

21世纪，世界各国都面临着信息技术崛起、科学技术发展、知识经济到来、学习化社会出现等一系列重大变化，面临着社会对各行各业人才、对公民素质提出的更多更高要求，为此，世界上很多国家和地区都实施了以课程为核心的基础教育改革。我国的基础教育课程改革从全球视野出发，追踪国际课程理论与实践发展的动态，把握世界基础教育课程改革的发展趋势。2001年5月，国务院颁布了《关于基础教育改革与发展的决定》。同年6月，教育部颁布的《基础教育课程改革纲要(试行)》明确提出，本次基础教育课程改革要改变课程管理过于集中的状况，实行国家、地方、学校三级课程管理，增强课程对地方、学校及学生的适应性。随着我国基础教育课程改革中三级课程模式的确立，我国校本课程开发蓬勃发展了起来。

2001年9月，教育部颁布《纲要》，《纲要》第三部分“组织与实施”中指出：“教育活动的组织与实施过程是教师创造性地开展工作的过程。教师要根据本《纲要》，从本地、本园的条件出发，结合本班幼儿的实际情况，制订切实可行的工作计划并灵活地执行。”这实际上给园本课程的开发留下了空间，也是对其开发的鼓励，由此激发了幼儿园对园本课程的探索与实践，使园本课程成为当前学前教育课程发展的一种趋势。但不少教师对“园本课程”等相关概念理解不甚清楚，园本课程的特点是什么？园本课程开发的内涵、特点及条件是什么？园本课程资源包括哪些？本章拟就这些问题展开讨论。

第一节　园本课程的内涵与特点

"园本课程"一词在幼教界流行后，不少人对这一概念的认识很模糊，如认为园本课程就是幼儿园的特色课程，园本课程开发就是编写园本教材，只有好的幼儿园才有园本课程等。这些片面或错误的理解导致了园本课程开发实践的一系列问题，如关注所谓特色课程的开发，而忽视对所选择的课程文本的园本化改造；重视园本教材，而忽视园本课程开发的出发点和归宿是幼儿的发展；对园本课程开发持消极观望的态度，使园本课程开发处于自发状态。在创建园本课程时，有必要对园本课程有正确且较深入的认识。

一、园本课程的内涵

"园本课程"是从"校本课程(school-based curriculum)"借鉴而来的。为了弄清园本课程的内涵，我们需先了解校本课程的内涵。

(一)什么是校本课程

校本(school-based)，"base"在《新英汉词典(增补本)》中的释义主要有：基础；基地；基点；把……基于，把基地设在……[①]"本"在《新华词典》中的解释有：草本之根或茎干；根源；依据；原有的，如本意等。[②] 从中英文字面来理解，"校本"意为"以学校为基础""以学校为依据"。

郑金洲在《走向"校本"》一文中这样解释：所谓校本，一是为了学校，二是在学校中，三是基于学校。"为了学校"，是指要以改进学校实践、解决学校所面临的问题为指向。"在学校中"，是指要树立这样一种观念，即学校自身的问题，要由学校中的人来解决，要经过学校校长、教师的共同探讨、分析来解决，所形成的解决问题的诸种方案要在学校中加以有效实施。"基于学校"，是指学校开展的各种培训、研究、教学实践以及设计开发的各门课程等，都要从学校生存发展的实际出发，都应切合本校的实际，充分挖掘本校的各种潜力，将本校的各种资源充分地利用起来，为学校的建设和发展服务。[③]

王铁军在《校本课程：理念·特点·策略》中提出校本课程"是在国家课程标准

① 《新英汉词典》编写组：《新英汉词典(增补本)》，90页，上海，上海译文出版社，1985。

② 新华词典编纂组：《新华词典》，43页，北京，商务印书馆，1980。

③ 郑金洲：《走向"校本"》，载《教育理论与实践》，2000(6)。

规范下，与国家课程、地方课程相对应和补充的，以学校为本位，以学校为阵地，在学习需求分析基础上，由学校自主开发和编制的可供学生进行多种选择的课程”①。

另有学者认为，“校本”意思是“以学校为本”“以学校为基础”。校本课程就是以学校为本位、为基础的课程，即学校在一定的教育思想指导下，立足学校具体实际，充分利用社区和学校的课程资源，自主进行开发的符合本校学生个性特点、体现学习特色的课程。②

(二)什么是园本课程

虞永平指出，园本课程，顾名思义就是指以幼儿园之“本”为基础的课程或是在幼儿园之“本”的基础上建立起来的课程。在此，“本”是指基础、现状、背景、实际、条件及可能等反映幼儿园现实的因素。因此，园本课程是指在幼儿园现实的根基上生长起来的，与幼儿园的资源、师资等条件相一致的课程。③

根据校本课程的内涵，我们认为，园本课程是以国家和地方课程政策为指导，以幼儿园为基地，立足本园和本地实际，切实考虑本园的教育理念、条件、现状等因素，以支持、满足和促进本园幼儿发展为根本，由园长、教师、课程专家、幼儿、家长及社区人士共同参与，充分开发与利用园内外各种课程资源，通过对课程的选择、重组、整合或开发而形成的具有本园特点的课程体系，是对本园课程局部或整体开发的结果。

它表现出以下三个方面的含义：为了幼儿园，在幼儿园中，基于幼儿园。

“为了幼儿园”，是指要解决幼儿园存在的种种问题，改进幼儿园实践，进一步提升幼儿园的办园水平及教育教学质量。“在幼儿园中”，即幼儿园自身的问题要由幼儿园中的人(园长、教师、保育员等)来解决，幼儿园之外的其他人难以替代也不能替代。“基于幼儿园”，是指幼儿园组织的各种培训、展开的各类研究、设计的各门课程等，都应充分考虑、挖掘和利用幼儿园现存的资源和条件。

由此，园本课程是与国家课程、地方课程相对而言的课程形式，是由幼儿园发起并在幼儿园实施的课程；是以幼儿园、幼儿、教职工的发展需要为主要出发点来考虑设置的课程；是立足幼儿园和当地社区的实际条件，特别是在可能开发与利用的课程资源的基础上不断发展和建设的课程；同时，也是在充分考虑与国家、地方课程标准保持一致的前提下凸显幼儿园独特个性的课程。④

---

① 王铁军：《校本课程：理念·特点·策略》，载《扬州大学学报(高教研究版)》，2003(4)。

② 石鸥、刘丽群：《中小学课程与教学改革》，206～207页，长沙，湖南人民出版社，2003。

③ 虞永平：《试论园本课程的建设》，载《早期教育》，2001(8)。

④ 许卓娅：《园本课程建设与反思型教师自我成长研究》，载《早期教育》，2002(8)。

想一想

1. 幼儿园课程与园本课程的关系是什么？
2. 园本课程与园本教材的关系是什么？

二、园本课程的特点

园本课程在课程权力、课程管理、课程内容和课程实施等方面都有自身的特点，具体体现如下。

(一)在课程权力上，园本课程具有自主性

我国三级课程管理制度的确立，体现了课程决策权的再分配，园本课程正是课程权力下放的产物。由此，幼儿园是课程决策的中心，在课程内容选择、实施及评价中具有自主性。幼儿教师在课程决策中的地位从课程决策的消费者和执行者变为课程政策制订与表述的积极参与者，其自主权和专业地位有课程政策保证。因此，园本课程能从根本上打破课程开发与实施相分离的现象，更好地利用社区、幼儿园的课程资源，满足社区、幼儿园、幼儿的差异性，为幼儿提供多样化选择，减小课程意图和课程实施之间的落差，有利于设置理想的课程。

(二)在课程管理上，园本课程具有民主性

园本课程打破了"自上而下"的课程决策模式，让更多主体参与到课程的决策之中。"园本课程不是外来的课程，而是在幼儿园内部逐渐生长起来的课程。"[①]在园本课程建设中做出贡献的除了教师外，还有其他人员，如园长、保育员、幼儿、家长、课程专家及社区中的有关人员。多元主体在课程开发过程中各自发表自己的见解，融入自己的声音，能够更好地融合各种资源，使课程取得更好的实施效果。

(三)在课程内容上，园本课程具有开放性

在课程内容上，园本课程不再局限于主流文化，而是主张课程的选择、组织应来自幼儿的经验和需求、教师的关注、幼儿园以及地域的文化。[②] 园本课程不只意味着一个课程方案，还意味着一个逐步建设、逐步完善的过程。"幼儿园的基础、现状、条件会随着幼儿园课程的研究不断发生变化，幼儿园课程也必须跟上

---

① 虞永平：《试论园本课程的建设》，载《早期教育》，2001(8)。

② 李子建、杨晓萍、殷洁：《幼儿园园本课程开发的理论与实践》，120页，北京，人民教育出版社，2009。

这种变化，使园本课程真正拥有立足之'本'。"①园本课程的内容不是一成不变的，而是会随着幼儿园的变化而变化，呈现出开放性。

(四)在课程实施上，园本课程具有生成性

园本课程一反过去对确定性课程的看法，强调转化而非传递，强调创造而非遵循，认为课程应该随着社会的变迁、历史的发展、环境的变化，在不断地对话循环、改进中形成。由此，园本课程具有过程性、动态性、生成性和发展性，它是逐步建设和完善的过程，是一个各种课程资源得到开发与利用的过程，还是一个幼儿园课程自身的特点不断彰显、幼儿园特色日渐鲜明的过程。

本节自评

本节知识点	了解程度				
	☆☆☆☆☆	☆☆☆☆	☆☆☆	☆☆	☆
园本课程的内涵					
园本课程的特点					

第二节　园本课程的开发

园本课程开发是幼儿园教育工作的重要内容。时下，"园本课程开发"几乎成了很多幼儿园园长和教师们的口头禅，接待上级视察、同行来访、大会小会言必称"园本课程开发"。这本身并不是坏事，问题在于很多幼儿园误读了"园本课程开发"的含义，比较典型的表现是把园本课程开发等同于编写教材、树立特色，更有甚者认为园本课程开发可以我行我素、不受约束等。这些误读所带来的是园本课程开发的混乱现象，即表面轰轰烈烈，实际上盲目跟风、脱离实际。本节拟就园本课程的开发问题展开讨论。

一、园本课程开发的内涵与特点

(一)园本课程开发的内涵

"园本课程开发"对应的英文是"kindergarten-based curriculum development"。关于什么是园本课程开发，学者们纷纷提出了自己的观点。

---

① 虞永平：《试论园本课程的建设》，载《早期教育》，2001(8)。

陈时见等人认为：园本课程开发是一个以幼儿园为基地进行课程开发的开放、民主的决策过程，即园长、教师、课程专家、幼儿以及家长和社区人士共同参与幼儿园课程计划的制订、实施和评价等活动。① 左瑞勇指出，可以从两个层面剖析“园本课程开发”的内涵：一是园本课程的开发，二是课程的园本化。前者指幼儿园作为课程的权力主体进行幼儿园自己的课程开发；后者指幼儿园作为课程的参与主体，根据自己的具体实际对国家或地方课程进行园本化的适应性改造。前者是“原创”性的，后者则是“改编”性的。②

综上所述，我们认为，园本课程开发是指幼儿园组织及其成员根据国家、地方关于《纲要》的精神及幼儿园的实际需要，从幼儿园的教育理念及办园宗旨出发，依据幼儿园自身的性质、特点、条件及可开发与利用的资源所进行的幼儿园课程计划的制订、实施和评价等课程实践活动。对于园本课程开发的概念，可以从广义和狭义两个方面理解。从广义上讲，园本课程开发即特定幼儿园对本园课程进行的整体规划、实施、评价、完善等一系列过程，最终形成一套本园完整的课程体系。从狭义上讲，园本课程开发即特定幼儿园对本园已有课程进行选择、重组、整合或创新并不断调整的过程，最终形成完整的园本课程体系。

想一想

“园本课程开发”与“课程的园本化”的关系是什么？

(二)园本课程开发的特点

园本课程开发具有以下四个基本特点。③

1. 人本性与发展性

“人本”即以人为本，以幼儿为本，以教师为本。园本课程开发必须通过促进幼儿和教师的发展来促进幼儿园的发展，没有幼儿和教师的发展就不可能有幼儿园的发展。

2. 内生性与适宜性

园本课程开发必须依据本园的教育哲学、教师人力资源状况、幼儿的实际以及家长、社区的要求进行内生性的课程开发，由此开发出的园本课程对幼儿、教师及幼儿园的发展才是适宜的。

① 陈时见、严仲连：《论幼儿园的园本课程开发》，载《学前教育研究》，2001(2)。

②③ 左瑞勇：《园本课程开发：流行背后的追问与反思》，载《学前教育研究》，2007(12)。

3. 多样性与独特性

园本课程开发不可能有统一、固定的模式，园本课程开发模式具有多样性。在多样性的特点下，每个幼儿园的办园特色都必然凸显在它们的园本课程中，从而使园本课程开发表现出独特性。

4. 民主性与大众性

园本课程开发是以幼儿园为基地进行课程开发的开放、民主的决策过程，园长、教师、课程专家、幼儿及家长和社区人士共同参与幼儿园课程计划的制订、实施和评价等活动，每一个参与者都有权提出关于课程方面的意见。

拓展学习

请扫描文旁二维码，阅读材料《关于园本课程、课程园本化、园本课程开发等概念的辨析》①，说一说园本课程、课程园本化、园本课程开发三个概念的含义是什么。

二、园本课程开发的条件

园本课程的开发不是线性的过程，而是多层面、多因素协同作用的结果。园本课程的开发条件可分为软件和硬件两方面。②

（一）软件

软件包括：办园理念，民主、开放和科学的幼儿园管理，优良的人力资源，有效的服务和监督机构等。

1. 办园理念

园本课程开发首先要有明确的理念。理念是一所幼儿园的灵魂，理念的确立有助于确定园本课程开发的方向、凝聚教育合力、形成幼儿园特色。

这里的理念是指幼儿园的教育哲学、办园宗旨与教育目标。教育哲学确定园本课程开发的总体方向。办园宗旨是在教育哲学的指导下，幼儿园依据本园具体情况确立的总的发展方向，它对园本课程开发具有直接的指导意义。教育目标是教育哲学与教育宗旨的具体化和操作化，是园本课程开发的直接方向。

幼儿园要有自己独特的教育哲学和办园宗旨，亦即要根据具体的师幼特点、教育资源、幼儿园环境以及教育者的办学宗旨确立自己幼儿园独特的发展方向。

---

① 摘自李云淑：《关于园本课程、课程园本化、园本课程开发等概念的辨析》，载《上海教育科研》，2008(11)。

② 陈世联：《幼儿园课程与活动指导》，62～65 页，重庆，重庆出版社，2007。

正是幼儿园自己的教育哲学和办园宗旨的贯彻落实，才有了具体的园本课程开发的实践过程。反过来说，没有明确的教育哲学和办学宗旨的幼儿园是不可能进行园本课程开发的。即使“开发”起来，也只能是漫无目标地盲动，极易落入“跟风”“追潮流”“千园一面”的怪圈。

在美国，不同幼儿园的办园理念是不同的，有的宣扬自己主张福禄培尔的理念，有的强调自己是蒙台梭利的嫡传，还有的则打着杜威或皮亚杰的旗号。美国幼儿园的办园理念值得我们学习。每一所幼儿园都有自己的文化传统和教育特色，办园理念也要体现本园独有的文化传统、社区特色和师生特色，体现幼儿园独特的办园宗旨和发展方向，这是园本课程开发的一个重要条件。①

2. 民主、开放和科学的幼儿园管理②

园本课程的开发是根据国家、地方的规定和幼儿园的特点，由众多人员共同参与完成的，不是单个人的行为。这就要求幼儿园有一个民主、开放的组织结构，而不是“一个人说了算”“一言堂”，更不是“闭门造车”。它需要幼儿园园长纵向、横向的协调，需要幼儿教师广泛而积极的参与，需要家长的配合，需要社会主动而有力的支持。

园本课程开发是幼儿园自主进行的，它的实施成效不可能依赖于国家用类似外部统一考试等评价手段来检测。因此，园本课程的开发更多地需要幼儿园自身科学的管理机制，确切地说是自觉自律的自我评价机制。幼儿园不断反思园本课程开发过程中出现的各种问题，自我批评、自我改进、自我激励，保证园本课程开发的顺利进行。幼儿园的科学管理还应包括对时间、场所、资金的管理，使开发与利用课程资源时能从各种渠道得到有力的支持。

3. 优良的人力资源

园本课程开发是一项牵涉面广、要求高的综合活动，需要大量的人力投入，而且是高素质的人员的参与才能开发出高水平的园本课程，促进幼儿的发展。因此，园长、教师、课程专家、社区人士等都必须是某一方面的专业人员，还必须是懂得课程理论和有实践经验的人员。

(1)园长是园本课程开发的关键

没有园长的参与和支持，园本课程开发只是一句空话。园长在园本课程开发中需要充当“课程领导者”的角色。在这一过程中，园长必须凝练和形成本园的教育哲学和办园宗旨，并着力构建体现本园教育哲学和办园宗旨的民主开放的组织

---

①　陈世联：《幼儿园课程与活动指导》，65页，重庆，重庆出版社，2007。

②　陈时见、严仲连：《论幼儿园的园本课程开发》，载《学前教育研究》，2001(2)。

结构、和谐互动的教学系统、自觉自律的评价机制。由此可见，在园本课程开发中，园长的领导是一件非常繁杂的工作，也是具有核心意义的工作，其领导素质和专业水平的高低对园本课程开发的成败具有决定性影响。

(2)教师是园本课程开发的重要前提

任何教育变革如果得不到教师的支持都无法成功，园本课程开发无疑离不开教师的支持，而且需要一支具有敬业精神、专业知识理论与技能过硬的师资队伍。教师是园本课程开发中最主要的参与者，是园本课程开发的重要前提，是影响园本课程成功开发的重要因素。教师要有专业精神，要有充足的精力和时间，才能担当起园本课程开发的重任。教师的教育观、儿童观、课程观直接影响园本课程的开发，教师的专业化发展水平直接制约着园本课程开发的质量。教师必须具备具体的学科知识和课程理论知识、掌握课程编制技术、具有研究意识和能力，才能成功解决教育实践过程中的问题。

(3)课程专家是园本课程开发不可缺少的力量

由于园本课程开发的复杂性，幼儿园人员独立完成的困难较大，需借助大学或教育研究机构中的课程专家的力量。课程专家在园本课程开发中可发挥以下作用：一是在开发工作前，通过讲课、讨论、座谈等方式向幼儿园教师普及课程开发知识、课程相关政策，宣传园本课程开发的意义和价值，激发广大教师参与开发的积极性和兴趣；二是协助幼儿园制订园本课程开发的计划，结合幼儿园的办园宗旨和具体情况，确立园本课程开发的方向、范围、种类、步骤；三是始终参与开发计划实施，指导参与者分析幼儿和相关资料，及时解决开发中遇到的问题，修正开发计划；四是在对园本课程进行内部评价时，运用自己丰富的数据和专业的意见，制订进一步的开发计划。

(4)社区人士是园本课程开发的中介

园本课程开发需取得社区人士的支持。社区人士可以作为中介，联系幼儿园和其他社会机构，解决园本课程开发中出现的各种各样的问题。同时，社区人士对园本课程和教师的看法会通过各种途径传达给幼儿园，只有通过社区人士认可的活动才能在社区内存在下去。

4. 有效的服务和监督机构

目前，有些地方在进行园本课程开发时，往往由某位行政负责人(本地负责各幼儿园工作的行政人员)召集几位园长或教师编纂完成，然后指令(或半强迫半建议)各幼儿园购买。这种看似带有地方特色的幼儿园课程，实质上并不是园本课程。这种课程的完成没有课程专家的指导，没有家长和幼儿的参与，充其量只是其他课程的翻版。真正的园本课程应该有一套完备的服务和监督机构，一方面，这个机构能为园本课程开发提供有效的服务，使社会各界广泛参与决策、管理；另一方面，它又能起到监督作用，对于不符合课程原则的幼儿园课程或违反幼儿身心发展的课程能及时发现并纠正，使园本课程不至于走到“一哄而上”的境地，这也是历史的教训。当然，服务是首要，监督是其次，只是在发生不科学的“园本课程开发行为”时，监督作用才凸显出来。①

(二)硬件

园本课程开发所需的硬件主要包括充足的经费和物质保证等。

1. 充足的经费

园本课程的开发必须考虑幼儿园自身的经济状况。园本课程开发过程中，课程组织、课程实施、课程推广、课程编制人员的薪酬、课程资源的建设与利用等很多方面都是需要经费支持的。充足的经费是园本课程开发的强有力的经济后盾，直接制约着园本课程开发活动的开展。没有充足的经费支持，就不可能进行真正意义上的园本课程开发。

2. 物质保证

园本课程的开发过程中必然涉及物质问题，如合理开发与利用课程资源，对于时间、场所和资金的优化配置，从大学等教育机构和社区中获得资源支持等。这些都得到保证，园本课程开发才能顺利进行。

三、园本课程开发的程序

园本课程开发是一个专业性比较强的活动，借鉴校本课程开发的程序，我们认为园本课程开发应包括以下几个基本操作环节。

(一)组建园本课程开发队伍

进行园本课程开发，幼儿园首先必须根据自身的各种资源和办园历史，依据本园独特的教育宗旨或教育哲学来确定课程开发的发展方向，成立园本课程开发队伍，以便开展各项活动。园本课程开发队伍应包括幼儿园内部人员与幼儿园外部人员。幼儿园内部人员主要包括园长、主管副园长、教师、幼儿代表。外部人员包括地方当局行政主管领导、课程专家、家长和社区代表等。只有内外配合，群策群力，才能有效地促进园本课程开发。

(二)情境和需要分析

只有对各种园内外的情境和需要进行科学、充分的了解和分析，才能开发出适合本园的课程。园本课程开发除了要考虑园内的情境和需要，也要考虑园外的

① 陈时见、严仲连：《论幼儿园的园本课程开发》，载《学前教育研究》，2001(2)。

情境和需要。园内情境和需要的分析包括对园内资源现状的评估以及对教师和幼儿的评估。园内资源包括人力资源、物质和财政条件等。教师是园本课程开发的主体，教师自己的知识水平和兴趣在很大程度上影响着课程开发的质量。对幼儿的评估关系到园本课程的针对性，包括幼儿的家庭背景、身心发展状况。园外的情境和需要主要包括社会需要、社区状况、家庭情况等。从社会需要来看，园本课程要照顾当代社会对人才的新需要，传统单一型人才已不符合时代要求，而需要全面发展、具备多方面才能的人才，因此，园本课程应给幼儿提供更多的发展自己专长的机会。从社区需要来看，幼儿园都处在一定的社区环境中，都会受到社区的多方面影响，因此，园本课程设计应把握社区的活动实际。从家庭需要来看，应考虑不同家庭结构、经济条件幼儿的需要。

(三)拟定目标

园本课程开发的实质就是依据幼儿园制订的教育目标，建构幼儿园的总体课程，并据此实施、评估、改善的过程。所以，应先明确幼儿园的教育目标，才能为园本课程的建设与发展指明方向和提供依据。幼儿园教育目标是幼儿园对所要培养的人才的基本要求，其制订要遵循国家的教育目的，考虑社会发展的要求和学校的实际情况。幼儿园教育目标制订以后还需进一步细化，最终通过课程和教学来实现。所以，幼儿园的教育目标必须转化为课程的总体目标，并进一步细化为各学习领域的目标，通过教学来实现各学习领域的目标，进而最终实现教育目标。

(四)编制园本课程方案

园本课程开发方案是幼儿园关于园本课程开发的总体思路的粗略描述，主要包括园本课程开发背景、理论基础、总体目标、内容结构、组织实施与评价建议及保障措施等。

(五)讨论与实施

课程方案实施前需要跟教师、家长沟通与说明，听取他们对实施的意见，争取他们的支持与合作，以便做必要的修正，这样才能保证实施的效果。课程实施是将课程方案付诸实践的过程，也就是将书面课程转化为教育实践的过程。实施过程中应做好充分的准备、各方面的协调沟通，也需要足够的物质支持。

(六)评价与修订

评价是课程建设过程的重要环节，通过评价可以真实反映课程现状与目标的差距、现存问题以及需修订的方面，使课程不断完善，从而更有效地促进课程的发展。一般来说，园本课程评价要考虑以下四个方面的问题。

1. 评价时间

评价既要包括诊断性评价，又要包括形成性评价和总结性评价。

2. 评价主体

评价主体应以内部评价为主、外部评价为辅，同时主体应多元化，应来自多方面的领域。

3. 评价内容

评价内容不仅要有结果评价，也要有过程评价；不仅要有对幼儿的评价，也应包括对教师的评价。

4. 评价方式

园本课程多是非学术的活动型或体验型课程，其学习结果不是很明显，难以用简单的量化评价来测量，因此采用质性评价更适宜，如档案袋评价、描述性评价等方式。

本节自评

本节知识点	了解程度				
	☆☆☆☆☆	☆☆☆☆	☆☆☆	☆☆	☆
园本课程开发的内涵与特点					
园本课程开发的条件					
园本课程开发的程序					

第三节　园本课程资源及其开发与利用

园本课程与园本课程资源有着紧密的联系，没有园本课程资源也就没有园本课程。没有园本课程资源的合理开发与有效利用，园本课程开发就无从进行，体现园本特色、满足幼儿需要的园本课程体系也就难以建立。目前，园本课程资源的开发与利用可以说是风生水起，但不少教师对于什么是园本课程资源，它有哪些类型、特点，园本课程资源开发有何意义，如何开发和利用园本课程资源等问题的认识还不足。本章拟就这些问题进行探讨。

一、园本课程资源的内涵

为了弄清园本课程资源的内涵，我们首先需要清楚什么是课程资源，只有弄清楚课程资源，才能为清楚认识幼儿园课程资源铺平道路。

(一)什么是课程资源

对于“资源”,《现代汉语词典(第7版)》指出，“资源”指生产资料或生活资料的来源，包括自然资源和社会资源。[①] 从信息资源学的角度看，资源是自然界和人类社会中能创造物质和精神财富的各种客观存在形态或存在物。[②]

关于课程资源的内涵，张廷凯认为，课程资源是课程与教学信息的来源，指一切对课程和教学有用的物质和人力。[③] 范蔚认为，课程资源是指富有教育价值的，能够转化为课程或服务于课程的各种条件的总称。[④] 李建平认为，课程资源作为构成课程开发系统工程的资料来源，是课程设计、课程实施、课程评价等整个环节中可资利用的一切人力、物力以及自然资源的总和，是任何课程设计和实施都需要的前提和支持。[⑤] 徐继存等人认为，课程资源是课程设计、课程实施和课程评价等整个课程编制过程中可资利用的一切人力、物力以及自然资源的总和。包括教材以及学校、家庭和社会中所有有助于提高学生素质的各种资源。课程资源既是知识、信息和经验的载体，也是课程实施的媒介。[⑥] 吴刚平认为，课程资源有广义和狭义之分，广义的课程资源指有利于实现课程目标的各种因素，狭义的课程资源仅指形成课程的直接因素来源。概括起来，课程资源就是形成课程的因素来源和必要而直接的实施条件。[⑦]

可见，对课程资源的探讨有两个角度：一是立足课程的实施，强调课程资源对丰富课程内容和教学组织方式的作用；二是从课程内部入手，涉及课程编制的全过程，为我们展示了一幅完整的课程资源的画卷。

综上所述，我们认为课程资源是形成课程的要素来源，是实施课程必要而直接的条件，是进行教育的一切素材。

(二)什么是园本课程资源

基于以上对课程资源概念的理解，我们认为园本课程资源是指在园本课程资源开发过程中可资利用的一切人力、物力、自然资源的总和，是实施园本课程的必要而直接的条件，是对幼儿进行教育的一切素材。

园本课程资源是形成园本课程的材料、内容载体，是达成园本课程目标的桥

---

① 中国社会科学院语言研究所词典编辑室:《现代汉语词典(第7版)》,1732页，北京，商务印书馆，2016。

② 杨蕾、钟志贤:《RBL:为研究性学习打开一扇门》,载《教师博览》,2002(2)。

③ 张廷凯:《课程资源：观念重建与校本开发》,载《教育科学研究》,2003(5)。

④ 范蔚:《实施综合实践活动对课程资源的开发利用》,载《教育科学研究》,2002(3)。

⑤ 李建平:《课程资源如何开发利用》,载《中国教育报》,2001-10-09。

⑥ 徐继存、段兆兵、陈琼:《论课程资源及其开发与利用》,载《学科教育》,2002(2)。

⑦ 吴刚平:《课程资源的理论构想》,载《教育研究》,2001(9)。

梁，是实施园本课程的条件，是评价和改进园本课程的因素，是园本课程开发必不可少的前提与支撑。

二、园本课程资源的类型与特点

(一)园本课程资源的类型

园本课程资源具有多样性，从不同的角度可以将园本课程资源分成不同的类型。

1. 按来源分，可分为园内课程资源和园外课程资源

园内课程资源包括：①园内的各种场所，如专用教室、图书资料室、多功能厅、游戏屋、运动场；②教育教学设施设备，如小中型运动器械、大型组合玩具、钢琴、电视、录音机、磁性黑板、广播站、实验小农场和小工厂等；③各种教育教学材料，如教具学具、卡片挂图、书报杂志、录音带、录像带、光盘；④游戏材料，如小动物头饰、服装、道具、拼插组合玩具；⑤幼儿手工制作材料，如纸张、胶水、剪刀、各种废旧物品等；⑥园内的人力资源，如园长、教师群体、幼儿与家长；⑦园内的隐形资源，如幼儿园管理者对课程改革的态度、幼儿一日生活的时间安排、幼儿园的空间利用和环境创设、师幼关系、干群关系、员工素质、班级组织、园纪园风、园容园貌等；⑧与教育教学密切相关的各种活动，如参观访问、座谈讨论、文艺演出、社团活动、体育比赛、典礼仪式等。

园外课程资源包括幼儿家庭、社区、自然、网络信息资源乃至整个社会中各种可用于教育教学活动的设施和条件。①幼儿的家庭环境、家长素质，幼儿家庭种的花草、养的宠物、使用的各种用具以及图书、报刊、电脑等学习工具等也是不可忽视的课程资源。②社区的生活环境、建筑布局、风土人情，社区的文化设施如图书馆、科技馆、博物馆、纪念馆、体育馆、科研院所、中小学校，社区的其他单位和组织如气象站、地震台、水文站、消防队、银行、超市、医院、工厂、农村、部队等，都是宝贵的课程资源。③动植物、微生物、地形、地貌、地势、天气、气候、季节、自然景观等丰富的自然资源是我们生存和生活的基础，也是需要我们开发与利用的重要课程资源。④以计算机网络为代表的信息化资源，是幼儿园其他课程资源无法替代的。随着教育现代化进程的不断推进，信息化课程资源的开发与利用将是最富有前景的资源类型。

2. 按性质分，可分为自然课程资源和社会课程资源

自然课程资源是指自然世界中的各种事物及其构成的生态环境，具有天然性和自发性的特点。包括季节、天气、植物、动物、山川、河流、湖泊、地形、地貌等。

社会课程资源是指人类创造出来的社会事物、社会现象和社会活动资源，具有人工性和自觉性的特点。包括人类社会的生产和生活活动及其工具，人类社会的各种组织与机构，保存和展示人类文明成果的公共设施如图书馆、博物馆、展览馆等。

3. 按功能特点分，可分为素材性课程资源和条件性课程资源

素材性课程资源是指作用于课程，并且能够成为课程的素材或来源。比如，知识、技能、经验、活动方式与方法、情感态度价值观及培养目标等方面的因素。幼儿园的素材性课程资源主要来源于幼儿的生活世界。幼儿生活中的经验、游戏活动、师幼互动等都是幼儿园课程的要素来源，是幼儿园课程的内容载体。素材性课程资源经过筛选和提炼，就转化成幼儿园课程要素。

条件性课程资源是指作用于课程但并不形成课程本身的直接来源，它在很大程度上决定着课程的实施范围和水平。例如，直接决定课程实施范围和水平的人力、空间、场地、媒介、设备、设施和环境等因素，具体包括幼儿园的活动设备、游戏场地、玩具、幼儿园环境等。条件性课程资源是课程设计、实施与评价的必要条件。

4. 按存在方式分，可分为显性课程资源和隐性课程资源

显性课程资源是指看得见、摸得着，可以直接运用于教育教学活动的人力资源和物质资源。例如，教育工作者、课程研究者，课程计划、课程标准、课程指南、教学用书(教材)、参考资料、学习辅导材料、练习册等纸张印刷制品，现代化教学设备、计算机网络、电子音像制品，教室、实验室、电教室、语音室、电脑室、科技馆、操场、社区的文化教育机构(图书馆、博物馆、少年宫等)、风景名胜、文物古迹等文体活动场所，自然界中的实物以及人们的活动等。作为实实在在的人与物的存在，显性课程资源可以直接成为教育教学的便捷手段或内容，相对易于开发与利用。

隐性课程资源是指以潜在的方式对教育教学活动施加影响的精神形态的课程资源。例如，社会生活方式、社会风气、社会主流价值观、行为规范与准则、人际关系、幼儿园环境设置、园纪园风、师幼关系、家庭气氛、亲子关系等。其中，教师的课程意识和课程观念是核心。其作用方式具有间接性和隐蔽性的特点，不能构成教育教学的直接内容，但它们对教育教学活动的质量起着持久的、潜移默化的影响。

5. 按课程资源的载体形态分，可分为以人为载体的课程资源、以物为载体的课程资源和以活动为载体的课程资源

以人为载体的课程资源既包括人本身，也包括人所具有的思想价值、情感态度、知识经验以及行为方式，还包括人与人之间的关系等。教师的教育观念、知识经验、情感态度、行为方式、师幼关系等都是幼儿园课程资源的重要成分，是直接影响幼儿教育的重要因素。幼儿自身的知识经验、情感态度及个性品质等同样是课程的重要资源，决定着课程的水平与进展。而家长的思想观念、行为习惯及亲子关系等也是影响课程实施及其效果的重要资源。以人为载体的课程资源涉及的人员很多，主要有幼儿园教师、幼儿、家长以及社区其他相关人员。

以物为载体的课程资源是指事物所承载的各种课程资源，既包括各种各样的实物、材料及玩具等，还包括以物为载体所体现出来的科技、文化和艺术。这些课程资源有文字资源、实物资源和信息化资源。以物为载体的课程资源广泛存在于自然环境、社会生产及社会生活之中，具有潜在性、广泛性和多质性的特点。幼儿园中的设施设备、材料玩具、图书图画、影像制品等都是主要的课程资源。而广泛存在于自然环境和生活环境中的事物既是幼儿园重要的素材性课程资源，也是重要的条件性课程资源；不仅是幼儿学习的重要经验，也是幼儿学习的必要条件。

以活动为载体的课程资源既指人类社会各种各样的生产与生活活动，也指这些活动所包含的价值和规范。它们既是人们生存的必要方式，也是人们生活的重要形态。但并非所有的人类活动都是幼儿园的课程资源，只有那些与幼儿的生命活动相关联并为幼儿所理解和接受的活动才能进入幼儿园课程体系。幼儿的生命活动是幼儿园课程的重要来源，幼儿园课程要基于幼儿的现实生活，并为幼儿的未来生活服务。幼儿的日常生活活动、游戏活动和学习活动都不同程度地反映着人类社会的生产和生活活动，是幼儿园课程的主要形态，而广泛的社会活动又为幼儿的生活活动、游戏活动和学习活动提供了丰富的资源和保障条件。

6. 按课程资源的物理特性和呈现方式分，可分为文字资源、实物资源、活动资源和信息化资源

文字资源是指以文字为载体、以教材为主的印刷品等。

实物资源表现为自然物质和人类生产生活过程中创造出来的物质及为教育教学活动专门制作的物品，具有直观、形象、具体的特点，表现形式多种多样：①自然物质，如动植物、泥沙、矿石等；②人类生产生活过程中创造出来的物质，如建筑、机械、服饰等；③为教育教学活动专门制作的物品，如笔墨纸砚、黑板、白板、教具学具、小动物头饰、卡片挂图、模型标本等。

活动资源内容广泛，包括教师的言语活动和体态语言、班集体和幼儿社团的活动、各种集会和文艺演出、社会调查和实践活动、师幼之间的交往等。

信息化资源以计算机网络为代表，具有信息容量大、智能化、虚拟化、网络化和多媒体的特点，对于延伸感官、扩大教育教学规模和提高教育教学效果有着重要的作用，是其他课程资源所无法取代的。

(二)园本课程资源的特点

1. 多样性

不同地区，可被开发与利用的幼儿园课程资源不同，其构成形式和表现形态也不尽相同；不同文化背景下，人们的价值观念、风俗习惯、宗教信仰等各具特点，相应的幼儿园课程资源也各具特色；幼儿园的办园规模、办学水平、所处的地理位置以及教师素质不同，所开发与利用的课程资源也会有很大的差异；幼儿家庭背景、生活环境不同，可供开发与利用的课程资源也必然有所差异。①

2. 独特性

园本课程资源会因地域、文化传统、幼儿园以及师幼各自的差异而不同，体现特色是园本课程资源开发的基本前提。例如，园本课程地域特色要求挖掘地域蕴含的教育资源，从地域素材和活动中加深幼儿对自己生活环境的认识和了解，培养幼儿对地域的感情。

3. 多质性

多质性是指同一资源对于不同的课程具有不同的用途和价值，而且同一课程的实施可以选取多样的课程资源。例如，动植物资源可以成为幼儿学习生物学知识的资源，也可以成为学习环境学、生态学知识的资源，还可以成为幼儿调查、统计的资源。农村幼儿园附近的山，既可以用于幼儿体育活动中的体育锻炼资源，也可以用于劳动中的植树绿化资源；既可以在艺术欣赏中陶冶幼儿的情操，也可以教幼儿调查动植物的种类。

4. 价值潜在性

园本课程资源对于课程的影响，有赖于对课程资源的开发与利用。相当一部分园本课程资源在课程设计之前就已经存在，它具有转化为幼儿园课程或支持课程实施的可能性，但还不是幼儿园课程或课程实施的现实条件。只有开发一切静态的园本课程资源并使其进入幼儿园课程，与幼儿园教育教学活动联系起来，才赋予了园本课程资源教育教学价值。

三、园本课程资源开发与利用的意义

园本课程资源开发就是寻找一切有可能进入幼儿园课程、能够与幼儿园教育教学活动联系起来的资源。园本课程资源利用就是赋予或挖掘园本课程资源的教

---

① 施桂红:《幼儿园园外课程资源的开发与利用》，硕士学位论文，山东师范大学，2011。

育价值并应用于教育教学过程的各种活动。园本课程资源作为园本课程开发的前提和依据，是为园本课程建设服务的。园本课程资源的开发与利用伴随着园本课程开发的全过程。或者说，园本课程开发的过程就是园本课程资源开发与利用的过程，两者紧密联系，不可分割。园本课程资源开发与利用是一体的两面，开发是利用的前提，利用是开发的目的，而开发的过程包含一定的利用，在利用的过程中也会促进进一步的开发。所以下面将园本课程资源开发与利用的意义合为一体讨论。

(一)有利于创建幼儿园特色

园本课程资源是园本课程目标达成的桥梁、课程顺利实施的条件和载体。开发园本课程、创建幼儿园特色有赖于各个幼儿园独特的园本课程资源。园本课程资源作为园本课程形成、发展、完善的基础和前提，其开发与利用的范围和程序成为园本课程开发的基本保障。园本课程资源开发与利用的过程就是幼儿园课程实施的过程、教学活动开展的过程、课程目标实现的过程。园本课程资源的开发与利用对园本课程的持续发展、幼儿园特色的彰显具有重要意义。

(二)有利于促进幼儿全面发展

园本课程资源的开发与利用将充分调动幼儿的生活经验，为幼儿表现潜能、发展个性、培养能力提供支持，并且成为促进幼儿发展的基石。一方面，开发与利用园本课程资源，可将幼儿的差异性与幼儿真实的生活引入课程中，给幼儿提供教科书和配套教辅资料无法替代的感官刺激、信息刺激、思维刺激，这对幼儿身体机能、认知水平、社会性情感发展的价值是不言而喻的。另一方面，当幼儿的真实生活成为教学情境时，幼儿将从被动学习走向主动探索。面对丰富的课程资源，幼儿将面临如何获取信息、如何筛选信息、如何从这些信息中归纳出对解决问题有用的东西等问题。这一过程将形成并强化幼儿处理信息的能力，并且逐渐培养幼儿独立学习的意识、能力和习惯，让幼儿真正学会学习，最终成为课程资源的主体和学习的主人。

(三)有利于提升幼儿教师专业素养

园本课程及其资源的开发，在给幼儿教师带来挑战的同时，也为其提供了专业发展的广阔舞台和良好契机。通过园本课程资源开发与利用的实践活动，教师将与自然和社会互动，不断地融入自然和社会生活中，深化对自然、社会及人与自然、人与社会关系的感悟；获得与他人分享智慧的机会和创造的广阔空间；赢得专业自主权、课程决策权的回归，从中摆脱对课程资源的无意识状态，实现认识上的飞跃。在园本课程资源开发与利用的实践中，教师将不再只是教科书的被动讲授者、课程目标的被动执行者，将从课程边缘走入课程中心，将成为课程目标和标准的制订者、实施者，将主动、积极地参与课程的全过程，包括计划、实施、检查、评价等各个环节。这种角色和工作方式的转变促使教师获得专业成长和发展。

四、园本课程资源开发与利用的一般流程

园本课程资源的开发与利用即寻找一切有可能进入幼儿园课程、能够与幼儿园教育教学活动联系起来的资源。园本课程资源的开发与利用通常按如下流程进行。

(一)园本课程资源评估

对幼儿园教育资源进行评估是整体规划、设计课程资源开发与利用方案的重要依据。通过对幼儿园所在地的地理环境、规模、师资、幼儿、保育员、家长、社区参与、硬件设施、办园经费等方面进行审慎评估，可发现其优势、劣势、机遇和潜在的危机(SWOT 分析法)。教师评估课程资源先是对课程资源进行描述、列举，将各种资源列举出来，然后比较课程资源与实现课程目标的相关程度、课程资源间的优越程度、开发与利用的难度和条件，为进一步的开发与利用创造条件。

相关链接

幼林培英幼儿园体育特色课程 SWOT 分析表[①]

要素	优势(strengths)	劣势(weaknesses)	机会(opportunities)	威胁(threats)
幼儿园师资状况	1. 90%以上的教师都是大专以上学历，本科学历占80%，全部具备教师资格证。 2. 拥有 3 名幼儿园男教师，1 名行政兼教学，2 名单一教学。 3. 配备体育专科、美术专科、音乐专科、电脑专科、心理专科教师。	1. 全员教职工达到 75 名，显得有些臃肿。 2. 在编教师只占 1/3。 3. 教师工资普遍不高，影响积极性。	1. 区级学前教育三年行动计划正在实施中，近两年全园不断有教师考到编制。 2. 不断提升教师的工资。	1. 随着公办园越开越多，具有丰富经验的教师都通过选拔，出去当园长。 2. 新教师经验不足，对体育特色课程的理解不深。

① 罗永生:《应用 SWOT 分析幼儿园体育特色课程》，载《教师》，2018(15)。引用时有改动。

续表

要素	优势 (strengths)	劣势 (weaknesses)	机会 (opportunities)	威胁 (threats)
户外球类区域活动实施	1. 户外球类区域活动比较成熟，熟练阶段教师几乎不需要指导就可以直接开展。3 名男教师的存在让这类活动更加丰富和精彩。 2. 所设项目类型不太难，幼儿比较容易做到。	1. 项目设置偏向于简单，不利于幼儿素质的提升。 2. 年轻教师居多，教师的专业素养还需要提升。	1. 幼儿园球类课程已成为广州市继续教育课程的一个项目，户外球类区域活动作为最重要的一个项目，是其中的重要内容。 2. 很多项目实施多年，一成不变，到了必须改革的地步。	户外球类区域活动的发展遇到瓶颈，无法有效提高。
球类教学活动	在课题研究阶段，开发出上百个教学内容，适用于各个年龄段的幼儿。	内容比较陈旧，观念不够新。	男教师及新加入的教师是课程改革的新生力量。	源源不断的各类教学技能大赛促使教师不断更新自己的教育观念。

(二)园本课程资源的选择与开发利用

选择园本课程资源是教师面对众多的课程资源做出决策的过程。园本课程资源的选择应该体现优先原则。首先是效果优先。教师优先选择的应该是最有利于实现课程目标、最有助于教学目标达成的资源。其次是利用优先。教师利用课程资源的方式主要有两种：一种是直接利用，这是在对现有资源完全熟悉基础上的利用；另一种是间接利用，也就是开发的问题。课程资源的开发与利用实际上是把课程资源从潜在的状态导向现实的状态。

案例 3-1

科学选择本土教育资源生成园本课程内容①

一、合理地挖掘自然资源进入课程内容

重庆市大足区龙水镇幼儿园教师经常带领幼儿深入大自然，引导幼儿实际感受周围环境的发展变化，让幼儿感知真实的生活，使其获得丰富的体验，获得一定的知识和技能。例如，附近的龙岗山不但风景美丽，还有闻名中外的石刻，更是大足人民锻炼、游玩的好去处。带领幼儿来到龙岗山，让

① 摘自重庆市大足区龙水镇幼儿园园本课程开发实例。

幼儿在与环境的互动中受到潜移默化的影响，于是“美丽的龙岗山”主题就产生了，并生成了几类活动。①科学活动：探索活动“搭北塔”。②语言活动：儿歌《爬北山》，谈话活动“美丽的龙岗山”。③艺术活动：美术“龙岗山的白塔”“龙岗山的柏树”，音乐《欢迎来到龙岗山》，音乐游戏“小袋鼠”。④社会活动：认知交流“家乡的烈士饶国梁”，活动区活动“我喜欢的龙岗山”。⑤数学活动：“五个手指头”“数北塔”。⑥健康活动：“去龙岗山”“套圈”“萝卜干品尝会”。根据季节的变化，我们又有了“绿的世界”的主题活动，生成了语言活动“春天来了”和“彩色的龙岗山”、科学活动“记录春天”和“有趣的蝴蝶”、健康活动“踏春天的龙岗山”等。就这样，我们以自然资源为基点，通过预设主题和生成活动相结合的方式，使各领域间发生联系，并利用适宜的、现成的教材或自己创编的一些教材构建了乡土教育资源园本课程。

二、充分利用社区资源进入课程内容

幼儿园位于大足区的中心地段，社区资源较为丰富，有机关、旅行社、医院、邮局、商场等公共场所。有效地开发与利用这些社区资源不仅可以开阔幼儿的眼界、丰富幼儿的经验、弥补幼儿园教育资源的不足、拓展幼儿园课程的内容，还可以培养幼儿的社会意识，使幼儿更加关心社会、了解社区，更加关注自己周围的生活，轻松愉快地融入社会。于是，我们设计了“我是小导游”这个主题活动。在这个主题活动中，让幼儿了解家乡的人文地理，感知家乡的风景特色，萌发喜爱大足、亲近大足、热爱家乡的情感，并从中学习一些社会规范。幼儿园探索出了“美丽的大足”“宏声广场”“我和大足”“笛女酒香飘四方”“我是小铁匠”“介绍家乡——大足”“介绍家乡特产”等教育活动。又如，在大班幼儿毕业前夕，我们利用附近小学的资源，开展了“我要上小学了”主题活动，带领幼儿参观小学的校园环境，看小学生的学习活动，参观小学生的少先队和升旗仪式等，让幼儿切身参与到小学生的活动中去。这些活动有助于幼儿认识与了解小学生角色，使其向往小学生的学习生活。通过对社区资源的开发与利用，幼儿园与社区携起手来，密切配合，合理地挖掘社区资源，促成园本课程的构建。

三、选择民间传统的儿歌、故事、游戏进入课程内容

大足是个有古老文化的地区，有很多优秀的民间文化流传于老百姓中，有朗朗上口的诗歌、丰富有趣的民间游戏、很多好听的传奇故事。我们在园本课程的实践探索中就注重选择这方面内容，把这些内容选进课程，运用于

幼儿一日生活中。例如，我们把民间诗歌《张打铁李打铁》和故事《千手观音》《九龙浴太子》用在“我眼里的大足”主题活动中，把歌曲《铁匠伯伯》用在“我是小导游”主题活动中，幼儿特别喜欢。这些内容不但丰富了教学内容，而且传承、弘扬了地方文化。

“我是大足人”主题活动中的儿歌《我是大足人》，也是我们根据流传于老百姓口中的故事创编的。

我是大足人

大足人，真善良，做好事，都很棒；
大足人，真聪明，小五金，传四方；
大足人，真勤劳，茶山上，采茶忙；
大足人，真勇敢，雕石刻，不怕难。

总之，我们在建设乡土教育资源园本课程的实践探索中，要求教师在教学中结合幼儿园的实际和幼儿的经验与体验，依据一定的目的对课程资源进行选择、组合、改造与加工，从而使园本课程资源的开发与利用落实到教学层面。通过近年的实践研究，教师与幼儿共同感受到了乡土教育资源的吸引力，教师的教育观念和教育行为有了很大的改善。今后幼儿园将继续抓住课程改革的良好契机，经常组织教师学习有关知识，提高教师对实施乡土教育资源的认识水平，丰富乡土教育活动的手段，在不断反思、调整、再反思的过程中，让幼儿时刻领略家乡的美好、前人的智慧以及传统文化的乐趣！

（三）园本课程资源开发与利用效果的检查与评价

园本课程资源开发与利用的效果，主要有两种检查与评价的方式：一种是及时检查与评价。幼儿园教师在运用园本课程资源进行教学的过程中，需随时进行评价，主要根据幼儿的精神状态、兴趣、创造性的思维活动等因素来判断。根据得出的结论，随时调整教学的方式，包括教师的语言、神态、表情的变化，变换教具的使用方式，调整幼儿的活动方式等，以保证教学目标的实现。另一种是课后反思。一节课或一个阶段的教学活动结束后，教师应对运用课程资源的整体效果进行较为系统的反思。

五、园本课程资源开发与利用的原则

原则规范着人们的行为，是正确行动的根据、尺度和准则。课程资源的开发与利用不是随意而行的，同样需要一定的原则来规范。基于园本课程资源多样的类型和基本特点，园本课程资源的开发与利用应遵循如下一些原则。①

(一)开放性原则

园本课程资源的开放性原则要求以开放的心态，开发与利用有益于教育教学活动的一切可能的课程资源，包括类型的开放性、空间的开放性和途径的开放性。类型的开放性是指不论以什么类型、形式存在的园本课程资源，只要有利于提高教育教学质量和效果，都应是开发与利用的对象。空间的开放性是指不论园内的还是园外的、城市的还是农村的、中国的还是外国的，只要有利于提高教育教学质量，都应加以开发与利用。途径的开放性是指园本课程资源的开发与利用不应局限于某一种途径或方式，而应探索多种途径或方式，并且尽可能地协调配合使用。

(二)经济性原则

园本课程资源的开发与利用要尽可能用最少的开支和精力，达到最理想的效果，具体包括开支的经济性、时间的经济性、空间的经济性和学习的经济性。开支的经济性是指用最节省的经费开支取得最佳效果，尽可能开发与利用那些不需要多少经费开支的课程资源，同时不应借口开发与利用课程资源而“大兴土木”，不计高昂的经济代价。时间的经济性是指应尽可能开发与利用那些对当前教育教学有现实意义的园本课程资源，而不能一味等待更好的条件或时机，否则就会影响课程的实施。空间的经济性是指园本课程资源的开发与利用要尽可能就地取材，不应舍近求远、好高骛远，园内有的不求助于园外，本地有的不求助于外地。学习的经济性是指尽可能开发与利用能激发幼儿学习兴趣的课程资源。如果引入教育教学活动的课程资源晦涩难懂，不仅达不到预期的目的，反而可能加重幼儿的学习负担。

(三)针对性原则

园本课程资源的开发与利用是为了有效达成课程目标，针对不同的课程目标应该开发与利用与之相适应的课程资源。一般来说，每一种园本课程资源对于特定的课程目标具有不同的作用和功能，不同的课程目标就需要开发与利用不同的园本课程资源。但是，由于课程资源本身的多质性，同一种课程资源又可以服务于不同的课程目标，所以，园本课程资源的开发与利用就必须在明确课程目标的前提下，认真分析与课程目标相关的各种课程资源，认识和掌握其各自的性质与特点，这样才能保证开发与利用的针对性及有效性。

(四)个性化原则

尽管课程资源多种多样，但是对于不同的地区、幼儿园、学科和教师，可以

① 李应君:《幼儿园园本课程资源开发利用研究》，硕士学位论文，西北师范大学，2004。

开发与利用的园本课程资源具有极大的差异性。因此，园本课程资源的开发与利用不应强求一律，而应从实际出发，发挥地域优势，强化幼儿园特色，区分学科特性，展示教师风格，扬长避短乃至补短，突出自己的个性。课程资源的开发与利用本身就是一项极具创造性的实践活动，没有个性，也就失去了创造性，最终也就会流于机械主义和形式主义。不同地区的课程资源是独特而丰富的，因为不同地区、不同民族的文化是有差异的，要保持文化的独特性，就要引导幼儿学会理解和尊重多样文化。在组织综合实践活动时，可以让幼儿走入现实的社会生活，亲自感受和体验本土文化的丰富性与深刻性，学会不同文化之间的沟通和理解，并逐步学会从不同文化中汲取营养。

（五）适度性原则

园本课程资源是十分丰富而深厚的，其开发与利用要避免“走马观花”“浅尝辄止”，要把握好开发的广度与深度，即考虑从课程资源中选择什么样的对象、提取什么样的内容以及内容所涉及的范围和呈现的方式等问题，关键在于不能把课程资源当作可有可无的条件，而应把它当作课程实施和课程目标达成的必要条件。一般而言，针对不同的目标，课程资源开发的策略是有所不同的。若要从课程资源中提取尽可能多的同类事物，那么提取的内容要有较大范围的覆盖面。若要从课程资源中挖掘与某一主题内容相关的更深刻的内涵，那么对有关内容的挖掘就应该向纵深发展，透过表层的内容揭示更深刻的内涵。例如，通过文化古迹这一客观事物，幼儿既可以感受古人的勤劳智慧、形成民族自豪感，又可以了解其中富有教育意义的历史知识、文化渊源等更加丰富的内容。

拓展学习

请扫描文旁二维码，阅读材料《农村幼儿园各类课程资源的开发与利用》，说一说农村幼儿园有哪些资源可供开发与利用。

请扫描文旁二维码，阅读材料《幼儿园园本课程资源开发存在的问题及对策》①，说一说园本课程资源开发中存在哪些问题，为什么会存在这些问题，怎样解决这些问题。

① 摘自欧阳可珺：《幼儿园园本课程资源开发存在的问题及对策》，载《基础教育研究》，2008(12)。

本节自评

本节知识点	了解程度				
	☆☆☆☆☆	☆☆☆☆	☆☆☆	☆☆	☆
园本课程资源的内涵					
园本课程资源的类型与特点					
园本课程资源开发与利用的意义					
园本课程资源开发与利用的一般流程					
园本课程资源开发与利用的原则					

思考与练习

1. 什么是园本课程？园本课程有哪些特点？

2. 什么是园本课程开发？园本课程开发有哪些类型？园本课程开发的特点是什么？

3. 什么是园本课程资源？园本课程资源有哪些类型？园本课程资源有什么特点？

实践与操作

1. 假设你是一位幼儿园教师，园长把撰写园本课程开发方案的任务交给了你，现在请你尝试撰写一份园本课程开发方案。

2. 到幼儿园做一次访谈，了解某所幼儿园园本课程资源开发中存在的问题并在课程上交流讨论。

学习反思

第四章

国内外典型的幼儿园课程方案

学习目标

1. 了解蒙台梭利教育方案、瑞吉欧教育方案、高瞻课程方案、华德福课程模式等国外著名幼儿园课程模式的理论基础、目标、内容、组织与实施、评价及教师的作用。

2. 理解陈鹤琴的五指活动课程和张雪门的幼稚园行为课程的理论基础、目标、内容、组织与实施和评价。

3. 能对这些课程方案做出自己的评价。

本章导言

在全世界幼儿教育的发展中，已经出现过多种影响世界的学前教育方案，不少高质量的课程模式被运用于世界许多学前教育机构中。我国幼儿园课程的改革与发展需要面向世界，在不断地学习、继承和创新中发展。我们需要了解世界优秀的学前教育课程方案，充分继承国内和吸取国外的学前教育课程理论和思想精髓，并结合我国的文化和幼儿教育实际，推动幼儿园课程的改革与发展。

思维导图

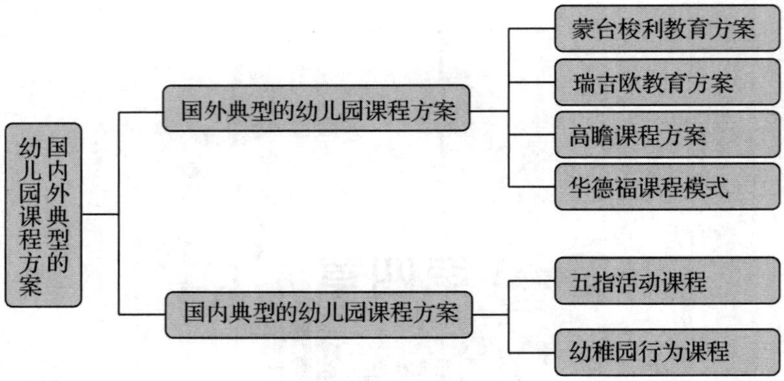

在不同的文化背景和生活背景下，全世界出现了多种幼儿园课程模式和教育方案。我国学前教育课程的改革和发展，一方面，需要植根于本民族的丰厚土壤，立足国情，充分研究和继承我国教育史上宝贵的学前教育课程理论与思想；另一方面，需要我们放眼世界，努力从世界各国丰富的学前教育课程理论与思想宝库中汲取营养。只有这样，我国的学前教育课程才可能既具有民族性，又具有国际性。[①] 本章拟就世界上有影响的几种课程方案的理论基础、目标、内容、组织与实施、评价及教师的作用等问题展开剖析。

第一节　国外典型的幼儿园课程方案

在学前教育课程理论与实践的发展中，国外出现了多种课程方案。尽管每种课程方案生长于不同的社会文化背景，但这些方案所展示的课程理论及思想为世界各国的幼儿教育提供了借鉴。接下来我们探讨影响世界的几个国外典型的幼儿园课程方案。

一、蒙台梭利教育方案

蒙台梭利是 20 世纪享誉全球的幼儿教育家，她所创立的独特的幼儿教育法风靡整个西方世界，深刻地影响着世界各国。

蒙台梭利出生于意大利安科纳省，为意大利第一位医学女博士。她最初从事

① 石筠弢：《学前教育课程论》，238 页，北京，北京师范大学出版社，1999。

身心有缺陷儿童的医学治疗工作，后逐渐把研究方向转向低能儿童的教育问题。1907年，蒙台梭利在罗马贫民区建立了第一所“儿童之家”，开始了她长达五年的学前教育实践和研究，也迈出了她对于正常儿童教育研究的第一步。1910年，蒙台梭利教育思想传入美国，在之后的几十年中，蒙台梭利教育方案在美国经历了“兴起—逐渐衰落—逐渐复兴”的过程。由于欧洲是蒙台梭利教育方案的发祥地，其教育思想在欧洲扎下了根。亚洲受蒙台梭利教育思想影响最大的是印度。

蒙台梭利教育思想进入我国始于1913年，志厚在《教育杂志》第5卷第1期发表的《蒙台梭利女士之新教育法》是我国最早介绍蒙台梭利学前教育思想的文章。①由于社会历史条件的限制，蒙台梭利教育思想当时并未真正进入实践阶段。1994年，霍力岩在北京开始了蒙台梭利学前教育的实验研究，拉开了我国蒙台梭利教育实践应用的序幕。其研究注重将蒙台梭利的教育思想与我国的实践结合，并进行了蒙台梭利教育思想在中国的本土化研究。迄今为止，蒙台梭利在全世界学前教育领域有着广泛的影响，蒙台梭利教育方案在世界很多学前教育机构中得到了运用。

(一)理论基础

蒙台梭利认为教育旨在为儿童的可吸收心智的发展提供帮助。教育不强调教师教的过程，而强调人的发展过程，是一种自然本能发展的过程。

1. 儿童观

(1)儿童天生具有“吸收力的心理”

蒙台梭利认为儿童“存在一种神秘的力量，它给新生儿孤弱的躯体一种活力，使他能够生长，教他说话，进而使他完美……”②，即儿童具有“吸收力的心理”，由此，儿童会借助各种感觉能力自然地捕捉和吸收外界的信息，探索周围一切事物，丰富自己的经验，发展自己的心理。6岁前，儿童就像一块海绵，将外界的事物不予区分地全盘吸纳到自己里面。他们从围绕自身最紧密的环境开始吸收，如父母的日常行为、穿衣打扮，父母为他准备的家、为他准备的学校，父母带他去看的人、允许他交的朋友，父母给他买的玩具、给他看的书、给他听的音乐等，儿童悄无声息地吸收着这些东西，但是他不会告诉你“我在吸收”。很多父母不知道孩子什么时候就吸收了一些东西，他在什么时候就呈现出来。儿童天生就具有这种学习能力，天生就具备感官上的吸附能力。蒙台梭利认为0～6岁是吸收最

① 田正平：《蒙台梭利教育思想在近代中国——纪念蒙台梭利“儿童之家”创办一百周年》，载《河北师范大学学报(教育科学版)》，2007(4)。

② [意]玛丽亚·蒙台梭利：《童年的秘密》，马荣根译，44页，北京，人民教育出版社，2005。

佳期，其中 0～3 岁是最重要的吸收阶段。

(2)儿童的心理发展具有“敏感期”

蒙台梭利不仅认为儿童有自我发展的本能，而且发现儿童的心理发展具有各种“敏感期”，即儿童在特定年龄阶段对某种事物或活动特别敏感，有特殊的兴趣与爱好，对这些事物或活动选择性吸收。蒙台梭利认为敏感期对儿童的成长非常重要。这是儿童一生中最能轻松、容易并准确地习得某种特定能力的时期，“在这一时期，他们对一切都充满了活力和激情，能轻松地学会每件事情”①。若在这段时期里他未能按照心理的倾向去做，他以后很难甚至会永远失去习得某种特定能力的机会。根据对婴幼儿的观察与研究，蒙台梭利特别提到了以下敏感期(见表 4-1)。②

表 4-1　蒙台梭利发现的儿童的敏感期

敏感期	持续时间	主要特征
秩序的敏感期	出生后第一个月到第二年	以区别各种物体之间的关系而不是物体本身。
细节的敏感期	1～2 岁	注意往往在细枝末节上。
行走的敏感期	1～2 岁	有一种不可抗拒的冲动驱使儿童行走。
手的敏感期	1.5～3 岁	儿童会朝着外界的物体伸出小手；经常抓住物体，特别喜欢把东西打开，随后又把它关上。
语言的敏感期	0～8 岁	儿童开始学习说话。

(3)儿童的心理发展是连续性和阶段性的统一

蒙台梭利认为儿童处于一个不断发展的过程中，这种发展呈现出阶段性。每一阶段都表现出与另一阶段明显不同的特征，前一阶段是后一阶段的准备，后一阶段是前一阶段的提高。基于这种认识，她将儿童心理的发展分为以下三个阶段，并对各个阶段的特点提出自己的看法。

第一阶段(0～6 岁)是儿童各种心理功能的形成期。这一阶段的最基本特征是出现一个又一个敏感期。整个第一阶段还可以进一步划分为两个时期：第一时期(0～3 岁)是“心理胚胎期”，这一时期儿童没有产生有意识的思维活动，只能无意识地吸收一些外界刺激；第二时期是个性形成期，这一时期儿童逐渐从无意识转化为有意识，慢慢产生了记忆、理解和思维能力，并逐渐形成各种心理活动之间的联系，获得最初的个性心理特征。第二阶段(6～12 岁)是儿童心理相对平稳发展的时期。第三阶段(12～18 岁)是儿童身心经历巨大变化并走向成熟的时期。

①② [意]玛利亚·蒙台梭利：《童年的秘密》，金晶、孔伟译，33、41～49 页，北京，中国发展出版社，2006。

(4)儿童的发展是在“工作”中实现的

蒙台梭利把儿童在“有准备的环境”中自发地选择和操作活动材料并由于专注而有所发现和发展的活动称为“工作”。她认为，幼儿阶段是一个形成、创造与建构的时期，唯有通过工作才能逐渐形成各种运作的能力，而成为“人”。游戏会把儿童引向不切实际的幻想，不可能培养儿童认真负责、准确求实和耐心秩序的行为习惯，只有通过“工作”，才能培养儿童多方面的能力，如专注力、手眼协调能力等，从而促进儿童的全面发展。

想一想

蒙台梭利理解的“工作”和游戏的本质是什么？

2. 教育观

蒙台梭利深受法国启蒙思想家卢梭、瑞士教育家裴斯泰洛齐、法国心理学家塞贡(E. Seguin)和伊塔(J. M. G. Itard)思想的影响，其教育思想深刻体现了这些教育家和心理学家的思想和观点。

(1)主张自由教育

蒙台梭利从生物学的角度出发，提出儿童的发展是与生俱来的“生命潜力”的展现和释放。“生命潜力”是通过自发冲动表现出来的，这种冲动的外部表现是儿童的自由活动。自由活动不仅能使儿童的需要得到满足，而且能使作业符合儿童的兴趣，使之专心于作业，从而达到良好的秩序，通过与环境的相互作用发展成具有自我管理、自我酬赏、自我控制的独特个体。因此，她主张自由教育，十分强调儿童自选自导的学习和自动的教育。每次演讲，她总会讲这么一句话：“Help me to do it by myself.(帮我自己做。)”自动的教育是指儿童依据自己的兴趣、能力和需要进行自我学习(自由选择、独立操作、自我校正等)，以获得自我成长。

(2)提供有准备的环境

蒙台梭利认为，儿童的内在潜能是在环境的刺激、帮助下发展起来的，是个体与环境之间相互作用的结果，儿童在有准备的环境中能自己教自己。她指出，旧的教育只包括教师和儿童两个因素，对于环境是不重视的。新的教育应当包括教师、环境和儿童三个因素，三者之间彼此都应发生作用。[1] 这个环境必须是“有准备的环境”。所谓“有准备的环境”，需符合以下标准和要求：必须是有规律、有

① ［意］玛丽亚·蒙台梭利：《童年的秘密》，马荣根译，16页，北京，人民教育出版社，2005。

秩序的生活环境；能提供美观、实用、对儿童有吸引力的生活设备和用具；能丰富儿童的生活印象；能为儿童提供感官训练的教材或教具，促进儿童智力的发展；可让儿童独立地活动、自然地表现，并意识到自己的力量；能引导儿童形成一定的行为规范。① 由此可见，蒙台梭利的所谓“有准备的环境”就是一个符合儿童需要的真实环境，是一个供给儿童身心发展所需之活动、练习的环境，是一个充满自由、爱、营养、快乐与便利的环境。

(二)课程目标、内容、组织与实施

1. 课程目标

蒙台梭利的理想是通过教育的改革完成社会的变革，即用“新教育”培养“新人”，进而创造“新世界”。蒙台梭利认为儿童具有“内在的生命力”，儿童本身具有生长的需要和可能。她主张教育者应当允许儿童充分发挥“内在的生命力”，按照自身的发展规律和意愿，让他们自由地选择活动；教育者应坚决为儿童的发展最大限度地创造充分条件。在这种条件下，其课程目标是帮助儿童发展健全的人格，养成独立、自信、自律、自足以及自我管理的活动习惯。

2. 课程内容

蒙台梭利根据儿童发展的心理特点，制订了由浅入深、由具体到抽象的课程内容，这些课程内容由一系列操作活动实现。这些操作活动按其目的与所发展的儿童能力分为五个领域。②

(1)感官教育

感官教育是蒙台梭利教育内容中最有特色的部分，主要通过感官训练教具来实施，目的在于促进儿童视觉、触觉、听觉、味觉和嗅觉的发展，增进儿童的经验，让儿童在考察、辨别、比较、判断的过程中提高自己的能力。

感官训练有一套严格而机械的方法：第一，材料的出现有一定的顺序(但使用的时间长短不限)，从少量的、对比大的刺激到多而差别细小的刺激。第二，练习有一定的步骤：首先认识物体的相同属性，然后认识物体的相反属性，最后识别差距较小的物体的不同点。第三，教师只为儿童提供教具材料，教会使用方法(话语简短、明确、客观)，然后注意观察儿童的表现，不干涉或不妨碍儿童的自由行动，也不纠正错误。儿童自己依靠教具本身的规则和要求进行练习并改正错误。

各感觉领域之具体目标与各教具的名称略述如下。

①视觉教育。目标：训练儿童辨别物体大小、颜色、形状的视觉能力与形成

① 王春燕、王秀萍、秦元东：《幼儿园课程论》，114页，北京，新时代出版社，2005。

② 简楚瑛：《学前教育课程模式》，18～23页，上海，华东师范大学出版社，2005。

对大小、颜色、长短、形状等抽象概念的意识。教具：圆柱体组、粉红塔、棕色梯、长棒、彩色圆柱、色板、几何图形嵌板、几何立体组、构成三角形、二项式及三项式。

②触觉教育。目标：培养儿童各种触觉，如手接触物品的皮肤觉(触觉)、温度感觉、实质认识感觉、用手握持的知觉及压觉(重量感)等，形成各种触觉之抽象概念意识。教具：触觉板、布盒、温觉筒、重量板和几何立体组。

③听觉教育。目标：培养对声音的强弱、高低、种类(乐音的音色)的辨别能力。声音有无数种，难以制作特别的教具，可从实际生活中听到的声音或各种乐音进行分辨练习以及使儿童形成对音乐的抽象概念意识。教具：音筒和音感钟。

④味觉教育。目标：用舌头来感觉味道的教育和形成对味觉的抽象概念意识。教具：味觉瓶。

⑤嗅觉教育。目标：用鼻子来感觉嗅觉的教育和形成对嗅觉的抽象概念意识。教具：嗅觉瓶。

拓展学习

请扫描文旁二维码，了解蒙台梭利感官教具，说一说这些教具有哪些特点。

(2)日常生活练习领域

日常生活教育的主要目的在于通过肌肉训练、动作训练培养儿童的生活自理和独立自主能力，增强他们的责任感。日常生活练习领域主要包括以下内容。

①基本动作：走路、站、坐、搬、折、倒、缝、切等动作。

②社交动作：不增添别人的困扰，能站在他人立场思考等，如打招呼、致谢、道歉、物品的收受、用餐的礼仪、应对的方法等行为。

③关心环境的行为：指对人类以外之生物、非生物的关心，如美化环境、照顾与养护动植物等行为。

④照顾自己的行为：穿(脱)衣服、刷牙、穿(脱)鞋、剪指甲等独立自主所必须学的行为。日常生活练习的内容会受国家、地区、地理与文化的影响而有所不同。

(3)语言领域

语言领域包含听说读写。蒙台梭利主张通过交谈来促进儿童语言技能的发展，可以通过问句引发儿童的思考，鼓励儿童提出自己的见解。另外还鼓励儿童解释他正在做的事情的经过，并鼓励儿童厘清说话的思路和缘由。通过和儿童的交谈来训练儿童的语言思维组织能力。蒙台梭利通过学习字母的教具，鼓励儿童用手触摸字母的形状，再像握笔一样，拿着小木棍来触摸字母。在触摸的同时，教师告诉儿童字母的名称。蒙台梭利认为，儿童对字母自发的兴趣是进行读写训练的基础。

语言教育的内容及教具略述如下。

①听、说的教育。包括口语经验的充实：分类卡游戏、语言游戏；口语表达及理解力的发展：说故事、背诵诗歌等活动。

②写的教育。包括书写的预备：注音符号砂纸板；书写练习：黑板、写字本。

③读的教育。包括阅读练习、语文常识、游戏。

(4)数学领域

数学领域由认数、进位法、四则运算组成，通过具体的教具操作来学习10以内的数字，形成儿童初步的数概念，而后通过教具进行10以内、100以内甚至千位数的计算。

蒙氏数学教育之目的及使用的教具如下。

①目标：理解10以内的量与数，认识数量与数字。教具：数棒、砂数字板、纺锤棒与纺锤棒箱、0的游戏、数字与筹码。

②目标：认识十进位的基本结构。教具：金色串珠、数字卡片、量(串珠)与数字卡片。

③目标：十进位的加减乘除概念。教具：串珠、数字卡片、练习加减乘除法使用的串珠。

④目标：加强加减乘除的练习。教具："点的游戏"练习纸、邮票游戏、彩色串珠棒(十串黑白串珠)、金色串珠棒。

⑤目标：认识连续数的数。教具：塞根板(Ⅰ)、塞根板(Ⅱ)、数字的消除(练习纸)、100数字排列板、数字的填空(练习纸)、100串珠链(短链)、1000串珠链(长链)。

⑥目标：导入初步的平方、立方。教具：正方形彩色串珠、立方体彩色串珠。

⑦目标：加强练习基本四则运算。教具：几何卡片、几何卡片订正表、加法板、减法板、乘法板、除法板。

(5)文化领域

文化领域课程包含的内容有天文与地质、地理与历史、植物与动物以及音乐，会因各地的环境文化不同而有差异。文化课程中的内容并没有先后顺序之分，视该班幼儿的经验而定。从幼儿年龄来看，4.5～5岁的幼儿才会开始文化课程。

3. 课程组织与实施

蒙台梭利教育方案课程的组织与实施主要表现在以下方面。

①室内教育活动主要分为集体教育活动（通过主题教育形式进行）和个别教育活动（通过区域活动形式进行）。

②通过教师提供有准备的环境和课程，指导儿童在工作中使用有矫正功能的教具和材料，发展、完善儿童的独立性和自律能力。典型的蒙氏学校包括教室、室外花园、操场、图书馆、起居室、储藏室。蒙氏教具有几个特性：性质的孤立化；抽象概念的具体化；自我校正性；可移动性；符合儿童身心发展性。[①] 典型的蒙氏教室分为日常生活、感官、教学、语言、历史地理、文化科学、艺术表现七个区域。

③强调感官教育和儿童辨别事物能力的教育，促进儿童语言和数学学习的发展。

④感官训练的教学通常把感官训练和语言训练结合起来。分三个阶段：第一阶段——把感觉和名称联系起来；第二阶段——认识相应名称的物品；第三阶段——记忆相应物品的名称。感官训练的另一个教学方法就是感觉隔离，训练听觉时要保持环境的尽可能安静，把眼睛蒙起来单独训练。训练触觉时，可以把眼睛蒙起来重点训练触觉。

（三）教师的作用

教师是蒙台梭利教育法的三个组成要素之一（其余两个分别为“有准备的环境”和作为活动对象的“工作材料”），因此，蒙台梭利尤其强调教师在教育中的角色及其作用。她要求教师仪容整齐清洁，仪态自然大方，态度温和亲切。

1. 教师是儿童活动的观察者

教师对儿童的教育主要通过对儿童的观察，力图发现儿童的需要和兴趣，根据儿童的个体发展情况和个性，尝试通过给他们提供适当的教具来满足他们发展的需要。

2. 教师是儿童活动环境的创设者

教师为儿童的活动创设最为适宜的环境，作为儿童与环境的中间人，教师在整个教育过程中的工作是站在儿童的身后的。

3. 教师是儿童活动的引导者

在儿童使用新的教具前，教师要为儿童示范教具的正确操作方法，在儿童有需要时，为儿童提供帮助，给予儿童适宜的指导，是儿童活动的指导者和引导者，是儿童自由活动的保障者。

---

① 简楚瑛：《学前教育课程模式》，30～32 页，上海，华东师范大学出版社，2005。

二、瑞吉欧教育方案

瑞吉欧教育方案产生于意大利北部的一个小镇，小镇名为瑞吉欧·艾米莉亚(Reggio Emilia)。在瑞吉欧，0～6岁的保育和教育是一项十分重要的政府工程，享有12%的政府财政拨款。在全镇所有的幼儿学校，家长都有权利参与学校所有环节的一切事务并自觉承担起这一责任。20世纪60年代以来，在其创始人罗里斯·马拉古奇(Loris Malaguzzi)的发起和领导下，依靠政府、社区民众的大力支持，经过专业人员数十年的艰苦努力，该镇推出了一个颇具特色的、堪称影响世界的幼儿教育体系。时至今日，意大利瑞吉欧教育体系风行世界，成为美国、日本、大洋洲和欧洲幼教界人士的主要参照对象。20世纪90年代末，瑞吉欧教育方案被引进我国，近些年来，我国幼教界也深受瑞吉欧教育体系的影响。

(一)理论基础①

瑞吉欧教育方案不仅吸收了欧洲和美国的进步主义教育思想，也吸取了皮亚杰和维果茨基的建构主义心理学，同时，结合意大利特有的文化背景与教育实际，进一步发展与完善了自己的教育经验，从而形成了独具特色的瑞吉欧教育理念。

1. 儿童观

①儿童是社会的一分子，是社会与自己文化的创造者，有权利发表自己的看法，是拥有独特权利的个体。

相关链接

戴安娜学校入口处的海报②

戴安娜学校的入口处，有一幅5岁儿童做的海报，上面写着“儿童的权利”。

儿童有交朋友的权利，否则儿童无法快快乐乐长大成人。

儿童有生活在和平环境中的权利。

生活在祥和的环境里就是健健康康，大家住在一起，生活中充满着令人感兴趣的事物，有朋友的陪伴，可以梦想在天空飞翔，可以做梦。

假如儿童不知道的话，他就有犯错误的权利，因为要等到看见问题和犯过错误后才会知道。

我们一定要有权利，否则我们很伤心。

---

① 王春燕、王秀萍、秦元东：《幼儿园课程论》，145～146页，北京，新时代出版社，2005。

② [美]卡洛琳·爱德华兹、莱拉·甘第尼、乔治·福尔曼：《儿童的一百种语言》，罗雅芬、连英式、金乃琪译，157页，南京，南京师范大学出版社，2006。引用时有改动。

②儿童是主动的学习者，有自己独特的学习方式，通过积极建构学习知识和得到发展。

③儿童有巨大的潜能，他们富有好奇心、创造性，具有可塑性。他们有强烈的学习、探索和了解周围世界的愿望。他们对知识的建构是一个社会过程，离不开与同伴和成人的交往。

④儿童是自我成长过程的主角，通过与别人的对话互动找到自己的定位。

⑤儿童天生是艺术家，能够广泛运用各种不同的象征语言和媒介。瑞吉欧教育方案将儿童不同的象征语言和媒介称为“儿童的一百种语言”。“儿童的一百种语言”意指儿童有权利也有能力运用除口头、文字语言外的多种方式，用各种材料认识他周围的世界，表达自己的思想、情感。这里的语言泛指文字、动作、图形、绘画、建筑、雕塑、皮影戏、拼贴、戏剧或音乐等多种活动形式及丰富的媒介材料。

2. 教育观

瑞吉欧教育方案的教育观是和他们的儿童观联系在一起的，具体如下。

①教育的目标就是要创造一个和谐的环境，发展儿童的创造力，使儿童形成完美的人格。

②教育就是要为儿童带来更多的可能性去创新和发现，帮助儿童在与人、事、物相互作用的过程中主动建构知识。

③教育应以儿童为中心，应从儿童的兴趣、需要及经验出发，在教育过程中和课程决策上儿童有参与和发表意见的机会。

④以学定教，儿童的学习往往为教师补充教育资源、提供适宜的选择和提出建设性想法提供支持与来源。

⑤在儿童的探索活动中，教师应掌握正确的介入时机，协助儿童发现问题、提出问题。

⑥幼儿园是社会生态大系统中的一个组成部分，社区的生活形态、发展模式、机构组织会对幼儿园产生影响。

⑦环境是重要的教育因素。瑞吉欧人把环境看作第三位老师，也把环境作为教育的内容，让它对儿童的学习起着促进、激发作用。典型的瑞吉欧学校包括入口、“会说话的”长廊、广场、教室、工作坊、教室中的小画室、图书馆、档案室、起居室、室外花园、储藏室。校门口有精心布置成的一个“会说话的”展示长廊，在那里贴着一些公告、记录以及预告有关学校整体形式与组织事务的海报，给每一个来访者传达着学校的概况，使人一目了然。教室的墙壁是玻璃做的，分隔成两三个活动空间，教师更有机会设计具有建构性的探索与活动情境。小隔间的高度不超过儿童的身高，便于儿童交流。广场是学校中一个共同的空间，是以社区

为基础的空间设计理念的体现。因为在意大利，社区的广场是人们见面、聊天、讨论及参与政治、街头艺术或抗议示威的地方。学校的广场同样具有这一意义，即儿童之间接触、发展友谊、游戏及其他活动的场所。每个活动室的门都面向广场，在这里，儿童与同伴、不同的成人经常碰面，就会产生更多的想法，促成更多的教育活动。工作坊是儿童双手和心智探索的空间，是鼓励儿童用各种“象征语言”表达认识的地方，是激发儿童创造性的地方，是家长了解儿童的地方，是充满神奇和愉悦的地方，还是教师进行研究的地方。

想一想

下面这首诗表达了马拉古奇怎样的教育观？

不，一百种是在那里[①]

孩子，是由一百种组成的。
孩子有一百种语言，
一百双手，一百个想法，
一百种思考、游戏、说话的方式。
一百种，总是一百种倾听、惊奇、爱的方式。
一百种歌唱与了解的喜悦。
一百种世界，等着孩子们去创造；
一百种世界，等着孩子们去梦想。
孩子们有一百种语言，
但是他们偷走了九十九种。
学校和文化，把脑袋与身体分开。
他们告诉孩子：
不要用脑袋去想，
不要用双手去做，
只要倾听不要说话，
了解而毫无喜悦。
只有在复活节与圣诞节的时候，
才去爱和惊喜。

---

① 屠美如：《向瑞吉欧学什么——〈儿童的一百种语言〉解读》，56～57页，北京，教育科学出版社，2002。引用时有改动。

他们告诉孩子：

去发现早已存在的世界。

而在一百种当中，

他们偷走了九十九种。

他们告诉孩子：

工作与游戏、真实与幻想、科学与想象、天空与大地、理由与梦想，不是同一国的。

因此他们告诉孩子：

一百种并不在那里。

孩子说：不，一百种是在那里。

——马拉古奇

(二)课程目标

瑞吉欧教育工作者追求儿童愉快、幸福、健康地成长。其中，主动性、创造性被视为这些目标的前提与核心。他们认为教育是为了让儿童“更健康、更聪明、更愿学习、更好奇、更敏感、更具随机应变的适应能力，对象征语言更感兴趣，更能反省自己、更渴望友谊”。瑞吉欧教育方案的目标着眼于儿童整体人格的发展，注重激发和丰富儿童的感觉经验、审美体验，特别凸显对儿童想象力、创造力的开发和提升。

(三)课程内容

瑞吉欧教育方案的课程内容是通过方案教学体现的。方案是指一个或一群孩子针对某个主题所做的探索活动。凯兹认为：“一个方案是一个值得更多学习的主题的深入探究。探究通常在一个班级中以小组的方式进行，有时以整个班级的形式进行，偶尔也以个体的形式进行。方案的最重要特征是着意努力将活动集中于寻找问题的答案，而这些问题是由儿童、教师或师生共同探究主题而提出的。”①

(四)课程组织与实施

方案教学课程的组织与实施包括以下环节。

1. 方案主题的产生

方案教学主题可源于与成人的建议、儿童的讨论、一些突发事件如天气的变化或一次客人的来访等，随机性较强。一般来自儿童的日常生活与经验、儿童的

---

① L. G. Katz, *The Project Approach*, Champaign, IL: ERIC Clearinghouse on Elementary and Early Childhood Education, 1994, p. 27.

兴趣、课程指导手册中教师为儿童选择的相关主题路径、教师对儿童的观察与了解、教师的经验与社区的资源等。马拉古奇曾说，最理想的情况是当成人的兴趣与儿童的兴趣恰好相同时，教师就能很容易支持儿童的动机与学习的乐趣。然而，不论方案来源于何处，每个方案都根植于教师对儿童一言一行的关注，包括儿童没有说的和没有做的。例如，“人群”的主题就是教师在儿童暑假结束后回到学校谈论有关暑期外出旅行的话题中所捕捉到的引起大多数儿童兴奋与回应的主题。“小鸟的乐园”主题也是发生在儿童身边的熟悉的事，他们分享意见与经验，学会解决问题。

一个方案活动的主题常常是灵活的，进行到某一阶段时，可能产生意想不到的情形，使得活动的主题发生转换或产生新的、不同的主题。

相关链接

“恐龙”方案①

开学时，教师注意到一些孩子把恐龙玩具带到了学校，孩子之间的游戏也常常围绕恐龙开展。教师把这些情况记录了下来，决定与感兴趣的孩子进行深入的恐龙研究。方案开始时约有一半的孩子聚集在工作坊，教师告诉他们即将进行的方案，并以画恐龙作为活动的开始，完成画后进行讨论，并提出了一连串开放性问题：恐龙住在哪里？恐龙吃什么？恐龙怎么照顾它的小宝宝？恐龙还活着吗？公恐龙与母恐龙有什么不同？等等，这些问题引起了孩子们极大的兴趣和回应。

第二天，孩子们的兴趣有所降低，教师决定等几天再进行此方案。第二周一开始，教师鼓励他们用泥巴来制作恐龙，孩子们的兴趣再次升高。在制作过程中，孩子们通过各种渠道收集有关恐龙的资料。四个小男孩共同制作了一只大型的黏土恐龙，这次共同制作引起了孩子们酝酿制作一只“真正的大恐龙”的讨论。教师留意到有关恐龙尺寸的话题一再出现，于是决定给他们一个挑战，请他们绘制一只实体大小的恐龙并把它悬挂起来。这个提议得到了孩子们强烈的回应。五六个孩子开始了实际操作，在此过程中，他们遇到了长度、体积、测量、比例等数学问题。通过努力，孩子们终于完成了真实大小恐龙的绘制。在这个方案结束时，恐龙小组为全校办了一个展览，还举行了一个全校及家长参与的闭幕仪式。

---

① [美]卡洛琳·爱德华兹、莱拉·甘第尼、乔治·福尔曼：《儿童的一百种语言》，罗雅芬、连英式、金乃琪译，215～238页，南京，南京师范大学出版社，2006。引用时有改动。

2. 方案主题网络的编制及活动准备

方案教学是以某一主题为核心向四周扩散编制主题网络，制作主题网络程序，然后根据儿童的兴趣、需要让儿童对主题网络中的不同小课题进行探索、研究的教学活动。主题网络是一种由许多与主题相关的小课题编制而成的放射状的图形，它把各种资料都纳入主题之下的各个子课题内，往往由师生共同完成。

这一阶段对于儿童来讲是由好奇心到理智的兴趣、由感官的兴奋到探究的愿望，形成初步目的和大致活动步骤的过程。教师在这一阶段所做的重要任务是组织、参与儿童的讨论与表达，并对活动中可能出现的问题、需要的知识技能以及行动计划有一个充分的准备。调动儿童与所定主题有关的原有经验是该阶段活动的核心任务。

3. 方案的实施与进行

在问题已经提出、经验已经预备之后，实际的课程即各种室内外活动就可以开始了。这一阶段的主要任务是让儿童获取第一手的直接经验。在一步一步进入主题变化的情节过程中，儿童验证自己的假设、探讨问题和事实的真相，对客观环境加以有目的的改造。

(1)执行方案时的活动类型

美国幼教专家凯兹等人认为，儿童执行方案时的活动依目的不同，可大致分为调查活动、建构活动及戏剧扮演活动。这三大类活动融合了语言、数学、科学、音乐、美术等各种知识和技能的学习。三类活动之间既相互独立，又彼此联系。一般调查活动所得到的信息会刺激儿童的建构活动或戏剧扮演活动，而儿童开始建构后所产生的问题，又会刺激另一次调查活动，找出更多的资料，这又会刺激更多的建构，并且进一步丰富儿童的戏剧扮演活动。

①调查活动。调查活动的基本目的是让幼儿利用各种方法取得资料，形成概念。调查的策略可分为行动与接受两类。行动式策略主要有提问题、估算、假设、实验、探险和实物操作；接受式策略主要有观察、倾听、阅读、看图片、触摸实物、检验等。因此每进行一个方案，幼儿就在学习运用各种策略，同时也拓展了知识，增进了技能与能力。例如，幼儿在一次参观农场时，发现了许多鸡蛋与鸡，就开始发问“一只鸡蛋怎样孵出小鸡来”，“是什么决定它将来会变成小鸡而不是小鸭子”(因为鸭蛋与鸡蛋相似)，“我们怎样才能把小鸡从蛋壳里取出来呢”等一大串问题。在此过程中，通过教师的介入与接下来的一系列活动，幼儿也就逐渐了解了与此相关的一些知识。[①]

---

① 屠美如：《向瑞吉欧学什么——〈儿童的一百种语言〉解读》，11页，北京，教育科学出版社，2002。

②建构活动。建构活动是指幼儿利用木头、厚纸板、各种盒子、积木、棍棒等进行的木工、绘画、素描、剪纸、粘贴及道具制作等活动。在每次活动前幼儿都需要事先计划建造什么、建造东西的尺寸、制作的材料等，这就涉及科学、测量等方面的知识与技能。

③戏剧扮演活动。戏剧扮演是指演出与方案主题相关的角色。儿童年龄越小，戏剧扮演在方案中所占的比重就越大。对学前儿童来讲，戏剧扮演通常是即兴演出，然后边演出边修改剧本。戏剧扮演中还包括化妆、操作、道具安排，与其他演员互动及参与等一系列事件，在这个过程中，幼儿不断协调，随机应变能力不断增强。

(2)方案展开的过程①

下面我们以“恐龙”方案为例，简单介绍一下关于方案主题的展开或进行。

①缘起。“恐龙”这个方案实施时间为四个月，对象是五六岁的儿童，以小组形式展开。开始时教师注意到有许多儿童把恐龙玩具带到学校来，而且儿童的游戏也常会自动地转变为与恐龙有关。因此，教师决定与儿童一起对恐龙做进一步研究。

②活动的流程、内容与形式。

第一步，画出自己想象的恐龙。儿童边画边交流，例如，“那不是恐龙，恐龙有四只脚”。

第二步，团体讨论。此时教师提出一连串开放式问题，以激起儿童的讨论。例如，恐龙生活在哪里？它们吃什么？它们怎么照顾自己的孩子？公恐龙与母恐龙有什么不同？这些问题部分来自儿童早先的游戏与他们对别人作品所提出的意见，部分是成人设想的问题，其目的在于唤起儿童更多的兴趣。

第三步，上图书馆收集资料。在团体讨论结束时，大家认为需要进一步寻找有关恐龙的资料。在接下来的一天中，儿童到当地图书馆阅读了一些书籍，也带了许多书回到学校，放在学校的工作室以备查用。

第四步，发邀请函。恐龙小组在教师的帮助下，共同完成邀请函的书写与制作。有的儿童负责写信封上的地址，有的负责完成附在邀请函上的图画，有的制作欢迎的海报，邀请亲朋好友到学校分享他们的所做所学。

第五步，制作恐龙。在儿童与客人分享的同时，他们也用黏土、水彩与蜡笔制作恐龙。男生与女生使用黏土时，可以看出他们的差异。女生较注意恐龙身上的细节装饰，而男生则用黏土共同做了一个大恐龙，这个活动使他们想要做一个

---

① 陈世联：《幼儿园课程与活动指导》，42～43页，重庆，重庆出版社，2007。

“真正的大恐龙”。

第六步，做一个和真实恐龙一样大小的恐龙。大家进行了十分热烈的讨论，讨论内容包括图画可能的大小、他们的工作地点、要画什么样的恐龙等。在参阅书籍和教师的激励与建议下，孩子们经过多次讨论、争论，找寻材料，克服困难，最终完成了这一颇具难度的工作。

综上可以看出，整个方案在进行过程中，涉及前面所说的关于方案执行时的提问、谈话、假设、观察、操作、阅读、实验、建构、绘画、粘贴、制作、测量及角色游戏等调查、建构和戏剧扮演三大活动。教师们都是在相信儿童潜能的前提下，在适当的时候介入儿童的活动并进行指导。

(五)课程评价

活动结束后，儿童个别的、小组的和集体的建构活动、探索活动、生产活动的产品或作品将会在教室中展览。这些展品不仅是儿童活动的记录与见证，同时也是教师了解儿童以及儿童之间相互学习讨论的宝贵资源。展览可以分阶段完成，也可作为一个系统的反思过程融入整个方案教学中，且有多种活动形式。例如，儿童个别讲述、介绍自己经验、开集体报告会等。儿童在此过程中锻炼了以别人感兴趣和能理解的方式讲述事件的能力，树立了在外人(包括小朋友、教师、家长等)面前大胆讲述的信心，发展了清晰、完整思维的习惯。同时该环节也要求教师形成积极反思的良好作风。

这种回味活动给予了儿童一个思考的空间，有利于他们整理由交流与反思获得的新思路，最终以自己独有的方式达到同化。接下来新的兴趣产生，直接引发下一个方案教学主题的选择。可见，这种活动的评价形式是发自参与者本人，强调表达、反省和体验。

(六)教师的作用

瑞吉欧方案教学中教师的作用体现在如下几个方面。

1. 给儿童的学习提供合适的环境和材料

优美的学校和教室环境是瑞吉欧学校的一大特点。他们对环境的设计和安排非常细致，并强调环境的审美意识。在材料的准备上也强调颜色、质地、类型的多样性和审美价值。提供的材料要能激起儿童触摸、欣赏和使用的愿望。给儿童提供多样的材料是鼓励儿童运用多种表征手段来表现的必要条件。

2. 成为儿童学习和探索的合作伙伴

教师在方案教学中具有双重身份，既以平等的身份参与，又在参与过程中进行引导。教师和儿童一起在方案教学中深入和详细地探索儿童感兴趣的东西，并在此过程中有效地提供对儿童的能力有一定挑战意义的问题情境和解决问题的机会，以此来激发儿童的思考，促使儿童自己主动地建构知识。瑞吉欧学校的教师把这种具有相互作用特点的学习过程喻为在教师和儿童之间传递一只球。“接住孩子抛过来的球”广义上是指教师在各种活动场合都要对孩子的互动行为做出积极的反馈，狭义上则是要求教师时时留意孩子的各种学习行为，帮助他们解决在学习过程中遇到的各种问题。在这个过程中，教师并不是直接给儿童解决问题的答案，而是在儿童未意识到自己被教导的前提下促进他们的发展。①

3. 仔细倾听和观察儿童

瑞吉欧学校认为，教师的作用核心是倾听。倾听儿童的语言表达、对话及在其他表征方式中表现出来的无声语言。教师在儿童学习的过程中最好不要急于介入，要先观察儿童。教师可坐着倾听，注意儿童说话的内容，然后重复或解释给其他儿童听，帮助儿童持续他们的交谈。教师还可以把儿童说的话写下来，然后再读给他们听。教师在倾听的同时也应该尝试如何用有效的方法去鼓励和引导他们，并在可能的情况下把倾听和观察到的东西记录下来。

4. 对儿童的学习过程、进步及成果进行分析和解释

教师的作用不仅仅是传统意义上的课程的执行人，还是课程设计的主动参与者。他们通过各种手段如文字、图画、图解、录像、录音及儿童的作品对儿童的发展和学习行为或方案教学的进程进行系统的书面记录。每一个教师都是研究的主体。

5. 照料儿童和引导儿童的发展

尽管教师没有预先计划好教育过程，但他们在教育过程中对儿童的反馈不应该是随机的，而要在支持和引导儿童的学习过程中有意识地促进儿童在身体、认知、社会和情感方面的发展。当一个方案活动开始后，在让儿童自由探索的同时，教师应提供一些事先设计好的情境或活动。他们也通过介绍材料和工具的特点与使用方法，推荐新的材料、工具和活动，提供与方案有关的生活经验以及一定的问题情境来支持和引导儿童的学习过程。

6. 给儿童树立一个良好的榜样

瑞吉欧学校认为，如果要培养儿童的民主参与意识、合作学习和解决矛盾的能力，成人首先要在这些行为上提供良好的榜样作用。例如，教师之间的公开讨论、批评和自我批评，可以给儿童和家长提供一个如何参与和合作的榜样，从而促进人与人之间开放和坦诚交流的气氛。

7. 促进家长、学校和社区之间的联系

家长、学校和社区之间的紧密联系及家长对自己孩子的学校教育的较高的参与程度，是瑞吉欧学校一个很重要的特点。瑞吉欧学校成功的一个重要因素，是

---

① 刘晶波：《瑞吉欧教育体系中的教师》，载《幼儿教育》，2002(2)。

它有健全的、高效率的社区网络。这一网络中的各个系统、各方人员相互支持和影响。家长的参与体现在为学校的政策制定、课程的计划和评价及方案教学的组织方式方面提供意见。教师的作用是在这几个方面架起桥梁，包括通过不同的方式向家长和公众介绍儿童的成长情况，根据家长的反馈意见调整学习的内容和进程；也包括让家长直接参与儿童的方案教学活动等。

三、高瞻课程方案

高瞻课程方案是由美国儿童心理学家戴维·韦卡特(D. Weikart)创立。韦卡特在密歇根州政府的经费支持下，于1962年成立了第一个政府赞助的学前方案，称为佩里学前教育方案。这一方案是为三四岁儿童设计的，其主要目的是帮助低收入家庭学业成绩不理想的儿童做好入学准备，因此这一方案更注重儿童学业的进步和知识的灌输。随后，皮亚杰关于认知发展研究的著作被翻译介绍到美国，深深吸引了韦卡特和佩里学前学校的教师们。他们尝试着根据皮亚杰的认知发展理论来开发设计新课程。在皮亚杰理论的影响下，佩里学前学校的课程由强调知识灌输和学业技能训练转变为重视儿童认知发展。1971年，他们出版了第一本介绍高瞻课程的著作《认知中心课程：学前教育者框架》(*The Cognitively Oriented Curriculum: A Framework for Preschool Educators*)，这是高瞻课程模式初步形成的标志。1979年，第二本著作《活动中的幼儿——幼儿认知发展课程》(*Young Children in Action: Cognitively Oriented Preschool Curriculum*)出版，第一次把儿童的主动学习和强调知识建构作为课程的核心思想。从服务对象而言，它不再只是为处境不利的特殊儿童服务，开始面向所有的儿童。从目标来看，它不再只把目光放在儿童认知思维的发展上，而是提出以认知发展为中心，同时注重儿童的社会性与情感发展的全面发展目标。该书基本奠定了高瞻课程模式的基本框架。

高瞻课程方案是高瞻教育科学研究所自1962年开始，历经十年开发而成的课程方案，是美国“开端计划”中第一批通过帮助处境不利的学前儿童摆脱贫苦的学前教育方案，在全世界范围内被推广和运用。高瞻课程方案是最有影响的皮亚杰式早期教育方案之一。

(一)理论基础①

高瞻课程方案是以皮亚杰认知发展理论为依据的。

1. 对于人类发展的观点

人类发展是依可预测之顺序展现的，当个体成熟时，新的能力就会出现。

尽管人是依可预测之顺序发展的，但经由每日的互动，也会展现出个人的特质。

---

① 简楚瑛：《学前教育课程模式》，73页，上海，华东师范大学出版社，2005。

在生活史中，会有某一特定的时期特别有利于某种事物的学习，某些教学方法特别适合发展中的某一阶段。

2. 对于学习的观点

学习就是发展上的转变。儿童与外界互动，进而建构对真实概念的精进化过程，称为学习。

(二)课程目标

高瞻课程方案初期的目标在于有效地促进儿童认知能力的发展，为今后的学习成功奠定基础；后期则强调"以儿童的主动学习"为中心，促进儿童的认知、情感、社会性的协调发展，培养主动的学习者。在这里，主动学习不仅是一个教学策略，而且是目标本身。

(三)课程内容

高瞻课程内容不是明确地规定系统的学科知识，而是围绕关键经验提供各种类型的活动。

关键经验是课程的核心，是那些可以观察到的学习行为，是对儿童社会性、认知、身体发展的一系列陈述，反映的是"人类基本的智力过程和内容"。关键经验是成人支持、观察儿童活动并做出计划的指示物，也是评估儿童发展状况的指标体系。

高瞻课程方案创建者原来提出了49条关键经验(见《活动中的幼儿——幼儿认知发展课程》)，而现在却增加到了58条关键经验①，包括创造性表征、语言与文字、主动性与社会性、运动、音乐、分类、排序、数概念、空间、时间10大项共58条。

1. 创造性表征

①通过看、听、触摸、尝、闻来认识物体；②模仿各种动作和声音；③把模型、图片、照片和真实场景及事物联系起来；④玩角色游戏；⑤用黏土、积木及其他材料造型；⑥用不同的笔绘画。

2. 语言与文字

①向别人讲述自己有意义的经验；②描述物体、事件和关系；③从语言的使用中得到乐趣；④用各种方式进行书写：涂、画、临摹字母形状，创造性地拼写，正确地拼写；⑤用各种方式阅读：读故事书、读标记和符号、读"自写"的故事；⑥讲述故事。

3. 主动性与社会性

①对材料、活动和活动目的进行选择；②自己的事情自己做；③在游戏中解决面临的问题；④用语言表达自己的情感；⑤按规则要求参加小组活动；⑥能够较敏锐地感受到别人的情感、兴趣和需要；⑦能够和同伴、成人交往；⑧能在合作性的游戏中与同伴创造性地玩耍；⑨能够处理社会性冲突。

---

① 时萍：《HIGH/SCOPE的关键经验对学前教育的启示》，载《早期教育》，2005(5)。

4. 运动

①静力运动：如弯曲、转体、摇摆、平衡等；②动力运动：如走、跑、跳、攀爬等；③搬动物体；④用动作进行创造性表现；⑤能够用语言描述运动状态；⑥根据指令进行运动；⑦能够感觉和表现持续的运动节奏；⑧能够按照简单的节奏来运动。

5. 音乐

①律动；②探索和辨别声音；③探索歌声；④发展旋律；⑤唱歌；⑥会使用简单的乐器。

6. 分类

①探索和描述事物的异同、特征；②进行分类和匹配；③用不同的方式描述和使用物体；④同时注意事物一个以上特征；⑤区分"部分"和"整体"；⑥描述某些事物不具有的特征和不归属的类；⑦识别和描述形状。

7. 排序

①对物体的各种特征(大/小，长/短等)进行比较；②根据某种特征排列物体，并描述它们之间的关系(大/大一些/最大，红/蓝)；③尝试把两个系列的物品相匹配(小杯子/小碟子，中杯子/中碟子，大杯子/大碟子)。

8. 数概念

①比较两堆物品的数量；②用一一对应的方式比较两个数群的数量；③点数物体和唱数。

9. 空间

①装拆物体；②从不同空间角度观察人、场地和物体；③体验和描述物体的相对空间位置、方向、距离(游戏和建筑物中物体的相对空间位置、方向、距离)；④解释绘画、图片和照片中的空间关系；⑤改变物体形状和排列(包装、扭曲、拉长、堆叠、装入)；⑥填装物体。

10. 时间

①按信号开始或停止一个动作；②体验和描述不同的运动速度；③体验并比较时间间隔的长短；④预见、回想和描述事件的顺序。

(四)课程组织与实施

1. 为儿童提供主动学习的环境

高瞻课程主要通过为儿童提供主动学习的环境来促进儿童的主动学习。幼儿园班级是儿童在园生活、游戏和学习的主要场所。教师在创设环境时要考虑儿童开展多种活动如全班集体活动、小组活动、区域活动等的需要。

(1)教室的区域设置

教室的布置应能够鼓励儿童参与并且获得个人的、有意义的、教育性的经验。

教室分成若干个明确的活动区，核心活动区有：积木区、娃娃家(象征活动和角色游戏的中心)、美工区、安静区(规则游戏区和阅读区)、木工区、音乐区、玩沙玩水区、动植物区、户外活动区。教室中划分活动区时要考虑儿童的兴趣，能增加儿童积极参与排列顺序、数字、时间关系、分类、空间关系与语言发展的机会，能加强儿童对必要的技能与概念的学习以及对这些技能与概念进行使用的机会。区域需划分界限，室内可利用低矮的家具柜、地毯等形成课间活动区的界限。在户外活动场地，可以利用大的设备或道路或路边界，如用硬化的地面划出“车道”。

(2)材料的选择与存放

选择的材料要反映儿童的兴趣，适合儿童的发展水平，能够支持儿童开展不同类型的游戏活动，确保提供的材料和设备的安全卫生。

材料应当放在低矮的柜架上，以便儿童自己能够取放。不能让儿童触碰的物品，要放在儿童够不到的地方。应用透明的或“一览无余”的容器存放材料。为了便于儿童取放材料，需要保持材料存放位置的不变性。

2. 课程贯穿在一日活动之中

一日活动的安排由区域活动、小组活动和集体活动组成。区域活动是儿童自主的活动，由儿童自己制订计划、操作活动、整理收拾、回忆四个时间段组成。小组活动是由1个教师和5～8个儿童一组，完成教师根据儿童兴趣和能力事先计划好的、提供关键经验的活动，如做饭、群体艺术创作。集体活动是全体儿童在同一时间里做相同的事，如一起用10～15分钟玩游戏、唱歌、跳舞、演奏乐器等。

相关链接

高瞻课程方案中幼儿园的生活安排表①

半日制幼儿园一日生活表

8:30—8:50	计划时间
8:50—9:45	操作活动时间
9:45—10:00	整理和打扫时间
10:00—10:30	回忆、点心和小组活动时间
10:30—10:50	户外活动时间
10:50—11:10	集体活动时间
11:10—11:20	离园

① [美]玛丽·霍曼、伯纳德·班纳特、戴维·P. 韦卡特:《活动中的幼儿——幼儿认知发展课程》，郝和平、周欣译，243页，北京，人民教育出版社，1995。引用时有改动。

全日制幼儿园一日生活表

7:30—8:30	早餐和刷牙
8:30—9:00	师生制订计划，儿童从事一个短时间的操作活动
9:00—9:20	计划时间
9:20—10:30	操作活动和整理打扫
10:30—10:50	回忆时间
10:50—11:20	户外活动
11:20—11:45	集体活动和午饭准备
11:45—12:30	午餐
12:30—13:30	午休或安静看书
13:30—14:15	点心和小组活动
14:15—16:00	离园，教师和留下的儿童制订计划并在活动区活动，直到离园

(1)制订计划时间

在制订计划时间，儿童自己决定在操作活动时间想做什么以及怎么做。他们把自己的计划告诉教师，教师则鼓励儿童说出或用手势、动作等方式表达他们的计划，帮助他们思考和充实计划，从而帮助他们学会确定自己的选择。教师可以说："安妮，你看起来想到娃娃家去，你去娃娃家干什么呢?""蒂姆，你能否到积木区把你想用的东西拿来给我看看?""巴比，你看起来还没想好要做什么，那我们就到各活动区看看，再决定做什么好吗？我们先去积木区看看吧。"此外，教师还可以记录儿童的计划，使儿童觉得自己的计划很受重视，开始把自己看成是可以做出决定并能根据自己的决定来行动的人，他们可以主宰自己的活动。

在高瞻教室里，教师通过以下步骤帮助儿童学习制订计划：帮助儿童了解教室中有哪些材料；帮助儿童了解每一个活动区的名称；帮助儿童熟悉其他儿童和教师的名字；帮助儿童进行选择，并且帮助他们发现在一日生活中任何情境下所出现的选择；向儿童介绍标记牌和计划板；选择好制订计划的时间和地点。制订计划的方式多种多样：可采用打电话的方式，让儿童对着话筒和教师通话，告诉教师自己想做什么；制作教室地图以及代表儿童的小脚印，让儿童把自己的小脚印放在地图相应的位置上来表示自己的计划；还可以让儿童围坐成一个圈，用点数的方式，轮到哪个儿童就让他站起来说出自己的计划……采用多种方式，以提高儿童的积极性。

(2)操作活动时间

在操作活动时间，儿童完成他们计划的项目和活动。这是幼儿园一日活动的核心，也是时间最长的一个环节，持续45分钟到1小时。

在个体操作活动时间，儿童及教师都处于繁忙和主动的活动中。儿童忙于实现他们所制订的计划，运用整个教室对材料进行探索，学习新的技能，尝试不同的想法以及把他们认为有意义的知识经验组合在一起。教师则忙于在儿童之间来回走动，观察和帮助他们实现计划或丰富他们的活动，指导儿童并帮助他们解决活动中遇到的问题，充实他们的活动内容，同时也了解和发现儿童的需要，和他们一起进行活动，并支持、鼓励和丰富儿童的思想。

在操作活动时间，儿童可以进行一项以上的活动，但他必须在完成第一个计划后再重新制订第二个计划，然后进行另一项个体操作活动。这个时候教室里充满了生机：两个女孩披着鲜艳的纱巾在跳芭蕾；三个孩子在木工区敲敲打打，为小鸟制作鸟笼；几个孩子、一位教师和两个“大熊”坐在用椅子和积木搭成的汽车里去商店买东西；一个孩子挥动着画笔在描绘春天的景色……

(3)整理打扫时间

在整理打扫时间，儿童把他们未完成的作品收起来，并整理他们在操作活动时间用过的材料、工具，将它们放回原处。

儿童在这个时候擦桌子，洗刷颜料盘、罐子、烹饪用具，扫地等。他们还要对材料进行分类、堆积、倒出和装进，从而了解存放材料的规律与方法，同时也培养他们的顺序感和责任心，使他们意识到自己对教室环境的影响。

教师在儿童整理与打扫时，始终在观察儿童并及时提供帮助。“汤米，你今天从什么地方开始整理，先整理小汽车还是积木?”“艾米，你能一下子把所有的家具全装上卡车吗？还是要来回几次?”

(4)回忆时间

在回忆时间，儿童在教师的启发下回忆和表征他们在操作活动时间的活动，展现他们的作品，交流他们的经验。通过回忆他们做过的事情，儿童开始看到他们的计划与活动之间的联系，从而更清楚地意识到自己的行为和思想。通过分享别人的作品与经验，儿童还能互相学习，学习别人的经验并有机会与不同的儿童进行交流与合作。

回忆过程与制订计划过程一样，始终贯穿在整个操作活动时间。儿童在完成了第一个计划而准备开展第二个计划前，会和教师、其他儿童谈论他们已进行的活动，展现他们的作品。因而到了回忆时间，每个儿童可能已经经历过好几个回忆过程了。

案例 4-1

高瞻课程方案的学前学校一日活动①

“种植生命树学校”典型的一日生活从“问候时间”开始。当教师开始进行一个著名的动物表演游戏时，儿童聚集在一起，并且立即参与进来。然后，教师建议儿童围成一个可移动的圆圈。两个儿童不想成为动物，教师建议他们可以成为“观众”，让他们坐在椅子上观看。儿童们建议模仿大象、熊、美洲鳄鱼等动物。他们装成动物在观众前列队行进，并且伴随着音乐前进。问候时间结束后，教师建议，当他们转移到下一项活动——小组活动时，选择一种动物进行模仿。小组活动期间，儿童使用教师带进教室的能被反复利用的材料，还有他们前一天采集到的松果，来实现他们活动选择上的“创新”。

完成小组活动后，制订计划的时间就开始了。在这段时间，教师让更加年幼的儿童，通过他们自己在游戏中将要使用的材料来引导他们做出计划。她让年龄大一些的儿童画出或者摹写代表他们打算去的游戏区的符号或者字母(每一个游戏区都标上含有说明本区的简单图画与单词的标志)。为了说明自己的计划，3 岁的查理拿着一块小的空心木块，把它带到教师面前，说：“我想制造一辆火车，就这么多。”4 岁的阿佳带着一件衣服与一卷带子，解释道：“我想去游戏室做妈妈，然后到艺术区用带子制作东西。”5 岁的阿什丽向教师展示她画出的桌子以及她在桌子上盛米饭的勺子。

在“手工工作”期间，教师参与到儿童的游戏之中。开着查理的火车，一个教师向塔莎展示如何使用数字 3～5 来制作火车票；一个教师加入两个玩棋盘游戏的儿童中，并且在阿佳解释她如何用带子与盒子制作洋娃娃床的时候认真倾听；一个教师帮助尼古拉斯与查理通过谈判来解决一块木块的纠纷，鼓励他们倾听与提出问题，直到他们同意其中的一个解决方法。儿童在游戏时，教师积极地参与到解决问题的过程中，加入到很多高瞻课程的“关键经验”中。教师使用“关键经验”作为指导，以此来理解发展、计划活动、描述思想和参与儿童的游戏活动。

在“回顾总结”的时间，儿童聚集在一起，围成一个圆圈组成一个小组，成员还是他们在制订计划时组成小组的那些人。查理叙述他们使用木块制造

① [美]乔治・S. 莫里森(George S. Morrison)：《当今美国儿童早期教育(第 8 版)》，王全志、孟祥芝等译，148 页，北京，北京大学出版社，2004。引用时有改动。

火车的经验，尼古拉斯描述了他在游戏中所使用的特殊“棍棒”，阿佳展示她的洋娃娃床，塔莎描述她的“车票”。吃完点心后，儿童们穿上外套，开始讨论他们将在室外从事的活动：“让我们收集更多的松果，我们能够把它作为美洲鳄鱼的食物。”“让我们去荡秋千，我刚刚学会如何摆。”“让我们看一看能不能在岩石底下找到更多的小虫，它们在那儿过冬。”教师做出反应：“我愿意帮助你们去寻找小虫。”

3. 教学方法

认知发展课程提出了以下四种教学方法。①

(1)保持一个舒适、安全的环境

具体做法是：向儿童提出一定要求，并始终如一地要求儿童遵守；向儿童解释或提供其他选择，而不是仅仅说“不行”；及时解决出现的问题；对不遵守规则的儿童采取行动。

(2)支持儿童的活动和语言

具体做法是：在观察和了解儿童的活动过程之后参与儿童的活动；当给儿童提出建议时记住儿童原来的活动目的；运用身体的接触来支持和鼓励儿童的努力；在一日生活中和儿童谈论他们正在做的事情；通过鼓励儿童的示范和展示他们的成果来促进儿童之间的相互支持和交流；在一日生活的各个环节给儿童提供时间，让他们能实现自己的想法；儿童不在场时，成人方可进行交谈和议论。

(3)帮助儿童进行选择和做出决定

具体做法是：在每个活动区提供多种多样的材料和器具；帮助儿童在自己可以选择的教室中探究各种可能性；在一日生活中设计能提供选择的活动；当儿童做出选择和决定后，成人给予肯定；如果没有选择的可能性就不要让儿童选择。

(4)帮助儿童自己解决问题，学会自己的事情自己做

具体做法是：对于儿童通过尝试错误自己能够解决的问题，成人不要替他们做；允许儿童犯错误，从错误中学习。

(五)课程评价

高瞻课程十分注重对儿童发展的评价，认为它是课程的起点。对儿童发展的评价不是通过考试或智力测验，而是通过一种全面的情境性评估。目的不是给儿

---

① [美]玛丽·霍曼、伯纳德·班纳特、戴维·P. 韦卡特：《活动中的幼儿——幼儿认知发展课程》，郝和平、周欣译，318～322页，北京，人民教育出版社，1995。

童打分，而是了解、分析他们当前的发展水平，并以此为依据，指导下一步的工作。其评估包括一系列工作：观察儿童，对引人注意的行为和表现做记录，与儿童交谈；在每天的教师工作会上讨论观察的结果，分析记录；每隔一段时间，就用他们发展出来的以主要经验为基础的评价工具高瞻儿童观察记录（High/Scope Child Observation Record，C. O. R）评价儿童的学习情况。C. O. R 是一个全面的评估工具。通过这种情境性评估，教师能深刻认识儿童的发展状况，更好地与家长交流。更为重要的是，教师可以据此制订进一步的课程计划，更有针对性地进行教育，从而有效地促进儿童的发展。

（六）教师的作用

高瞻课程方案中教师起着非常重要的作用。在儿童的主动学习过程中，教师通过提建议为儿童提供适当的鼓励，创设吸引儿童兴趣的环境，为儿童制订计划做好准备，在主动学习中增强儿童的自信心。教师为儿童提供具有发展适宜性的经验基础，促进和增强他们身心各方面的发展，让儿童享受主动学习的乐趣。

1. 教师是儿童学习的支持者、协助者与引导者

在整个活动中，教师都承认、尊重、支持儿童选择的活动，并以真诚的兴趣加入儿童的活动中去，尝试儿童的想法，鼓励儿童进行自己的活动。教师通过提问来启发儿童的思维，或提供给儿童新的材料来协助儿童丰富他们的计划或思考。在活动中及活动后，教师总是不断引导儿童描述、回忆或表征他们的活动，引导儿童对自己的经验进行评价，使他们得到进一步的学习和提高。

2. 教师是课程的开发者

(1)制订教育计划

课程开发的过程，即教师制订计划—观察儿童活动—评价儿童—制订新的计划。这是一个不断循环反复又螺旋式上升的过程，也是课程的开发过程。在一日活动的计划时间，教师需要观察并积极参与到儿童的活动中，针对儿童的关键经验提问和回应。当儿童改变计划时，教师应该引导儿童思考新计划，鼓励儿童，并为儿童提出建议，让计划更加切实可行。儿童区域活动结束，在做整理收拾工作时，观察儿童将玩具放回原处，帮助他们获得排序和分类的关键经验。最后在回顾时间，积极为儿童提供反思的机会，这个阶段教师继续观察，与儿童互动和回应，让儿童更好地完成回顾工作。

(2)制订教育计划的依据

根据关键经验来组织课程；根据一日生活制度来制订计划；根据个别儿童的具体情况来制订计划；把季节主题、节日活动与课程安排联系起来；制订参观、郊游及后续活动的计划的过程。

四、华德福课程模式

1919年，第一所华德福学校在德国的斯图伽达(Stuttgart)创立。当时，一位德国企业家依米尔·默特(Emil Molt)邀请德国人智学家、教育家鲁道夫·施泰纳(Rudolf Steiner，1860—1925)根据人智学(anthroposophy)的研究成果，为他的香烟厂工人的子弟办一所培养自由人的学校，并以工厂的名字Waldorf Astoria命名为自由华德福学校(德语为Freie Waldorf Schule)。1926年，第一所华德福幼儿园在自由华德福学校内建立。

这所学校办得很成功，受到社会各界的好评，当时人们都认为这是代表未来教育的典范。后来，凡是实践这一教育理念的学校都被称为华德福学校(Waldorf School)，也被称为鲁道夫·施泰纳学校。

至2010年，世界上有66个国家和地区建立了1000多所华德福学校和2000多所华德福幼儿园、儿童中心或学前班。① 中国第一次接触华德福教育是在1994年，一对在中国旅游的澳大利亚夫妇，在一次不平常的聊天中把华德福教育介绍给了黄晓星和张俐。在他们的帮助下，1995年秋天，黄晓星和张俐先后在英国的爱默生学院(Emerson College)和美国的日桥学院(Sunbridge College)接受了华德福教师培训，并在美国继续学习、实践华德福教育和人智学工作。2004年夏天，从美国回来的黄晓星、张俐和从英国回来的李泽武等人发起，十几位人士包括大学生、学者、工人和商人(其中包括外籍人士)等共同参与，在深圳和成都同时开办了华德福幼儿园。现在，天津、西安、北京等地已陆续有了实行华德福教育理念的学校。

(一)理论基础

华德福学校产生于第一次世界大战后的德国，当时德国国内的经济一败涂地，示威、罢工四起，暴动频频。面对纷扰的社会局势，创始人施泰纳认为传统的教育方式已无法解决当时的文化困境及社会剧变，必须有一套能照顾儿童身、心、灵整体发展的教育方式，来扩展每个人的内在潜能及生命视野，为一个更美好的人类未来奠基。华德福课程模式深受施泰纳个人思想的影响。华德福幼儿课程的理论来源为施泰纳对社会学、哲学、心理学的认识。②

1. 社会学基础

华德福课程思想与施泰纳对理想社会的构建有着密不可分的联系。施泰纳认为，理想的社会应该由政治权利、物质经济和精神文化三个元素构成，即三元社

①② 王雪梅：《华德福幼儿课程的研究》，硕士学位论文，华中师范大学，2012。

会秩序(the threefold society order)。其中，经济领域给予政治和文化领域物质支持，政治领域给予经济和文化领域公平与正义，而文化领域给予政治和经济领域意义与精神，由此保证社会的健康秩序。社会尊重个人，提供给个人发挥个人意识的机会，而个人发展自己的心灵和思想，并履行与他人合作、和平共处的义务。施泰纳认为只有人的精神发展，社会才能文明，而教育应当成为改革社会的根本力量。教育的两个基本因素是人和社会，只有通过教育进行个人修炼和自我改造，才能最终实现社会的改革。

教育属于精神文化领域。从宏观层面看，华德福教育一直致力于个人精神自由的追求，培养学生的内省能力与洞察能力，从而产生对社会的责任感，促进整个社会系统健康发展。从微观层面看，华德福课程观念注重个人身、心、灵，特别是精神方面的发展，给人以最大的自由。在三元社会秩序的基础上，华德福学校成为精神文明的发源地。

2. 哲学基础

施泰纳的人智学理论认为人的存在有三种方式，即身体(body)、心灵(soul)和精神(spirit)，并以这三种方式与世界发生联系。人通过身体与环境接触，通过心灵把印象保存在心里，通过精神认识到事物的本质。人的身体是可见的，如同化学元素构成了岩石、土壤一样，人的身体也是由这些化学物质构成的。通过身体，人能够观察外部环境，同时，人也能像观察外界的物质一样，观察自己的身体。人的心灵与身体不一样，是不可见的，心灵具有“内部世界”的特点。每一个人都能看到娇艳的花朵，但这朵花在不同人心里留下的印象不一样，通过感觉器官产生的印象属于个人心灵。因为印象不同，人们产生了不同的情感，进而以这种灵魂的情感来塑造自己的内心世界。除了产生“印象”和“情感”这两种元素之外，心灵还产生第三种元素——“意志”。通过意志的力量，人又能影响外部世界。身体是心灵发挥作用所需要的载体，而心灵又是精神发挥作用所需要的载体。7岁之前，儿童的知觉器官发展处在关键时期。此时，要特别注意其知觉器官的发展，以便儿童获得健康的身体、心灵和精神。若这个阶段儿童的知觉器官发展异常，则会造成今后儿童发展的困扰。因此，首先，要为儿童提供合适的物质环境。只有这样才能对儿童起到恰当的作用，帮助儿童把自己的知觉器官塑造成合适的形态。其次，榜样和模仿是教养儿童的秘诀。儿童模仿物质环境中发生的一切。通过模仿，儿童物质方面的知觉器官形成了合适的形态。再次，适当的劳动有益于儿童头脑和其他身体知觉能力向合适的方向发育发展。最后，合理安排的饮食、唱歌等活动都有益于儿童的发展。

3. 心理学基础

人智学认为人类本质包括：物理性躯体(physical body)、生命体(life body)或以太体(etheric body)、知觉体或星芒体(sentient or astral body)、自我意识体(body of ego)四部分。物理性躯体即肉眼可见的生理躯体。生命体或以太体是超越于物理性躯体之上的，在躯壳内构成生命的“力”。知觉体或星芒体是快乐、痛苦、冲动、激情等的传达者，只在动物和人体中存在。自我意识体是人类特有的，是人类更高心灵的媒介。自我意识体呈现在每一个人身上，但在不同人身上的状态不同。未受教化者依循自己的激情、动力与热情的自我，像动物一般；受过教育的文明者除了呈现原有的激情外，更呈现出自我意识体对人体其他三个组成部分的影响，即推动其他部分的改变、升华与净化。

人智学认为人体四个组成部分在人类不同年龄阶段分别发展，因此提出了人类三个发展阶段的理论。第一阶段(0～7 岁)：物理性躯体持续生长，一直到 7 岁儿童开始换牙时，恒牙取代了物理性躯体继承而来的乳牙，说明物理性躯体开始独立工作。这时以太体结合了继承而来的力量发展和塑造自己；7 岁之前，以太体接收到的知性理解印象越少越好。在换牙前，外在的教育不应该试图影响记忆特质的构造。如果我们给予它足够的营养，我们将会看到记忆的特质自动、自由地开展。第二阶段(7～14 岁)：换牙以后，以太体抛开了外在的保护膜，这时候“教育”可以发挥作用了。以太体的形成和成长是指良知、个性、记忆、性情与习惯的形成和发展。7 岁之后，要将具有真正内在价值与意义的事物带入儿童的环境中。“权威”是儿童教育的关键词。在这个阶段，儿童会有一种本能自然地觉醒：这时的他想要上学、想要学习，而且以一种特定的方式——他喜欢内心的依靠，他会完全信赖教师，听从教师的话，做教师规定的事。这个时期儿童需要的是施泰纳所称的一种信赖性的“权威”。真正的“权威”是不能以强硬或暴力来征服的，而是出于儿童内心的爱慕和崇敬。第三阶段(14～21 岁)：个体已到达一个成熟的年龄，自己能够真正地去培养深入的兴趣和爱好。为了达到该目的，此时的青少年需要的不再是权威式的教育，而是彼此良好的心灵沟通，来指引他们通往真理的道路，好让他们在这个交汇的现代工业社会中发现生活的意义。人体组成部分和发展周期关系如表 4-2 所示。

表 4-2　人智学关于人类发展的三个阶段

阶段	发展的身体	发展特征	教育原则
第一阶段(0～7 岁)	物理性躯体	身体的发展：运动神经、语言发展，换牙，体形改变。	求善，以模仿学习为重，以游戏为主，教师成为儿童模仿的榜样。

续表

阶段	发展的身体	发展特征	教育原则
第二阶段（7～14岁）	生命体（以太体）	心灵的发展：习惯、良心、个性、气质发展。	求美，提供儿童信赖的权威，师生长期交往，形成安全的心理氛围。
第三阶段（14～21岁）	知觉体（星芒体）	精神的发展：判断力和意志力发展。	求真，培养学生独立思考、解决问题的能力，培养良好的思维习惯和学习方式。

（二）课程目标

华德福幼儿园课程最初并非由施泰纳提出，而是在第二次世界大战后由克拉拉·海特曼根据施泰纳的人智学理念，邀请医生和华德福学校的教师针对0～7岁儿童的特性做了讨论，再配合当时的社会情况发展而来的。他们认为，0～7岁儿童的生命力着重于物质身体的发展。他是一个完完全全的"感官体"，他透过感官认识世界来发展想象力及模仿能力。①

华德福课程没有统一的教育纲要，只给出大概的教学目标，强调依照儿童的本性对其施以教育。华德福教育重视人的智力、艺术和道德的平衡发展，尤其重视儿童想象力和创造力的发展，强调在滋养儿童心灵的基础上促进其身、心、灵三个层次的全面发展。教师的任务是唤醒每一个儿童的潜能，允许儿童自由地表现和发展个性。具体来说，华德福教育注重健康的身体、敏感的情绪、社会活动能力、丰富的想象和智力的发展，帮助儿童寻找有意义的抱负和理想，尤其是对真、善、美的执着追求。②

不管是身、心、灵的发展还是四个部分的发展，华德福课程目标都是营造家庭的氛围，使儿童在自身成长节奏的基础上得到健康、健全的发展，为今后的发展奠定基础，为进入学校学习做好准备，以胜任今后的生活。华德福教育是努力把儿童由单一的智力发展转化为全人发展的教育。

（三）课程内容③

华德福教育者认为7岁之前的儿童由于生命体还没有展开，知识训练会使他们思维僵化，过早的单一的智力开发会透支儿童用于建设身体和进行模仿的生命力，甚至会影响到其成年后的健康状况。所以，在华德福的保育班和幼儿园里，没有正规的训练和指导，尤其是学术智力方面的教学。烹饪、绘画、唱歌、跳韵律舞、过家家、做家务劳动、扮演各种人物、捏蜂蜡造型、听故事和做游戏、户外活动

①② 费广洪：《华德福幼儿教育课程理念及其启示》，载《教育理论与实践》，2008(10)。

③ 王雪梅：《华德福幼儿课程的研究》，硕士学位论文，华中师范大学，2012。

和园艺劳动、生日庆祝和节日庆典等成为华德福幼儿园的主要活动，以此让儿童学习有价值的社会技能和生活技能。下面举例说明部分课程内容。

1. 艺术活动

纽约福格艺术博物馆绘画馆馆长、哈佛大学美艺教授康拉德曾这样评价华德福教育：我想此话绝非夸张，世界上没有任何其他教育体系如施泰纳教育运动那样，对艺术的中心作用给予了如此的关注……施泰纳教育体系是建立在这样的前提下，即艺术是人类尽力追求的一部分。施泰纳教育运动使艺术的真实作用得以恢复。① 在华德福学校，与艺术相关的活动占据了相当大的部分。

（1）童话故事

施泰纳认为童话故事的世界与儿童的世界在本质上是一样的。童话世界里流畅的想象力、无限转化的可能性、平凡人从智者身上领受生命的真理以及故事中绝对的道德，对儿童而言都是真实的。通过童话故事中各种角色的生命经历以及其间隐喻的教训，教育的力量自然地与儿童的生命交融流动。童话故事从根本上说是儿童教育中最直接、最合适、最能满足儿童的教育形式。童话故事是语言的艺术，是灵魂的食粮。由教师讲述的童话故事丰富了儿童的心灵，儿童伴随着教师讲故事的声音，在内心产生对故事的想象。

（2）水湿画和蜡块画

水湿画和蜡块画是华德福幼儿园经常进行的活动，施泰纳曾说过："颜色表现出自然的灵魂、宇宙的灵魂。透过颜色的体验，我们能共同感受到彼此的灵魂。"② 水湿画和蜡块画并不是让儿童进行线条和图像的绘制，而是通过红、黄、蓝三原色在略微沾湿的纸上进行色块的调制和渲染，以此来感受自然的灵魂和表达内在的生命力。教师并不询问儿童画了什么、画的是什么意思，只是让儿童通过画纸与水的渲染及色彩所产生的重叠，产生调和心灵的作用。

（3）音乐教育

华德福幼儿园重视音乐教育，认为儿童体内深藏着一股音乐的力量，教师要感受这种力量，保护和引导这股力量的发展。音乐活动在幼儿园里到处可见，自由游戏、盥洗、户外活动、进餐等活动的开始和结束都是以温和的音乐或教师轻柔的歌声来告知儿童的。儿童每天在教师带领下哼唱歌曲，此外，儿童还学习吹奏五声音阶竖笛。

---

① ［德］鲁道夫·施泰纳教育友好协会：《Waldorf 教育——联合国教科文组织第 44 届联合国教育大会巡展资料一览》，52 页，成都，四川大学出版社，2005。

② 转引自吴蓓：《请让我慢慢长大——亲历华德福教育》，90 页，天津，天津教育出版社，2008。

(4)轮舞

轮舞又称“韵律游戏”或“歌剧”，某些幼儿园亦称为“晨圈”，儿童围成圈，配合歌曲或语言，用身体表现诗的内容。这是华德福幼儿园每天都要进行的活动。轮舞需要一定的空间。在空间足够的幼儿园，可以专设轮舞的场地；若空间紧张，可以将平时的活动场地利用起来。最重要的是儿童手牵手围成圆圈。圆圈是最适合 7 岁之前儿童的形状，能安定儿童的心灵。配合轮舞的歌谣主题包括四季的自然现象和成人的活动以及各种童话。比如，春天的歌、小鸟的舞、长满花草的大地和农民耕作的样子等都可以成为轮舞的主题。

(5)手工艺术

手工艺术也是华德福课程的特色，例如，儿童模仿成人雕刻木马、缝制简易娃娃、用蜂蜡和黏土捏塑各种动物形象。在手工活动中，儿童的意志通过指尖作用于活动对象，以此感受意志力的影响和感情在艺术创造中的作用。德国的华德福幼儿园会为儿童设置专门的“裁缝师的角落”，为儿童提供碎布、剪刀、针线、棉球及羊毛等，以方便儿童随时取用。对儿童来讲，手工工作的过程比结果更重要，儿童集中全身的力气于手中的工作，同时也锻炼了手指的灵巧度。

2. 节日庆典活动

节日是华德福幼儿园重要的课程内容。华德福课程一方面遵循儿童发展的需要，另一方面依据自然的节奏。节日则是自然节奏的重要标志。一般来讲，节日庆典会邀请儿童家长来园和儿童、教师一起举行庆典仪式，包括亲子轮舞、偶戏以及准备节日特色食品和礼物等。不同国家和地区有着不同的传统习俗和节日，因而不同地区的华德福幼儿园所庆祝的节日也不尽相同。

3. 游戏活动

华德福教育认为儿童在 7 岁之前的主要任务是身体的发展，让各个器官和系统完成细微功能的区分，然后借由健康的身体来发展“精神”和“心灵”。华德福教育对游戏的定义比较宽泛，儿童练习使用身体、对他人的模仿、对物品的使用都算作游戏。

(1)儿童自主的游戏

华德福幼儿园没有固定的课程和知识要求，因而教师不会为了教学而组织游戏。自由游戏时间，儿童可以选择在室内玩过家家、翻阅图画书、摆弄贝壳，也可以在室外荡秋千、滚原木、玩沙子，甚至爬上院子里那棵桂花树。华德福教育认为儿童是完全感官体，通过对周围的环境和行为的模仿来形成完全的意志。它强调儿童自主地模仿，这种模仿不是生硬地照搬，而是经过了儿童的选择和加工。因此，即使是对教师工作和行为的模仿游戏也是儿童主动选择的结果。儿童按照自己的意志，决定对游戏材料、伙伴、内容的选择以及对待和使用活动材料的方式方法。

在华德福，儿童每天至少各有一次户外、一次室内的自由创意游戏时间，每次约40分钟。7岁之前的儿童游戏可分为三个阶段：身体的游戏、想象模仿的游戏及有目的的假装游戏。身体的游戏：儿童在刚开始熟悉自己的身体时，他的游戏重点是纯动作的技巧练习，如跑、跳、爬、翻跟头等。想象模仿的游戏：两三岁儿童的纯动作无法充分表达自己的意思，他转而追求想象中的游戏。有目的的假装游戏：四五岁儿童开始玩有目的的假装游戏。

(2)原始的游戏材料

华德福教育反对给儿童现成的、精美的玩具，认为当儿童开始真正的游戏的时候，会花很多时间自己去“制造”玩具。儿童在游戏中意识到任何东西都可以被拆散，用于不同的地方，假想为不同的物品。对儿童来讲，重要的是游戏过程中发挥想象力，而不只是使用或操作一个现成的玩具。在华德福幼儿园，游戏材料以非结构和低结构为主。

(四)课程组织与实施

德国是一个重视“秩序”和“节奏”的国家，华德福教育深受德国这种文化的影响，引发出韵律和节奏在儿童发展中的作用，认为每个时间段、每天、每周、每年的规律性、重复性的活动会给儿童带来安全感。各个国家和地区的华德福幼儿园在作息安排上不尽相同，但大致都按照其独特的“呼吸节奏”来安排。

1. 一日活动的节奏

在华德福幼儿园，儿童每天的生活都非常有节奏，一松一弛、一呼一吸都有着明确的安排。踏进华德福幼儿园，呈现在眼前的是一个能使儿童积极活泼起来的环境，扑面而来的是儿童活动的图画——教师们和儿童表现着对“行动的热爱”。教师是一切活动的中心，是热情、有目的的氛围中一个平静而稳定的焦点。这种氛围是由教师的工作和儿童的游戏营造起来的。

下面以武汉华德福幼儿园为例，详细介绍华德福幼儿园一日生活的节奏，见表4-3。[①]

表4-3 武汉华德福幼儿园一日生活节奏

时间	周一	周二	周三	周四	周五
8:00—8:30	教师入园准备				
8:30—9:00	欢迎小朋友入园				

① 王雪梅：《华德福幼儿课程的研究》，硕士学位论文，华中师范大学，2012。

续表

时间	周一	周二	周三	周四	周五
9:00—9:40	自由玩耍				
9:40—10:00	收拾时间				
10:00—10:20	晨圈(诗歌韵文、季节性歌曲、手指谣、游戏)，远足				
10:20—10:30	水果时间				
10:30—11:30	户外自由活动				
11:30—11:40	偶剧				
11:40—12:30	午餐				
12:30—14:30	午休				
14:30—14:40	蜡块画				
14:40—16:00	手工或艺术主题活动				
	园艺农事	塑形	水湿画	手工	大扫除
16:00—16:10	点心时间				
16:10—16:30	结束圈(收拾或户外活动)				

8:30—9:00，儿童到园后，换上室内鞋子，将帽子、书包和外套放到固定的地方后再进入教室。此时，教师已经忙于日复一日的活动了，她可能是在准备水湿画的材料，也可能是在整理房间或者做手工。儿童可以根据自己的喜好进行即兴游戏，也可以帮助教师或模仿教师的工作。教师可以讨论手头的工作，随意唱一些与天气相关的歌曲。当儿童跑到教师身边时，教师会恰当地说上一两句歌谣。

在接下来的40分钟里，儿童在温馨、家庭般的工作氛围中自由自在地活动。

收拾时间之前，教师会唱起歌谣："收拾我们的房子收拾我们的家，我要把那小木料送回木工房。"作为一个收拾信号，对于比较闹，特别是还不愿从游戏中出来的儿童，教师会拿着玩偶到儿童面前唱歌，一个个地要他们收拾。这时，即使很闹的儿童也会被玩偶吸引，开始收拾了。

10:00—10:20，在教师的带领下，开始晨圈。儿童手拉手围成圆圈，在教师的带领下，一边唱歌或朗诵歌谣，一边用手指和肢体表现出故事内容。教师很注意把握晨圈的节奏，如动作的繁或简、句子的长或短、声调的高或低、动或静等，让不同年龄阶段的儿童都能找到与他们内心相呼应的节奏，同时营造出平和、愉悦、梦幻的整体氛围。

10:20—10:30，水果时间。一位教师会唱着歌召唤儿童洗手，另一位教师则用五音笛吹着《分果果》的曲子，儿童洗完手就会坐到餐桌前。一个教师准备盘子和水果，另一个教师则可坐下来与儿童一起唱手指谣，然后大家一起分享香甜的水果。

接下来是1小时左右的户外自由活动。儿童可以在幼儿园的庭院或小区内进行自由游戏。周五，全班到附近的森林或公园散步。院子内的树木、泥土，晃动的秋千以及小区内各种花草给儿童提供了游戏的空间和道具，引发儿童丰富的想象力。

户外自由活动后是偶剧。一个偶剧要持续四周时间，选择一些简单美好的故事(针对三四岁儿童)与有情节、稍有些力量对比的故事(针对大一些的儿童)交替进行。儿童熟悉故事后，可以让他们参与角色扮演。通常教师先回屋准备，然后吹着笛子召唤儿童进屋。等儿童都安静下来，教师唱着“来说故事来说故事”，并点亮蜡烛。故事开始和结尾时教师会吹奏笛子。结束时教师先奏五音钟琴，然后由儿童一个一个地敲，并说“火神爷爷听着音乐满意地离开”之类的话。讲故事时儿童被故事吸引，做出各种姿势，或动手或走动或躺着。只有当儿童做出较大动作影响到其他人时，教师才会安抚一下。

下午的时间，先是进行10分钟的蜡块画，然后进行手工活动或艺术主题活动。

周一为园艺农事，即在庭院“预留地”里进行一些种植活动。教师带领儿童平好地，做好苗床，播种时还要诵唱说词。周二塑形，捏蜂蜡或泥巴或面团。开始动手之前，教师先唱手指谣让儿童安静下来，再进行塑形活动。周三水湿画，教师不紧不慢地做着准备工作，儿童在旁边看着。教师同时唱着“天上挂着彩虹的桥，天上充满美丽的颜色”等引导的歌。周四手工，如编织、剪纸、缝制绒布娃娃、小竹人、橡子陀螺等。周五大扫除，清洗毛巾、擦玻璃、拖地板等工作，教师认为在儿童眼里，游戏和工作没有什么区别，日常打扫是为了培养儿童的意志力。这个过程不是命令式的，而是通过模仿和重复使儿童渐渐养成习惯。

最后是点心时间和结束圈，通过收拾玩具和手工材料，结束一天的活动。

幼儿园的一日作息正如三次“大呼吸”：在自由玩耍时间，儿童自由地“呼气”，按照自己的节奏活动，而晨圈、远足、水果时间等活动则如一次“吸气”，儿童学着适应集体活动；接下来的户外自由活动又是一次“呼气”，偶剧和午餐又是一次“吸气”；下午的手工或艺术主题活动是“呼气”，儿童在活动中表达自己，点心时间和结束圈是“吸气”，平静儿童一天的心情，给予儿童一天活动结束的信号。在这样一动一静的节奏中，儿童体会自身状态的变化，感受平衡。

2. 一周、一年生活的节奏

幼儿园一周生活也是富有节奏的。周一的园艺活动、周二的塑形直到周五的远足都是固定的，每天儿童都知道自己该做什么。每周的食谱也是固定的。比如，周三下午的点心是全麦馒头，那么在每个周三下午，儿童都会分享到充满麦香的小馒头。这样的规律和节奏给了儿童充分的安全感。

一年生活的节奏与季节和节日密不可分。随着四季的变化，故事、歌谣、歌曲也随着变化。春天有“春雨惊春清谷天，夏满芒夏暑相连，秋处露秋寒霜降，冬雪雪冬小大寒”的节气歌；立夏有“蝼蛔鸣，蚯蚓出，王瓜生，苦菜秀，立夏不下，蓑衣高挂”的节气歌谣，有“月亮走，我也走，我和月亮一起下汉口”的武汉歌谣；秋天有“一阵秋风一阵凉，一场白露一场霜，秋风吹，树叶摇，红叶黄叶往下掉”的秋天歌；冬天则有关于雪花和北风的歌谣与故事。

每个故事或者歌谣会重复一两个星期，直到儿童能够完全熟记。

一年中的传统节日让儿童感受到生活的趣味。每年的端午、中秋、冬至等传统节日，幼儿园都会邀请家长一起做节日食物、装饰品，以感受时间的流逝和季节的变更。这样的经历让儿童更能体会季节的含义和传统习俗的意义，同时在每一个季节辗转出现的韵律中理解时间。节日就像烽火，叠加在这个韵律和大地四季景致的循环中，提供着强化活动的节点。

在一日、一周、一年的生活中，教师交替使用呼吸策略。一日中呼吸收放交替自如；一周中周一、周五多使用“吸气”，周二至周四多使用“呼气”；一年中，夏秋多使用“吸气”，冬春多使用“呼气”。年复一年，儿童在呼吸的节奏中、在被赞誉的季节中、在被尊重的节日中、在成人的保护下慢慢成长。

3. 艺术化的教学方式

“考虑怎么做比考虑做什么更重要”，这是华德福教师经常引用的一句话。施泰纳认为教育是一门艺术，幼儿园的课程通过艺术化的教学实施。艺术化的教学并不是指单纯重视音乐、美术等艺术形式的训练，而是儿童生活的艺术、发展的艺术。华德福幼儿园的教育像一首乐曲一样，有韵律、节奏、高潮和休止符。儿童在音乐流淌的幼儿园中感受艺术的魅力，体会教育的真谛。华德福幼儿园充分利用时间、声音和运动的韵律来促进儿童的成长。比如，通过运动的节奏感受圆形、正方形和三角形等各种形状，通过绘画和故事接触文学，通过季节桌感受四季的变化。另外，华德福幼儿园的教育活动非常规律，像乐曲的节奏一样不能轻易改变。每天的来园、自由游戏、收拾、进餐、童话时间和户外活动时间都是固定的。每周的教学非常规律，每周一次绘画、蜂蜡黏土、韵律舞等课程时间都是不变的。在儿童的生活中，每周同样的日子、同样的时间都做着同样的事情，甚至吃着同样的食物。一年也有一年的规律，随着四季的变化，故事、歌谣、歌曲也随之变化。一年中的传统节日就像音乐中的休止符，教师把期待、准备和庆祝传统节日的过程当作主旋律，让儿童感受生活如同感受音乐那样有一个又一个高潮。

同时，教师认为艺术化的环境有着深刻的教育作用，应当成为儿童教育的一部分。墙上的装饰，建筑的色彩，教师的站立、动作、说话的方式，户外花园的植物都应当按照审美的思考来安排。华德福幼儿园是艺术安排的空间。走进儿童活动室，就像走进了舒适、愉悦的家，墙上飘着粉红或橘红色的丝绸窗帘，地上铺着棕色的实木地板，墙边放着各式宝贝——石头、贝壳、松果，还有摆放得非常好看的各色布料。靠近窗户的墙角摆放着四季桌，桌上放有各个季节特有的物品。通向二楼的楼梯垂下长长的粉红丝绸，旁边的手工区摆放着教师和儿童制作的华德福娃娃、编制的小篮子、原木积木等。儿童和教师一起把房间布置得漂漂亮亮，把花园修理得整洁优美，就连餐具都摆放得非常有艺术感。在这样的环境中，儿童观察着、思考着，在潜移默化中接受着艺术的审美教育。

(五)课程评价

华德福幼儿园课程秉承华德福教育的一贯理念，不提倡过度竞争，营造自然、合作的教育环境，以艺术化的教育方式对儿童进行教育，实现儿童的健康成长。对儿童的发展施行全面、动态、个别化的评价，绝不会以考试分数和过度竞争来伤害儿童的健康。儿童的评价主要通过教师多方面的观察来进行，涉及儿童日常生活的各个方面。每月都有一次家长会，教师和家长沟通后集中公布观察结果，并听取家长的意见和反馈。在家长会上，儿童的蜡块画、水湿画、手工作品等会作为儿童的成绩呈现给家长，同时教师的观察笔记也会与家长沟通、共享。①

(六)教师作用

教师的一言一行对儿童有重要影响，因而在华德福教育中教师发挥着重要作用。②

1. 教师要提供模仿的榜样

模仿不是教出来的，而是儿童自发的行为。在儿童发展过程中，模仿存在三种水平，分别是：即时模仿，儿童看到教师的行为之后立刻模仿，或者以游戏的方式重现；延迟模仿，经常会以游戏的方式得以表达，儿童看到教师打扫卫生之后，可能过几天才会组织类似的游戏；内在的模仿，不同于前两种模仿，儿童在环境潜移默化的影响下，会将自己“看到的”逐渐变成自己内在的东西，这是更细微也更有力量的模仿形式。

幼儿园的各种教育活动包括教师提供的各种不同层次的榜样，这些榜样不仅包括教师在教学活动中的示范，更包括教师在日常生活中的一举一动。对学龄前儿童而言，模仿教师的行为是一种适宜的学习方法，儿童因模仿而变得活跃。在幼儿园里，教师常常被儿童包围着，儿童的活动会随着教师的活动而进行。因此，

---

①② 王雪梅：《华德福幼儿课程的研究》，硕士学位论文，华中师范大学，2012。

教师几乎全部依赖自身的典范作为教育手段，并且确信儿童会通过自然的模仿反应跟随教师，而这些模仿都以游戏的形式表现出来。

2. 教师努力让日常生活自然地融入儿童的教育中

教师努力创造出一个一览无余的工作过程，让儿童可以随时加入。比如，华德福幼儿园的厨房是开放式的，儿童可以随负责做饭的阿姨一起做一些简单的食物准备工作，如揉制面团、洗水果等。教师在工作之前，要做好详细的计划与安排，井然有序地执行每项程序。最后就是工作的重复，一份工作最好能连续重复几天，并且在一天的固定时间进行。重复与规律会给儿童带来安全感，并使儿童有充分的时间模仿和练习。

3. 教师营造良好的生活氛围

7 岁之前的儿童具有整体性的吸收心灵，即儿童整个身体都具有感觉器官的作用。外界环境的影响并不是通过单独的眼、鼻、耳来被心灵感受的，而是通过对整个身体的影响被儿童感知。因此，良好的生活氛围显得尤为重要。

4. 教师要研究儿童

教师要观察儿童，在与儿童相处的时候有预见性，懂得儿童每一个动作的含义。例如，邀请儿童和教师一起展示游戏时，如果儿童很紧张，那代表儿童还没有做好准备，教师就要选择另一位准备好的儿童，使每一位儿童都感觉放松和安全。

想一想

华德福教育模式有什么特点？

拓展学习

请扫描文旁二维码，阅读材料《高瞻课程与华德福学前课程之比较研究》①，说一说高瞻课程与华德福学前课程在理论基础、目标、内容和实施方法等方面的异同点及其所蕴含的教育价值。

---

① 摘自杨蕊绮、曹能秀：《高瞻课程与华德福学前课程之比较研究》，载《教育导刊(下半月)》，2017(7)。

本节自评

本节知识点	了解程度				
	☆☆☆☆☆	☆☆☆☆	☆☆☆	☆☆	☆
蒙台梭利教育方案的理论基础、目标、内容、组织与实施、教师作用					
瑞吉欧教育方案的理论基础、目标、内容、组织与实施、评价、教师作用					
高瞻课程方案的理论基础、目标、内容、组织与实施、评价、教师作用					
华德福课程模式的理论基础、目标、内容、组织与实施、评价、教师作用					

第二节　国内典型的幼儿园课程方案

20世纪二三十年代是中国现代教育迅速发展的时期，各种教育新思潮风起云涌，“民主与科学”“教育救国”成为时代呼声。中国幼教界亦乘风破浪，掀起了幼稚教育中国化的改革运动。改革主要针对民国前期各种外国教育思潮倾门而入，中国幼教界一味模仿抄袭，从而迷失自我，身患“外国病”“花钱病”“富贵病”三大顽症之现状。此次运动的主要代表人物有陶行知、陈鹤琴、张雪门、张宗麟等。他们通过教育实验，建立了较为完整的中国人自己的学前教育体系，继而带动了整个幼教界的本土化复归和进一步发展。本节拟对陈鹤琴的五指活动课程和张雪门的幼稚园行为课程进行探讨。

一、五指活动课程

五指活动课程是由我国现代教育史上著名的儿童心理学家和儿童教育家陈鹤琴创立的。1923年，陈鹤琴创办了南京鼓楼幼稚园。这是中国幼稚园教育的摇篮，也是我国第一个中国化、科学化的儿童教育实验中心。他以鼓楼幼稚园的课程编制为基础，提出了五指活动课程。他以五个连为一体的手指比喻课程的内容由五个方面组成，而课程内容的组织又是整体的、连通的，就像人的手，虽有五指之分，却相互联系，共存于一个手掌。陈鹤琴说：“所谓五指活动的五指是生长在儿童的手掌上，是指要注意儿童心理和生理的发展，但是不离社会实际，领导儿童作合理的活动，予以适当的教养。”“五指活动的五指，是活的，可以伸缩，互相联系……课程是整个的，连贯的。依据儿童心身的发展，五指活动在儿童生活中结成一个教育的网，有组织有系统，合理的编织在儿童的生活上。”①

(一)理论基础

陈鹤琴曾留学美国，师从克伯屈、孟禄、桑戴克等著名教育家，深受美国进步主义教育思想的影响，反对灌输式教学，主张“做中学”。他针对当时国内儿童教育的弊端，以自己的实验研究为基础，融合各家理论所长，提出了把“活教育”的理论体系作为五指活动课程的理论基础。

“活教育”理论体系内容极为浩繁，包括三大纲领、十七条教学原则、学习的四个步骤、训育的十三条基本原则、办好幼稚园的十五条主张等。

1. 三大纲领

①目的论：做人，做中国人，做现代中国人。(体现民族性、时代性和世界性的有机结合。)做现代中国人必须具备的良好素质：强健的身体、建设的本领、创造的能力、合作的态度、服务的意识、世界的眼光——蕴含对祖国、对民族的高度责任感和神圣使命感。

②课程论：大自然、大社会都是活教材。

③方法论：做中教，做中学，做中求进步。

2. 十七条教学原则

陈鹤琴根据“心理学具体化，教学法大众化”的指导思想，提出了“活教育”的十七条教学原则：①凡儿童自己能够做的，应当让他自己做；②凡儿童自己能够想的，应当让他自己想；③你要儿童怎样做，应当教儿童怎样学；④鼓励儿童去发现他自己的世界；⑤积极的鼓励胜于消极的制裁；⑥大自然、大社会是我们的活教材；⑦比较教学法；⑧用比赛的方法来增进学习的效率；⑨积极的暗示胜于消极的命令；⑩替代教学法；⑪注意环境，利用环境；⑫分组学习，共同研究；⑬教学游戏化；⑭教学故事化；⑮教师教教师；⑯儿童教儿童；⑰精密观察。②

3. 学习的四个步骤

陈鹤琴遵循儿童由感性认识到理性认识的发展规律，将教学实施分为观察实验、阅读参考、发表创作、批评研究四个步骤。

在活动中与事物接触才能认识事物，故观察实验为第一个步骤。在做中发现了问题，如何解决问题呢？就需要从书本认识、从人类积累的间接经验中去搜集材

---

① 南京幼儿师范学校：《一切为儿童——陈鹤琴儿童教育文选》，193页，南京，南京出版社，1992。

② 北京市教育科学研究所：《陈鹤琴全集》第6卷，303页，北京，北京出版社，1992。

料，所以阅读参考成为第二个步骤。在“做”中积累的经验需要巩固提高，得运用文字或图画来记录或总结，所以发表创作成为实施“活教育”的第三个步骤。做了之后究竟对不对、合理与否，需要一个判断；要获得进步，需要得到别人的评价；知道优劣所在，就能鼓舞学习兴趣，推动进一步研究，所以批评研究就成为实施“活教育”的第四个步骤。

4. 训育的十三条基本原则

陈鹤琴认为训育工作在整个教育工作上可以说是最繁重、最重要的。有了训育原则，才可以使训育工作不至于茫无头绪、无所适从。他提出的训育原则如下：①从小到大；②从人治到法治；③从法治到心理；④从对立到一体；⑤从不自觉到自觉；⑥从被动到自动；⑦从自我到互助；⑧从知到行；⑨从形式到精神；⑩从分家到合一；⑪从隔阂到网络；⑫从消极到积极；⑬从“空口说到”到“以身作则”。①

5. 办好幼稚园的十五条主张

①幼稚园是要适应国情的；②儿童教育是幼稚园与家庭共同的责任；③凡儿童能够学的而又应当学的，我们都应当教他；④幼稚园的课程可以以自然、社会为中心；⑤幼稚园的课程须预先拟定，但临时可以变更；⑥幼稚园第一要注意的是儿童的健康；⑦幼稚园要使儿童养成良好的习惯；⑧幼稚园应当特别注重音乐；⑨幼稚园应当有充分而适当的设备；⑩幼稚园应当采用游戏式的教学法教导儿童；⑪幼稚生的户外活动要多；⑫幼稚园应多采取小团体的教学法；⑬幼稚园的教师应当是儿童的朋友；⑭幼稚园的教师应当有充分的训练；⑮幼稚园应当有种种标准，可以随时考查儿童的成绩，对幼稚生应当养成的德行、习惯、技能、知识，都应有考查标准。②

（二）课程目标

陈鹤琴在主持鼓楼幼稚园课程试验之初就提出了几个问题：我们办幼稚园究竟为了什么？我们教养儿童究竟要教到什么地步？什么技能、什么习惯是儿童应该养成的？什么知识、什么做人态度是儿童应当学得的？③

陈鹤琴认为学前教育的目标首先就是做人，其五指活动课程模式的目标是让儿童学会“做人，做中国人，做现代中国人”。这样的人应该具备如下条件：第一，要有强健的身体；第二，要有建设的本领；第三，要有创造的能力；第四，要有合作的态度；第五，要有世界的眼光。抗战胜利后，他进一步提出“做人，做中国

---

① 转引自唐淑、钟昭华：《中国学前教育史》，280～281页，北京，人民教育出版社，1993。

②③ 北京市教育科学研究所：《陈鹤琴全集》第2卷，110～120、213页，南京，江苏教育出版社，1989。

人，做世界人”，要“爱国家，爱人类，爱真理”。

具体目标有以下四个方面。

做怎样的人：应有合作的精神、同情心、服务的精神。

有怎样的身体：应有健康的体格，养成讲卫生的习惯，并有相当的运动技能。

怎样开发儿童的智力：应有研究的态度、充分的知识、表意的能力。

怎样培养情绪：应能欣赏自然美和艺术美，养成欢天喜地的快乐精神，消泯惧怕情绪。

(三)课程内容

陈鹤琴提出幼稚园的课程可以以自然、社会为中心进行选择，形成五类活动。

健康活动：包括饮食、睡眠、早操、游戏、户外活动、散步、健康检查、排泄与清洁习惯的指导及安全教育等。

社会活动：包括朝夕会、周会、纪念会、集会、每天的谈话讨论、政治常识、升降旗等。

科学活动：包括自然观察与研究、种植、饲养、计数、研究自然、填气候图、认识环境等。

艺术活动：包括音乐活动(唱歌、节奏、表演、音乐欣赏等)，工作活动(沙箱装排、图画、泥工等)。

语言活动：包括听说故事、歌谣、谜语、笑话、图画书等。

之所以形成这五类活动，主要出于以下考虑：生命以健康为第一，所以要有健康活动；人不能离群索居，所以必须有社会活动；要认识自己、认识环境、了解自然与生命，必须有科学活动；人是有感情的，生活是有情趣的，所以艺术活动不可或缺；语言是人与人沟通的工具，又是儿童学习的工具，所以也被列为重要的活动。

陈鹤琴提出选择幼稚园课程内容应遵照如下标准。①

第一，凡儿童能够学的东西，就有可能作为幼稚园的教材，但有时在“能学”的标准之下，还要有点限制。比如，有些东西小孩子虽然能学，不过学习会妨碍他身心的发育，那就不必勉强他学习。

第二，凡教材，须以儿童的经验为依据。

第三，凡能使儿童适应社会的，就可取为教材。

---

① 北京市教育科学研究所：《陈鹤琴全集》第2卷，114页，南京，江苏教育出版社，1989。

(四)课程组织与实施

1. 课程的组织

陈鹤琴指出："小孩子能够学的与应当学的东西，本来是很多的，但是我们不能就这样漫无限制的、毫无系统的去教他。总必定要有一种组织，在相当范围内，使其成为一个系统并使各科目中间互相连接起来发生关系。"①他主张把幼稚园的课程打成一片，成为有系统的组织。

但这种有系统的组织以什么为中心呢？他说："这当然要根据儿童的环境。"②他认为儿童的环境不外乎两种：一种是自然环境，包括动植物与自然现象；另一种是社会环境，包括个人、家庭、集社等交往。可确定的中心如节气，包括中秋、重阳、元旦、端午等；自然界的应时物，包括秋菊、冬雪、春桃、夏荷等；社会性事件，包括纪念日、庆祝会等。自然和社会这两种环境是儿童天天接触到的，应当成为幼稚园课程的中心。

(1)课程的组织方式——整个教学法

课程应实施"整个教学法"，"就是把儿童所应该学的东西整个地、有系统地去教儿童学"。③因为儿童生活是整个的，教材也必然是整个的，所以要互相连接，不能四分五裂。

陈鹤琴不主张幼稚园分科教学，他认为分科教学是模仿大学的，大学生程度高、知识深，非分科不可。而幼稚园的分科教学是四分五裂、杂乱无章的，是违反儿童的生活和心理的。他提倡的"整个教学法"，主张最好由一位教师去教，以体现整体性，而不致割裂。

(2)课程编制的十大原则

陈鹤琴在1951年发表的《幼稚园的课程》一文中，提出了编制课程应遵循的原则。①课程的民族性：课程应是民族的，不是欧美的；②课程的科学性：课程应是科学的，不是封建迷信的；③课程的大众性：课程应是大众的，不是资产阶级的；④课程的儿童性：课程应是儿童化的，不是成人化的；⑤课程的连续发展性：课程应是连续发展的，而不是孤立的；⑥课程的现实性：课程应符合实际需要，而不能脱离现实；⑦课程的适合性：课程应适合儿童身心发展，促进儿童健康；⑧课程的教育性：课程应培养儿童"五爱"、国民公德和团结、勇敢等优良品质；⑨课程的陶冶性：课程应陶冶儿童性情，培养儿童情感；⑩课程的言语性：课程

---

①②③ 北京市教育科学研究所：《陈鹤琴教育文集》下卷，12、12、106页，北京，北京出版社，1985。

应培养儿童说话技能，以表达自己的情感和思想。①

2. 课程的实施

(1)依据“活教育”的教学原则，五指活动课程的实施应体现以下原则

①十分注意“计划性”与“灵活性”相结合。

②注意物质环境的创设和材料提供。

③采用游戏式的教学法教导儿童。

④多采取小组教学法。

⑤多提供户外活动的机会。

⑥教师应当成为儿童的朋友，使儿童不害怕、肯接近。

(2)对教师的要求

陈鹤琴认为幼稚园教师肩负着伟大而艰巨的任务，他于1950年12月发表了《怎样做人民的幼稚园教师》的论文，对儿童教师应有的认识和应该具备的条件进行了详细的阐述。

首先，在思想政治方面，儿童教师“要认识中华人民共和国之文化教育建设的方针；要认识教师的主要任务是提高人民文化水准，培养国家建设人才，肃清封建的、买办的、法西斯主义的思想，发展为人民服务的思想；要学习马列主义、毛泽东思想的立场、观点和方法；要认识教师的重要任务是培养儿童爱祖国、爱人民、爱劳动、爱科学、爱护公共财物等的公德；要认识教师是新中国的主人，要热爱祖国，要积极参加政治活动”②。

其次，在业务修养方面，儿童教师“要认识儿童是新中国的幼苗；幼稚园是培养幼苗的苗床，亦是解放妇女的桥梁，改造家庭教育的助手”③。要了解和精通幼教业务，了解教师本身的品质是养成儿童品格的重要因素，了解怎样保护儿童的健康，了解儿童的智力是怎样发展的，了解怎样培养儿童的道德品质，了解怎样发展艺术教育。④

再次，在教学技术方面，儿童教师要掌握教学的原则和技术。在教学原则上，儿童教师要了解教学的基本原则在“做”；要能掌握理论与实际一致的教学方法；要能了解每个儿童的个性和他的问题；要建立师生间的友谊；要能选择适当的学习经验；能充分利用大自然、大社会中的活教材；能掌握表情达意的工具。在教学技术方面，教师要能讲动听的故事；能编歌谣谜语；要能画图；要能做手工；要能唱歌；要能演奏一种乐器；要能种花种菜；要能玩简单的科学把戏；要能布

①②③④　转引自唐淑、钟昭华：《中国学前教育史》，273、276、276、276～278页，北京，人民教育出版社，1993。

置教室；要能做点心和烧菜；要能做初步的急救工作。① 可见，陈鹤琴对儿童教师在教学技术方面的要求是全面的，也是深入的。儿童教师要在正确理解儿童的基础上，不断总结儿童教育的教学原则，锻炼各方面的教学技能。

最后，在个人品质方面，陈鹤琴提出儿童教师对人要和蔼可亲，不发脾气，帮助别人；对自己要有自我批评的勇气，不自私，注意身心健康；对儿童要热爱和公平；对工作要有高度的热情，富有创造性，面对困难绝不灰心；对学问要做到"学习，学习，再学习"；对敌人要憎恨。陈鹤琴对儿童教师品质方面的要求详细而具体，不但涉及儿童教师的工作，而且涉及儿童教师的生活和人生价值观。

(五)课程评价

1925年，陈鹤琴与张宗麟一起编制了《幼稚生应有的习惯和技能表》，包括卫生习惯、做人的习惯、生活的技能、游戏运动的技能、表达思想的技能、日用的常识等185项指标。要求幼稚园结合儿童心理和认识上的特点，运用形象、生动、直观的方法对儿童进行检查和监督，从而开创了我国幼稚园课程评价的历史。

他主张随时考查儿童学习成绩的标准。因为只有知道儿童的学习状况，才可以实施相当的教育，扬长补短，使他们各自都得到适宜的教育。标准成为实行优良教育的根据。

二、幼稚园行为课程

幼稚园行为课程是我国著名的儿童教育专家张雪门毕生实践与智慧的结晶。他出版了关于幼稚教育、幼稚园课程方面的著作十几本，为幼儿教育理论建设做出了重要贡献。幼稚园行为课程的基本思想是"生活即教育""行为即课程"，不仅反映了当时幼稚教育中普遍存在的教育与儿童实际生活相脱节的现象，而且对当今的基础教育课程改革有重要的借鉴与启发价值。

(一)理论基础

张雪门的幼稚园行为课程吸收了中外有关的学术成果。王阳明的"知是行之始，行是知之成"的观点对他的行为课程有直接影响。张雪门认为："唯有从行动中所得到的认识，才是真实的知识；从行动中所发生的困难，才是真实的问题；从行动中所获得的胜利，才是真正制驭环境的能力。"②他的幼稚园行为课程强调儿童认识的起点在于"行"，只有行动才能产生认识，只有行动才能发展认识。

---

① 转引自唐淑、钟昭华：《中国学前教育史》，277～279页，北京，人民教育出版社，1993。

② 戴自俺：《张雪门幼儿教育文集》下卷，1456页，北京，北京少年儿童出版社，1994。

行为主义心理学思想和实用主义教育学观点对张雪门有重要影响。① 早期的行为主义认为人的一切复杂行为都取决于外界环境的影响。后期的新行为主义通过强调“操作”这一互动行为，把人的心理与意识也纳入心理学的研究范围。张雪门将这些观点运用到他的行为课程之中，提出活动是实施幼稚园行为课程的主要手段，幼稚园应创设积极的环境以引起儿童的主动活动。到了后期，他又将如何在活动中培养儿童的思维能力提到了相当的高度并加以研究。

实用主义教育学主张教育要以儿童为中心，课程要为生活做准备，强调儿童的直接经验，强调儿童与环境的相互作用，把课程的本质看作直接经验的总和。张雪门在行为课程的设计与实施过程中，始终把课程要符合儿童身心发展的规律作为一条根本原则，同时强调课程必须和儿童眼前的生活融合为一，因此，“这份课程完全根据生活，它从生活而来，从生活而开展，也从生活而结束”。“课程是经验；是人类的经验，用最经济的手段，按有组织的调制，用各种的方法，以引起孩子的反应和活动。”②

克伯屈的设计教学法也被张雪门应用在他的行为课程中。他的行为课程实施按照动机、目的、计划、实行和评价这样的程序进行，即受到设计教学法思想的影响。

(二)课程目标

张雪门在《幼稚教育概论》中指出：“现在，我们研究幼稚教育，不但要认清楚教育的意义，更当辨明白教育的目的。究竟教育的目的，是为儿童心身的发展，还是为完成将来生活的准备，是注重个人的发展，还是注重社会的效率?”③ 他在具体分析了心身与环境、个人与社会、现在与将来的关系之后，认为幼稚教育“应完全以儿童为本位；成就儿童在该时期内心身的发展，并培养其获得经验的根本习惯，以适应环境”④，提出幼稚园行为课程的目标在于以下几点。

1. 满足儿童身心发展的需要

张雪门认为，儿童是正在发展中的人，身心尚不完善，教育应从遵循儿童身心发展的特点和规律出发，从儿童的能力、兴趣出发，同时幼稚园教育也必须尊重个人发展的差异性，这样才能促进儿童的发展。

2. 培养生活的能力和意识

张雪门指出，儿童是祖国的未来、民族的希望，当今社会的发展不再需要所谓一介书生，而是需要一大批高素质、高技能的社会主义建设者和劳动者，社会的这一需要让每个人从小就担负起一份建设祖国的责任，从小就得培养各种生活

---

① 吕智红：《张雪门的幼稚园行为课程》，载《学前教育研究》，1998(2)。

②③④ 戴自俺：《张雪门幼儿教育文集》下卷，24、333、337页，北京，北京少年儿童出版社，1994。

的能力和意识去适应社会的发展。

3. 养成“扩充经验”的方法与习惯

根据杜威“教育就是经验的改造或改组”的观点，张雪门主张着重培养儿童“改造旧经验，扩充新经验”的方法，而不是像传统教育总是急于塞进去很多新经验，那样只能适得其反。

(三)课程内容

1. 选择内容的标准

为了达到上述目的，张雪门提出了选择内容的如下具体标准。

①“应合于儿童的需要”，符合并且促进儿童的身心发展。

②“应顾到社会生活的意义”。相对于个人生活而言的社会风俗以及个人在介入社会生活时所必须具备的一些知识，如饮食、起居的习惯、穿衣的技能、文字和数的知识等，都应成为课程内容的一部分。

③“应在儿童自己的环境里搜集材料”，而不是由成人来主观地决定，“因为成人的经验，不是儿童的经验”。这一点充分体现了张雪门对儿童主体的尊重及其本土化的教育思想。

④“应顾到社会生活的需要”，课程内容既要考虑儿童现时生活的需要，又要考虑儿童未来社会生活的需要。

⑤“上面所述还没有道及的一切冲动习惯态度”，包括对一些突发事件加以正确引导的灵活性原则和用以适应不同环境的普遍原则等。

2. 课程的具体内容

根据以上标准，张雪门将选择的内容分为三个方面。

①儿童自发的诸般活动，即儿童自身发展中所进行的一些活动。

②儿童的自然环境，即儿童周围生活中一切有关自然界的事物与知识，如植物、动物、旅行，儿童对各种自然现象的活动。

③儿童的社会环境，即儿童现在生活与未来生活相关的社会生活知识，如家庭、临近的地方、各种职业活动等。

在设计课程的时候，张雪门把这些内容按照学科体系划分为游戏、自然、社会、工作和美术、言语与文学(故事和歌谣)、音乐、常识等。每一方面都包括许多具体的内容。

游戏活动：感觉游戏、竞争游戏、社会性游戏、猜测游戏、表演游戏、节拍游戏等。

自然活动：饲养小动物、种植植物、观察自然现象、旅游参观、科学小实验等。

社会活动：有关家庭的认识活动、参观附近的社会场所和设施、了解各种职业的活动、了解其他社会团体的活动、节日和纪念日活动等。

工作和美术活动：参加家庭与学校的工作、模拟成人的职业工作、模仿成人家庭的工作、美术工艺活动等。

言语与文学活动：自由谈话、特殊谈话、有组织的团体谈话和活动、述说故事(动物故事、神仙故事、浅显的科学故事、笑话、寓言、名人故事、传说)和歌谣(儿歌、民歌、谜语、游戏歌)等。

音乐活动：听音乐、辨音、拟音、唱歌、演奏简单的乐器等。

常识活动：关于衣、食、住、行方面的生活活动，关于家庭、邻里、工厂、商店、公共机关和社会团体方面的认识活动，关于节日和纪念日的活动以及其他自然方面的活动。

张雪门特别强调，在对儿童进行教学时，领域之间的界限不能分得太清楚，应以混合教学为主。这和我们现在课程整体化的思想是一致的。

(四)课程组织与实施

1. 课程的组织

张雪门认为，幼稚园课程的组织与中小学、大学等有所不同，它有自己的特点与要求。具体有以下三点。

(1)整体性

幼稚园的课程与中小学课程有所不同，它不应是分科的，而应是整体的，“一种具体的整个活动”①。他认为儿童对自然界和人事界没有分明的界限；他们看宇宙间的一切的一切，都是整个儿的。

(2)偏重儿童个体的发育

“幼稚生时期，满足个体的需要，实甚于社会的希求……我们编制课程时，原不能忽略社会的需求，但须极力注意儿童现在的需要和能力。”②

(3)注重儿童的直接经验

“幼稚园的课程，须根据于儿童自己直接的经验。”③虽然这种经验不如传授的经验整齐、经济，但对于儿童来讲，通过直接的学习价值更大。从上可以看出，张雪门非常关注幼稚园课程的整体性、直接性与个体性。

2. 课程的实施

(1)行为课程实施的原则

张雪门认为，幼稚园行为课程实施的原则有以下几点。

---

①②③　戴自俺:《张雪门幼儿教育文集》下卷，474、342～343、343页，北京，北京少年儿童出版社，1994。

一是课程应从儿童的实际生活中取材。因为儿童的认知结构还不完善，不可能凭借抽象的符号进行逻辑的推导，知识经验仅限于他们与周围环境的相互作用，所以课程的选取要依靠儿童所熟悉的实际生活，使生活成为幼稚园课程的源泉，让生活融入课程教育之中。这一原则不仅正好体现了“生活即教育”这一思想，而且符合行为课程满足儿童身心发展需要的目标。

二是课程虽然源于自然行为，但也须经过人工的精选。虽然行为课程强调的是从儿童的实际生活中获得经验，但并不意味着所有的事情都适合做幼稚园的教材，因此要经过人工的精选，适合儿童身心发展水平的才是行为课程所需要的自然行为。

三是课程虽然较重视劳动行为，但是必须做到用心。“从做中学”可以说是行为课程的中心，劳动不只是身体上的劳动，更应该在身体劳动的同时运用心思，因为做任何事只有用心了才可能把事情办好。而且儿童在手脑并用的时候，更能促进大脑的发育，为自己全面发展奠定基础。

(2)行为课程实施的环节

张雪门将行为课程的实施分为实施前的准备、实施中的指导和实施后的进展三个部分。①

实施前的准备包括：第一，“知识上的准备”。教师应将课程中的相关知识从不同学科的角度进行查找和了解，才能对儿童发散型的求知欲做到“处处逢源”。第二，“技术上的准备”。对于一节课中的各种小活动都要细细考评，看它们的难易程度是否适合儿童的年龄特点、内容是否符合儿童的兴趣等。第三，“作业程序分析的准备”。这就是说把完整的活动分解成一个个简单的步骤，会有助于儿童的学习。即使有些活动初看似乎对儿童有些难度，但只要分解合理、循序渐进，儿童同样可以掌握。第四，“工具、材料的准备”，包括教师用的教具和学生用的工具、材料等，都要事先购置。第五，“集中心力的准备”。如果说上面四种是关于“知”的，那么第五种就是关于“情”的。上课前，教师一定要酝酿好自己的感情，带着对儿童的爱，带着满足他们求知欲的渴望走进教室，儿童才会真正活泼、自由地参与活动，行为课程的实施才会真正有效。

关于实施中的指导，张雪门认为：“所谓指导，是完全抛弃了成人主观的成见，切切实实注意幼童需要而给以满足，并时时注意他们的困难，加以解决和帮助。”②指导分六种：一是“计划上的指导”。教师心里有了全盘计划之后，遇到具体

① 吕智红：《张雪门的幼稚园行为课程》，载《学前教育研究》，1998(2)。

② 转引自吕智红：《张雪门的幼稚园行为课程》，载《学前教育研究》，1998(2)。

的事情，应给儿童机会，让他们自己思考并制订计划。教师仅仅指出错误之处并加以鼓励，培养儿童独立思考和解决问题的能力。二是“知识上的指导”。教师不应对知识做系统的讲解，“而是在幼童的行动中，随时随地地提供和补充”。三是“技术上的指导”。比如，儿童剪贴时用的糨糊要不多不少才能粘牢，这就是“技术”。教师对此的指导，与其示范教学，不如在参与儿童活动时加以暗示，或引导他们互相参观比较。此外，关于“兴趣”“习惯”和“态度”上的指导，教师应做到运用多种方式，正面、随时随地地在儿童的活动中加以引导。

实施后的进展见下文的“(五)课程评价”。

(3)行为课程的教学法

张雪门在《幼稚园教材教法》一书中指出：幼稚园教学法所根据的重要原理原则只有一条，便是行动。儿童怎样做，就是怎样学，怎样学就该怎样做。胡想瞎干都非行动的正道；没有教育价值，就也非教学的意义了。正确的行动，是有目的、有计划、能实践、能有结果，结果虽有成败，但都足以改进经验。所以研究幼稚园教学的，首先须把握的，便是这一条，其余的所谓原理原则，多半是技术问题。[①]

他要求教师注意儿童的实际行为，要常常运用自然和社会环境，以唤起其生活的需要，扩充其生活的经验，培养其生活的能力。

课程实施采取单元教学的方法，彻底打破各学科的界限。

教师在各科教材中选择与学习单元有关的材料加以运用，配合儿童实际行为的发展，使各科教材自然融会在儿童生活中。

课程进行中，教师要随时巡视指导，不重讲解，而着重指导儿童行为的实践，使儿童在活动中养成基本习惯。

(五)课程评价

张雪门尽管没有提出详细的评价指标，却粗略地谈及了课程实施后的四个方面的评价内容。

第一，“对儿童行为应有检讨”。一次活动结束以后，教师对儿童的行为要有恰当的评价，让他们明白好和坏的所在及原因。

第二，“对幼童的行为应有继续的注意”。教师要留心观察儿童的行为，善于从上一个活动中捕捉动机，自然地引导儿童进入下一个活动，如此连续不断地进行，关键在于教师应注意观察、善于发现。

第三，“对儿童行为应有记录”。对儿童重要行为的详细记录，“不但可以供将

---

① 张雪门：《幼稚园教材研究　幼稚教育新论》，79页，北京，商务印书馆，2014。

来考察，而且可以发现教师自己失败及成功的地方”。

第四，“对幼童行为经验应有估计”。这是指在每一单元活动结束以后，教师应当把实际达到的效果和预定的目标加以对照。

本节自评

本节知识点	了解程度				
	☆☆☆☆☆	☆☆☆☆	☆☆☆	☆☆	☆
五指活动课程的理论基础、目标、内容、组织与实施、评价					
幼稚园行为课程的理论基础、目标、内容、组织与实施、评价					

思考与练习

一、讨论并回答以下问题

1. 对比蒙台梭利教育方案、瑞吉欧教育方案、高瞻课程方案和华德福课程模式的相同与不同之处。

2. 五指活动课程和幼稚园行为课程对当前我国儿童教育的启示。

二、案例分析

阅读下面的案例，尝试总结概述高瞻课程中儿童的主动学习是如何开始的，在整个过程中教师是如何支持儿童的主动学习的，最终儿童学到了什么。

工作时间，一个儿童和他的哥哥玩起了摔跤比赛，引起了同班几个儿童玩摔跤游戏的兴趣。他们用一块小地毯做垫子，卷起袖子，便开始玩摔跤了。摔跤游戏持续了几天，并且变得越来越复杂了。儿童给自己选了一个摔跤手名字，并开发了一套计分体系。

然而第二周的时候，一些儿童开始抱怨游戏有些粗鲁。教师也担心儿童会受伤，可又不想终止这个很多儿童都非常喜欢的游戏。这个游戏也促进了很多领域的发展——计数、空间意识、多种移动方式、方位词、与其他儿童建立联系、参与复杂游戏、解决冲突、创建并讨论行为序列。所以，有一天，当儿童开始他们的摔跤游戏时，一名教师表达了她的担忧。

她问：“我们可以制订什么样的规则来保证大家不受伤呢?”她写下了儿童的想法，并将它们粘在垫子上方的墙上。下面是儿童相处的规则。

把鞋脱掉(但不脱袜子)；不要撞人；不要打人(儿童对打人和撞人是否相同进行了讨论，但最后决定要分别列出)；不要掐人；不能给别人起难听的绰号；不要吐口水；不要撞头；只有男孩才能玩(几个女孩抗议这条规则，然后大家就删除了这条)；至少三个人在一起玩，那样就有一个人可以做裁判，保证游戏的公平；裁判必须能够数到10(计数到10以后，比赛就宣布结束了)；如果没有摔跤手的名字，就不能参加游戏比赛；每个想玩摔跤游戏的人都要排队等待，由裁判来决定下一个轮到谁；想要观看比赛的人必须站在线后(经过一些争论，他们决定将积木架的边作为“观看线”)。

在接下来的几周里，儿童继续提出规则。他们对摔跤游戏的兴趣也在持续增加。如果他们中有人犯规了，其他儿童很快就会指出。在当年年底，一些儿童想在沙坑玩拳击游戏，他们自己提出要建立新的规则，以保证安全。①

实践与操作

1. 调查一所蒙台梭利幼儿园或一个蒙台梭利班级，分析蒙台梭利教学法在该园或该班实施中存在的问题。

2. 查阅华德福幼儿教育的资料，在班级做分享交流。

学习反思

____

____

____

____

____

① [美]安·S. 爱泼斯坦：《高瞻课程的理论与实践：学习教育中的主动学习精要——认识高瞻课程模式(第2版)》，霍力岩等译，178～179页，北京，教育科学出版社，2019。引用时有改动。

第五章

幼儿园教学计划的制订

学习目标

1. 了解幼儿园教学计划制订的含义、意义，以及制订幼儿园教学计划的理论依据与应遵循的原则。

2. 知道各种幼儿园教学计划制订的内容、格式及注意事项，能自己制订班级教学计划。

3. 知道教学方案的写法并能独立撰写教学方案。

本章导言

2月底，某幼儿园教师办公室最显眼的是正对门的白墙上用彩色图钉钉着的第一周工作安排，上面的“周五上交本学期教学计划”被红笔清晰地勾勒出来……“唉，又到学期初制订教学计划的时候了”，真真老师坐在办公桌前，看着空落落的本子，冥思苦想，不时抬头看看对面的芳芳老师，做个鬼脸，苦笑一下，叹了口气，又低头思索……

思维导图

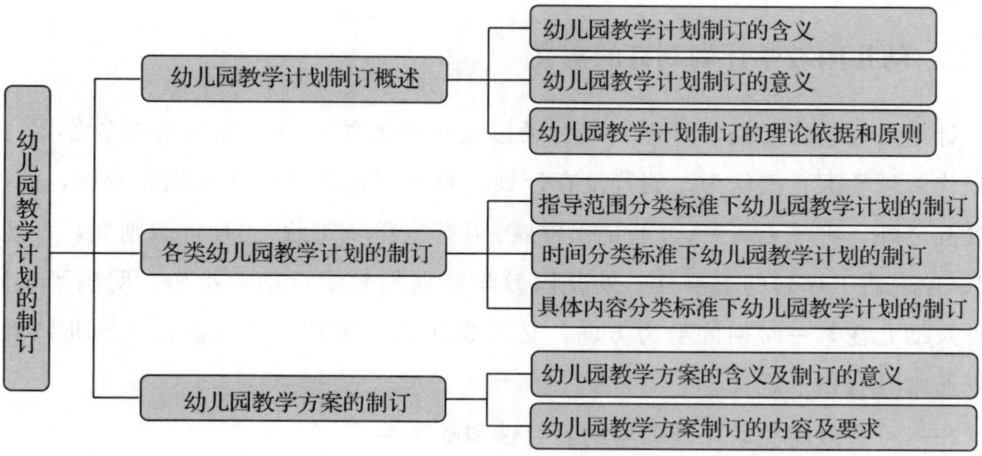

每学期初，在制订教学计划的时候，不少幼儿教师都会碰到上述情境中的问题。教学计划的制订是每位幼儿教师都必须面对的一项工作，也是班级工作开展前的首要任务。教学计划的制订有助于教师全面梳理、分析班级各方面情况，为教师的实际工作提供指南，提高幼儿园班级管理效能。那么，幼儿园教学计划制订的含义、意义是什么？制订幼儿园教学计划有什么依据及应遵循哪些原则？幼儿园各类教学计划制订的内容及要求有哪些？如何撰写教学活动方案？本章拟就这些问题与大家展开交流。

第一节　幼儿园教学计划制订概述

幼儿园教学计划的制订是幼儿教师的一项重要工作。要制订好一份教学计划，必须明确幼儿园教学计划制订的含义与意义，了解制订幼儿园教学计划的理论依据和原则。

一、幼儿园教学计划制订的含义

计划是设计和安排未来的行为，是确定行动的纲领或方案。幼儿园教学计划是幼儿园园长或幼儿园教师为实现教学任务和目标而对教学工作进行预先安排和规划的方案。它是幼儿园教育工作的重要环节，是幼儿园教学流程中的准备阶段和起始环节。

幼儿园教学计划制订是指幼儿园园长或幼儿园教师在实际教学之前对一个时

段教学过程系统(包括幼儿园教学活动的目标、内容、实施等方面)的预先筹划，并以书面形式呈现出来的过程。

二、幼儿园教学计划制订的意义

计划是行动的前提，对于人的行动以及行动的结果具有导向与指导作用。美国当代管理学家孔茨认为，倘若没有计划，则一切行动只能任其随意发展，那么，除混乱之外，将一无所获。《礼记·中庸》中有这样一句话，“凡事豫则立，不豫则废”，也说明了计划的重要性。幼儿园教学计划是教学行动的指南，明确了教师、家长及幼儿在某一时期的努力方向，是提高幼儿园保教质量的前提。幼儿园教学计划通常具有以下意义。

(一)可有效避免幼儿园教学的盲目性和随意性

幼儿园教学是一项非常复杂的工作，要在有限的时间内完成一定的教学任务，就必须精心安排和周密计划，把幼儿园教学置于理性的思考之上，使幼儿园教学工作有“章”可循。计划具有调控作用，它给教师提供了一个时间和质量上的标准，规定了各项工作完成的期限和要求，以保证按时进行并纠正实施过程中出现的问题。通过计划，教师能够时刻检查自己的教学进度是否跟上了计划，观察幼儿的发展是否达到了预期目标，有效避免盲目性和随意性。

(二)可提高幼儿园教学的适宜性和有效性

幼儿园教学计划是对教学活动的具体行动规划，具有明确的目的性、针对性、预见性，统率着一个时间段的教学事务，是教师进行教学的蓝图和开展工作的依据，也是教师取得良好教学效果的必要的准备工作。一份全面、完整的教学计划要从本园、本班实际出发，分析幼儿的发展情况，然后确定相应的工作目标。目标不能过高，也不能过低。一份合理的、切实可行的计划才能提高幼儿园教学的适宜性和有效性，更好地引导和促进幼儿的学习与发展。

(三)可促进幼儿教师的专业发展

教师在制订幼儿园教学计划时，需思考幼儿的需要、教学内容及方法、教育理念的价值和体现等，从而为开展有效的教学活动厘清思路。幼儿教师制订教学计划的过程，也是教师学习和研究的过程，研究幼儿、课程标准、教材文本、教学资源、教学手段等，在研究中思考并获得专业的成长。

三、幼儿园教学计划制订的理论依据和原则

(一)“以幼儿发展为本”的理念

制订幼儿园教学计划应根据“以幼儿发展为本”的理念，遵循幼儿发展规律，

尊重幼儿年龄特点，体现稳定性和灵活性相结合的原则。计划的预设来自幼儿的发展目标和基本经验，同时还要为幼儿的生成和发展留有空间，便于教师在实施过程中关注幼儿的需要并及时调整计划。

(二)“最近发展区”理论

根据“最近发展区”理论，计划要体现适宜性和挑战性相结合的原则，从幼儿的年龄特点、兴趣和需要出发，制订符合并能推动幼儿在原有的基本经验的基础上向前发展的计划。

(三)“幼儿全面和谐发展”的要求

根据“幼儿全面和谐发展”的要求，计划要体现整合性和平衡性相结合的原则，即注意目标、内容、方法以及资源的整合，体现课程的平衡，制订符合幼儿学习特点和认知规律的计划。

(四)“因材施教”的教育原则

根据“因材施教”的教育原则，计划要体现针对性和层次性相结合的原则，即计划要为每个幼儿的健康成长提供适合其自身发展需要的条件，为每一个幼儿的多元智能的发展创造机会。

本节自评

本节知识点	了解程度				
	☆☆☆☆☆	☆☆☆☆	☆☆☆	☆☆	☆
幼儿园教学计划制订的含义					
幼儿园教学计划制订的意义					
幼儿园教学计划制订的理论依据和原则					

第二节　各类幼儿园教学计划的制订

幼儿园教学计划多种多样，根据不同的分类标准，幼儿园教学计划有不同的类型(见表 5-1)。

表 5-1　幼儿园教学计划的类型

分类标准	类型
指导范围	全园性教学计划
	班级教学计划
时间	学年教学计划
	学期教学计划
	月教学计划
	周教学计划
	日教学计划
	具体教学活动计划
具体内容	行为习惯培养计划
	游戏活动计划
	日常生活计划
	家长会工作计划
	各科教育计划
	参观计划
	运动会工作计划
	“六一”庆祝活动计划
	…………

多种多样的幼儿园教学计划并不是孤立存在的，而是密切联系、互相渗透、有机结合的。下面我们按照不同的分类，对部分幼儿园教学计划制订的内容及要求进行讨论。

一、指导范围分类标准下幼儿园教学计划的制订

按指导范围分，幼儿园教学计划有全园性教学计划和班级教学计划。

(一)全园性教学计划的制订

全园性教学计划一般由幼儿园的保教园长或主任根据幼儿园工作计划要求，全面、科学地制订。全园性教学计划要符合所在幼儿园教学实际。教学计划要分析教学现状，提出本学期教学要求和教学专题，制订实施工作目标的措施，安排全园性的教研及其他活动等。

1. 制订全园性教学计划的思路

在制订前，应从以下方面进行思考：第一，幼儿园的整体发展目标和教育教学总目标是什么？第二，幼儿的发展。想让幼儿有怎样的发展空间和机会，通过

什么途径来实现？怎样检测？第三，制订的依据。要做好工作总结，分析幼儿园的现状和问题。认真学习上级各部门的计划要点，依据要求来思考并确定幼儿园所要完成的内容和达到的预期目标是什么。

2. 全园性教学计划的格式与内容

全园性教学计划由标题和正文构成，具体内容及要求如下。

(1)标题

标题分为完全性标题(如“××市××区××幼儿园××年教学工作计划”)和非完全性标题(如“××年幼儿园教学工作计划”)。

(2)正文

正文通常包括以下几个方面：指导思想，工作目标，具体工作、措施与分工等。

①指导思想。说明教学计划制订的依据，分析教学计划制订的背景与现状，阐明总的教学目标和要求以及预期达到的效果。

②工作目标。说明幼儿园教学工作的主要任务与指标。幼儿园教学工作内容通常包括园本教研、课题研究、教师队伍培训、家长工作、环境创设、一日常规管理、节日教育、安全教育等。

③具体工作、措施与分工。当目标确立后，就要思考每个目标下应该做哪些事情(目标的分解)，用什么方法、形式去完成才是最好的，具体的责任人是谁，使大家明确要做什么、怎么做、谁牵头来做，做到各司其职。涉及一些具体的活动安排，每月涵盖的工作目标中具体有哪些内容，内容的表述要简洁、完整，措施要与内容相吻合，尽量具体、具有可操作性。负责人要明确，每项工作都要具体落实到人，便于检查、总结。

案例 5-1

庆龄幼儿园 2014—2015 学年下学期教学工作计划①

一、指导思想

为了进一步贯彻落实《指南》和《专业标准》，以教育部、国家发展和改革委员会、财政部颁发的《关于实施第二期学前教育三年行动计划的意见》为指导，坚持文化兴园，继续推进“做自己的主人”的文化建设，规范管理，科学保教，以“一日活动”为抓手，以“队伍建设”为保障，聚焦健康特色，以“常规＋特色”的方式促进保教质量提升。

---

① 该计划由重庆市渝北区庆龄幼儿园副园长骆晓莉撰写。

二、工作目标

①强化师德师风建设，通过多种活动形式(读书活动、工会活动、党支部活动、业务培训、技能竞赛、基本功大赛等)，让全园教职工形成健康、阳光、积极向上的心态，恪尽职守，爱岗敬业，全面提升队伍素质，打造一流保教队伍。

②狠抓保教质量，践行“一日活动皆课程”的课程观，淡化集中教育，抓实活动区活动的开展，注重过程性督查，进一步提升质量。

③倡导学习，积极建立与重庆师范大学、市区级教科研部门的合作、指导关系，在专家指导下，扎实开展“民间游戏在幼儿园课程实施中的应用研究”的相关工作，在联合国儿童基金会研究项目中发挥示范、引领作用。进一步打造健康教育特色，以阳光体育和民间游戏进课堂为抓手，广泛收集适合3～6岁儿童发展需要的健康教育资源，在积淀中创新，形成庆龄园本课程。

④加强园所文化建设，教师、儿童习惯良好，形成“彬彬有礼、天天向上”的园风。进一步完善各班的班级文化，形成班级特色。

三、主要工作及具体措施

(一)建立健全系列管理制度

①成立幼儿园教学规范化管理制度建设小组。(具体内容略)

②逐步推进制度建设。(具体内容略)

(二)抓好抓实教师队伍建设

①厘清团队职责。(具体内容略)

②建构立体教研。(具体内容略)

③扎实推进科研。(具体内容略)

(三)脚踏实地做好课程建设

以年级组为单位建构幼儿园课程体系，在2月底与全部教师见面，内容包括《指南》操作指导手册、情境数学、阳光体育、民间文化等几个部分。在操作过程中，不断发现优秀案例，力争下学期收获优秀活动组织案例10份，并纳入幼儿园课程体系，环境创设金点子6～8个，丰富环境创设经验，肯定教师们的工作，在肯定和鼓励中激发其工作热情。

(四)传承与创新文化建设

①班级文化建设。(具体内容略)

②教师文化建设。(具体内容略)

四、月工作安排

(一)3月

①做好开学准备工作，办好开学典礼。

②分班召开家长会。

③加强班级常规管理。

④组织教师开展环境创设方案撰写及平面图设计与交流。

⑤组织第七届“小精灵”杯故事会年级组复赛。

⑥指导各班使用《幼儿成长足迹》，从管理、填写、家园同步、评价分析等角度提升《幼儿成长足迹》对幼儿发展的过程性记录。

(二)4月

①重点检查各班晨间准备及活动组织情况。

②检查各班活动区环境创设及开展情况。

③组织全园保教工作人员学习新早操。

④班级开展清明节主题活动。

⑤组织全园第七届“小精灵”杯故事会比赛。

⑥组织各班进行幼儿体质体能复测。

⑦组织全园春游或远足活动。

⑧组织开展民间游戏融入课程的教研活动。

(三)5月

①各班着重抓幼儿生活活动常规管理。

②组织青年教师赛课。

③组织全园环境创设评比。

④策划并组织家长助教或家长半日开放活动。

⑤全园围绕区域活动的组织开展教研活动。

(四)6月

①各班重点抓过渡环节游戏常规(餐前、餐后、起床后、离园前)。

②全园围绕户外活动的组织开展教研活动。

③迎“六一”庆祝活动。

④开展大班毕业典礼和小、中班升班活动。

⑤开展“我与孩子共成长——我的教育故事”分享交流会。

⑥期末工作总结，对教师各项工作进行评估。

(二)班级教学计划的制订

班级教学计划一般由带班教师和配班教师一起根据《规程》《纲要》《指南》的相关规定与要求，依据幼儿园培养目标和幼儿园教学工作计划，结合本班幼儿情况及特点(包括幼儿人数，学习情况分类，幼儿上学期情况分析，学习态度、习惯等)制订。班级教学计划又分为学期教学计划、月教学计划、周教学计划、一日教学计划、具体活动计划的制订(具体要求见“时间分类标准下幼儿园教学计划的制订”部分)。

二、时间分类标准下幼儿园教学计划的制订

根据时间进行分类，幼儿园教学计划包括学年教学计划、学期教学计划、月教学计划、周教学计划、一日教学计划和具体活动计划，这六种计划是有上下位关系的有机整体。上位计划对下位计划具有指导作用，下位计划是执行上位计划的具体化。幼儿园的保教工作管理常以学期为时间节点展开，在教学计划的制订上，一般要求教师撰写学期教学计划、月教学计划、周教学计划、一日教学计划等。

(一)幼儿园学期教学计划的制订

幼儿园学期教学计划也称“班级保教工作计划”，是指导一个学期班级各项工作全面、有效开展的规划，除包括班级日常教育教学工作外，还包括家长工作、环境创设等方面内容。学期教学计划包含本班情况分析、学期教学目标、具体措施、每月重点工作安排等要素。下面就各要素制订的要点及学期教学计划制订时应遵循的原则进行讨论。

1. 幼儿园学期教学计划各要素制订的要点

(1)本班情况分析

本部分主要分析幼儿基本情况(如班级人数、男女比例、幼儿智力水平、社会性和健康状况、个性特征及家庭教育状况等)，上学期幼儿发展状况和教育目标完成情况。新班级主要结合幼儿年龄特点和教师以往的经验进行分析。先进行整体分析，再按领域或项目依次进行分析，保证分析得真实准确，既要兼顾整体又要兼顾个体。进行本班情况分析是确定学期培养目标、选择教学内容和方法的基础。根据各班的具体情况，本班情况分析可详可略，也可有所侧重，但务必反映真实面貌，尽可能用数据或具体行为来陈述幼儿发展情况。例如，“本班三分之二的幼儿能正确使用剪刀等美劳工具”“全班幼儿观察小动物的兴趣都比较高，但还不会有顺序地观察并说出它们的主要特征”等。切忌用笼统模糊的语句，如“大多数幼儿都很能干”“幼儿学习习惯较差”等。

(2)学期教学目标

本部分是学期教学计划的重点部分。针对园所保教工作计划和本班基本情况分析中存在的问题，从保教工作、家长工作、班级管理工作等方面提出培养幼儿良好习惯以及情感态度、能力技能和知识经验等方面的适宜的目标。学期教学计划中的目标不同于具体教学方案中的目标，可以表述成概括性目标。

(3)具体措施

具体措施是为实现学期教学目标而制订的实施内容、途径和方法，主要从保教工作、家长工作、班级管理工作三个方面来确定。制订时需说明通过哪些手段、途径、形式实现所列举的学期教学目标。在制订时把握“措施”与“目标”间的不完全对应性和关联性，即一个目标可能需要多种措施去实现，一种措施可能实现多个目标。

(4)每月重点工作安排

每月重点工作安排是将学期教学目标、工作任务和措施分解，安排到每月中，包括时间、内容，使人一目了然，更具目的性和可操作性。具体内容包括：健康、语言、社会、科学、艺术五大领域的教育内容，预想的活动主题，本期大型活动安排，关于环境创设的思考，教师在本期的研究专题等。学期计划除包含以各领域为主的教学部分外，还包括家长工作、班级特色活动等内容。

实现目标的基本措施包括：达到目标的途径和方法是什么，将哪些方面作为突破口，准备开展哪些重大活动等。其中大型活动可按月份安排，每一个月都有重点工作。本学期教师的教学研究重点也可在此进行详细规划。

2. 幼儿园学期教学计划制订的原则

①遵循“分析掌握在前，目标在后”的原则。即分析之前幼儿发展状况、班级整体工作情况，掌握本年龄段幼儿发展目标要求。

②遵循“立足园所、班级实际”的适宜性原则。即从本园、本班幼儿的实际情况出发，不要照搬文件或别园的规定。

③遵循“年级组成员、班级成员全员参与、充分沟通”的原则。

案例 5-2

庆龄幼儿园大班下学期教学计划①

本学期是孩子们在幼儿园的最后一学期，也是关键的一学期。再过几个月，他们将离开幼儿园这片让他们开心、难忘的地方，在小学的天空里自由飞翔。如何使他们永远记住幼儿园的快乐时光、顺利过渡并尽快适应小学的课堂等话题，将是本学期的工作重点。为了使班级各项工作有条不紊地顺利

① 该计划由重庆市渝北区庆龄幼儿园大班教师李倩撰写。

开展、幼儿的潜能得到最大限度的发挥并获得最大的发展，特制订本班下学期教学工作计划。

一、班级情况分析

这学期本班共有35名幼儿。分析大班上学期幼儿的情况，总的来看：在生活自理能力、学习习惯方面，幼儿有了较大进步，特别是在体能、语言表达、社会交往、逻辑思维能力方面表现较为突出。他们的身体状况与3～4岁幼儿相比有了明显不同，精力旺盛，爆发力强，对体育活动充满兴趣。他们喜爱游戏，游戏活动的水平更高了。他们好学多问，初步形成个性并表现出明显的个体差异。他们大都为独生子女，拥有充分的爱护与关怀、较优裕的物质生活条件。由于缺乏兄弟姐妹之间的交往和亲情，导致有的幼儿社会互动意识不强、不合群，自顾自，有独占习惯，同情心、责任感比较缺乏。

二、本学期保教工作目标及措施

本期保教工作仍然以《指南》为指针，贯彻《纲要》精神，根据园务工作计划，扎扎实实做好保教工作。规范幼儿的一日活动常规，增强幼儿体质，做好品德教育工作，发展幼儿智力，培养幼儿的美感，促进幼儿身心全面和谐发展。

(一)保育工作

督促保育教师搞好班级卫生，每天做好清洁、消毒、通风工作；预防传染病的发生；严格执行幼儿一日生活作息制度，合理安排好幼儿的一日生活；做好室内外的环境布置，为幼儿创设一个清洁舒适、健康安全的生活学习环境。

培养幼儿良好的生活卫生习惯，教育幼儿注意个人卫生，不把脏东西放入口中，以防止病由口入。加强幼儿自理能力的培养，学习做一些力所能及的事情，下铺幼儿学习整理自己的床铺。

细心呵护幼儿成长。在日常生活中精心关爱幼儿，特别是年龄小、能力稍弱的孩子。蔡××、赵××等幼儿体质较弱，易受凉感冒，发烧，周××、杨××视力不太好，针对上述情况，我们应给他们更多关爱。日常活动中细心关注幼儿的精神面貌，发现问题及时处理。注意幼儿良好睡姿的培养，对幼儿的睡眠情况做好记录。

(二)教育教学工作

本学期我园与宋庆龄故居取得联系，参与“时代小先生”的系列活动。我们将“时代小先生”的系列活动与班级主题活动相结合，在班级开展一系列评选活动。

①科学合理地开展教育教学工作，面向全体幼儿，促进全面发展。在一日生活中，以多种方式引导幼儿认识、体验并理解基本的社会行为规则，学习自律，树立规则意识；结合日常生活，开展安全教育，提高自我保护的意识和能力；加强自身动作的协调发展，养成良好的行为习惯和生活习惯；培养幼儿动手操作能力、手脑并用。做好对幼儿观察、记录、评价等方面的工作。

②本学期将沿用上学期的值日生制度，明确值日生职责。

③结合节日，开展好各个庆祝主题活动或亲子活动。

④在区角活动中投放合作游戏，通过开展主题建构活动，培养幼儿的合作意识。

⑤保证户外活动的时间，锻炼幼儿体能。

（三）安全工作

我们始终把安全工作放在首位，加强日常活动中的安全管理。重视幼儿一日活动中各个环节的安全管理工作，如晨间安全检查，坚持接送卡的使用，餐前餐后、午睡前后及午睡间的巡视，保证幼儿一日活动不脱离教师的视线。在日常活动中穿插安全教育、加强幼儿的安全意识，帮助幼儿掌握一些自我保护技能。提高自己的责任心，细心排除一切不安全因素。对上铺幼儿加强管理，扶上扶下，让幼儿在安全的环境下健康成长。

（四）班级管理

①每月定期召开班务会，总结上个月的工作情况，共同讨论自己工作中遇到的困难，找出解决的办法。布置好本月的工作内容。

②认真制订好月、周、日计划，严格按计划开展各项活动。科学合理、动静交替地安排好幼儿一日活动。

③认真督促填写《幼儿生病缺课登记表》和《交接班记录》。

④管理好班级财物，每天检查门窗是否关好；不让班级财物丢失；平时注意节约用水、用电，以免造成浪费。

（五）家长工作

①开学初召开家长会，让家长了解本学期的安排和需要配合的事项。每月定时召开小型家长会，共同探讨大家关心的育儿问题，尽量让家长感到满意、放心，以取得家长对班级工作的支持与配合。

②根据班级具体情况，有针对性地设计并展示家园栏，及时向家长宣传幼教知识，让家长及时了解幼儿在园情况。

③认真填写《幼儿成长足迹》，使其充分发挥桥梁作用。

④利用早晚接送幼儿的时间，及时与家长沟通。通过电话、班级QQ群和微信等方式与家长保持密切联系，及时交流幼儿的生活学习情况，向家长推荐优秀的育儿网站。

⑤开展家园共育活动，欢迎家长参加开放日活动。寻找合适机会，请家长走进课堂，通过各种途径达到家园教育同步。

三、每月重点工作安排

(一)3月

①召开学期初家长会。

②学期初幼儿体质体能测查。

③班级活动区创设。

④“文明小先生”倡议与教育实践活动。

⑤加强幼儿在园一日常规的培养。

(二)4月

①“书香小先生”讲故事活动。

②春游活动。

③清明节主题活动。

(三)5月

①“巧手小先生”——“小小设计师”美工活动。

②家长开放日活动。

③参观小学。

(四)6月

①“缤纷小先生”庆“六一”活动。

②毕业典礼。

③端午节主题活动。

④工作总结。

⑤幼儿发展评价。

我们希望本学期的工作能给孩子留下对幼儿园的美好回忆。我们将以积极的心态迎接新的挑战，三位教师也将继续努力，团结一致、同心协力把班级工作做好，争取更好的成绩！

(二)幼儿园班级月教学计划的制订

幼儿园班级月教学计划是幼儿园学期教学计划的下位分解计划，因此，月教学计划是在班级学期教学计划的基础上，根据学期教学目标、上月教学情况分析和季节特点，结合本班幼儿实际情况制订的，比学期教学计划更详细。它反映了各月教育工作的具体内容要求，是各班教师每月教学工作的依据。主要内容包括上月情况分析、本月各领域重点目标、具体措施及活动内容等要素。

1. 上月情况分析

本部分主要针对上月教学目标执行和达成情况及幼儿发展情况进行分析，可从五个领域进行分析。保证客观、真实，既要分析优势，又要指出不足。

2. 本月各领域重点目标

在制订本月教学目标时应注意以下方面：一是把握关联性。依据学期目标中每个领域(项)的关键价值、幼儿上月发展状况，本月在特定基础上筛选学期目标、分解确定月目标。二是把握目标的适宜性(不宜过大或过于具体，适宜本月实现；有的可能直接是学期目标，有的可能为分解目标)。三是按领域及项目依次制订，体现本月重点。

3. 具体措施及活动内容

写具体措施时可按领域来写：每个领域目标需要哪些措施去实现。为了便于指导月工作的开展，内容上可采用分类书写的方式(见表 5-2)，以增强目的性。制订时还应把握“措施”与“目标”“内容”间的不对应性和关联性，即一个目标可能需要多种措施、内容去实现，一种措施、内容可能实现多个目标。同时应针对学期目标，结合季节、节日、幼儿当前的经验和发展的需要，整体考虑这个月重点要做些什么事。可以是级组活动、全园活动及主题活动、社区资源利用的提示等。

表 5-2　××幼儿园×月教学工作计划表

班级：　　　　　　教师：　　　　　　　　　　　　　　　　年　　月　　日

上月情况分析			本月工作重点		
各领域发展目标		预设主题教育活动	主题环境创设	家长工作	生活常规教育重点
健康					
语言					
社会					
科学					
艺术					

案例 5-3

××幼儿园中班9月工作计划[①]

日期：　　　　　　班级：中班　　　　　　执教：×××

<table>
<tr><td rowspan="2">项目</td><td>上月情况分析</td><td>（略）</td><td>本月工作重点</td><td>升班教育与节日活动</td></tr>
<tr><td colspan="2">月目标</td><td colspan="2">可能开展的活动</td></tr>
<tr><td rowspan="5">目标与内容</td><td colspan="2" rowspan="5">1. 增强“升班了”“长大了”的意识，懂得爱护小弟弟、小妹妹。学习自己定规则，遵守新常规。
2. 参与教师节、国庆节、中秋节等节日活动。了解中国民俗。体验节日快乐，萌发爱祖国、爱老师、爱家乡的情感。
3. 喜欢做值日，学习分发玩具、餐具，使用筷子，自己洗脸、洗手、抹油。
4. 比较两个以上物体的大小、长短、高矮、颜色、软硬等差异，练习排序和分类。
5. 能耐心地倾听别人讲话、讲故事，口齿清楚地讲话、朗诵，理解一段话的主要意思。
6. 动作认真有力地做操，学习徒手操、单脚跳、跨障碍走。
7. 喜欢音乐、美术活动，练习涂色。学画正面人的简单动作，用身体动作打节拍，体验四分、八分音符的时值。</td><td>健康领域</td><td>学做徒手操或广播体操。“走小路”系列活动，玩圈、跳圈，小工人切西瓜，值日生，夹物练习。</td></tr>
<tr><td>语言领域</td><td>倾听谈话：猜猜我是谁。
语言游戏：传话。
儿歌：悄悄话。
听故事：《小青蛙听故事》。
猜谜活动：可爱的小动物。
语言游戏：打电话。</td></tr>
<tr><td>社会领域</td><td>我升班了；送个礼物给你；你别哭；月亮的故事；天安门；国旗国徽；自己定规则。</td></tr>
<tr><td>科学领域</td><td>科学：愉快的郊游；秋天收获多。
数学：大小排序，长短排序，高矮排序。
分类游戏：看一看，排一排。</td></tr>
<tr><td>艺术领域</td><td>音乐：小月亮；走路和跑步；听音乐模仿走；节奏游戏；丢手绢；火车开了；我有小手。
美术：秋季水果；哭、笑、生气；节日的气球；国旗；有趣的纸编系列活动。</td></tr>
<tr><td>环境材料</td><td colspan="4">1. 环境应变化，给幼儿以新鲜感——“我升班了”，因此，可在活动室的墙壁上布置出一块小天地。例如，以“我升班了”“我长大了”为主题的各种图片、照片（小时候做的一些事）；或者布置“我是能干的哥哥、姐姐”影展，展示帮助弟弟、妹妹或自己独立做的一些事情。
2. 结合庆祝国庆节。可设置“我爱国旗”的展览，展示幼儿自制的国旗。
3. 认知区：准备一些大小、长短、高矮不同的图卡1～5套，供幼儿排顺序用，投放分类盒及材料和一些颜色、大小、形状不同的物体或图片，供幼儿分类，可结合班上的活动区，让幼儿判定各活动区的游戏规则，培养幼儿初步的责任感。
4. 美工区：提供各种颜色的笔及各种水果、动物等的轮廓，供幼儿涂色用。
5. 音乐区：选择节奏鲜明的乐曲，投放节奏乐器，供幼儿听音乐时打节拍，进一步体验音符的时值。
6. 自然角：结合幼儿的收获活动，突出丰收的气氛。幼儿可参与制作果实娃娃。</td></tr>
</table>

① 刘敏、万中：《幼儿园教育活动的组织与实施》，142～144页，成都，四川大学出版社，2011。引用时有改动。

续表

<table>
<tr><td rowspan="2">项目</td><td>上月情况分析</td><td>（略）</td><td>本月工作重点</td><td>升班教育与节日活动</td></tr>
<tr><td colspan="2">月目标</td><td colspan="2">可能开展的活动</td></tr>
<tr><td>日常生活</td><td colspan="4">1. 教师为幼儿创造机会，鼓励他们帮助小班幼儿穿衣或玩“大带小”游戏。
2. 建立“值日生”制度，培养幼儿分发玩具、餐具等能力。
3. 在日常生活中要求幼儿认真洗脸、洗手、抹油等。
4. 与幼儿商讨、制订简单的活动规则，并自己制作标志。例如，每个活动区可以进几个人，则在地面贴几对脚印；大家讨论玩具不够时，应该怎么办等。
5. 积极创造条件，让幼儿参加郊游、收获活动。</td></tr>
<tr><td>家长工作</td><td colspan="4">启发幼儿增强“长大了”的意识，要求家长与幼儿交谈，启发幼儿主动向家长谈自己在幼儿园中班生活的体验。</td></tr>
<tr><td>本月小结</td><td colspan="4">（略）</td></tr>
</table>

（三）幼儿园班级周教学计划的制订

幼儿园班级周教学计划是一周之内全部教学活动及相关工作的具体方案，是在月教学计划的基础上制订的，是当月工作计划中某些内容的具体化，是保证月教学目标和周工作目标顺利实现的必要条件，也是日常教学活动目标与具体教学活动设计的依据，同时，还是家长了解幼儿在园一日学习、生活的窗口。幼儿园班级周教学计划的制订一般包括上周情况分析、本周主要教学目标、本周主要预想活动内容。幼儿园班级周教学计划应对幼儿的生活活动、户外活动、游戏、集中教育、区域活动等各项保教活动的内容、要求及指导重点进行全面的考虑与安排，以确保幼儿在园健康有序地学习与生活。

1. 幼儿园班级周教学计划制订的内容及要求

（1）上周情况分析

本部分主要针对上周教学目标的达成情况及幼儿的发展情况进行分析。分析时可从五个领域进行，保证客观、真实，既要分析优势，又要指出不足。

（2）本周主要教学目标

本周主要教学目标应是本周所有各领域突出的重点目标，表述要适宜，忌过于宽泛或过于具体。在制订时基于对上周情况的分析，先给每个领域、每项工作确定一个方向，然后筛选活动内容，最后确定每个领域、每项工作的重点目标。

（3）本周主要预想活动内容

①晨间活动。

特点：幼儿陆续来园，时间较短。

分为两个时段：一是幼儿陆续来园时段；二是幼儿基本来园到饭前集中时段。

适合内容：幼儿陆续来园时段一般安排自选活动。适合图书、折纸、桌面玩具、自由交谈等，由教师根据幼儿兴趣及近阶段幼儿的发展情况、教育目标选定几种，供幼儿自选，定期更换。幼儿基本来园到饭前集中时段可安排集中活动内容，如主题谈话、故事大王讲故事、儿歌诵读、新闻讲述等。

②生活活动。

特点：第一，幼儿生活卫生习惯、自理能力等方面问题。例如，喝水、进餐、穿(脱)衣服、值日生服务等。第二，要注意每周重点突出问题，并注意循序渐进。第三，书写时有时会将目标及策略一并写入。

③教育活动。

注意问题：一周教育活动内容要全面，尽量涵盖五大领域内容。活动内容要体现新旧内容的融合和适宜性。两节活动之间要注意动静交替，互不影响。内容间具有关联性，相关的活动尽量放在同一天。内容容量搭配适宜。

想一想

请分析以下教育活动安排是否合理，说明理由。

活动	周一	周二	周三	周四	周五
教育活动(一)	音乐游戏“大猫小猫”	谈话活动“我升中班了”	美术活动“我的好朋友”	谈话活动“秋天来到了”	律动活动“拾豆豆”
教育活动(二)	综合分册《一样多吗》	歌曲《长大一岁了》	课本《秋天的水果》	手指游戏“五个好朋友”	“大带小”活动

④户外活动。

户外活动包含集体游戏和分散自选游戏两部分。每周要有重点需要发展的运动技能点，一般持续在一周内，循序渐进地提升。集体游戏要求：每天的运动技能点突出，书写时标出运动技能点。分散自选游戏要求：每周有重点地投放、调整材料，每天有重点指导的材料。

⑤活动区活动。

活动区活动应根据上周幼儿游戏情况和本周重点目标而定。书写时尽量简要标出每个区域的指导重点，且呈现递进性。

⑥离园活动。

离园活动指前一个环节活动结束至幼儿离园前的集体等待环节。这一环节意在稳定幼儿一天的情绪，主要组织轻松愉悦的活动；也可对一日生活进行简短回顾，融入一定的教育价值。可选择自由交谈、有目的的自选活动、故事欣赏、悄悄话时间、“今天的我最棒”“分享时刻”等活动。(仪容仪表的整理为必定内容。)

2. 制订幼儿园班级周教学计划应遵循的原则

(1)多样性和整合性原则

活动内容应尽可能丰富、多样化。安排要注意领域的均衡，并考虑各领域的有机联系、相互渗透，有利于幼儿循序渐进地学习。

(2)稳定性和灵活性原则

要有合理的一日安排，保证每一项活动的时间和质量，减少隐性浪费，并结合偶发事件和园本课程的需要灵活安排。

(3)适宜性和个体性原则

内容安排符合幼儿的年龄特点，注重个别差异，体现因材施教。表述语言应恰当，少用否定性语言。

(4)动静交替原则

教学活动和其他活动的安排应注意动静交替，第一个活动是静的、动脑较多的活动，第二个活动就应该是使身体得以活动的，且最好是先静后动的活动。

(四)幼儿园班级一日教学计划的制订

幼儿园班级一日教学计划是一日生活中全部活动的设计规划，是周教学计划中每天、每项内容的详细实施方案。一般由教师独立完成，包含目标、环境材料、过程与指导重点、效果分析四个要素。制订幼儿园班级一日教学计划时，教师通常按照自己所带班次、环节安排依次书写，一般晨间、生活等环节目标及策略写在周教学计划内，一日教学计划中可不体现。

1. 目标

以教育活动为例，分两种情况：一是有参考教案的活动。列目标时应对照教案，仔细阅读原方案的目标、环节设计。分析、思考目标和环节对本班幼儿的适宜性，明确每一个环节要实现的目的是什么并进行调整，将重要内容写入自己的计划中，忌照搬照抄。二是无现成教案，需自己设计的活动(如主题活动、生成活动)。列目标时应进行分析，然后确定本次活动适宜的目标价值、重点、难点、活动策略及活动环节。

2. 环境材料

环境材料主要包括以下内容：本次活动所需要的场地、空间，活动教具、操作材料，环境创设等。例如，中班语言活动“会动的房子”中的材料可提供：PPT课件，小松鼠、小乌龟头饰若干，大树、草原、海边等场地背景；空间：幼儿围坐成半圆。

3. 过程与指导重点

幼儿在园的一日活动是由各种不同类型的活动组成的。这些活动相互组合，构成了幼儿一日生活的若干个环节。为了制订计划方便，通常将幼儿一日生活的若干个环节按时序排列，并根据阶段性教育教学计划(通常是周教学计划)来确定一日教学活动中各个环节的具体活动内容及指导要求和教师指导方式。一般来说，幼儿园一日教学活动的设计要求是：制订科学合理的生活作息制度；充分开展游戏活动；各种活动丰富多彩；活动结构要紧凑，各环节转换要自然。

教学环节从表面上看是一个教学活动从开始到结束的程序，实际上却蕴含着教师的教育思想、教育理念、教育智慧。这部分应注意以下几点：一是环节设计的目的性，教师要有目标意识，在对教学内容分析和幼儿水平了解的基础上，考虑每一个环节及目的。避免为追求外在的“热闹场面”而设计一些与目标没有直接关系的环节。二是要始终思考“幼儿在活动中要达到什么目的”“我应该如何设计来促成幼儿的发展和目标的达成”，并以这两条线索设计活动，每个环节都要写明“让幼儿做什么，怎么做，达到什么目的”或“教师做什么，达到什么目的”。三是重难点及策略的体现，要将本次活动的重难点列于其中，并详细思考适宜的指导策略。四是重点语言的体现，如环节过渡、转换的引导语言、针对重点问题的重点提问语言等。具体参见案例5-4。

案例5-4

重庆市渝北区庆龄幼儿园一日作息时间表①

内容	小班	中、大班	注意事项
入园、晨间接待	8:00—9:25	8:00—8:50	①做好室内外清洁消毒、室内通风工作。 ②根据《细则》要求，做到“一摸二看三问四查五记”，做好晨检记录。 ③与家长交流。 ④组织晨间游戏活动。
晨间活动	8:00—9:25	8:00—8:50	
早操	9:25—9:50	8:50—9:40	①三个教师全部到场。 ②检查幼儿着装。 ③组织幼儿安静、有序地入场和出场。
主题学习活动	9:50—10:05	9:40—10:10	①有计划，有教具，有学具。 ②为幼儿提供充分的动手、动口、动脑的机会。 ③以游戏的形式开展活动。 ④对个别幼儿给予关注并指导。

① 该案例由重庆市渝北区庆龄幼儿园提供。

续表

内容	小班	中、大班	注意事项
喝牛奶、吃点心	10：05—10：25	10：10—10：20	①创造愉快、安静的进餐氛围，就餐中不训斥幼儿。 ②照顾个别幼儿。
户外体育活动	10：25—10：50	10：20—10：55	①带器械。 ②随时观察幼儿活动情况，注意提醒或帮助幼儿增添衣物。 ③注意活动中幼儿的安全。
游戏活动	10：50—11：15	10：55—11：20	中、大班游戏20分钟以上，小班游戏10分钟以上。
盥洗、午餐	11：15—12：00	11：20—12：00	①餐前做好卫生消毒工作。 ②餐前准备播放轻音乐，引导幼儿开展安静的活动，如手指游戏。 ③做到不提前吃、不催促吃、不站着吃、不给幼儿汤泡饭。
散步	12：00—12：10	12：00—12：10	保证散步时间。
午睡	12：10—14：30	12：10—14：30	①提醒幼儿如厕。 ②检查盖被情况，纠正不良睡姿。 ③随时检查幼儿睡眠情况，带班人员不得离岗。
起床、盥洗	14：30—15：00	14：30—14：55	①指导或帮助幼儿穿衣，整理床铺。 ②避免隐性和显性的时间浪费，保证集中教学按规定时间进行。
吃水果	15：00—15：15	14：55—15：10	①领好水果。 ②创造愉快、安静的氛围，注意照顾个别幼儿。
主题学习活动	15：15—15：30	15：10—15：40	①有计划，有教具，有学具。 ②为幼儿提供充分的动手、动口、动脑的机会。 ③以游戏的形式开展活动。 ④对个别幼儿给予关注并指导。
活动区活动	15：30—16：20	15：40—16：25	①创设宽松、自由的活动氛围，提供丰富多样的活动材料。 ②有目的、有计划地组织幼儿开展活动。 ③认真观察幼儿活动情况，做好观察记录。

续表

内容	小班	中、大班	注意事项
晚餐	16:20—17:00	16:25—16:50	①餐前做好卫生消毒工作。 ②餐前准备播放轻音乐，引导幼儿开展安静的活动，如手指游戏。 ③做到不提前吃、不催促吃、不站着吃、不给幼儿汤泡饭。
离园整理	17:00—17:10	16:50—17:05	①检查仪容仪表。 ②收拾物品。 ③离园教育。
离园	17:10	中班：17:05 大班：17:00	与家长做好安全交接工作，保证幼儿安全、整洁、愉快地离园。

半日活动计划内容及制订要求如下。

生活活动：结合周教学计划中的生活活动目标，分解到每一天，并写出指导策略。

区域活动：有变化的就写，没有变化的不写。

教育活动：

①项目齐全。包括活动名称、活动目标、活动重难点、活动准备、活动过程、活动延伸。

②教学目标科学、明确，符合幼儿的年龄特点和实际水平。以《纲要》提出的各领域目标为依据，结合本班幼儿发展的实际情况确定，充分考虑、科学把握幼儿情感态度、能力技能和知识经验等方面的发展情况，注重三维目标的互动整合。

③根据教学目标选择适宜的教学内容。

④活动准备充分。包括经验准备和物质准备。帮助幼儿做好相关生活经验和知识的准备。教具、学具准备充分，便于幼儿主动探究，材料投放满足幼儿发展的需要，促进不同水平幼儿的发展。

⑤教学过程层次清楚，突出重点，突破难点，体现本领域的核心价值。

教学过程要围绕目标进行，结构层次清楚，组织形式灵活，各环节安排合理，衔接自然紧凑，重难点突出。在实施过程中，根据幼儿的实际发展水平及兴趣和需要及时调整教学计划，捕捉教育契机。注重幼儿能力的培养。

户外活动：

①集体活动：包括活动名称、活动目标、活动准备、活动过程。

②分散活动：重点写出拟投放材料和指导策略。要求：第一，目标科学、明

确，符合幼儿身体发展需要。第二，活动材料丰富，具有趣味性、层次性、挑战性。第三，活动安排科学、合理，符合季节特点，强度、密度适宜。

案例 5-5

小班半日活动计划①

一、入园、晨间活动(8：00—8：55)

(一)活动目标

1. 能礼貌地和教师打招呼，不带危险的东西到幼儿园。

2. 在教师的带领下放好书包和健康卡，投入晨间活动中。

(二)要求及准备

1. 打开教室门窗，充分通风。

2. 以愉悦的心情微笑接待每位幼儿及家长，主动、亲切地上前问好。

3. 一摸：幼儿有无发热现象，可疑者测量体温。二看：观察幼儿的脸色，有无传染病的早发现象。三问：和家长交流幼儿在家情况(饮食、睡眠等)。四查：查看幼儿是否携带不安全的物品，一旦发现迅速处理。五记：记录家长的交代。

二、晨间区域活动(8：00—8：55)

(一)活动目标

1. 能自主选择区域进行活动，知道进出区角取放进区卡。

2. 知道区域活动中娃娃家的角色分配，体验角色扮演的乐趣。

(二)要求及准备

1. 为幼儿提供丰富的活动材料。

2. 开放图书区、娃娃家、建筑区及美工区，鼓励幼儿自由选择喜欢的区域进行活动，重点指导娃娃家，幼儿取放进区卡以及对娃娃家中角色的分配。

三、早操前盥洗(8：55—9：05)

(一)活动目标

1. 能有序地排队洗手、解便。

2. 知道正确的洗手方法。

(二)要求及准备

1. 告诉幼儿正确的解便方法。

2. 盥洗时提醒幼儿事先卷好衣袖，不玩水，用正确的方法洗手。

---

① 该计划由重庆市渝北区庆龄幼儿园小班教师邓璇撰写。

3. 指导幼儿用自己的毛巾擦手，养成良好的卫生习惯。

四、早操(9:05—9:30)

(一)活动目标

1. 能主动地参加早操活动。

2. 能有序地取器械进行活动，不争抢。

(二)要求及准备

1. 检查场地、服装及器械。

2. 整队，幼儿整齐排好队，在操场上找到自己的位置。

3. 带领幼儿做热身动作，按照音乐节奏来做动作。

4. 观察幼儿的早操情况，与幼儿进行有效的互动。

5. 注意观察幼儿的活动情况，及时帮助幼儿脱衣、隔背。

五、如厕洗手、喝水(9:30—9:50)

(一)活动目标

1. 能有序地排队洗手、解便。

2. 知道正确的洗手方法。

(二)要求及准备

1. 告诉幼儿正确的解便方法。

2. 盥洗时提醒幼儿事先卷好衣袖，不玩水，用正确的方法洗手。

3. 指导幼儿用自己的毛巾擦手，养成良好的卫生习惯。

六、主题活动(9:50—10:05)

见案例5-6。

七、如厕、洗手(10:05—10:15)

(一)活动目标

1. 能有序地排队洗手、解便，不推不挤。

2. 知道正确的洗手方法，不玩水。

(二)要求及准备

1. 准备洗手液、毛巾。

2. 保证厕所地面干燥和厕所整洁。

3. 保证幼儿足够的饮水量。

八、点心时间(10:15—10:30)

(一)活动目标

1. 有序地排队取点心。

2. 能养成安静进餐的好习惯。

3. 能保持桌面的整洁。

(二)要求及准备

1. 盒装牛奶要先用热水加热之后再给幼儿喝。

2. 指导幼儿安静进餐。

3. 不把点心掉在桌上或地上。

九、户外体育活动(10：30—10：45)

(一)活动名称：民间游戏“老鹰捉小鸡”“老狼老狼几点钟”

(二)活动目标

1. 能主动参加游戏，分清游戏中的角色。

2. 能在活动中体验集体游戏的快乐。

(三)要求及准备

1. 准备老鹰、狼头饰及民间游戏儿歌。

2. 活动前检查户外场所是否存在安全隐患。

3. 交代幼儿活动规则，不推不挤。

4. 幼儿自由选择游戏，教师讲解游戏要点。

5. 保育员仔细观察幼儿活动情况，及时给幼儿隔背，增减衣服。

十、隔背、如厕、洗手、喝水(10：45—10：55)

(一)活动目标

1. 能有序地排队洗手、解便。

2. 知道正确的洗手方法。

3. 养成喝水的好习惯。

(二)要求及准备

1. 教师和保育员帮助幼儿隔背。

2. 告诉幼儿正确的解便方法。

3. 盥洗时提醒幼儿事先卷好衣袖，不玩水，用正确的方法洗手。

4. 指导幼儿用自己的毛巾擦手，养成良好的卫生习惯。

十一、游戏活动(10：55—11：10)

(一)手指游戏：十个手指扭一扭

(二)活动目标

1. 能边念儿歌边做动作，在游戏过程中锻炼手的协调性。

2. 练习手在上、下、左、右不同方位抖及驾马车的模仿动作。

(三)活动准备：儿歌《十个手指扭一扭》

(四)活动过程

1. 讨论《我的小手真能干》，引入手指游戏。

师：宝贝们，这是我的手，它可以……

2. 手指游戏《十个手指扭一扭》。

(1)练习儿歌中上、下、左、右抖及小手驾马车、画圆圈、走一走的动作。

(2)教师念儿歌，幼儿跟着教师做动作。

(3)提示幼儿跟着教师边念儿歌边做动作。

(4)两两一组，和小伙伴一起玩手指游戏。

3. 游戏结束。

十二、如厕、洗手、餐前准备(11:10—11:20)

(一)活动目标

1. 能有序地排队洗手、解便。

2. 知道正确的洗手方法。

(二)要求及准备

1. 告诉幼儿正确的解便方法。

2. 盥洗时提醒幼儿事先卷好衣袖，不玩水，用正确的方法洗手。

3. 指导幼儿用自己的毛巾擦手，养成良好的卫生习惯。

4. 餐桌消毒。

5. 介绍午餐菜名，提醒幼儿进餐时的正确坐姿以及一手扶碗、一手拿勺的正确进餐方法。

十三、午餐(11:20—12:00)

(一)活动目标

1. 能有序地排队取碗勺及饭菜，不推不挤不打闹。

2. 能安静、愉快地进餐，不挑食。

3. 保持桌面干净，能主动把掉的饭粒捡入餐盘。

4. 能用自己的毛巾擦嘴，有良好的卫生习惯。

5. 养成饭后漱口的好习惯。

(二)要求及准备

1. 碗、勺子、饭菜、汤、餐巾、杯子。

2. 关注吃饭特别困难的幼儿，采取适宜的方法鼓励幼儿吃饭。

十四、餐后活动：如厕、散步(12：00—12：10)

十五、午睡：(12：10—14：30)

(一)活动目标

1. 能主动脱鞋，上床睡觉。

2. 能安静入睡。

(二)要求及准备

1. 开窗通风，拉好窗帘，检查床铺、被褥等。

2. 指导幼儿将自己的衣裤摆放整齐。

3. 不玩耍、不讲悄悄话，能较快地安静入睡。

4. 教师巡回观察幼儿入睡情况，纠正不正确的睡姿，引导入睡困难的幼儿迅速入睡。

5. 幼儿睡觉期间起床解便，为幼儿准备拖鞋。

6. 做好交接班工作，详细说明要特别注意的情况。

4. 效果分析

效果分析即把幼儿在活动中的表现与目标进行链接——分析评价教育活动的效果。通过观察大部分幼儿完成活动的情况来判断和分析目标达成的情况及活动内容与方式的适宜性。分析时要保证及时性和客观性。

三、具体内容分类标准下幼儿园教学计划的制订

在此标准下，我们简要叙述家长会工作计划和运动会工作计划的制订。

(一)家长会工作计划的制订

家长会是幼儿园普遍采用的一种家园合作方式，有全园性的，有年级和班级的，还有其他不同类型的家长会。全园性的家长会要求全体家长都参加，一般安排在学期初或学期末。这种家长会的内容大多是向家长报告幼儿园的工作计划，汇报教育成果以及向家长提出要求等。年级家长会则是向家长汇报本年级教学工作计划，特别是讲解这一学期的教育目标和家园合作教育的要求，并组织讨论，听取家长的意见和建议。班级家长会更具有针对性，主要是向家长汇报本班幼儿的具体情况，与家长双向交流，共同研讨有关孩子的保教问题。

家长会的形式不拘一格，主要应注重实效。比如，某幼儿园为了克服过多包办的问题，使家长与幼儿园配合一致，培养孩子的自理能力，召开家长会时请家长观看孩子的穿衣服比赛——“看谁穿得快”。通过看孩子的活动，那些平日包办

过多的家长看到自己孩子与班上其他孩子相比显得笨拙而受到触动。在这种情况下，教师再向家长说明包办代替不是爱，而是对孩子发展机会的剥夺，就非常有助于家长克服包办代替的错误教养态度，使他们愿意与幼儿园相互配合，注意培养孩子勤于动手动脑的习惯和生活自理能力。

(二)运动会工作计划的制订

运动会是幼儿园经常举办的综合性体育活动，有全园性的，有年级与班级的；有按季节举行的，如春季运动会、秋季运动会；也有其他类型的，如亲子运动会等。运动会之前的筹备工作非常重要，如器械、场地、时间安排、安全措施、教师分工等，需要幼儿园各部门的全力配合。

以上幼儿园教学计划不是一成不变的，需根据幼儿园或各班的实际情况、季节变化、偶发事件等及时调整。

本节自评

本节知识点	了解程度				
	☆☆☆☆☆	☆☆☆☆	☆☆☆	☆☆	☆
全园性教学计划制订的思路					
全园性教学计划制订的格式与内容					
班级教学计划制订的内容					
班级学期教学计划制订的内容					
班级月教学计划制订的内容					
班级周教学计划制订的内容					
班级一日教学计划制订的内容					
家长会工作计划制订的内容					
运动会工作计划制订的内容					

第三节 幼儿园教学方案的制订

一、幼儿园教学方案的含义及制订的意义

幼儿园教学方案主要是指教师根据学期教学计划、月教学计划、周教学计划中的内容安排，依据幼儿的年龄特点而制订的具体的教学活动方案，俗称“教案”。

它阐明在一定的活动时间内要做什么、怎么做、达到什么目标等。

幼儿园教学方案是教师实施教学的主要依据，是教师教育思想、教育活动组织能力、教育方法的重要体现，是教师教育经验的结晶。事先准备科学的幼儿园教学活动方案，可以增强活动的目的性、引领活动的方向性、提高活动的针对性，是实现活动目标、提高活动质量的重要保证。可见，科学的幼儿园教学活动方案对于教学活动的有效进行具有极其重要的作用。

二、幼儿园教学方案制订的内容及要求

幼儿园教学方案是活动设计的一种呈现方式，是对具体教育活动的开展过程进行的设计。它阐明了在预定时间内要做什么、怎么做、达到什么目标等，其具体内容包括活动名称、活动背景、活动目标、活动准备、活动重难点、活动过程、活动评价与反思。

（一）活动名称

活动名称一般包括年龄班、活动类型（领域活动、综合主题活动、区域活动）、具体活动名称等要素。如果是领域活动的教学方案，要先说明该活动属于哪个领域，最好直接以《纲要》的五个领域（健康、社会、语言、科学和艺术）来命名。撰写时题目格式应为“××班××教育活动：×××××”（注明年龄段、活动设计的领域和名称）。例如，“中班语言教育活动（故事讲述）：小马过河”“小班科学教育活动：水果宝宝”等。如果是综合主题活动，应先写出一级主题名称，如“大班综合主题活动：金色的秋天”；再列出二级具体活动名称，如“活动一：秋天的天气”“活动二：秋天的水果”“活动三：秋天的叶子”等。

（二）活动背景

活动背景是指整个教学活动开展前的一些背景，其中包括主题来源、生成的背景，整个教学活动的设计思路、设计意图等。通常，主题来源于幼儿的日常生活和经验，来源于幼儿的兴趣，来源于课程中教师为幼儿选择的相关主题的路径，来源于教师对幼儿的观察、倾听、了解，来源于教师的经验与社区的资源。例如，大班绘画活动“最带劲的啦啦队员”，其生成的背景就是为了进一步发展幼儿的表现能力。幼儿画人的头像一般只能画出五官的位置，除了让眼睛与嘴巴上翘或下弯来表示笑脸和哭脸外，很难表现出各种丰富的表情。为了让头像变得灵动丰富，教师试图让幼儿观察人物在特定的“加油”情境中的脸部特征，并用夸张的手法表现嘴巴、眼睛的变化，为以后画出各种丰富的脸部表情打基础，使幼儿的绘画更有表现力。于是，教师设计了“最带劲的啦啦队员”活动。[①]

---

① 张满清：《幼儿园教学活动方案撰写策略》，载《福建教育学院学报》，2012(2)。

(三)活动目标

活动目标指某教学活动所能达到的预期结果，是整个教学活动计划的核心部分。其在工作前是指导思想，在工作中是教师努力追求的方向，在工作后是检验活动效果的标准。它主要阐明期望幼儿通过这一活动达到的目标，一般包括情感态度目标、认知目标、行为和技能目标。情感态度目标是指活动过程中幼儿的情绪情感体验或形成某种积极的态度，常用“乐意、愿意、兴趣、感受、喜欢、热爱、萌发”等词语。认知目标是指活动要完成的具体任务或要掌握的知识点，常用“认识、了解、知道、理解、领会、记住、说出、区别、比较”等词语。行为和技能目标是指活动过程中行为和技能的形成，常用“学会、运用、遵守、掌握、能够、区别、比较、判断、创编、表现、制作”等词语。

制订活动目标的原则如下。

1. 以幼儿年龄特点为依据

例如，针对刚入园2个多月的小班幼儿的主题活动“编儿歌”，其活动目标为：“①通过活动，知道一些水果的名称、颜色。②学习儿歌《什么什么红红的》，创编儿歌，提高口头表达能力。”对于刚入园2个多月的小班幼儿，语言活动中最重要的是培养他们在众人面前大胆说话的勇气。练习的方法有对话、跟说、重述等，应是不超过十几个字的一些短句。而本次活动要求他们编儿歌，教师认为“草莓草莓红红的”短句非常简单，殊不知3岁幼儿用押韵的语调对应教师的提问相当困难。他们表达自己的一些愿望时，总找不到合适的词语，经常结结巴巴、断断续续、比比画画。教师没有真正了解该阶段幼儿的发展特点，主观定位往往会给幼儿带来过高的要求。

2. 目标不宜笼统，要具体明确，可操作、可检验

例如，小班活动“画国旗”的第一个目标为：“理解国旗的含义，爱国旗。”这个目标就太宽泛，对小班幼儿来说难度很大。因此，可以改为具体的目标：“知道我们国家的国旗是五星红旗。”又如，有的教师在进行消防安全教育活动设计时，目标设定为“使幼儿掌握基本的消防安全知识”，这个教学活动的目标就不够明确。消防安全知识的含义是什么、哪些属于基本的消防安全知识，都没有说明，教学活动中很难把握。一般的基本消防安全知识包括发现火情时应该拨打119报警，报警时应说出自家的地址等。不同的年龄阶段有不同的要求。在提出教学目标时，教师应当明确提出让幼儿掌握哪种具体的消防安全知识。

3. 不能以“写过程”代替“写目标”，致使目标缺乏价值性

尽管价值和意义需要通过活动过程来实现，我们也强调要关注过程，但关注过程并不是关注过程本身的形式和内容，而是关注过程(手段)对于幼儿发展的作用。目标指向的应是一次具体活动对于幼儿发展的价值和意义。因此，目标的表述只要明确活动的价值定位即可，而没必要把过程一一罗列在目标中。例如，“妈妈的礼物”的教学目标为：“第一，理解、感受故事中的主人公为妈妈选礼物的心理过程。第二，能围绕为妈妈挑选礼物的话题进行讨论，提高语言表达能力。”[①]第一个目标只是教师在预设活动时对其中一个环节的设计和思考，而未揭示设计这一环节背后的价值定位。第二个目标存在同样的问题，“提高语言表达能力”也过于宽泛，落脚点不明确。教师对目标有模糊的认识和初步的定位，但在表述目标时无法准确地分析和表达活动背后的价值，写出了“怎么做”，却没有揭示为什么这么做以及这么做的意义。建议调整为：“第一，理解、感受故事中的主人公为妈妈选礼物的心理过程，体会对妈妈的爱。第二，能围绕为妈妈挑选礼物的话题用恰当的语言表达自己的情感，并能与同伴和妈妈分享。”

4. 几条目标的主语要一致

尽量从幼儿的角度进行表述，指出幼儿在学习后应该知道的和能够做到的表现。例如，小班语言活动“绿色的世界”的目标为：“①学习理解儿歌内容，发展幼儿的想象力。②学会朗读儿歌，发展幼儿倾听和表达的能力。”其问题之一即表述角度不一致。“学会什么”是站在幼儿的角度，“发展什么”是站在教师的角度。

5. 不要将手段或途径作为目标

大班社会活动“合作真快乐”的活动目标为：“通过游戏活动体验合作的快乐；在游戏过程中探索与同伴合作的方法。”“通过游戏活动”“在游戏过程中”只是活动的手段和途径，不是活动目标。

练一练

分析以下案例[②]的教学活动目标制订是否存在问题。

1. 中班绘画活动：小鸡和鸡妈妈

活动目标：

(1)感受小鸡和鸡妈妈的温馨，培养孩子热爱父母的情感。

(2)发展幼儿的观察力和想象力。

(3)画出小鸡的各种动态。

---

① 张爱英：《对幼儿园教学目标确定有效性的思考》，载《教育教学论坛》，2010(8)。

② 唐燕：《幼儿园教育活动设计与实施》，57页，上海，华东师范大学出版社，2013。

2. 小班语言活动：小鸟找家(故事)

活动目标：

(1)理解故事情节的发展，掌握故事中的对话并尝试表演。

(2)在故事学习中，培养幼儿质疑问题的能力。

(3)感受遇到困难时获得帮助和关爱的愉悦情感，愿意做个勇敢的孩子。

(四)活动准备

活动准备主要是指教师在活动实施前所要做的工作。活动准备包括幼儿知识经验的准备、活动情境的准备与活动材料的准备三个方面。①

1. 幼儿知识经验的准备

幼儿知识经验的准备是指进行新的教学活动前，幼儿先期掌握的与本活动相关的知识技能。例如，小班语言教育活动“猜猜我是谁”，该活动的目标之一是“安静倾听，熟悉同伴的声音，学会用普通话回答问题”，在活动前幼儿具有在日常生活中与同伴相互了解、熟悉同伴名字的经验。

2. 活动情境的准备

活动情境的准备是指教师根据教学内容、幼儿的年龄和生活经验，并借鉴一些常见的生活事件，创设一个生活中真实的、可供幼儿亲身体验的教育情境，幼儿可与情境中的人、事物、事件相互作用，从而建立起教学与生活的联系，引发幼儿参与活动的兴趣。例如，小班“区分上下方位”的科学活动，可以用橱柜、床、桌子等布置成娃娃家，让幼儿结合娃娃家的物品摆放，区分并说出“娃娃躺在床铺的上面”“电话放在橱柜的上面”“鞋子放在床铺的下面”“电视放在桌子的上面”等。

3. 活动材料的准备

活动材料的准备是指准备教学活动所需的教具、学具、设备等。幼儿园的活动材料，更多的是日常生活中的各种物品、当地的自然资源和安全的废旧材料。在表述所用的材料时，应写清具体内容、形式与数量。例如，“秋天景色(内容)图(形式)一幅(数量)”“兔子头饰与幼儿人数相同”等。材料的准备必须为教学目标服务，而不要喧宾夺主，分散幼儿的注意力，影响活动的效果。

(五)活动重难点

活动重难点在活动目标的基础上确定。

---

① 张满清：《幼儿园教学活动方案撰写策略》，载《福建教育学院学报》，2012(2)。

1. 活动重点

活动重点是指关键性的、基本的知识技能，幼儿只要掌握它，其他问题就可以迎刃而解。

2. 活动难点

活动难点即幼儿常常容易误解和不容易理解、接受的知识技能。例如，“小班艺术(美术)教育活动：我的颜色是什么”的活动难点：通过观察和比较发现色彩之间的差异，认识复色。

(六)活动过程

活动过程是活动方案的主体部分，是教师与幼儿在共同实现教学任务中的活动状态变换及其学习流程，由相互依存的教和学两个方面构成。一般结构可分为活动开始部分、活动基本部分、活动结束部分和活动延伸部分。活动过程中应体现教学活动的主要内容、组织形式、基本方法和活动方式等。

活动开始部分：又称导入部分，是教师引导幼儿准备参与活动的第一个步骤。此部分的目的是向幼儿交代本次活动的任务，提出明确的要求，并用幼儿感兴趣的方法初步引起幼儿的有意注意，激发幼儿的学习兴趣，调动幼儿学习的积极性。可以通过猜谜语、讲故事、提出生活中的问题、出示教具、设置情境等方式导入。在这一阶段，教师的主要作用是提出问题，为启发幼儿的思考和下一步的活动做准备等。这部分强调自然地导入，时间不宜过长。

活动基本部分：是完成活动目标的主要部分。它包括用适当的时间向幼儿展示学习内容(如音乐作品、美术作品、文学作品、自然物品等)和教师引导幼儿参与活动，进行探索、学习、练习等过程。可采用不同的方法和形式，如操作、练习、讨论、实验、谈话等。要求围绕目标、循序渐进、层次清楚，这部分的时间相对较长。

活动结束部分：教师对幼儿的活动进行评价、小结或展示活动的成果，也可以让幼儿参与归纳整理、总结和评价。主要任务是使幼儿体验在活动中获得成功的快乐，让幼儿在轻松愉快的情绪中自然结束活动。结束部分持续时间不宜过长。

活动延伸部分：是指在该教学活动结束后的日常生活中引导、鼓励幼儿对学习内容进行继续探索、练习、巩固和运用。根据具体活动的情况，决定是否需要活动延伸(不需要延伸的，可以不写这个环节)。活动可向区域活动、生活活动及家庭中延伸。活动延伸包括重复强调和后续拓展两种类型；说明向哪里延伸、做什么和怎么做，可巩固什么经验或让幼儿得到什么新经验。例如，大班艺术(美术)教育活动“可爱的熊猫”，可将活动延伸为幼儿的环境创设：组织幼儿将作品中的熊猫剪下来，共同粘贴在活动室的一面墙上，再添画上竹林，即可成为一幅“熊猫的家园”壁画作品。

活动过程的撰写要求：活动过程是一个完整的系统，撰写时注意系统的层次和环节，做到条理清楚、层次分明，需条目化。例如，计划的四大部分用“一”“二”“三”“四”的序号标明，而每一部分的几个层次，则用“（一）”“（二）”“（三）”或“1.”“2.”“3.”分层表示，依此类推，即用不同的数字序号表明系统层次的大小。

活动过程设计要围绕活动目标展开，教师在设计活动过程时要有“目标意识”，要思考“我应该如何设计来达成目标”，不能出现与活动目标无关或联系不紧密的活动环节。

练一练

以下案例[①]的教学活动过程设计是否存在问题？

某教师设计的中班艺术教育活动“小青蛙找家”（歌唱活动），活动目标是“学习用自然好听的声音演唱歌曲，感受××｜××｜和｜×××｜×××｜的节奏，初步学会创编歌曲”。活动过程分为以下六个步骤。

第一步，听《森林音乐会》音乐入场。

第二步，向幼儿讲述自编故事《青蛙的成长过程》，从而引起幼儿的兴趣，引出新歌曲。

第三步，学习歌曲。

第四步，学习用不同的声音、速度来巩固歌曲。

第五步，学习创编歌曲。

第六步，歌曲表演《春天在哪里》，结束活动。

过程中每一个环节的开始，要用一个概括语来说明这一环节的任务，如“引导幼儿观察”“教师示范”“帮助幼儿理解故事内容”等。然后另起一行，直接表述清楚“引导幼儿观察”“教师示范”“帮助幼儿理解故事内容”等的具体组织形式、活动方式和方法。

要求写出具体的指导语、组织语以及启发问题，而不是写解说词或在过程中提要求。在活动过程中经常会发现这样的写法，如“引导幼儿仔细观察”“要求跟着节奏拍手”“鼓励幼儿继续大胆地探索”“启发幼儿说出故事的大意”等。这种解说词式的表述方法，是无须经过深入思考的，是无法体现教学方式、方法的。以上表述应改为“请小朋友仔细地看看、听听、摸摸，发现了什么？”“请小朋友跟着老师，和着音乐一起拍手”“看看谁会动脑筋、谁的眼睛最亮，找找还能发现哪些奇怪的

---

① 唐燕：《幼儿园教育活动设计与实施》，84页，上海，华东师范大学出版社，2013。引用时有改动。

事”。具体的组织语、引导语和启发问题是活动过程中教师所运用的教学方式、方法的具体体现。尤其是新教师，更要学会在深入思考、明确自己教育行为的基础上，设计出可操作的活动过程。

(七)活动评价与反思

一般是在活动结束后由教师本人或其他教师对整个活动过程给予客观的评价，主要从目标制订的合理性、科学性、准确性以及活动中方法的运用、各环节的衔接、材料的使用情况、师生关系以及幼儿活动的效果等方面进行分析、评价、记录。评价分析可以是全面的分析，也可以是有侧重点的分析。评价记录可采用叙述式、表格式、记分制等方法。活动反思是分析教学活动中的成功与不足，并提出有效对策，包括对活动内容、教学方法、幼儿行为表现的反思，也包括教师对自身行为、教学特点等方面的反思。

案例 5-6

幼儿园小班艺术(音乐)教育活动：瑞典狂想曲[①]

一、活动设计意图

音乐《瑞典狂想曲》的乐曲节奏轻快活泼，非常适合幼儿欣赏与表演。借助森林国王举办舞会，国王要求小朋友完成相应任务，便邀请小朋友当小乐手的游戏情境，让小朋友用适宜的动作表现音乐，在音乐欣赏中体验音乐情绪，感受并想象音乐意境。教师注重对幼儿音乐节奏感的培养，引导幼儿跟随音乐节奏、速度变化，运用多种感官、多种形式表现音乐，在动作上不追求整齐划一，让全体幼儿在参与活动的同时享受游戏带来的愉悦和满足。

二、活动目标

1. 乐意欣赏乐曲，并感受乐曲的节奏感。

2. 能大胆地用肢体语言表现《瑞典狂想曲》的节奏，并尝试用乐器有节奏地演奏旋律。

3. 大胆地参与表演活动，并体验集体游戏的快乐。

三、活动准备

1. 音乐《瑞典狂想曲》。

2. 乐器：自制乐器(沙锤、响瓶)。

3. 信封(上面有耳朵、手的图画)。

4. 对乐器、乐手的认识经验。

① 该案例由重庆市渝北区庆龄幼儿园小班教师邓璇撰写。

四、活动过程

1. 情境导入《瑞典狂想曲》，感受乐曲的旋律美和节奏美。(3分钟)

师：小朋友们，我是来自森林里的蝴蝶姐姐，森林国王让我告诉你们，他要举办一个舞会，你们想去吗？那就跟着蝴蝶姐姐去感受一下这个欢乐的舞会吧！

(播放音乐)舞会开始！(在舞会过程中幼儿可以跟着音乐律动。)

小结：森林国王悄悄地告诉我，刚刚我们听到的舞会音乐叫《瑞典狂想曲》。

国王还说他们的舞会差一支乐队，想邀请你们去当小乐手，但是想当乐手就必须完成森林国王交给你们的任务！

2. 利用肢体动作，初步感受音乐节奏。(5分钟)

第一个任务(出示耳朵信封)，引导欣赏音乐，感受音乐的旋律美。

第二个任务(出示手信封)，引导幼儿拍手练习音乐节奏。

师：刚才你们的节奏打得很准！但是如果加上音乐呢？我建议你们一边听一边打节奏，让我们来试一试！

(自由探索更多的肢体动作来表现音乐节奏。)

师：除了用手打节奏，还可以用身体的哪些部位打节奏呢？

小结：森林国王一直悄悄地在旁边看着你们呢，他说，你们的节奏打得很准，给你们送来了表演用的乐器。

3. 乐器演奏《瑞典狂想曲》。(8分钟)

(1)认识乐器——手摇铃。

(2)交代规则。

你们想带着乐器去森林舞会吗？先要答应蝴蝶姐姐两个要求。

要求：保护好自己的乐器，轻拿轻放。

管好我们的乐器，蝴蝶姐姐说“开始”才开始，说“收”的时候就没有声音了。

(3)自由选择乐器，强化规则。

(4)自由探索乐器玩法。(音乐起，分享幼儿表演经验。)

师：小乐手可不是那么好当的，要会玩手中的乐器。请你们随着音乐想一想怎么有节奏地敲打乐器，看看你的同伴是怎么做的。

(5)乐器演奏。

师：小乐手们，将你们找到的方法跟着音乐来练习。老师们，你们来看看谁是最棒的小乐手！

(6)舞会开始。

幼：老师们，你们喜欢我们的表演吗？那请客人老师和我们一起去参加森林舞会吧！

五、活动结束

师：小朋友们，舞会结束了，请你们将乐器送回来，回教室休息吧！

六、活动反思(略)

相关链接

幼儿园教学活动方案评价参考标准①

一级指标	二级指标	权重	得分
活动方案基本要素齐全	活动方案应包括：活动名称、活动背景、活动目标、活动准备、活动过程等。	10	
活动背景设计	对本活动的由来及其意义做了清晰的说明。	10	
活动目标设计	教育活动目标全面，包括情感态度目标、认知目标、行为目标。	5	
	教育活动具体明确，具有可操作性、可测评性。	5	
	教育活动目标的表述具有层次性。	5	
	教育活动目标符合本班幼儿的实际情况。	5	
	教育活动重点、难点准确。	5	
活动准备设计	教育活动准备以教育活动目标为中心，服务于教育活动目标的达成。	10	
活动过程设计	教育活动过程设计符合学前教育学、学前心理学原理。	10	
	教育活动过程设计具有可行性、可操作性。	10	
	教育活动过程设计思路清晰，组织教学步骤完整，结构合理，时间分配科学。	10	
	重点突出，过程有利于难点的突破、有利于教育目标的达成。	10	
活动特色	设计新颖、有创意。	5	
总体描述		总分	

① 莫源秋、韦凌云等：《幼儿教师实用教育教学技能》，45页，北京，中国轻工业出版社，2012。引用时有改动。

本节自评

本节知识点	了解程度				
	☆☆☆☆☆	☆☆☆☆	☆☆☆	☆☆	☆
幼儿园教学方案的含义及制订的意义					
幼儿园教学方案制订的内容及要求					
幼儿园教学方案的制订方法					
幼儿园教学方案的诊断					

思考与练习

一、请分析下面两个活动制订的目标是否合理，并说明原因。

(一)小班早期阅读活动“小海龟”

活动目标：

1. 通过讲述故事、阅读大书、做游戏等多种形式，加深幼儿对故事的理解，体验小海龟的情感世界。

2. 学习运用简单句式“××看见了××”进行完整表述。

3. 激发幼儿的想象力和大胆表达的愿望。

(二)小班早期阅读活动“化装”

活动目标：

1. 激发幼儿主动表达的愿望，能熟练运用“我是××”的句式进行表述。

2. 培养幼儿的观察力、想象力。

3. 感受亲子阅读、化装舞会所带来的快乐，进一步加深对读本的理解和体验。

二、请分析下面这个活动过程的设计是否合理，并说明原因。

(一)“盆、碗、碟、杯在歌唱”(中班音乐活动)

简要过程：

1. 出示盆、碗、碟、杯。引导幼儿观察认识，知道其名称、各自的特征。

2. 请幼儿自由敲打盆、碗、碟、杯，倾听其不同的音色。

3. 欣赏歌曲《盆、碗、碟、杯在唱歌》。

4. 学习敲打节奏××　××｜××　×　｜。

5. 引导幼儿边听音乐边敲打。要求节奏敲打正确、整齐。

6. 引导每个幼儿在教室里除玩具乐器外，再找一件生活用品，进行拍打、敲击、摇晃。

7. 鼓励幼儿将各种生活用品创编进歌曲，同时为它创编新的节奏。

(二)“自己画脸谱”(大班综合活动)

简要过程：

1. 分享关于京剧脸谱的经验。

(1)介绍自己制作的脸谱。

(2)概括京剧脸谱的特点。

师生共同小结：脸谱是我国戏剧独有的艺术，用夸张的色彩、线条和对称的方法表现不同人物的不同性格和特点。

2. 戏剧老师示范画脸谱。(外请人员)

(1)戏剧老师介绍材料、工具。

(2)戏剧老师给自己化妆。边画边介绍化妆过程和注意事项，重点：小笔勾线、大笔涂色，从上往下画，每种颜色用固定的笔。

3. 幼儿自己画戏妆。

(1)幼儿选择自己想化妆的角色。

(2)幼儿自己涂画脸谱(轻声放背景戏曲)，教师和戏剧老师共同观察幼儿的操作，鼓励幼儿大胆尝试在自己脸上画油彩，给予个别幼儿一些必要的帮助。

4. 自由表演。

幼儿边听戏曲边自主表演。

实践与操作

1. 结合见习，收集见习园的班级学期教学计划、月教学计划、周教学计划、一日教学计划等，并以小组形式评析各种教学计划制订的科学性。

2. 根据制订学期教学计划的要求，设计、制订一份学期教学计划。

3. 观看幼儿园教师教学录像，试着写出该教师的教学方案。

4. 制订一份幼儿园一日教学计划，并用 PPT 展示，在全班分享交流。

学习反思

第六章

幼儿园教学活动设计与指导

学习目标

1. 理解幼儿园学科教学活动的内涵与特点，掌握学科教学活动的设计内容、指导原则和指导策略。

2. 理解幼儿园主题教学活动的内涵与特点，掌握主题教学活动的设计内容、指导原则和指导策略。

3. 理解幼儿园方案教学活动的内涵与特点，掌握方案教学活动的设计内容、指导原则和指导策略。

4. 理解幼儿园区域活动的内涵与特点，掌握区域活动的设计内容、指导原则和指导策略。

本章导言

在某幼儿园的一次教研活动讨论中，老师们围绕“什么样的教学模式是最有效的”展开了激烈的争论。年轻、富有想法和激情的小杨老师说：“方案教学和区域活动最有效，可以让孩子根据自己的兴趣选择内容进行探究，符合《指南》精神。”知识经验丰富的骨干教师李老师说：“主题教学更适合孩子，它能够保证知识的内在统整性，满足幼儿园综合课程的要求。”从教多年，园里公认的教学经验丰富的王老师说：“我认为学科教学有很大的优势，它能够传递给孩子科学的知识技能，也能培养孩子良好的习惯态度。”……你认为哪种教学模式更有效呢？学科教学、主题教学、方案教学和区域活动各有什么优势与特点？如何设计和指导？这将是本章要探讨的内容。

思维导图

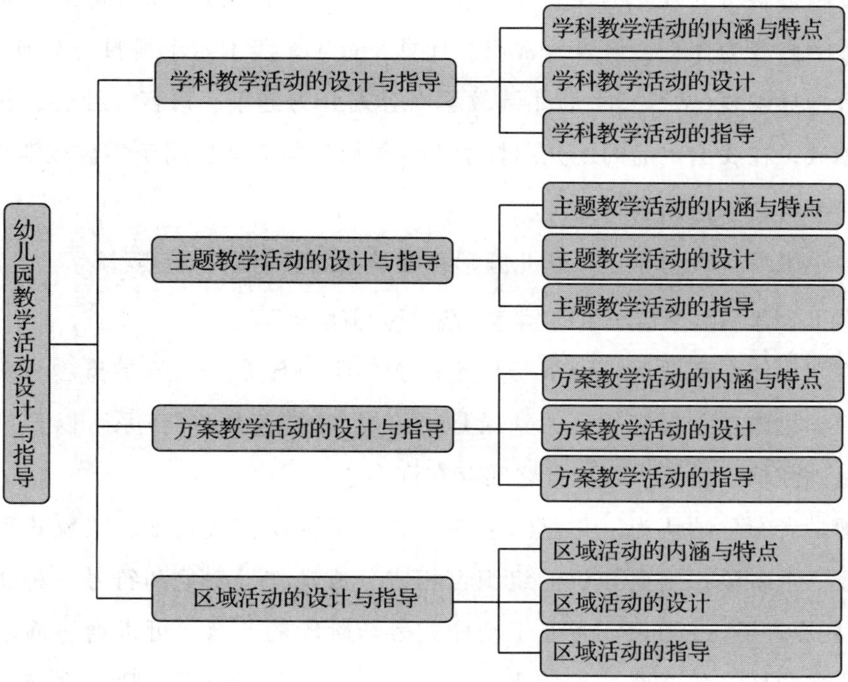

第一节　学科教学活动的设计与指导

学科教学的历史由来已久，新中国成立后，我国幼儿教育受苏联幼儿园教育的影响，幼儿园基本采用学科教学的组织形式。1952 年，在苏联专家戈林娜的指导下，教育部颁布《幼儿园暂行规程(草案)》，初步确立了学科教学在幼儿园教育中的地位。1981 年颁布的《幼儿园教育纲要(试行草案)》将幼儿园教学内容分为六大学科。在之后的发展过程中，虽然学科教学活动受到诸多批判与质疑，但它在我国幼儿园教学组织形式中仍然占据重要地位。

一、学科教学活动的内涵与特点

(一)学科教学活动的内涵

学科教学活动就是将幼儿园课程分为若干学科，即把有价值的知识系统化，形成一定的科目或学科，按学科本身的知识逻辑顺序组织教学内容，并将这些知识以讲授、回答、大组讨论等形式传授给幼儿，以达到教学目标的教学活动。

20世纪50年代，在苏联专家的指导下，教育部于1952年制定了《幼儿园暂行规程(草案)》和《幼儿园暂行教学纲要(草案)》，规定了学前教育课程包括体育、语言、认识环境、图画手工、音乐、计算六科，并明确规定了幼儿园教养活动的具体科目以及各科目的教育纲要。1981年的《幼儿园教育纲要(试行草案)》规定了幼儿园的教学内容为体育、语言、常识、计算、音乐、美术六个科目。2001年的《幼儿园教育指导纲要(试行)》将幼儿园教学内容划分为健康、语言、社会、科学、艺术五大领域。在我国当前的幼儿园教学中，领域教学活动也属于学科教学活动。

(二)学科教学活动的特点

与中小学学科教学相比，幼儿园学科教学活动具有以下特点。

1. 幼儿园学科教学活动中的“学科”是一种“前学科”

学科知识体系有两极，一极是理论层次的学科体系，以科学概念为核心，按照严格的学科内在逻辑组织；另一极是经验层次的“前学科”体系，以表象或初级概念为基础和核心组织。这两极之间存在许多过渡层次。

美国学者布鲁纳认为，儿童的心理发展经历了动作式表征、映象式表征和符号式表征三个阶段，因此知识的组织也相应分成动作、映象和符号三种水平。例如，“杠杆原理”这一知识，对处于动作式表征阶段的儿童，可以通过演示身体运动如何使游戏场上的跷跷板平衡来教授；对处于映象式表征阶段的儿童，可以借助一张画有平衡杠杆的图片来教授；而对处于符号式表征阶段的儿童，则可以直接用语言和数据演算的形式来教授。

因此，幼儿园学科教学活动中的“学科”是以表象或初级概念为基础和核心的“前学科”①，虽然有一定的系统性，但是学科内容的逻辑体系比较松散。

2. 幼儿园学科教学活动与幼儿生活密切相关

《纲要》明确指出，要“贴近幼儿的生活来选择幼儿感兴趣的事物和问题”作为教育内容。幼儿的生活具有生长性或发展性的目的；幼儿生活的方式具有游戏的性质；幼儿生活的内容涉及整个生活世界，且具有整体性。因此，幼儿园学科教学活动应基于幼儿心理发展特点，立足幼儿生活，以幼儿的直接经验为基础。同时，帮助幼儿进行经验的总结与提升，形成一些简单的、初步的概念，进而形成一种“前学科”知识体系，以更好地服务于幼儿的生活。

---

① 王春燕：《幼儿园课程概论》，163页，北京，高等教育出版社，2007。

3. 幼儿园学科教学活动具有一定的系统性

每一门学科课程都具有较强的系统性，前一阶段的学习能够为后一阶段的学习奠定基础，幼儿园学科教学活动也不例外。幼儿园学科教学活动注重引导幼儿通过对各个学科的循序渐进地学习，在较短的时间内获得较为系统的、该年龄阶段应该掌握的人类长时间积累的初步的学科知识和经验。但在幼儿园学科教学活动中，教师除了关注学科的系统性与内在联系外，还须注重学科间的横向联系，这样有利于幼儿对所学的知识进行整合。

4. 幼儿园学科教学活动具有较强的计划性

幼儿园学科教学活动具有较强的计划性。学科教学活动的目标是预先制订的，教学设计是为了达成教学目标，整个教学活动是以教师的计划为依据而展开的，最后根据教学效果和教学目标达成度来进行教学评价。

5. 幼儿园学科教学活动具有较强的可操作性

由于学科教学内容按学科知识体系进行编排，具有一定的系统性，逻辑严密，因此在实施过程中具有较强的可操作性。教师即使没有太多的教育教学经验，也可以在教师参考用书和教材的指导下分门别类地实施教育教学，比较容易把握教学进程，也比较容易对教学效果进行评价。

二、学科教学活动的设计

幼儿园学科教学活动的设计通常包括以下几个方面的内容。

(一)确定教学活动目标

1. 学科教学活动目标制订的依据

在学科教学活动中，活动目标的设置是活动开展的第一步。在制订目标时，首先需要依据国家相关教育政策、文件来制订，如《规程》《纲要》《指南》等，它们从不同层面为教师制订教学活动目标提供了政策依据。幼儿园教育的总目标、某一学科对幼儿发展的价值、该学科的目标等，这些带有普遍性和一般性的规定都对幼儿园教学目标的制订具有指导作用。就具体教学活动而言，幼儿园教学目标的拟定还需进一步考虑幼儿的具体情况，如幼儿的兴趣、发展水平、已有经验等，在此基础上，综合考虑本园已有的物质条件、可利用的教育资源、活动类型、希望幼儿发展的经验和教师自身的情况等。

2. 学科教学活动目标制订时需注意的方面

具体见第五章第三节中“活动目标”制订的原则。

练一练

思考下列学科教学活动目标的拟定是否适宜，如有问题，请指出来。

案例1　中班科学教育活动：4的形成

活动目标：

(1)理解4的形成，认识数字4，感知数的实际意义。

(2)指导幼儿自己检查操作结果。

案例2　大班艺术(绘画)教育活动：花儿献给好老师

活动目标：

(1)激发幼儿对老师的尊敬和热爱之情。

(2)激发幼儿对美术活动的兴趣。

(3)发展幼儿手眼协调的能力。

(二)选择教学活动内容

幼儿园教学活动内容是实现幼儿园教学活动目标的手段，对于教师和幼儿而言，主要解决的分别是“教什么”和“学什么”的问题。教师在确定了教学活动目标之后，就要据此选择教学活动内容。

1. 教学活动内容选择的原则

教学活动内容的选择是一项复杂的任务，需要遵循适宜性、兴趣性和发展性等原则。

(1)适宜性原则

教学活动内容要符合幼儿的年龄特征，与幼儿的生活经验和认知发展水平相适应。教学活动内容要以幼儿的生活经验为基础，遵循各年龄段幼儿身心发展的规律，选择既与幼儿原有经验相适宜又有利于幼儿主动建构的内容。这一原则体现了《纲要》关于教育活动内容的选择“既适合幼儿的现有水平，又有一定的挑战性”的规定。

(2)兴趣性原则

教学活动内容要能引发幼儿的兴趣，满足幼儿的需要。兴趣是支配幼儿学习的最大内在动力，《纲要》指出：“善于发现幼儿感兴趣的事物、游戏和偶发事件中所隐含的教育价值，把握时机，积极引导。”只有关注幼儿的兴趣和需要，课程内容才是生活化的，才能促进幼儿的发展、促进幼儿生命的成长。这一原则体现了《纲要》关于教育活动内容的选择“既贴近幼儿的生活来选择幼儿感兴趣的事物和问题，又有助于拓展幼儿的经验和视野”的规定。

(3)发展性原则

教学活动内容要能反映时代发展特征，有利于幼儿的后续学习与发展。幼儿教育是面向未来的奠基教育，从幼儿终身学习与发展的角度而言，幼儿园教育需要与后续阶段的教育相衔接。因此，从教学活动内容的选择来看，一方面，教学活动内容要能够反映当代社会的发展进步，体现时代性，以符合教育目标的要求；另一方面，教学活动内容本身也应体现知识经验之间固有的逻辑关系，由浅入深、由易到难、从具体到抽象，以循序渐进为原则，为幼儿今后的学习与发展奠定良好的基础。这一原则体现了《纲要》关于教学活动内容的选择“既符合幼儿的现实需要，又有利于其长远发展”的规定。

2. 教学活动内容选择的范围

《纲要》和《指南》将幼儿园教学内容划分为健康、语言、社会、科学、艺术五个领域，并进行了分门别类的规定。

概括来讲，教师选择教学活动内容的范围包括：有助于幼儿获得基础知识的内容，如数学活动中认识10以内的数字；有助于发展幼儿基本能力的内容，如艺术活动中的基本画法、基础的舞蹈动作等；有助于培养幼儿情感态度的内容，如社会领域关于幼儿同情、关心、安慰等情感学习。

(三)设计教学活动过程

活动过程是对实施具体步骤和方法的详细说明，是学科教学活动设计的主干。在此过程中，教师要尽量设计一些有趣的游戏活动，帮助幼儿通过游戏并在游戏活动中了解和掌握相关知识，获得发展；同时要注意学科之间的相互联系，挖掘其中蕴含的其他学科或领域的教育价值与意义；活动过程设计要有一定的弹性。

一般来讲，整个学科教学活动过程设计分为导入、主体和结束三大部分。每部分具体撰写要求见第五章第三节中“活动过程”部分。

案例 6-1

大班语言教育活动：蚯蚓的小学[①]

一、活动设计意图

这个活动改编自绘本《蚯蚓的日记》，我选取了图书中的几个画面，对其中的形象和人物进行增减，使其产生新的意义，与我的教学活动意图相吻合。

---

① 俞春晓：《幼儿园集体教学活动设计方法与实例》，188～191页，北京，中国轻工业出版社，2012。引用时有改动。

而蚯蚓的形象对幼儿来说既熟悉又陌生，熟悉是因为幼儿几乎都看到过，陌生是因为幼儿对蚯蚓都没有仔细观察过，这就为幼儿的学习增添了趣味和新奇感。

二、活动目标

1. 在共读绘本的过程中进一步了解小学的生活。

2. 能根据自己的经验进行大胆的预测和推理。

3. 能仔细地倾听他人的意见并大胆发表自己的见解。

三、活动准备

课件PPT、钟表1个。

四、活动过程

(一)引出话题

1. 你们是哪个班的小朋友?

2. 你们从幼儿园毕业了要到哪里去呢?

3. 今天老师带来了一位小学生，请你们认识一下。

4. 出示PPT1，阅读自制绘本《蚯蚓的小学》。

指导语：蚯蚓的小学是怎样的呢？蚯蚓弟弟要告诉我们很多它在小学里遇到的事情，请看……

(反思：教学活动是从幼儿的生活开始的。因为一般到了每年的五六月，关于小学的话题就开始在幼儿身边蔓延。当听到关于小学的事情时，幼儿都有一肚子的话想说。然后教师话锋一转，把幼儿引入教学活动。尤其当画面上出现一个戴着棒球帽的蚯蚓在写字时，幼儿的好奇心就被挑起来了。)

(二)共读绘本

1. 出示PPT2：开学第一天，会遇到什么事情?

(1)这些蚯蚓是谁?

(2)书是哪里来的？有什么用？什么叫课本?

(3)你认为蚯蚓弟弟还需要什么东西?

(4)小结：原来读小学会遇到新老师、新同学，要发新课本，还要准备很多学习用品。

(反思：这个环节要解决的是对上小学需要的最基本事物的认识，如老师、同学和学习用品等，重点是让幼儿说出画面上没有的学习用品，这是对幼儿已有经验的查验。)

2. 出示PPT3和PPT4：蚯蚓在上什么课?

(1)语文课学什么？学会认字有什么用?

(2)音乐课学什么?你们会唱什么歌?

(3)你猜小学里还会有什么课?

(反思:这个环节重在让幼儿了解小学的课程,因为我们在对幼儿进行幼小衔接教育时,一般只告知他们上小学后要上课,但小学都上什么课,上的课和幼儿园有什么不同,幼儿对这些都比较模糊。通过对这几个画面的提问,幼儿了解了原来有些课小学和幼儿园都有,这能消除幼儿对小学的一些恐惧感,增强幼儿的信心。请幼儿猜测小学里可能还有什么课,这是教师了解幼儿经验积累的好时机。在以后的活动中,教师可以据此进一步对幼儿开展幼小衔接教育。)

3. 出示PPT5:下课啦啦队,蚯蚓们在干什么?

(1)什么叫下课?

(2)蚯蚓老师为什么批评蚯蚓弟弟?

(3)下课应该先干什么,再干什么?

4. 出示PPT6:晚上蚯蚓弟弟几点睡觉?

(1)你从哪里看出时间的?

(2)这是几点钟?

(3)蚯蚓妈妈对蚯蚓弟弟说什么了?

(4)晚上7:30在钟面上如何表示?

5. 出示PPT7:蚯蚓弟弟考试成绩好吗?

(1)什么叫考试?

(2)A^{+}、优秀、☆都表示什么意思?

6. 出示PPT8:蚯蚓妈妈对蚯蚓弟弟说什么了?蚯蚓弟弟的小学叫什么名字?

(反思:这四个环节对幼儿提出了上小学的要求,例如,要合理安排课间休息时间、早睡早起、努力学习等,使幼儿对上小学有了更充分的思想准备。)

(三)延续思考

1. 你希望你的小学是什么样的?你希望你的小学有什么有趣的事情?

2. 你知道你要上的小学的名字吗?请和大家互相介绍一下。

(反思:这里把话题又重新拉回到幼儿身上。教师用“哇,你要读的小学有这么有趣的名字”等话语激起幼儿将要读小学的自豪感。尤其是请幼儿介绍自己将要读的小学时,他们表现得十分兴奋。教师可利用这个机会让幼儿发现原来有些同伴会和自己上同一个小学,进一步激起幼儿要上小学的欲望,帮助他们克服对上小学的畏惧。)

三、学科教学活动的指导

(一)学科教学活动的指导原则

1. 科学性原则

学科教学活动要传授给幼儿的基本知识与经验应该具有科学性，教育内容应该是科学的、准确的，不宜有偏差和模糊之处，特别是有关科学领域的知识内容。

2. 适宜性原则

学科教学活动所选择的教育内容应该具有适宜性，即提供给幼儿的知识经验应该与幼儿的年龄特点和发展水平相适应。

3. 直观性原则

幼儿的思维以具体形象思维为主，抽象逻辑思维能力相对较差，因此，教师在设计、组织学科教学活动时，要考虑幼儿的心理发展特点，综合运用各种直观教学手段，引发幼儿的兴趣，加深幼儿的理解。教师可采用的直观教学手段包括实物、图片、视频、模型等。

4. 启发性原则

在学科教学活动中，教师要善于运用各种方法来启发、引导幼儿，激发幼儿的求知欲望和探索精神，引导幼儿积极思考。因此，教师可以有效运用提问的方式进行，可以设计开放性的问题启发幼儿的思考，鼓励并引导幼儿探索。

5. 全体性原则

在学科教学活动中，教师可以以全体、小组和个体等不同的形式来进行。但不管以何种形式，在教育内容的选择和活动的实施过程中，教师都要努力使活动的内容和形式与全体幼儿的需要相符合。

(二)学科教学活动的指导策略

1. 保证教学目的性的同时兼顾幼儿的兴趣性

学科教学活动以传递学科知识和技能为主要目标，尽管在活动设计时会顾及幼儿的年龄特征和个体差异，但在教学实践中教师以教学目标为导向，往往会忽视幼儿真正的兴趣和需要。例如，在艺术(音乐)教育活动“洋娃娃和小熊跳舞”中，由于教师的教学目标是让每个幼儿学习运用各种乐器来表现乐曲的节奏，这样的教学目标导致教师在教学过程中没有太多的精力顾及每个幼儿对乐曲、器乐和表现方式的不同兴趣和需要。因此，在学科教学活动中，教师应在保证教学目标实现的同时，关注并满足幼儿的兴趣和需要。

2. 在关注知识和技能的基础上顾及幼儿的情感、态度和人格的发展

学科教学活动以知识内在的逻辑体系为基础来组织，以系统的学科知识、技能的传授为主要目标，因此，教学中可能会只强调知识技能的传授，而忽视幼儿的体验和经验，这对幼儿情感、态度和人格的发展是不利的。这就需要教师以知识和技能的传授为载体，在充分了解幼儿心理特点的基础上，促进幼儿情感、态度和人格的健康发展。

案例 6-2

"哎！这回一样多了。"①

今天的教育活动是运用各种感官比较多少。在活动的最后一个环节，我启发孩子们想办法比一比，是男孩儿多还是女孩儿多。我的话音刚落，孩子们纷纷动了起来，一会儿工夫，一个男孩儿和一个女孩儿一组，有的手拉着手，有的坐在一起。最后，孩子们发现站在前面的女孩子小周没有伙伴，都纷纷说："女孩儿多，女孩儿比男孩儿多。"这时，又一个声音传来："男孩儿比女孩儿多。"循声望去，我发现小黄站在那儿愤愤不平地说："就是男孩儿多、女孩儿少。"还没等我说话，几个孩子已经开始与他辩论起来："女孩儿多，男孩儿少。"就这样，你一言，我一语，互不相让。正在这时，小周的妈妈来接她，当我一叫小周的名字，小黄长出了一口气："哎！这回一样多了。"

到底是什么原因使小黄得出了与事实不一致的结论呢？是真的没有掌握"多"与"少"的概念吗？可一句"这回一样多了"又说明了什么呢？一连串的疑问使我打消了急于纠正小黄错误认识的想法。

上述案例中，活动后，教师与小黄聊了起来。其实，小周在的时候，他已经知道是女孩儿多、男孩儿少，可就因为他也是个男孩子，一点"男子汉"的尊严和好胜导致了他的与众不同。孩子们有着复杂的心理世界和不同的个性特点，教师要正视孩子的心理特点，多一分耐心去了解，多一分宽容去接纳！

3. 发挥幼儿学习的自主性与主动性

以教师计划为主的学科教学活动容易出现在活动实施过程中教师高计划、高控制的特点，这不利于幼儿自主性与主动性等品质的发挥。在学科教学活动指导过程中，教师要根据不同学科领域的性质和特点，结合教学活动目标，灵活运用多种教学方法与手段，在强调教师主导作用和教育结果的同时，也要支持和发挥幼儿的自主性与主动性。

---

① 朱小娟：《幼儿教师适宜行为研究》，87 页，北京，教育科学出版社，2008。引用时有改动。

4. 不断充实自己的学科教学知识

幼儿教师学科教学知识的不断充实是支撑教学活动有效开展的重要条件。教师学科教学知识的丰富，可以保证教学内容的正确性；关于幼儿知识的充实可以使教师更科学地看待幼儿；具有教学方法的知识可以保证教学的有效性。

相关链接

学科教学知识的内涵①

“学科教学知识”概念最早是由舒尔曼（L. S. Shulman）于1986年提出来的。他认为这种知识属于学科知识的一种形式，“它包括学科内容和它的可教性方面的知识”“它是特定的内容与教育学的混合物，是教师独特的领域，是他们专业理解的特殊形式”，是学科知识在教学应用中的独特体现。舒尔曼和赛克斯（Sykes）认为，学科教学知识具有以下内涵，即了解学科的中心主题，并能用适当的方式教给特定年级的学生，能对每一主题提出如下问题：“什么是学生需要掌握的主要概念、技能和态度？此主题中哪一部分是学生较难懂的？什么是学生最大的内在动机（兴趣）？对于一些具有特定前概念或知识背景的学生，有哪些模拟、比喻、举例、示范、仿真、操作等手段能够有效地促使学生形成关于此主题的正确的观念或态度？学生在学习的过程中有哪些原有概念？”随后，舒尔曼于1987年重新定义了学科教学知识，认为它是教师在面对特定的学科主题或问题时，针对学生的不同兴趣与能力，将学科知识组织、调整与呈现，以进行有效教学的知识。这是一种使教师与学科专家有所区别的专门知识。

拓展学习

请扫描文旁二维码，阅读材料《学前教育亟待走出知识导向的紧迫性、困境及措施》②，说一说如何改变学前教育知识导向的问题。

---

① 摘自袁维新：《学科教学知识：一个教师专业发展的新视角》，载《外国教育研究》，2005(3)。

② 摘自王冬岩、侯敬琴：《学前教育亟待走出知识导向的紧迫性、困境及措施》，载《求实》，2013(S2)。

本节自评

本节知识点	了解程度				
	☆☆☆☆☆	☆☆☆☆	☆☆☆	☆☆	☆
学科教学活动的内涵与特点					
学科教学活动的设计内容					
学科教学活动的指导原则与策略					

第二节　主题教学活动的设计与指导

自 20 世纪 80 年代以来，整合的教育观成为幼儿园课程与教学改革的主要指导思想，以克服和弥补分科教学的不足。在此背景下，幼儿园主题教学活动日益受到我国幼教界人士的关注，并开展了大量相关理论与实践研究。本节我们就来探讨主题教学活动的设计与指导问题。

一、主题教学活动的内涵与特点

(一)主题教学活动的内涵

主题教学活动在我国由来已久，最早可追溯到陈鹤琴的单元教学。近年来，随着国外学前教育模式的引进，国内许多幼儿园纷纷尝试开展各种类型的主题教学活动，如蒙台梭利教学法中的主题活动、瑞吉欧的方案教学法、项目教学法等，这些活动的共同点在于以主题的形式开展教育教学。

"主题"一词，"意指课程的某一单元、某个时段所要讨论的中心话题……幼儿园课程中的主题，往往不只是中心议题本身，它还包括中心议题蕴涵的或与中心议题相关的问题、现象及事件等等"①。幼儿园主题教学活动是指教师和幼儿在一定的时间里，围绕一个具有内在脉络和价值关联的中心内容(主题)组织的教育教学活动。主题教学活动打破了学科之间的界限，将各种学习内容围绕一个"中心"有机地联系起来，从幼儿的兴趣和需要出发，紧密跟随现实生活发生的新变化和新形势，围绕着一个主题展开一系列活动，让幼儿通过对这一主题的探索和学习，获得与该中心相关的比较完整的经验。② 教育内容的编排和组合、教育手段和方法

① 虞永平：《论幼儿园课程中的主题》，载《学前教育研究》，2002(6)。

② 袁贵仁：《中国教师新百科(幼儿教育卷)》，379 页，北京，中国大百科全书出版社，2003。

的选择都围绕主题进行，并以主题为中心构成一个有机整体。主题教学活动吸纳了方案教学的教育理念，体现了预设课程与生成课程的统一。

(二)主题教学活动的特点

主题教学活动将多方面的教学内容综合到一个网状的主题之中，围绕主题开展一系列教学活动，可以由教师选择目标、确定内容，也可以由幼儿结合自己与主题有关的经验发起活动。其特点具体表现为以下几个方面。

1. 内容上具有综合性和整体性

分科教学使课程结构往往被人为分割，学科划分过细，幼儿身心的全面发展也随之被肢解。主题教学活动打破了学科之间的界限，采用一种有机整合的方式，使教学内容的各要素及其各成分之间形成有机联系，成为具有关联的知识网。它可能综合幼儿健康、语言、社会、科学、艺术等多方面的内容，使幼儿获得有关事物的整体性知识与经验。如图 6-1 所示。

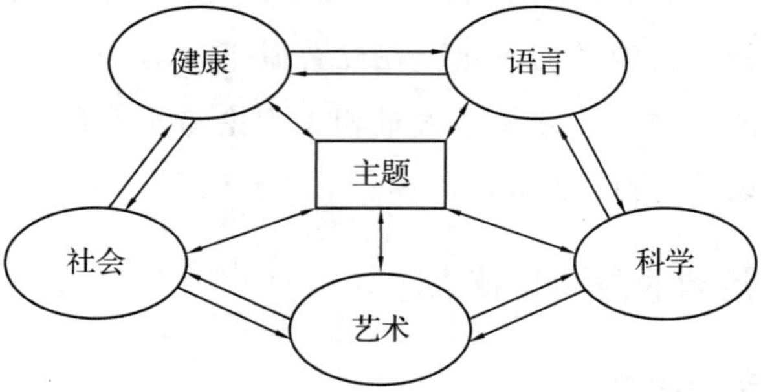

图 6-1　主题教学内容间的有机关联

2. 组织上突出灵活性和开放性

每一个主题教学的设计、开发和实施都应当是有计划进行的。同时，主题教学活动还表现出了灵活性。主题教学活动是在对幼儿已有经验和学习状况有充分了解的基础上展开的。教师要细致考虑与主题有关的各种可能性，在活动中及时捕捉幼儿活动的信息，并做出反应，调整计划。主题教学活动的组织突出开放性，具体表现为：就主题教学活动的研究主题而言，它涉及不同学科的交叉知识、幼儿相关生活经验和社会问题与事件；从活动空间来看，主题教学活动的场所可突破幼儿园，延伸到家庭、社区等更大的范围；从活动时间的安排来看，可长可短，可以集中安排，也可以分散进行，具有一定的弹性。

3. 实施上注重探究性和互动性

《指南》明确指出："要充分尊重和保护幼儿的好奇心和学习兴趣，帮助幼儿逐步养成积极主动、认真专注、不怕困难、敢于探究和尝试、乐于想象和创造等良好学习品质。"主题教学活动中教师注重培养幼儿的探究意识，支持与引导幼儿的探究行为，能够使幼儿体验到合作探究与发现的乐趣，有效地促进幼儿探究能力的发展。

无论是以教师预设为主还是以幼儿生成为主，幼儿园主题教学活动的实施都是教师与幼儿共同参与完成的。主题的推进与发展是教师的知识经验与幼儿的兴趣需要之间相互作用的结果。师幼共同建构各自的经验，实现教学相长。

二、主题教学活动的设计

主题教学活动的设计是一项系统工程，需要课程开发者、组织者与实施者整体规划、系统设计、动态把握，使其真正成为促进幼儿发展的有效教学形式。主题教学活动的设计主要包含主题的来源、主题的确定与命名、主题教学活动目标的制订、主题教学活动内容的展开方式、主题教学活动网络的编制、主题教学活动相关区域的创设、具体活动方案的设计等内容。

(一)主题的来源

主题教学活动中的“主题”处于核心位置，选择与确定合适的主题是主题教学活动开展的第一步。主题的来源复杂多样，但选择的主题一定要充分考虑幼儿的需要与兴趣，应与幼儿的已有经验与能力相适宜，贴近幼儿生活实际。具体来源主要包括以下几个方面。

1. 教师与幼儿共同感兴趣的主题

在主题教学活动中，幼儿特别感兴趣的事物如幼儿间的热点话题、矛盾争执，教师在平时的教育过程中从对幼儿的观察和倾听中了解到的有意义的事物和现象等，都可以作为主题。例如，在自由活动中，幼儿会自然地对某一个幼儿带来的新玩具产生兴趣，围在一起反反复复地看、玩、议论，谈论与这个玩具相关的话题；带幼儿外出散步时，偶尔飘过的一片树叶、头顶飞过的一架飞机都会成为他们关注的热点；甚至中午幼儿吃药时，很多幼儿也会围着看看药瓶的形状和颜色、拧拧药瓶、说说药的名字等。幼儿会在运用原有生活经验的基础上，对新生事物产生探究的欲望和激情，一个个“是什么”“为什么”“哪里去了”的问题可串联、累积、转化成幼儿园主题教学活动中自发生成的主题。

2. 从幼儿自身的生活事件和关注的社会事件中寻找主题

幼儿生活的现实世界时刻都在发生各种事件，有些是幼儿直接参与其中的。例如，幼儿自身的生活事件，“牙齿脱落了”“出血了”“我们的新朋友”“青菜发芽了”“小兔子生病了”等，这些都是发生在幼儿生活中的事件。这些事件是真实的，是最能够吸引幼儿学习的。有些社会生活中的重大事件，幼儿虽然没有直接参与，但也与幼儿相关，或多或少影响到幼儿的生活，如“北京奥运会”“上海世博会”“台风来了”“地震了”“交通事故发生了”等。这些事件涉及幼儿学习的多种知识领域，也可能会引起幼儿的关注，发展幼儿的多种情感，促进幼儿多种能力的发展。社会中一些小事件，如因交通堵塞而发生事故，也可引发幼儿讨论——为什么会发生交通事故？发生后会怎么样？如何避免？另外，幼儿自身发生的小事情也能引发主题。

3. 利用环境生成主题

环境是重要的教育资源，是幼儿发展的重要条件，是教师与幼儿之间、幼儿之间、幼儿与物体之间互动的关键性因素。《纲要》明确指出“应通过环境的创设和利用，有效地促进幼儿的发展”。幼儿通过对环境的观察和探索，不仅能发现许多有趣的现象，更能产生许多有价值的探索点。教师要善于发现、捕捉这些有价值的主题。所以说，环境不仅是帮助主题教学活动实施的要素，也是主题教学活动产生的要素。教师可以利用幼儿园、社区的教育资源作为主题。例如，围绕主题“我的家乡”，设计以地方教育资源为主题的重庆沙坪坝歌乐山烈士陵园，以环保教育为主题的北碚缙云山森林公园、武隆仙女山与芙蓉洞，以地方文化遗产为主题的重庆大足石刻等，让幼儿通过这些主题网络，对地方与社区的文化有所认识与了解。[①]

4. 围绕节日、纪念日、时令等构建主题

许多节日、纪念日和时令都具有教育价值，可以作为主题教学活动的主题。例如，中秋节前后，可开展以“中秋节”为主题的教学活动。可让幼儿通过记录月亮的变化、制作月饼、品尝月饼等，感受家人团聚、其乐融融的气氛。教师节、母亲节、父亲节、圣诞节、端午节、儿童节、世界环境日、无烟日、爱眼日、植树节、冬至的搓汤圆、春(秋)季的春(秋)游、夏令营活动、清明节的扫墓活动等都可以生成有价值的主题教学活动。

5. 领域教育主题的拓展

一谈到教学内容，不少教师首先想到的是教学参考书中的各领域教材，教材中有相当一部分是很好的主题教学内容。例如，主题“四季”“可爱的小动物”等来自科学领域；“我们做朋友”“我要升班了”来自社会领域；“小兔乖乖”“小蝌蚪找妈妈”的主题是语言领域内容的扩充。这些主题与特定的学科或领域密切相关，以某一学科或领域的内容为核心，将该学科或领域的相关内容组织起来，但在实施过程中又不会局限于该特定学科或领域。

相关链接

教师在主题教学活动中的作用[②]

一般情况下，主题的生成可分为三种方式：一是由幼儿自发生成；二是由师生共同产生；三是由教师确定。这三种主题生成方式，有教师预设的，

---

① 陈世联：《幼儿园课程与活动指导》，146 页，重庆，重庆出版社，2007。

② 霍力岩、孙冬梅等：《幼儿园课程开发与教师专业发展——比较研究的视角》，179～180 页，北京，教育科学出版社，2006。引用时有改动。

也有幼儿生成的，但多数情况下这三种方式在活动中交替发生。在主题的生成中，教师发挥着主导作用。教师在不同时机采取不同的教学策略，幼儿自发生成时要“顺”，师生共同产生时要“引”，教师独自生成时要“推”。教师生成主题的关键是要能准确捕捉到随机教育的契机。在生成主题的过程中，教师的主导作用主要体现在以下几点：相信幼儿，这是开展生成式主题活动的前提；在活动过程中教师要遵循幼儿的需要和幼儿发展的规律，给幼儿开展的活动以支持和帮助；教师应为幼儿活动提供适宜的条件。

(二)主题的确定与命名

在了解主题教学活动来源的基础上，应进一步确定主题。确定主题时，要考虑一系列问题：第一，主题是否为幼儿所喜欢，是否符合幼儿的兴趣和需要；第二，主题蕴含了什么样的教育价值，它可能有助于达成哪些教育目标；第三，主题覆盖哪些教育内容，可能会引起哪方面的学习，可以给出什么样的学习经验；第四，主题可行性如何，主题所需要的材料是否容易获得；第五，该主题与其他主题之间的关系如何，有无相关的经验进行衔接和连贯。①

主题确定之后，就需要给主题命名。主题命名也非常重要，要突出主题活动的核心概念，尽量用幼儿熟悉、喜欢、易记的生动形象、具体化的名称，用能够引发幼儿探索与体验兴趣的幼儿的语言来命名，切忌名称过于抽象、笼统、概括。例如，“动物”“植物”等名称就过于抽象、概括，对幼儿缺乏吸引力，改为“蜗牛宝宝”“好吃的蔬菜”等较好，能够让幼儿感觉到主题是和自己相关的、是自己感兴趣的，从而激发幼儿进一步探究的欲望。

案例 6-3

中班主题教学活动“轮子转转转”的由来②

在刚刚结束的“交通工具”主题教学活动中，孩子们对各种各样的轮子产生了兴趣，他们在活动区里比较车轮的大小、宽窄，用小车在建筑区里开来开去。其实，在我们的生活中除了交通工具，还有许多物品都有轮子，为什么要为柜子、箱子、椅子装上轮子呢？轮子又是怎么来的，是谁发明的呢？孩子们对我提出的问题很感兴趣，于是我们便开展了关于轮子的一系列活动。

---

① 冯晓霞：《幼儿园课程》，208～210 页，北京，北京师范大学出版社，2000。

② 赵旭莹、周立莉：《幼儿园综合主题活动——设计技巧与优秀案例》，200 页，北京，中国轻工业出版社，2014。

(三)主题教学活动目标的制订

主题教学活动目标是教师在充分了解幼儿身心发展状况和活动内容的基础上，为主题教学活动预设的结果。它是活动的出发点和归宿。

主题教学活动目标的制订需要考虑幼儿园总目标、学期教学目标以及本班幼儿发展水平需要及具体情况、主题所蕴含的教育价值与发展价值等因素。主题教学活动目标一般由两个层次构成：主题教学活动总目标和具体教学活动目标。两个层次的目标是一个有机的整体。

在制订目标时，要注意以下几点。

第一，应该按“课程总目标—阶段目标—主题教学活动目标—具体活动目标”的方向层层落实目标，下级目标要和上级目标相吻合。主题教学活动目标的表述应围绕主题，呈现主题的核心内容及幼儿经验的发展点。

第二，目标要全面，包含认知、情感态度和动作技能三大目标领域。

第三，目标要具有适宜性，符合幼儿的发展水平。

第四，目标的表述应具体、可操作。

案例 6-4

中班主题教学活动“轮子转转转”总目标①

1. 寻找生活中带有轮子的物品，了解各种轮子的功能与特征。
2. 初步了解轮子的演变历史，引导幼儿对促进轮子演变的人心存感激。
3. 体验和感受轮子为我们的生活提供的便利。

(四)主题教学活动内容的展开方式

主题教学活动内容的展开方式主要有以下几种。②

1. 要素分析方式

要素分析方式就是对主题网络的核心进行要素分析，按照一定的角度找到核心中蕴含的要素，如有些核心中包括表现、特征、功能、原因等。这类网络一般针对一种现象、一类事物，涵盖的内容一般比较有限。例如，“筷子”，主要涉及筷子的用途、种类、使用方法、游戏等要素，围绕这四个要素又可以进一步展开和具体化。

---

① 赵旭莹、周立莉：《幼儿园综合主题活动——设计技巧与优秀案例》，201页，北京，中国轻工业出版社，2014。

② 虞永平：《生活化的幼儿园课程》，102～105页，北京，高等教育出版社，2010。

2. 活动分析方式

活动分析方式就是对主题网络的核心所包含的一些重大活动，按照一定的逻辑进行排序，将这些重大活动作为主题网络展开。例如，先干什么，然后干什么，最后干什么；或者按照活动的重要程度展开，最重要的是干什么，其次应该干什么，依此类推。例如，“秋天到”的主题活动，围绕秋天，可开展的活动有观察与调查、参与收获、自然物的手工制作及表达秋天的美好等。

3. 情境分析方式

情境分析方式就是根据主题网络核心可能涉及的一些关键情境来安排课程，它是以特定的空间及其蕴含的关系为线索的。情境的安排可以按照时间的先后顺序，也可以按照其重要程度，有时还要关注不同情境间的逻辑关系。例如，“重阳节”的主题活动，可以包括介绍重阳节的主要特征、到社区进行尊老爱老活动、幼儿园情境表演等一系列活动。

4. 问题分析方式

问题分析方式是以主题网络核心所蕴含的一些重大问题为线索加以展开和分析的一种方式。例如，“交通事故”主题蕴含了四个核心问题：现场是怎样的？人们在干什么？为什么会发生？如何避免发生？

(五)主题教学活动网络的编制

在确定了主题之后，就需要编制主题教学活动网络。主题教学活动网络是指一种由许多与主题相关的下位概念或子主题编织而成的放射状的图形。它把各种资料都纳入主题之下的各子主题之内。主题教学活动网络是主题教学活动展开的线索，是一种思维方式，是对主题教学活动的一种有意识的规划。① 主题教学活动网络能展示主要的教学内容及其相互之间的层次和关系，是有效选择、整合以及实施幼儿园主题教学活动的重要手段。在主题教学活动设计与实施过程中，主题教学活动网络可以辅助教师进行主题教学活动设计，加强幼儿与教学的互动。②

编制主题教学活动网络时，教师需依据主题范围及幼儿的相关经验，提炼、概括出本质要素，将幼儿在活动中可能出现的想法、所有关于主题的词汇和短语都用小纸片写下来，再分门别类地归纳总结，制作成主题知识网，形成初步的活动计划。根据整合机制的不同，可以采取两种方式设计主题知识网，即内聚式主题网络和外展式主题网络。③

---

① 虞永平：《生活化的幼儿园课程》，101 页，北京，高等教育出版社，2010。

② 刘霞：《幼儿园主题教育课程中主题网的功能与基本类型》，载《学前教育研究》，2011(3)。

③ 王春燕：《关于学前整合课程的几点认识》，载《幼儿教育》，2005(23)。

1. 内聚式主题网络

内聚式主题网络也叫领域(科际)主题网络(见图6-2)，以“每个学科或领域能对主题贡献什么”的思路来设计主题网络，然后由不同的学科或领域向主题递送内容。即以选定的主题核心概念为中心，将健康、语言、社会、科学、艺术五大领域的活动组合起来，形成一个相互联系、相互补充的知识结构网。内聚式主题网络首先考虑的是哪一个学科或领域的内容与主题相关，哪些内容能纳入此主题教学中，然后从各学科或各领域中挑选内容向主题中心聚集，所以它以学科或领域为起点，也以学科或领域为终点。①

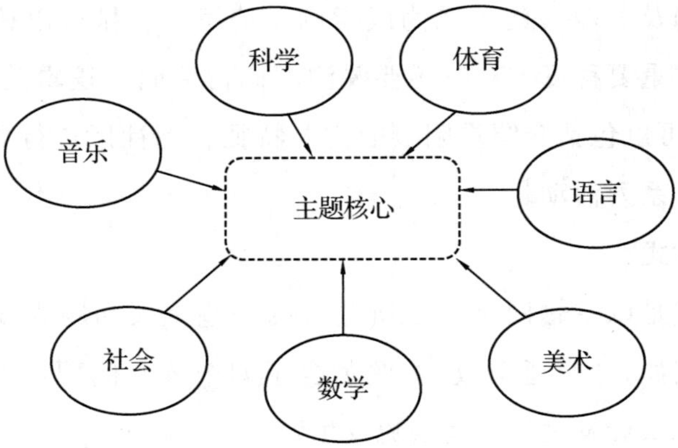

图6-2　内聚式主题网络

2. 外展式主题网络

外展式主题网络是从幼儿感兴趣的问题或主题开始向外扩展，对主题概念充分探讨、层层分解，并以经验或活动来整合不同的知识。外展式主题网络的整合分为以下两种。

第一种是从主题的核心概念开始，层层分解主题核心所包含的各种因素，一直到不能分解为止(见图6-3)。所以，从主题网络图中不能直接看到具体的教学活动，只能看到最外围的因素，只有在对众多因素进行综合分析再整合后，才能形成最基本的教学活动。

第二种也是对主题的核心概念进行层层分解，从主概念到次概念，再到一系列具体活动(见图6-4)。所以主题网络图的最外围不是最微观的因素，而是在不断分解主概念的过程中尽可能整合的活动。②

①② 王春燕：《关于学前整合课程的几点认识》，载《幼儿教育》，2005(23)。

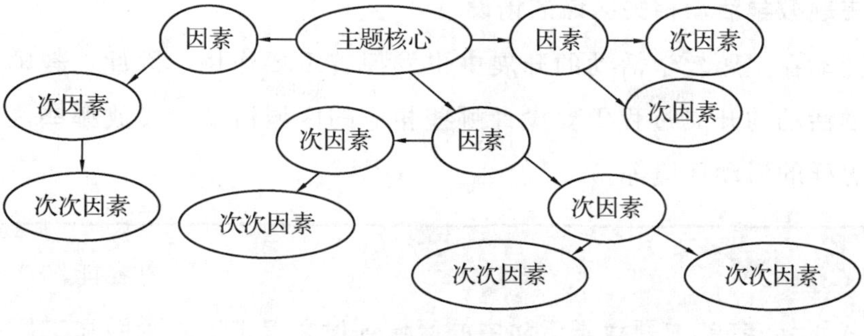

图 6-3　外展式主题网络之一

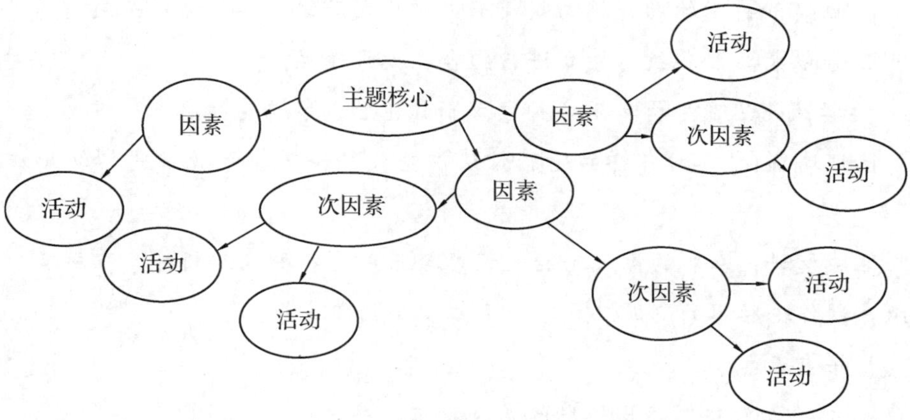

图 6-4　外展式主题网络之二

案例 6-5

"轮子转转转"主题教学活动网络图①

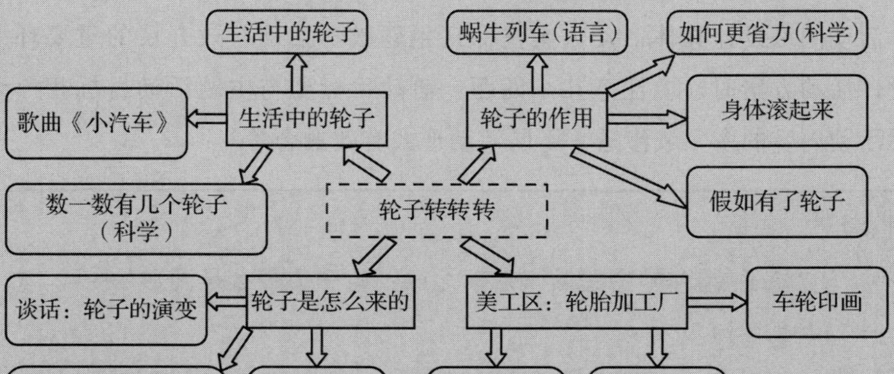

① 赵旭莹、周立莉：《幼儿园综合主题活动——设计技巧与优秀案例》，200 页，北京，中国轻工业出版社，2014。

(六)主题教学活动相关区域的创设

区域活动在主题教学活动的开展中也发挥着重要作用，因此，教师需要考虑在主题教学活动的开展过程中要设计哪些相应的区域活动、投放哪些区域活动材料、创设怎样的活动环境等。

案例 6-6

“轮子转转转”主题教学活动中的区域创设之美工区：轮胎加工厂[①]

区域目标：

1. 欣赏和感受轮胎花纹的规律美，对轮胎花纹产生探索的兴趣。

2. 能够将各种花纹、图案进行组合，设计轮胎。

3. 尝试使用多种材料用多种方式制作轮胎、装饰花纹。

区域墙饰：“各种各样的轮胎”“认识轮毂”“轮胎花纹展示图”“幼儿作品栏”等。

区域材料：真实的橡胶轮胎，装饰轮胎用的各种笔、颜料、沙画纸、刮画纸，制作轮胎用的彩泥、绒球、毛线、手指印章等。

指导重点：

1. 引导幼儿观察不同轮胎的花纹特征，并用线条表现出来。

2. 鼓励幼儿用多样的材料制作、装饰轮胎。

(七)具体活动方案的设计

主题教学活动的实施是通过一系列具体活动的展开而实现的，因此，依据主题教学活动网络设计具体活动方案是保证主题教学活动有效开展的重要环节。在具体设计活动方案时，应注意几个问题：活动目标要与主题活动目标相一致，尽量实现活动内容的多领域渗透，不同活动形式有效融合等。

案例 6-7

“轮子转转转”主题教学活动之一：轮子为什么是圆形的[②]

一、活动目标

1. 喜欢科学探究活动，通过实验活动感知圆形可以滚动的特性。

2. 能够比较不同形状的物体滚动的差别。

---

①② 赵旭莹、周立莉：《幼儿园综合主题活动——设计技巧与优秀案例》，201、205页，北京，中国轻工业出版社，2014。引用时有改动。

二、活动准备

三种形状(正方形、三角形、圆柱形)的积木若干，小组实验记录表，集体记录表。

三、活动重难点

1. 重点：感知圆形物体可以滚动的特性。

2. 难点：小组实验和记录结果。

四、活动过程

1. 教师创设情境，引导活动。

(1)教师出示实验材料(正方形、三角形、圆柱形积木)，引导幼儿猜想。

(2)幼儿进行猜想，教师帮助记录猜想结果，并请幼儿说明理由。

2. 幼儿分组进行实验并记录实验结果。

(1)引导幼儿观察三种形状积木的滚动方式。

(2)幼儿分组记录，交流实验结果。

提问引导："哪块积木跑得快？为什么？"

3. 幼儿分组展示实验结果。

汇总幼儿记录结果，标记出最容易滚动的积木。

4. 活动小结。

讨论："为什么圆形积木滚动最快？"

相关链接

主题教学活动方案的结构①

• 主题名称：列出主题名称及说明主题选择的理由和主题活动开展的时间。

• 主题设计思路(略)。

• 主题目标(略)。

• 主题准备：经验准备和物质准备。

• 主题网络：主题网络结构；主题网络设计角度；主题网络的预设与生成。

① 唐燕：《幼儿园教育活动设计与实施》，424～425页，上海，华东师范大学出版社，2014。引用时有改动。

• 实施途径：通过生活活动、各领域活动、区域活动等多种途径有效开展主题综合活动。

• 主题环境创设。

• 家园共育。

• 主题系列活动：(逐一设计每个活动的具体方案，包括活动的名称、目标、准备、过程等)

活动一：

活动目标：

活动准备：

活动过程：

活动二：

…………

• 活动反思：活动结束后，从选择主题、确立目标、选择内容以及组织与实施各个环节进行反思。通过反思，教师不断地分析与调整自己的教育行为，促进教师与幼儿的共同发展。

三、主题教学活动的指导

(一)主题教学活动的指导原则

1. 整体性原则

主题本身是一个整体，它又是课程整体结构的有机组成部分。幼儿园主题教学活动在实施时既要全面考虑每个主题组成部分之间的相互关系，又要考虑某个主题在整体中的地位，尤其是与前后主题的关系。同时应考虑各个班级与年级之间的关系，规划出整个学年或者跨学年之间不同课程与教学方案之间的衔接关系，保证主题教学活动结构的紧凑性，凸显主题学习价值。这是系统论观点在主题教学活动设计中的体现，也是主题教学与分科教学的重要区别。

2. 层次性原则

在开展主题教学活动时，要考虑层次性要求，即注意同一年龄班或者整个幼儿园不同年龄班之间主题教学活动的递进与衔接。比如，按螺旋式设计的课程，小班、中班、大班在一定时期都有以季节为核心的主题，就应在不同年龄班组织不同层次的主题内容，而且使这些内容能够有机地衔接起来，构成一个主题逐层拓展与深化的螺旋式主题网络。

3. 活动性原则

幼儿的发展是通过不断获得各种经验实现的，因此在主题教学活动中，要求教师创设各种情境，组织各种活动，使幼儿在原有的发展水平上，通过与物质环境相互作用的操作与探究活动以及与教师和同伴的交往活动，获得情感、态度、认知和能力等多方面的发展。所以，教师实施主题教学活动方案时要体现幼儿的活动性，在实施过程中要给幼儿提供尽量多的活动机会，使幼儿动手、动脑、动嘴、动眼、动耳，能在各种内容、各种形式的活动中得到自主操作的机会。

4. 个体差异性原则

幼儿发展存在差异性，即使同一年龄段的幼儿，在能力、气质、发展水平等方面也是多样的，因此在主题教学活动中，应考虑幼儿个体的特点、兴趣、需要、水平等，为幼儿设计不同的教育活动，提供不同的活动材料，提出不同的教育要求和任务，允许幼儿以不同的方式主动地与环境进行交互作用，允许幼儿自主选择和主动生成，使他们在不同的水平上得到发展。

5. 可行性原则

在活动指导过程中，要考虑活动的可行性，即是否有相应的材料和机会实现活动方案。有时候教师的设想很好，但真正实施起来时却经常因为某些原因实现不了，而造成活动的不连续。因此，考虑资源的可获得性、可利用性是很重要的。一个有价值的主题，其可行性应该是比较高的，其所需要的活动材料应该容易获得，主题可以转化成具体的活动，让幼儿能够直接参与其中。

(二)主题教学活动的指导策略

1. 创设支持性的学习环境

主题教学活动与环境密不可分，环境为主题教学活动的有效开展而创设，主题教学活动需要依靠环境的支持才能更深入、更具体地开展。

(1)创设良好的适合主题开展的物质环境

为幼儿提供丰富、有趣的操作材料和安全、愉悦的活动环境，能够满足幼儿探究的欲望，促进幼儿的主动学习，让幼儿获得愉悦的情感体验。在主题教学活动开展前，合理规划室内空间。比如，教室的布置呈开放式，方便幼儿参与小组讨论。在区角安排上，应满足多种不同性质的活动同时进行，突出区角的丰富性与多样性。在主题墙的布置过程中，要凸显幼儿的主体性和发展性。随着主题的深化，主题墙饰也应不断地丰富、调整与跟进。

主题展示区的布置应伴随着主题的开展而不断丰富，无论是教室还是走廊，都可以成为幼儿展示的空间，让每个幼儿通过展示来享受成功的喜悦，树立不断向上的自信心。在主题开展的过程中，还要引导幼儿根据主题的进展情况及时搜集并补充适宜的材料。幼儿搜索材料的过程就是其思考的过程，教师应该给幼儿自己思考、搜集的机会与时间。正如马拉古奇所说:“站在旁边等一会儿,留出学习的空间,仔细地观察幼儿在做什么,然后,假如你也能透彻了解,你的教法也许与从前大不相同。”①

(2)创设愉悦、和谐的精神环境

精神环境在主题教学活动有效开展中的作用也很重要。构建和谐的、支持性的师幼关系,是创设和谐精神环境的核心。教师应充分尊重幼儿在活动中的主体性,把幼儿当作积极的、主动发展着的个体,允许幼儿在活动中自由选择并使用活动材料,关注幼儿的兴趣、需要,才能有效地与幼儿对话、沟通,理解并支持幼儿。教师应充分尊重幼儿的个体差异,以民主、平等的态度对待每一位幼儿,认真倾听每一位幼儿在活动过程中的意见和想法。微笑、点头、凝视、倾听等非言语行为会让幼儿体会到教师对自己的接纳和认可。

2. 重视对幼儿及活动的观察记录

观察记录是一种研究评价幼儿学习与发展的有效途径,也是推进主题教学活动有效开展的方法。科学的观察记录能较好地发现幼儿在主题教学活动中的表现、发展水平和存在的问题,进而为下一步的主题教学活动的开展提供科学的依据。因此,教师适时地、科学地观察记录是保证主题教学活动顺利开展的重要因素。

(1)观察记录能够为主题教学活动的选择提供依据

教师耐心细致地倾听、观察幼儿,并进行记录,能够更好地了解幼儿的兴趣,根据幼儿的兴趣和已有经验帮助幼儿选择主题。

(2)观察记录能够让教师及时把握介入的最佳时机

教师通过观察记录,能够了解幼儿的想法、需求及遇到的问题,并及时介入其中,引导幼儿进行讨论,或者为幼儿提供相关材料,支持幼儿进一步探究,或者及时帮助幼儿梳理经验,进行总结和提升。

3. 提供适时的支持与帮助

在主题教学活动开展的不同环节,教师应根据活动发展的情况适时介入,根据幼儿的表现提供适宜的支持与帮助。

在导入环节,教师面临的主要任务是如何引发幼儿参与活动的兴趣。可通过游戏、表演、故事、问题等方式,引起幼儿的好奇心,激发幼儿参与活动的兴趣。

在展开探究环节,幼儿会遇到很多困惑与问题,教师可通过引导性提问帮助幼儿进入探究情境,明确探究意图。例如,“你在做什么?你打算怎么做?”教师在必要时的指导和点拨,能及时化解幼儿的思维障碍。

---

① [美]卡洛琳·爱德华兹、莱拉·甘第尼、乔治·福尔曼:《儿童的一百种语言》,罗雅芬、连英式、金乃琪译,80页,南京,南京师范大学出版社,2006。引用时有改动。

在总结评价环节，要重视幼儿的分享、交流，为幼儿创造与同伴分享、交流的时间与机会，帮助幼儿建构关键经验，强化其探究欲望。

4. 鼓励家长积极参与主题教学活动

家长参与到幼儿园主题教学活动中，一方面可以为活动提供更多可以利用的资源，促进生成活动的开展；另一方面可以帮助家长更加深入地了解幼儿在园的发展情况。

(1)主题教学活动进行前，应积极与家长进行沟通

可召开家长会，告知家长幼儿班级将要进行的主题教学活动，让家长明白主题教学活动的意义、如何开展、对幼儿有什么作用等，以得到家长的配合。在主题教学活动开展的过程中，也可采用电话、短信互动、网络等方式经常和家长沟通，取得他们的大力支持。在活动结束后，教师要把幼儿的作品等展示给家长，让家长了解活动的整个过程以及幼儿在活动中的收获与体验。

(2)发动家长积极参与主题教学活动开展过程

家长可利用自身的职业优势或者其他便利条件，为主题教学活动的开展提供资源和条件。比如，在开展“小医院”主题时，可以邀请做医生的家长为幼儿实地讲解医生的职责、具体工作情况等，让幼儿在了解更多相关信息的基础上丰富主题教学活动内容。

拓展学习

请扫描文旁二维码，阅读材料《当前幼儿园主题教学活动组织的偏差与反思》①，说一说当前幼儿园主题教学活动组织的偏差表现在哪些方面，如何组织幼儿园的主题教学活动。

本节自评

本节知识点	了解程度				
	☆☆☆☆☆	☆☆☆☆	☆☆☆	☆☆	☆
主题教学活动的内涵与特点					
主题教学活动的设计内容					
主题教学活动的指导原则与策略					

① 摘自王成刚：《当前幼儿园主题教学活动组织的偏差与反思》，载《学前教育研究》，2008(9)。

第三节　方案教学活动的设计与指导

20世纪初，杜威强调通过幼儿的“活动”和“主动作业”来训练幼儿的思维、促进幼儿智能的发展，于是教育界倡导教师应精心设计、组织幼儿的活动，使活动成为激发幼儿兴趣的教育过程，并通过活动使幼儿获得经验、重组经验，实现成长。受杜威思想的影响，他的学生克伯屈于1918年发表了《方案教学法》，倡导方案教学模式。20世纪20年代，美国的一些学校就开始出现了方案教学。20世纪六七十年代，英国的幼儿学校曾广泛应用此教学模式。1989年，美国著名儿童教育家凯兹与查德合写了《探索儿童心灵世界》一书，详细阐释了方案教学的基本理念，重新唤起了人们对方案教学价值的兴趣。意大利的瑞吉欧·艾米莉亚在幼儿教育中全面实施了方案教学。什么是方案教学？它与主题活动有什么关系？如何设计并指导方案教学活动？这些将是本节阐述的内容。

一、方案教学活动的内涵与特点

(一)方案教学活动的内涵

方案教学活动是以主题为核心，围绕编制的主题网络，开展主题探究活动的一种教学模式。这种教学是对该主题的不同方面进行探索和研究，这些方面都是幼儿感兴趣的，也是教师认为具有教育价值的。活动以小组、全班或个体的方式进行。在方案教学中，幼儿通常通过直接观察、与有关专家谈话、动手实验、收集材料以及报告自己发现的结果等方式进行学习。

在当前幼儿园课程体系中，方案教学活动与主题教学活动密切相关，两者都属于幼儿园的综合性课程，内容会涉及多种教学领域与科目。但两者又存在不同：主题教学活动通常涉及“一个含义比较广泛的概念或话题”[①]，如季节、动物、植物等，一般由教师提前计划主题并收集资料，再让幼儿从多方面对该主题进行了解；而方案教学活动则是对一个主题或论题做更深入的探讨，这类活动可以起始于幼儿对物质世界或社会的好奇心(如影子有什么性质？为什么有那么多人?)，或者出自幼儿的某种主张(如我们能不能为鸟造一个乐园?)，或者源于幼儿对哲学两难问题的思考(如敌人能否成为朋友?)。此外，教师也可以在观察幼儿的基础上提出问

① 霍力岩、孙冬梅等:《幼儿园课程开发与教师专业发展——比较研究的视角》，177页，北京，教育科学出版社，2006。

题，发起方案教学活动。由此可以看出，方案教学活动是对主题的不同方面进行探索和研究，“更强调儿童，更偏向于儿童中心，主要以问题解决的逻辑组织活动，强调活动的不确定性、偶然性和生成性，结构化程度较低”①。

(二)方案教学活动的特点

赫尔姆和凯兹将方案教学活动的特征概括为：由儿童或教师发起深层次探索活动，旨在答复儿童提出的问题，以儿童的兴趣为导向。② 方案教学活动作为一种具有更低结构性的综合性课程，有如下特点。

1. 教学目标是不断发展变化的

方案教学活动体现了杜威的“教育无目的论”思想。在杜威看来，教育的目的和过程是统一的，教育目的体现在教育过程中，是教育者在不同教育阶段根据不同的教育内容制订的，并处于发展中。方案教学活动体现了这一点，它是一种弹性计划，但这种计划只是提供一个弹性而又复杂的基本框架，是教师根据自己对幼儿的了解以及前期的经验，对可能出现的种种情况做出假设而形成的弹性目标，是对种种可能性的预测。③ 根据这些预测，教师形成灵活的、适宜于幼儿兴趣的目标。方案教学活动不预先设定每一项目和每一活动的具体目标，但并不意味着在活动开展之前教师毫无计划，只是这种计划不是对活动的具体目标与程序的规划，而是教师根据活动中幼儿的反应以及活动的进程来确定活动的发展方向和教学目标。一个目标达成之后，又会产生新的目标，因此，方案教学活动的目标处于不断的发展与变化中。

2. 教学方式以协商为主

方案教学活动的开始、发展与结束阶段都是由教师和幼儿共同协商完成的。方案教学活动主题的确定源于教师与幼儿的讨论。在讨论过程中，教师能够了解幼儿已有的经验和知识，并帮助幼儿提出有待探索的问题。在发展阶段，幼儿以多种方式展开调查，并以多种方式表现自己的观点，教师在此过程中不断提供材料并观察记录幼儿的表现，与幼儿协商，共同发展活动。在结束阶段，教师给幼儿提供交流和分享学习经验的机会，帮助幼儿回顾和评价整个活动，幼儿以多种形式呈现自己的发现和理解。

3. 强调人际互动和家长的合作参与

幼儿的学习不是独立建构的，而是在创设的环境中与同伴、教师和家长相互

---

① 秦元东：《学科活动·单元主题活动·方案教学》，载《幼儿教育(教育科学版)》，2006(10)。

② 朱家雄：《幼儿园教育活动设计与实施》，72页，北京，高等教育出版社，2008。

③ 王春华：《瑞吉欧幼教模式述评》，载《比较教育研究》，2001(10)。

作用的过程中建构的。正如瑞吉欧教育体系所提倡的，只有当教师与家长合作参与时，才可能带给幼儿最好的经验。

4. 强调学习环境的开放性

开放的环境是“幼儿园的第三位老师”。幼儿具有拥有环境的权利，教育由复杂的互动关系构成。环境中各个因素的参与，是许多互动关系实现的关键。因此，在方案教学活动中，要合理配置空间，提供丰富多样的材料，以吸引幼儿探索并促进活动的进一步发展。

5. 突出幼儿的主体性

在方案教学活动中，幼儿的主体性得到了充分的尊重。幼儿围绕感兴趣的、熟悉的和有意义的主题展开探究活动，学习方式和表现方式多样化。“儿童用多种不同的方式或多种不同的符号系统，在不断探索、不断形成假设并不断验证的过程中，记录、理解并表现自己在活动过程中经历的记忆、想法、预测、假设、观察和情感以及最终的问题的解决。”①

二、方案教学活动的设计

(一)方案教学活动设计的步骤

一个方案如同一个完整的事件，是由教师和幼儿共同创造完成的，具备发生、发展、高潮和结局等环节，其间充满悬念和各种问题情境。方案教学活动是自然连贯的、完整的。一般来讲，完整的方案教学活动包括活动的发起与准备、活动的展开与发展、活动的总结与评价三个步骤与环节。

1. 活动的发起与准备

活动的发起即主题的产生，活动的准备主要是教师对主题做经验上的准备，具体表现为主题网络的编制。

(1)主题的产生

方案教学活动中主题的产生没有固定模式，可以是幼儿被某些事物吸引，表现出对这一事物的兴趣而生成主题；可以源于教师的建议；还可以是教师和幼儿共同协商而产生。方案教学活动的主题无论以哪种方式产生，从根本上说，主要是依据幼儿的生活经验、需要和兴趣。它不仅指幼儿在活动中的自发表现，还可以是教师通过创设环境等方式激发出的幼儿的兴趣与需要。这就需要教师善于观察，及时从幼儿的活动和反应中发掘蕴含在其中的教育价值与学习价值。

在选择方案教学活动的主题时应注意：贴近幼儿生活，应用于幼儿生活并能

---

① 王春华：《瑞吉欧幼教模式述评》，载《比较教育研究》，2001(10)。

为幼儿未来生活做准备；能引起幼儿兴趣，并运用幼儿已有经验和技能；有益于平衡幼儿园课程；能充分运用幼儿园和社区的资源。

相关链接

方案教学活动的主题①

方案教学活动的主题可以选择的范围十分广泛，凯兹和查德在她们的《探索儿童心灵世界》一书中介绍了一种基本的分类方法。

儿童的日常生活：家、食物、游戏等。

当地社区：医院、商店、交通工具等。

当地大事：重要节庆、市节、名人等。

地理：道路、河流、山丘、住所附近等。

时令：钟点、日历、季节、历史事件等。

自然：水、风、植物、动物等。

抽象概念：颜色、形式、对称等。

普通常识：太空旅游、车船等。

其他：帽子、宠物等。

(2)主题网络的编制

一旦主题确定下来，接下来就要编制主题网络。主题网络的编制可以明确主题探究的范围，往往是由教师和幼儿共同完成的。一般情况下，教师根据幼儿在主题讨论中的经验和问题先制订一个初步的主题网络，尽可能多地收集关于教学的想法和子主题。但是并非每个子主题都适合幼儿进一步探究，因此应该让幼儿充分表达自己对主题的看法，并通过观察、谈话、绘画等途径让幼儿表达自己已有的经验和提出自己想了解的问题。教师根据幼儿的反馈情况再做补充、修改或充实网络图。

2. 活动的展开与发展

在幼儿充分表达经验、教师做出假设并完成初步的计划后，活动就可以正式展开了。这一阶段的主要任务在于让幼儿获得新的直接经验，通过观察、调查、实验、建构、绘画、阅读等活动，探索问题和事实的真相，丰富相关经验。凯兹等人认为，执行方案时的活动一般依据目的不同，可大致分为调查活动、建构活

---

① 朱家雄：《幼儿园课程》，265～266页，上海，华东师范大学出版社，2003。

动及戏剧扮演活动。[①]

3. 活动的总结与评价

方案教学活动的总结与评价环节是一个全程的、系统的反思与总结过程。通过总结与评价，可以结束各组与个人的工作，并系统整理、总结学习成果，希望幼儿能够对整个方案产生全面认识。活动总结与评价的方式是多种多样的。教师可以让个别幼儿讲述整个活动的历程；也可以帮助幼儿整理自己在活动过程中的材料、照片、作品等，并将在活动中所运用的技巧、策略及探究过程等分享给全班幼儿；还可以由全班幼儿举办面向全园的作品展示会、戏剧表演等。

三、方案教学活动的指导

(一)方案教学活动的指导原则

1. 主体性原则

过去，幼儿园教育活动的开展集中体现了教师的主体性，从教育内容的选择到活动的具体开展，通常是由教师的经验与意愿决定的。教师主导着整个教学过程，较少让幼儿自由开展活动。方案教学活动强调幼儿的主体性，表现为在活动中尊重幼儿的自主性和创造性。幼儿能够支配和控制自己的活动，有自由选择活动的权利与自由。因为只有在此基础上，幼儿才能真正地展开自主探究活动。

2. 探索性原则

探索是幼儿内在生命力的外在表现。幼儿自发性的探索活动是幼儿教育的起点和基础。因此，在方案教学活动中，应给幼儿提供操作、观察、合作、交往、探索等机会，使幼儿在探索中进行直接感知和体验，带着问题思考，从而有效地激发幼儿的学习兴趣，促进方案教学活动的深入开展。

3. 灵活性原则

方案教学活动本身具有很强的弹性和生成性，不拘泥于一定的操作模式，因此，教师在实际展开方案活动的过程中，要灵活把握活动的发展进程，充分运用教育智慧，因地、因时制宜，创造性地开展活动。

4. 生活性原则

幼儿生活具有生长性，幼儿教育具有生活性。对幼儿来说，生活即生长，生活即发展，生活即教育。幼儿园方案教学活动是以幼儿生活为核心的，活动内容源于幼儿生活，贴近幼儿生活，并在幼儿生活中展开。教师要关注幼儿的表现和与之相应的生活经验，也要关注幼儿在活动中遇到的问题与困难，并给予适宜的帮助。

---

① [美]凯兹等：《心灵之旅——方案教学的理论与实务》，陶英琪等译，113～118页，台北，心理出版社，1995。

5. 文化适宜性原则

在设计方案教学活动时，应关注幼儿的这些活动是否适合其所处的文化背景，使来自不同种族、不同经济状况和父母受教育程度不同的家庭的幼儿都能获得平等的教育机会，帮助幼儿建立起自尊和自信，能从自己的文化以及其他文化中获得益处。

(二)方案教学活动的指导策略

1. 提供合适的环境和材料

正如瑞吉欧学校所认为的："环境是第三位老师。"环境本身具有重要的教育作用。在方案教学活动过程中，教师应为幼儿提供适宜的、能够激发幼儿探索兴趣、支持活动深入开展的环境。投放的材料在颜色、质地和类型上应具有多样性和审美价值，能激发幼儿触摸、欣赏和使用的愿望。给幼儿提供多样的材料是鼓励幼儿运用多种表征手段来表现的必要条件。

2. 捕捉幼儿的兴趣和需要

根据葛契尔的定义："兴趣是个人由生活经验中组织、累积、培养成的特殊气质，会促使个人寻找自己喜欢做的东西，从事喜欢做的活动，寻求特别的技能、知识与目标，以获得注意和学习。凡是能培养或增强此特质的活动，便是具有教育性的活动。"①由此可知，幼儿是否对活动感兴趣，或者是否能通过活动培养幼儿对某种活动或事物的兴趣，是衡量活动是否具有教育性的关键。在方案教学活动中，教师应善于观察和倾听幼儿，以敏锐地捕捉幼儿的需要和兴趣点，在此基础上开展活动，并把活动推向新的发展阶段。

3. 引导幼儿进行观察与记录

观察是幼儿认识世界、获得直接经验的重要途径。在方案教学活动中，幼儿通过观察，可以亲自感知事物的形态，感受人与事物之间的关系。引导幼儿把观察到的现象用多种方式记录下来，促进幼儿更细致地观察、更认真地思考，使幼儿将零散的知识经验进一步系统化，从而在一次次观察与记录中调整自己的认识，为最终把握事物性质、形成科学概念奠定基础。《指南》也指出，教师要"有意识地引导幼儿观察周围事物，学习观察的基本方法，培养观察与分类能力"。"鼓励幼儿用绘画、照相、做标本等办法记录观察和探究的过程与结果，注意要让记录有意义，通过记录帮助幼儿丰富观察经验、建立事物之间的联系和分享发现。"由此可见，在方案教学活动中，教师引导幼儿进行观察与记录是保障活动顺利开展的重要条件。

---

① 转引自[美]丽莲·凯兹：《与幼儿教师对话——迈向专业成长之路》，廖凤瑞译，90页，南京，南京师范大学出版社，2004。

4. 支持并参与幼儿活动

教师既是教育者，也是一个学习者。教师在方案教学活动中具有双重身份，既以平等的身份参与，又在参与过程中进行支持与引导。教师平等地参与幼儿的学习活动，可以让幼儿感觉到他们所从事的活动是很重要和有价值的；教师通过参与幼儿的活动，也可以更全面地了解幼儿，并根据幼儿的兴趣和发展水平提供反馈。教师和幼儿一起在方案教学活动中深入和详细地探索幼儿感兴趣的东西。在此过程中，教师可以根据幼儿的能力水平和活动进程，提出有针对性的问题或创设一定的问题情境，以此激发幼儿思考，促使幼儿主动地建构知识。

5. 记录、分析并解释幼儿的活动过程及表现

系统的记录和分析能帮助幼儿记忆与回顾他们做过的事情，并给他们下一步的学习提供一个起始点；同时也能让教师不断改进教学，提高教师的教育水平；当然，它还能为家长提供详细的信息，使他们更全面地了解幼儿在园的学习生活情况，并更有力地支持幼儿园教育教学。因此，为更好地促进活动的开展，了解幼儿在活动中的表现，教师可以通过多种手段对幼儿的发展和学习行为或方案教学活动的进程进行系统记录。比如，教师可以收集和保留幼儿的作品成品和半成品，对幼儿的对话和活动过程做一些书面记录并做简单的分析，还可以在教室里展示一些方案教学活动过程等。

拓展学习

请扫描文旁二维码，阅读材料《幼儿园方案教学模式的形成与系统化发展》①，说一说幼儿园方案教学是怎样形成的，它在哪些国家有怎样的运用。

本节自评

本节知识点	了解程度				
	☆☆☆☆☆	☆☆☆☆	☆☆☆	☆☆	☆
方案教学活动的内涵与特点					
方案教学活动的设计内容					
方案教学活动的指导原则与策略					

① 摘自谢梦雪：《幼儿园方案教学模式的形成与系统化发展》，载《教师教育学报》，2018(1)。

第四节 区域活动的设计与指导

随着幼儿教育改革的不断深入，幼儿教育不但关注各个年龄阶段幼儿共同发展的轨迹，而且更多地关注幼儿的个体发展，提倡为幼儿提供开放、丰富多样的环境，允许幼儿自由选择、自主学习。于是，区域活动作为“强调教育环境，注重幼儿这一教育主体，侧重开放的教育要求”的活动，在幼儿园广泛地开展起来，成为集体教育的补充和调整，成为实施个别教育、促进幼儿个性和谐发展的有效途径。《规程》和《纲要》都强调幼儿园教育应该“以游戏为基本活动”“寓教育于各项活动中”。《指南》指出：“幼儿的学习是以直接经验为基础，在游戏和日常生活中进行的。要珍视游戏和生活的独特价值，创设丰富的教育环境，合理安排一日生活，最大限度地支持和满足幼儿通过直接感知、实际操作和亲身体验获取经验的需要，严禁‘拔苗助长’式的超前教育和强化训练。”在幼儿园，经常有教师问这样的问题：区域的本质是什么？班级该设哪些区域？如何布置这些区域？如何投放区域活动的材料？如何在区域活动中激发幼儿的自主性与创造性？如何保障区域活动的实施成效？本节将根据以上问题，从区域活动的内涵与特点、区域活动的设计、区域活动的指导三个方面进行探讨。

一、区域活动的内涵与特点

区域活动是幼儿园贯彻《指南》，去除“小学化”的重要活动形式，在幼儿园广泛开展，得到了教师和幼儿的喜爱。下面我们谈谈区域活动的内涵与特点。

（一）区域活动的内涵

区域活动，也叫活动区活动、区角活动等。幼儿园区域活动是教师依据幼儿的兴趣、需要、发展水平等，结合幼儿园教育目标、正在进行的其他教育活动等因素，有目的、有意识地创设和规划活动区域，投放适宜的活动材料，让幼儿以个别或小组的方式，在与环境的相互作用中，自主选择、操作探索，获得个性化学习与发展的一种教育活动。区域活动是幼儿在教师准备的区域环境中进行的自由、自主、自选的学习活动。

区域活动为幼儿提供了一个更加宽松、自由的活动空间。在这里，每个幼儿可以选择自己感兴趣和需要的活动，按照自己的学习方式和发展水平，自主选择内容和活动伙伴，主动进行探索、学习，找到适合自己学习的最佳方式，体验到快乐、成功和自信。

(二)区域活动的特点[①]

本书按区域所在位置，将区域活动划分为室内区域活动和户外区域活动。

目前幼儿园开展的室内区域活动包括两种：一种是幼儿在各自班级活动区中的活动；另一种是幼儿在全园性公共活动区(室)中开展的跨班混龄活动。

户外区域活动是利用户外环境进行的区域活动。在规划户外活动区域时，应充分考虑环境的多元性，尽可能保留原有环境的本来特征，发挥原生态环境的优势。

相对于幼儿园其他教育活动，区域活动主要具有以下特点。

1. 自主性

区域活动是一种开放性的、低结构性的活动，是幼儿以自己的兴趣、需要、意志为导向的自主行动。活动的区域，活动的材料，活动的内容、时间、节奏、顺序及活动的伙伴和规则等都由幼儿自己决定或与同伴商量、协调决定。教师除了在幼儿不遵守活动区规则、妨碍其他幼儿活动、可能发生危险等情况时会出面干涉外，一般不会干涉。

2. 自由性

区域活动是幼儿根据自己的兴趣与需要在活动区域主动与环境相互作用，在探索、操作材料中获得经验和发展的活动形式。它是幼儿自我学习、自我探索、自我发现、自我完善的活动。幼儿可按自身发展水平，自主选择活动内容和活动伙伴，不同程度地参与活动区的划分、活动材料的提供以及活动区规则的制订等。因此，幼儿在整个活动中是以一种主人翁的身份，在没有压力的环境中玩玩做做，生动、活泼、主动、愉快地学习，自己对学习活动的过程和结果负责。

3. 个性化

区域活动丰富的活动环境、相对宽松的活动气氛、灵活多样的活动形式，为每个幼儿提供按照自己的兴趣和能力活动的机会，满足幼儿的个别化需要。在活动中，幼儿有充分的自主权。每个幼儿都可以根据自己的兴趣、需要选择活动，能按自己的方式去探索、学习、发展，满足其个性化成长与发展的需要。区域活动更关注幼儿的个别差异，突出幼儿个性化的学习。

4. 指导的间接性

区域活动主要是幼儿在教师提供的有准备的环境中进行的自由、自主活动。幼儿以环境、材料为媒介，活动区的教育价值主要附着在区内的操作材料、情境及相应的活动中。幼儿通过直接参与各种活动而获得多种直接、自然的经验；教

---

① 王春燕、王秀萍、秦元东：《幼儿园课程论》，202页，北京，新时代出版社，2005。

师主要是间接影响幼儿的活动，较少直接进行指导。

想一想

区域活动与集体教学活动有什么区别？

二、区域活动的设计

区域活动的设计主要包括室内区域活动环境和户外区域活动环境的创设与区域活动方案的撰写。

(一)室内区域活动环境的创设

室内区域活动环境的创设包括室内区域活动空间的规划及室内区域活动材料的选择与提供。

1. 室内区域活动空间的规划

室内区域活动空间的规划即教师在进行区域空间布局时，充分考虑幼儿的兴趣需要、年龄特点、个性差异等因素，因地制宜地进行空间分割，科学合理地设置区域的种类和数量，确定不同功能区域的空间大小。

(1)常见室内活动区域种类

根据不同的分类标准，区域可分为不同种类。

①按室内区域活动的功能可分为四类。表现性区域：装扮区、建构区、表演区、美工区等。探索性区域：主要满足幼儿好奇心强、乐意尝试和探索的需要，如益智区、玩沙玩水区、建构区、实验区、数学区等。运动性区域：发展幼儿的基本动作，增进他们动作的协调性、敏捷性和灵活性。欣赏性区域：主要用于展示幼儿的作品和提供开阔幼儿视野的作品。

②按室内区域活动的性质可分为三类。常规区域：各幼儿园各年龄班基本通行的、能普遍设置的区域，如娃娃家、阅读区、美工区、建构区、益智区等。特色区域：与别的幼儿园或班级不同的、反映园本特色或本班特色的独特名称及材料。主题区域：教师把主题活动的内容物化到区域材料中，让幼儿在区域的自主活动中实现主题发展目标。

③美国认知发展课程方案将活动区分为结构区、角色区、美工区、安静区、音乐区、科学区、养殖区、玩沙玩水区、户外活动区。

④根据《纲要》的五大领域，把室内活动区分为五大区域：运动—娱乐—健康

区、社会—生活—交往区、尝试—发现—探索区、倾听—阅读—表达区、欣赏—表现—创造区。

(2)几种常见室内活动区域的主要功能[①]

①角色游戏区。

角色游戏区就是提供各种材料，让幼儿进行角色扮演，以体现社会生活的区域。教师可以根据班级幼儿的年龄、兴趣和生活经验，选择不同的角色扮演材料，设计不同的角色游戏区，如娃娃家、餐厅、理发店、医院、小银行、小超市、烘焙店、糖果店、蛋糕房、交通岗等社会上存在的职业和生活、工作场所。只要幼儿感兴趣，都可以设置。角色游戏区的主要功能如下。

A. 满足幼儿参与社会生活的意愿，帮助他们积累社会生活的经验。

B. 为幼儿提供角色交往的机会，促进他们社会化进程和交往能力的发展。

C. 促进幼儿语言表达能力的发展。

D. 促使幼儿自主解决冲突和矛盾，提高解决问题及协调关系的能力。

E. 鼓励幼儿创造性地使用材料和开展游戏，发展他们的想象力和创造力。

②表演游戏区。

表演游戏区是教师提供各种道具和材料，让幼儿进行表演活动的区域，可进行音乐歌舞表演、故事表演、角色表演等。表演游戏区的主要功能如下。

A. 满足幼儿表现的欲望，发展他们的想象力和创造性表达、表现的能力。

B. 发展幼儿的语言表达能力和交往能力。

C. 带给幼儿舞台表演的满足感和自豪感。

③建构游戏区。

建构游戏区是教师提供各种构造材料，让幼儿进行各种造型活动的区域。构造材料有多种类型，如积木、积塑、橡皮泥、陶泥等人工材料，纸板、纸箱、木板、易拉罐等废旧材料，玉米秆、玉米皮、小麦秸秆等植物秸秆，树叶、树枝、沙子等自然材料。建构游戏区的主要功能如下。

A. 发展幼儿的空间知觉和想象力。

B. 帮助幼儿感知形体、对称等概念，建立数概念。

C. 发展幼儿的手眼协调能力和动手操作能力。

D. 培养幼儿的坚持性和细致、耐心的品质。

---

① 董旭花、韩冰川、王翠霞等：《小区域 大学问——幼儿园区域环境创设与活动指导》，11～14页，北京，中国轻工业出版社，2013。

④美工区。

美工区是教师提供各种美术活动材料，让幼儿进行美术创意活动的区域。根据材料和活动内容的不同，可分为绘画区、立体塑造区、泥工区、纸工区、版画区、布艺区、编织区等。美工区的主要功能如下。

A. 帮助幼儿体验感官的快乐和情绪的舒展、平静。

B. 帮助幼儿体验美术的创意、自由表达，感受艺术的魅力。

C. 增强幼儿对色彩、线条、构图等艺术要素的理解，提高他们的审美感受能力和审美表现能力。

D. 帮助幼儿学习欣赏和尊重自己与他人的创作，体验成就感和满足感。

⑤生活操作区。

生活操作区是教师提供各种与生活有关的材料，让幼儿进行操作练习的区域。在此区域可开展的活动包括系扣子、串珠子、夹夹子、用勺子、用筷子、开锁、拧瓶盖、穿鞋子、系鞋带、编辫子等。生活操作区的主要功能如下。

A. 发展幼儿的手眼协调能力。

B. 发展手的精细动作，提高幼儿动手操作的能力。

C. 提高幼儿的生活自理能力，培养他们自己的事情自己做的习惯。

D. 培养幼儿专注、认真、细致、耐心、有条理的品质。

⑥益智区。

益智区是指教师投放一些能促进幼儿观察、比较分析、推理判断，启发幼儿思考的材料，供幼儿进行操作的区域。在此区域可开展的活动包括玩拼图、走迷宫、下棋、玩扑克牌游戏、拼摆几何图形、操作七巧板、图片接龙、找不同等。益智区的主要功能如下。

A. 帮助幼儿学习观察的方法，培养幼儿形成良好的观察习惯，提高其观察能力。

B. 帮助幼儿学习辨别、分析、判断，提高幼儿分析问题、解决问题的能力。

C. 培养幼儿思维的敏捷性、灵活性、独创性等，提高其思维能力。

D. 培养幼儿专注、细致、有条理等良好的学习习惯。

如果班级不单设科学区、数学区的话，教师可以把科学操作材料、数学操作材料投放到益智区，供幼儿活动。

⑦阅读区。

阅读区是指教师提供适宜的阅读材料，让幼儿进行自主阅读活动的区域。阅读区的主要功能如下。

A. 帮助幼儿感受图书带来的美好和愉悦，缓解不良情绪和压力。

B. 帮助幼儿感受人类文化的熏染，培养良好的阅读兴趣和阅读习惯。

C. 培养幼儿对图画和文字的敏感，提高幼儿的阅读理解能力。

D. 帮助幼儿形成积极的人生态度和良好品格。

(3)室内活动区域种类的选择

班级究竟应该设置哪些区域？小班应该有哪些区域？中、大班应该有哪些区域？这几个问题都没有确切的答案。在为不同年龄段的幼儿设置区域时，教师应注意以下两点。

第一，根据幼儿的需要和兴趣设置。为了促进幼儿认知、情感、社会性、语言、动作技能等多方面的发展，可设置不同种类的、多功能的区域。例如，中班设置娃娃家、超市、美工区、阅读区、生活操作区和表演区六个区域。同时，要考虑幼儿的兴趣和需要，例如，很多幼儿都喜欢车，可以设置一个“汽车城”，满足幼儿玩车的意愿；小班幼儿对家最熟悉，又需要情绪安抚，可设置娃娃家之类的能给幼儿带来温暖和安慰的区域。当幼儿的兴趣发生转移时，区域也需做相应调整。例如，幼儿开始对“火锅店”感兴趣，一段时间后，兴趣逐渐消失，就可以调整区域为烘焙店或别的区域。

案例 6-8

动态变化的区域①

在角色区的“典当行”游戏中，孩子们发现用自己的作品当来的金钱无处存放，通过小组讨论，他们创设出了“银行”区角。从“银行”里取出的金钱无处消费，根据主题“什么联系你我他”的活动内容，在教师引导下，孩子们又讨论生成了给好朋友寄信的“邮局”区角。为了参与“典当行”和“邮局”的游戏，孩子们在美术区和主题区制作各种特色作品，争取能在“典当行”估个好价格或是在“邮局”给好朋友寄一份惊喜。“银行”的职员为了能更好地记录存取款的明细，又自制了存折。就这样，由“典当行”引发的需求不断变化时，孩子们也在教师的引导下不断创设新的区域，班级区域环境呈现出动态性和变化性。

第二，根据阶段性发展目标设置。例如，小班幼儿小肌肉发展不成熟，动手能力和生活自理能力差，可创设生活操作区，让幼儿练习夹夹子、用勺子、系扣

① 董旭花、韩冰川、王翠霞等：《小区域 大学问——幼儿园区域环境创设与活动指导》，39～40页，北京，中国轻工业出版社，2013。

子、串珠子、系带子等，发展其手眼协调能力和手的精细动作。再如美工区，根据幼儿的发展需要，活动内容每个月可以有所调整，绘画、立体造型、泥工、折纸、剪纸等可以轮流成为活动重点。

(4)室内活动区域数量的确定

对于班级区域设置的数量，没有一个统一的数量和标准。但区域设置的数量与活动室空间大小、班级幼儿人数多少是密切相关的。空间大的活动室，活动区域自然可以多设几个；反之，数量就得适当减少。一般来说，60平方米的活动室，30～35人的班级创设6个左右的活动区。区域设置的数量需要满足所有幼儿都有区域可选。每个区域面积的大小应根据区域所承载的活动目标的重要程度、一次进区人数的多少、幼儿在区内的活动频率和活动幅度等指标来确定。一般情况下，承担近期重点目标的区域面积比非重点区域的面积要大，以确保重点目标的落实；一次进区人数多的区域面积比人数少的区域面积要大；幼儿进区率高的区域面积要比进区率低的区域面积大；活动幅度大的区域面积比活动幅度小的区域面积要大。

(5)室内活动区域的合理布置

教师在具体规划和合理布置众多的区域时需要考虑下述几点。①

①室内各活动区之间的界限性。所谓界限性，是指各活动区要划分清楚，界限明确，便于幼儿开展活动和教师进行管理。在划分界限时，除了考虑美观、漂亮之外，更要从教育的角度出发。界限划分大致可以归纳为以下几种手段：一是划分平面界限。教师通过地面不同的颜色、图案或质地来划分不同的区域。例如，在娃娃家的地面刷上温暖的红色，在积木区的地面铺上地毯等，让幼儿一目了然，很快记住不同的区域。二是划分立体界限。教师运用架子、柜子或其他物体隔离，划分出不同的区域，形成封闭或开放的空间。教师运用的隔离物不可太高，以使幼儿清楚地辨认区域，也便于教师及时观察，控制幼儿在各个活动区中的活动。

在清楚划分各区域的同时，各个区域之间还要留出足够的、便于幼儿进出的通道，保证活动区活动的顺利开展。

②室内各活动区之间的相容性。所谓相容性，是指幼儿园教师在布置活动区时要充分考虑各个区域的性质，尽量把性质相似的活动区安排在一起，以免相互干扰。例如，把以安静的阅读活动为主的图书区和以动脑为主的数学区放在一起，把以操作活动为主的积木区和娃娃家放在一起等。同时还要考虑：需要用水的活动区应当靠近盥洗间或取水处，自然区和图书区等需要明亮光线的区域应靠近窗户等。

---

① 陈世联：《幼儿园课程与活动指导》，127～128页，重庆，重庆出版社，2007。

③室内各活动区之间的转换性。所谓转换性，是指教师在划分各个区域的同时，也要充分考虑幼儿在一个活动区内活动时可能出现延伸转换至其他活动区的需要。例如，幼儿在娃娃家的角色游戏活动可能会延伸至积木区，幼儿在自然区的活动可能会延伸至美工区。教师要预见幼儿可能出现的延伸活动，在其活动延伸的区域设置上能够满足幼儿的这一需求。同时密切观察幼儿在各个活动区的活动，细心了解幼儿的兴趣和需要，并及时调整活动区的种类和数量。

2. 室内区域活动材料的选择与提供

(1)室内区域活动材料的类别

根据不同的分类标准，室内区域活动材料的种类不同。①

一是从材料的功能分，可分为：主体材料，即支撑某个区域幼儿活动时需要的主要材料，如建构区的积木、阅读区的图书等；辅助材料，即对区域活动起辅助作用，能够使活动更加丰富、完善的材料，如建构区的动物玩具、汽车模型等；工具，如种植区的小铲子、水壶，美工区的剪刀、胶带等。

二是从材料的性质分，可分为：成品材料，指教师为幼儿准备好的现成的、不需要幼儿再加工就可以直接使用的材料，如科学区的磁铁、镜子，益智区的拼图、七巧板等；半成品材料，指教师有意识地进行简单加工后的材料，如小班美工区教师提供的画好苹果的涂色纸、画好线条让幼儿用剪刀练习剪的操作纸等；自然材料，指未经教师加工的材料，如各种绳子、纸盒、果核等，这些材料可以让幼儿任意组合，有很多不同的用途，有利于幼儿发挥想象、自由创作。

三是从材料的结构分，可分为：高结构材料，指有固定的结构和相对固定的玩法和规则的材料，如益智区的棋、拼图，数学区一一对应的操作卡等；低结构材料，指较少规定玩法、幼儿可以比较灵活地操作的材料，如建构区的各种积木，幼儿可以自由地拼搭。

(2)选择室内区域活动材料的要求

第一，所选择的材料能激发幼儿主动探究的兴趣，如果教师发现幼儿对某些材料失去了兴趣，就要及时更换或进一步丰富活动材料。

第二，所选择的材料要适合不同幼儿的发展水平和不同年龄幼儿的需要，让每一个幼儿都能找到适合自己的材料与工具。例如，小班幼儿以具体形象思维为主，小肌肉发展不够协调，注意力容易转移，教师选择的材料宜颜色鲜艳、形象生动逼真，成品和半成品材料可多一些，同种材料的数量也可多一些。中、大班

---

① 董旭花、韩冰川、王翠霞等：《小区域 大学问——幼儿园区域环境创设与活动指导》，41～42页，北京，中国轻工业出版社，2013。

幼儿逐步从具体形象思维向抽象逻辑思维过渡，规则意识逐步增强，与同伴交往的能力也有了进一步发展，因此教师提供的材料要逐步增加挑战性，自然材料可多一些，材料的种类也应增多，但同种材料的数量可减少。

第三，所选择的材料要安全、卫生，易于维修。

(3)室内区域活动材料投放的要求

第一，区域活动的材料应分类存放。可根据材料的用途、性质等进行分类。例如，美工区的材料，可以按照纸张、颜料、画笔等进行分类；建构区的纸盒等材料，可根据大小、形状等进行分类。对于同类材料，可以盛放在同样的、有标志的篮子、箱子里，看上去既整齐美观，又方便幼儿取放。

第二，材料要放在幼儿够得着的地方，有利于幼儿的取放；暂时不用或不能让幼儿接触的物体，要放在幼儿够不着或看不到的地方。

第三，所有的材料要开架放置或存放在无盖篮子或透明的盒子里，使幼儿一眼就能看到他们想要的东西，从而有利于他们选择、取放。

第四，每一样东西都要存放在固定的位置并贴上标志。每个活动区的材料要分类放置并贴上标志，使幼儿很容易找到、使用并归还，同时又使幼儿养成良好的习惯，使他们做事有计划。

第五，根据幼儿的兴趣与发展的需要不断更换、添置新的材料并改变教室布局，从而保持环境对幼儿的刺激，满足幼儿发展的需要。

相关链接

幼儿园区域活动主体材料投放表①

活动区	小班	中班	大班
语言区	成品材料： 各种图书、挂图、写字板、录音机、磁带、头饰、图片、手偶、指偶等。 收集材料： 幼儿影集、幼儿日记、抱枕、各种阅读材料等。 自制材料： 自制大图书、识字卡片、文字拼图、图文匹配的讲述材料、控笔练习材料等。	成品材料： 各种图书、挂图、写字板、录音机、磁带、头饰、图片、儿歌海报、手偶、指偶等。 收集材料： 幼儿影集、幼儿日记、抱枕、各种阅读材料等。 自制材料： 自制大图书、识字卡片、文字拼图、图文匹配的讲述材料、记录用的笔和纸等。	成品材料： 各种图书、挂图、写字板、录音机、磁带、头饰、图片、手偶、指偶、小舞台、点读机…… 收集材料： 幼儿影集、幼儿日记、抱枕、各种阅读材料等。 自制材料： 自制大图书、识字卡片、文字拼图、图文匹配的讲述材料、控笔练习材料等。

① 该表由广东省广州市荔湾区教育发展研究中心教研员裴光华提供。

续表

活动区	小班	中班	大班
美工区	各类纸张： 彩色蜡光纸、绘画纸、旧报纸、卡纸、吹塑纸、瓦楞纸、皱纹纸等。 绘画材料： 颜料、油画棒、双头笔、签字笔、水彩笔、排笔、蜡笔等。 辅助工具： 胶水、固体胶、双面胶、透明胶、乳胶、剪刀、花边剪等。 辅助材料： 橡皮泥、纸盒、纸盘、纸杯、布头、毛线、绳子、包装袋、一次性杯子、花生、牙刷、棉签、果冻盒、小鱼的眼睛、亮片、牛奶盒、黄豆等。	各类纸张： 彩色蜡光纸、绘画纸、宣纸、旧报纸、卡纸、吹塑纸、瓦楞纸、皱纹纸等。 绘画材料： 颜料、油画棒、双头笔、签字笔、水彩笔、排笔、蜡笔、毛笔等。 辅助工具： 胶水、固体胶、双面胶、透明胶、乳胶、剪刀、花边剪、白乳胶、打孔器、橡皮筋等。 辅助材料： 橡皮泥、纸盒、纸盘、纸杯、布头、毛线、绳子、包装袋、一次性杯子、毛根、胶卷、扣子、盖子、各类豆子、花生、牙刷、牙签、棉签、吸管、铁丝、酒瓶、果冻盒、环保袋、空白脸谱、泡沫蛋、冰棍杆、光盘、小木夹、各类印模和印章、简易版画工具。	各类纸张： 彩色蜡光纸、绘画纸、旧报纸、卡纸、吹塑纸、瓦楞纸、皱纹纸等。 绘画材料： 颜料、油画棒、双头笔、签字笔、水彩笔、排笔、蜡笔等。 辅助工具： 订书机、打孔机、胶水、固体胶、双面胶、透明胶、乳胶、剪刀、花边剪等。 辅助材料： 塑料纸、纸盒、纸盘、纸杯、布头、毛线、绳子、包装袋、一次性杯子、毛根、胶卷、扣子、各类豆子、花生、牙刷、牙签、棉签、吸管、铁丝、酒瓶、果冻盒、光碟、雪糕棍、木块、小石头。
建构区	成品材料： 各种形状的大型积木、中型积木和小型积木等(数量可稍少于中班)。 辅助材料： 木板、大小不等的箱子、易拉罐、绳子、塑料管、小车模型、线、石头、建筑模型、建筑图片、测量工具、插塑玩具、雪花片、张贴画、自制交通标志、花、草、楼房、小人和动物的立体摆件、幼儿积木作品照片等。	成品材料： 各种形状的大型积木、中型积木和小型积木等(数量可稍少于大班)。 辅助材料： 木板、大小不等的箱子、易拉罐、绳子、塑料管、小车模型、线、石头、建筑模型、建筑图片、测量工具、插塑玩具、雪花片、张贴画、自制纸盒积木、交通标志、花、草、楼房、小人和动物的立体摆件、小木桥、幼儿积木作品照片、记录用的纸和笔、统计各种材料数量的表格等。	成品材料： 各种形状的大型积木、中型积木和小型积木若干。 辅助材料： 木板、大小不等的箱子、易拉罐、绳子、塑料管、小车模型、线、石头、建筑模型、建筑图片、测量工具、插塑玩具、雪花片、张贴画、自制纸盒积木、交通标志、花、草、楼房、小人和动物的立体摆件、小木桥、幼儿积木作品照片等。
角色区	成品材料： 角色扮演所需的小柜子或小家具、各种小娃娃、各类厨具、各种面包和点心等。	成品材料： 角色扮演所需的小柜子或小家具、各种小娃娃、各类厨具、各种面包、电话、空食品盒、点心等。	成品材料： 角色扮演所需的小柜子或小家具、各种小娃娃、各类厨具、各种面包和点心、生活中的真实材料。

续表

活动区	小班	中班	大班
	收集材料： 和情境相适应的各种用具，如商店的货物、小货架、收银机等，医院的制服、针筒、吊瓶、体温计、药瓶、药盒，电话、锅、碗、勺子、微波炉、自制的各类点心等。 书写工具： 贴纸、练习本、信封、笔等。 自制材料： 与所学内容相关的手偶、头饰、与角色匹配的道具、其他辅助材料等。	收集材料： 和情境相适应的各种用具，如商店的货物、小货架、收银机等，医院的制服、针筒、吊瓶、体温计、药瓶、药盒，医生、警察、厨师、歌舞演员、理发师、售货员等的服装，钱包、电话、锅、碗、勺子、微波炉、自制的各类点心等。 书写工具： 贴纸、练习本、信封、笔等。 自制材料： 与所学内容相关的手偶、头饰、与角色匹配的道具、其他辅助材料等。 宣传材料： 广告板、海报、角色展示板。	收集材料： 和情境相适应的各种用具，如商店的货物、小货架、收银机等，医院的制服、针筒、吊瓶、体温计、药瓶、药盒、听诊器、病床，医生、警察、厨师、歌舞演员、理发师、售货员等的服装，钱包、钱币(图片)、电话、锅、碗、勺子、微波炉、自制的各类点心、电话簿、温度计等。 书写工具： 贴纸、练习本、信封、笔等。 自制材料： 与所学内容相关的手偶、头饰、与角色匹配的道具、其他辅助材料等。
音乐区	成品材料： 碰铃、三角铁、铃鼓、响棒、沙锤、录音机、磁带等。 自制材料： 小鼓、沙锤、音符、舞谱、五线谱等。 收集材料： 表演服装、纱巾、帽子、头饰、手绢等。	成品材料： 碰铃、三角铁、铃鼓、响棒、圆舞板、沙锤、录音机、磁带、电子琴等。 自制材料： 小鼓、沙锤、乐曲图谱、音符、舞谱、五线谱、彩带、节奏卡、大型舞台背景等。 收集材料： 表演服装、民族特色服装、纱巾、帽子、头饰、手绢、扇子等。	成品材料： 碰铃、三角铁、铃鼓、响棒、圆舞板、沙锤、录音机、磁带、表演的镜子、化妆品、指挥棒。 自制材料： 小鼓、沙锤、乐曲图谱、音符、舞谱、五线谱、打击乐节奏谱。 收集材料： 表演服装、纱巾、帽子、头饰、手绢、扇子、脸谱、面具、草裙等。
科学区	测量工具： 直尺、软尺、三角板、纸条、绳子等。 智力类： 各类拼图、迷宫、钓鱼玩具、大小不同的球、长短不一的夹子等。 装拆玩具： 废旧物品、手电筒、钟、电话等。	测量工具： 直尺、软尺、三角板、纸条、绳子等。 智力类： 各类拼图、七巧板、迷宫、钓鱼玩具、大小不同的球、长短不一的夹子、穿线珠等。 装拆玩具： 废旧物品(小家电)、手电筒、钟、电话等。	测量工具： 直尺、软尺、三角板、纸条、绳子等，量杯、计时器、温度计。 智力类： 各类拼图、七巧板、迷宫、钓鱼玩具、大小不同的球、长短不一的夹子等。

续表

活动区	小班	中班	大班
	探索类： 磁铁、放大镜、各种镜子、回形针、磁铁、实验盒、昆虫盒等。 数学材料： 排序类材料、数字点数卡、图形拼贴卡等。	探索类： 磁铁、锁、齿轮、放大镜、各种镜子、回形针、磁铁、天平、打蛋器、开瓶器、计时器、电筒、电池、实验盒、昆虫盒等。 数学材料： 排序类材料、多级分类、时钟操作卡、数字点数卡、数物加减操作卡、图形拼贴卡等。	装拆玩具： 废旧物品、手电筒、钟、电话等。 探索类： 磁铁、锁、齿轮、放大镜、各种镜子、回形针、磁铁、天平、电筒、电池、实验盒、昆虫盒、开瓶器、望远镜、标本、真实的动植物(或图片)。 数学材料： 排序类材料、多级分类、时钟操作卡、数字接龙卡、数物加减操作卡、图形拼贴卡等。

(二)户外区域活动环境的创设

1. 户外活动区域的设置

幼儿园户外活动区域可按照幼儿园环境、基本动作类型和场地或器材特点来设置。

(1)按照幼儿园环境设置区域

由于每个幼儿园的户外活动场地布局、面积、环境不尽相同，因此，在创设户外活动区域时，要充分考虑幼儿园的实际情况，因地制宜，合理布局，使空间使用率最大化。可设置种植园、音乐林、戏水池、涂鸦坊、操场、运动区等。

(2)按照基本动作类型设置区域

基本动作包括走、跑、跳跃、投掷、钻、爬、攀登、滚翻、悬垂、平衡等，可设置奔跑区、跳跃区、投掷区、平衡区、钻爬区、攀登区、综合区等区域。

(3)按照场地或器材特点设置区域

根据场地或器材的不同特点，可创设不同的区域，例如，攀爬岩处可以利用已有的硬件，设置攀爬区；小山坡可投放轮胎、过河石等，设置平衡区、走跑区；宽阔的操场可以让幼儿自由选择器械，设置跳跃区、综合区等。

2. 常见的户外活动区域及器材配备

根据幼儿园的场地条件、基本动作要求，可以设置一些常见区域，各区域的功能目标及器材配备如下。

(1)走跑区

功能目标：发展走跑能力，锻炼大肌肉群的力量和速度，提高动作的灵敏性和协调性，促进神经系统的发育。

器材配备：变化移动的路线(曲线、折线)，根据年龄变化的梯度路，小道具或器械(雪糕筒、可乐瓶、红旗、沙包)。

(2)攀爬区

功能目标：掌握钻、爬、攀等基本动作技能，发展全身协调性及上下肢的力量。

器材配备：地面区域设置攀爬架、攀爬网，墙面区域设置横向移动的木桩、速降绳、攀岩壁等。

(3)投掷区

功能目标：发展上肢力量素质，增强全身协调性。

器材配备：小班，可投放自制纸球、沙包、软球；中班，可投放大小不同的球、沙包；大班，可投放大小、轻重不同的球、沙包。

地面设置不同水平距离的标志线。

(4)球类区

功能目标：发展投掷、传接、击打、踢传等各种与物体操作相关的动作能力，提高全身的灵敏协调能力，培养规则意识、协作意识。

器械配备：地面采用不同颜色的标线，划分不同项目的场地；安装一体式球门篮架，准备球网及支架。

(5)车类区

功能目标：发展下肢力量、协调能力，掌握基本的交通规则意识。

器材配备：各种小车，不同地面材质及坡度的路径，交通标志和标线。

(6)平衡区

功能目标：发展幼儿的平衡能力、协调能力和空间感，提高合作能力。

器材配备：大小不同的平衡板，单梯、双梯，长短、宽窄不同的地板革条、纸棍，平衡木，过河石，梅花桩，树墩，滑板，高跷等。

(7)跳跃区

功能目标：掌握不同的跳跃方法，发展大肌肉力量，锻炼耐力和应变能力。

器材配备：

不同方向连续跳的：呼啦圈、小脚印、袋鼠跳、跳跳砖。

行进间连续跳的：跳房子、跳八格、纸棍、跳格梯。

原地纵跳的：悬垂物、跳跳床、跳跳链。

向下跳的：椅子、高低不同的垫子。

原地立定跳的：呼啦圈、刻度尺。

原地向上跳的：跳绳。

撑跳的：平衡板、竹竿。

跨跳的：塑料跨栏、雪糕筒、塑料棍。

单、双脚跳的：呼啦圈、小荷叶。

(8)悬垂区

功能目标：锻炼上肢力量。

器材配备：单杠、双杠、云梯、吊环等。

(9)钻爬区

功能目标：通过手、脚协调配合，完成钻、爬等动作，锻炼幼儿大肌肉运动，促进其身体协调能力发展。

器材配备：高低不同的拱门、厚薄不同的垫子、低矮障碍、爬网等。

(10)综合区

区域目标：依据自身经验和喜好，自主选择自己喜爱的活动材料，通过同伴合作、搭建、游戏，促进动作的均衡发展。

器材配备：轮胎、梯子、软垫、凳子、纸筒等。

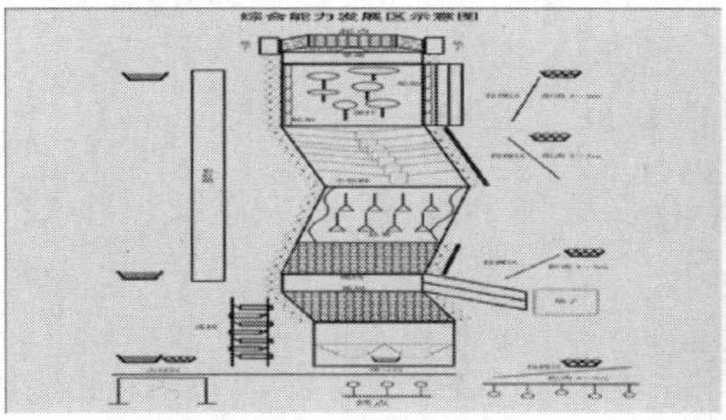

(三)区域活动方案的撰写

1. 室内区域活动方案的撰写

幼儿园室内区域活动方案的撰写通常包括活动名称、活动设计意图、活动目标、活动准备、活动过程。其中，活动过程包括以下几点。

①集中交代：集中介绍区域和提出学习要求。

②分散进区：引导幼儿进区学习。

③集中交流：分享各区域的学习经验，提出下次区域学习的要求。

案例 6-9

中班自选区域活动设计①

一、设计意图

中(2)班的幼儿特别喜欢区域活动，班级区域活动的环境和材料在不断创新、进步，幼儿的各种能力也在不断提高，主要表现为：有良好的操作习惯，有较强的交往能力，在游戏中自己解决问题的能力不断提高，对科学活动有较强的探索欲望。但也有一些不足之处，如语言区、音乐区幼儿参与率不高，活动内容单一。针对这些情况，本学期根据幼儿的年龄特点、兴趣爱好来设置区域环境和材料。

二、活动目标

1. 大胆选择喜欢的游戏内容和材料，自主、愉快地游戏。

2. 在活动中发展交往能力，提高自己发现问题和解决问题的能力。

3. 在角色游戏中提高角色意识并自己发展游戏情节；在科学活动中发展观察能力，大胆动手操作。

4. 发展口语表达能力和对音乐表演的兴趣。

三、活动准备

1. 知道《同一首歌》的举办形式。

2. 城幼电视台：废旧图书、图片、幼儿自制广告牌、自制电视机、话筒。

3. 美工区：绘画工具、托盘、乒乓球、胶水、彩色纸，布置一个展示台。

4. 观察区：小锤子、钉子、泡沫、海绵、花生、弹性物体、小蜗牛、大蒜、葱、土豆、植物、观察记录单。

5. 新闻发布区：小棍、水电名城剪报粘贴、话筒。

6. 娃娃快餐厅：环境布置、餐桌、餐具、厨师和服务员工作服、冷饮(提供橡皮泥代替)。

7. 积木区：各种积木、玩具城搭建示意图、各种玩具、花、树泡沫板、小印章。

四、活动过程

1. 介绍今天的活动内容，提出活动要求。

① 唐燕：《幼儿园教育活动设计与实施》，424～425页，上海，华东师范大学出版社，2013。引用时有改动。

出示区域活动自评表，让幼儿通过今天的活动评价自己的行为，并盖上自己的小印章。

2. 幼儿按意愿选择活动区，进行分区活动。

(1)《同一首歌》：幼儿自选主持人，自己安排节目顺序。

(2)城幼电视台：中文台小小故事会，天天饮食，请快餐厅厨师教做美食，配乐诗朗诵；教你学英语，聘请主持人，中间穿插广告。

(3)美工区：制作乒乓球娃娃、托盘画。

(4)观察区：试试小锤子，认识弹性，给植物浇水，观察小蜗牛并做好相应的观察记录。

(5)新闻发布区：讲讲宜昌水电名城的一些报刊资料，谈谈自己的想法，设计并画出自己心中的水电名城。

(6)娃娃快餐厅：推出特价优惠周，外卖活动。

(7)积木区：搭建玩具城。

3. 教师指导。

(1)观察幼儿在活动中的表现并适时介入。

(2)鼓励幼儿在遇到问题时，先想一想再试一试。

(3)重点观察指导：城幼电视台和《同一首歌》。

(4)帮助个别游戏中有困难的幼儿，鼓励幼儿大胆交往。

4. 交流分享。

(1)幼儿展示自己的作品，增强自信心及成功感，并体验和分享别人的快乐。

(2)说说今天的新发现，怎么发现的，结果怎么样，鼓励幼儿下次自己试一试。

(3)讲讲在活动中遇到的困难，以及自己是怎样解决的。

(4)教师小结今天幼儿的游戏情况，带领幼儿收拾玩具材料。

2. 户外区域活动方案的撰写

幼儿园户外区域活动方案的撰写通常包括活动名称、活动设计意图、活动规则、分组安排、各组游戏细化方案、活动过程。其中，活动过程包括以下几点：①幼儿集合热身。②在教师的协助下搭建或布置户外活动区域。③幼儿进行户外区域活动。④散场音乐，集合放松律动。

案例 6-10

中、大班户外区域活动方案①：快乐西关娃

一、活动设计意图

《纲要》明确提出："幼儿园教育是基础教育的重要组成部分，是我国学校教育和终身教育的奠基阶段。城乡各类幼儿园都应从实际出发，因地制宜地实施素质教育，为幼儿一生的发展打好基础。"

《指南》也特别指出：教师要开展丰富多样、适合幼儿年龄特点的各种身体活动，利用多种活动发展幼儿的身体平衡和协调能力，发展幼儿动作的协调性和灵活性，鼓励幼儿进行跑跳、钻爬、攀登、投掷、拍球等活动，玩跳竹竿、滚铁环等传统体育游戏。

为促进中、大班幼儿走、跑、跳跃、钻爬、投掷等动作的发展，特设置体育区域活动。

二、活动规则

1. 进区佩戴手环(每区 20 个)。

赛龙舟(蓝色)、跳房子(红色)、踢毽子(黄色)、西关童乐园(绿色)、骑牛牛推车(紫色)。

2. 根据"出口""入口"的提示，按指定位置入区。

分组安排：

赛龙舟	跳房子	踢毽子	西关童乐园	骑牛牛推车

各组细化方案如下。

中、大班区域活动名称：赛龙舟

一、活动设计意图

端午节是我国传统佳节之一，而"赛龙舟"是我国一项历史悠久的水上竞技活动。为了让幼儿感受浓郁的节日气氛，培养热爱家乡的情感，锻炼腿部能力，增强合作精神，感受赛龙舟团结一心、步调一致的精神，特选取幼儿感兴趣的体育动作——坐爬。引导幼儿在探索中逐步提升"合作坐爬"的难度和质量；富有挑战的层次性设计，既能提高幼儿运动兴趣，又能逐步发展幼儿的基本动作与合作能力。

二、活动目标

1. 初步掌握滑板车的玩法。

① 该案例由广东省广州市荔湾区梁家祠幼儿园提供。

2. 能集中注意力，灵活反应，提高动作的灵敏性和协调性。

3. 喜欢参与体育活动，体验玩滑板车带来的快乐。

三、活动重点

初步掌握滑板车的玩法。

四、活动难点

能集中注意力，灵活反应，提高动作的灵敏性和协调性。

五、活动材料

滑板车(若干)、船桨(若干)、自制龙舟纸板(3对)、拱门、雪糕筒。

六、场地安排

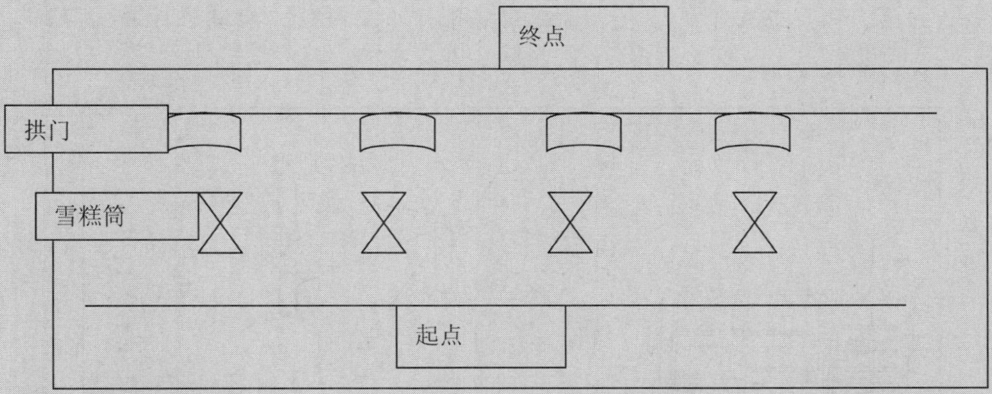

七、活动预设玩法

幼儿自主选择喜欢的滑板车、船桨，从一头出发，钻过拱门，绕过雪糕筒到另一头，率先完成算胜利。

八、活动规则

1. 完成游戏后绕旁边走。

2. 活动时不追逐、吵闹，懂得自我保护。

中、大班区域活动名称：跳房子

一、活动设计意图

幼儿在4～6岁时期跳跃能力发展很快，动作日趋合理和丰富，跳跃的距离、高度和连续跳的持续时间增加很多。而传统的民间游戏既融合了基本动作的练习，又给我们带来了童年的许多欢乐，那么，如何将一些关于“跳”的民间游戏融入区域体育活动呢？通过分类、实践，我设计了跳橡皮筋、跳飞机等游戏来发展幼儿多种跳跃能力，让他们充分感受民间游戏带来的乐趣的同时，也体验到成功的喜悦。

二、活动目标

1. 理解游戏规则，初步掌握跳跃游戏的动作要领。

2. 能够单脚跳、双脚跳、单双脚轮换跳。

3. 积极参加体育区域活动，体验跳跃游戏的乐趣。

三、活动重点

理解游戏规则，初步掌握跳跃游戏的动作要领。

四、活动难点

能够单脚跳、双脚跳、单双脚轮换跳。

五、活动材料

彩旗、橡皮筋若干，沙包、雪糕筒若干，纸棍一箱，短绳一筐。

六、场地安排

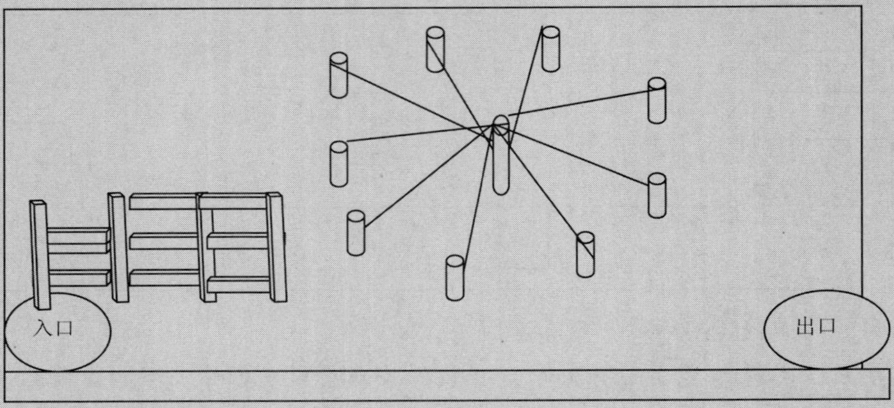

七、活动预设玩法

1. 幼儿用手将沙包扔向第 1 格，单脚将沙包踢到第 2、第 3 格，踢出界线，重新回到队伍最后，排队再来一次。第二次，将沙包扔向第 2 格，玩法同上。走完 8 格即为赢。

(格子数量可随幼儿需要自行增减。)

2. 幼儿越过高低不平的“橡皮筋”，保持身体不触碰到橡皮筋。(如果触碰到了橡皮筋，重新开始。)

八、活动规则

1. 用单双脚轮流按顺序跳。

2. 用脚踢沙包或小瓦片。

中、大班区域活动名称：踢毽子

一、活动设计意图

《纲要》指出：培养对体育活动的兴趣、增强动作协调性和灵活性是体育锻炼的主要目标。我班幼儿在升入大班后，各项能力都得到了很好的提升，走、跑、跳等方面都有了很好的发展。踢毽子是一种传统的民间体育活动，作为简便易行的健身活动，能活动筋骨、强身健体，增强身体灵活性和协调性，愉悦身心。

二、活动目标

1. 初步学习踢毽子的正确方法。

2. 能用双脚内侧连续踢毽子。

3. 体验民间游戏踢毽子的乐趣，增强动作协调性。

三、活动重点

在游戏中提高身体的灵活性和协调性。

四、活动难点

知道活动规则。

五、活动材料

毽子、抛接垫、小屏风、麻绳。

六、场地安排

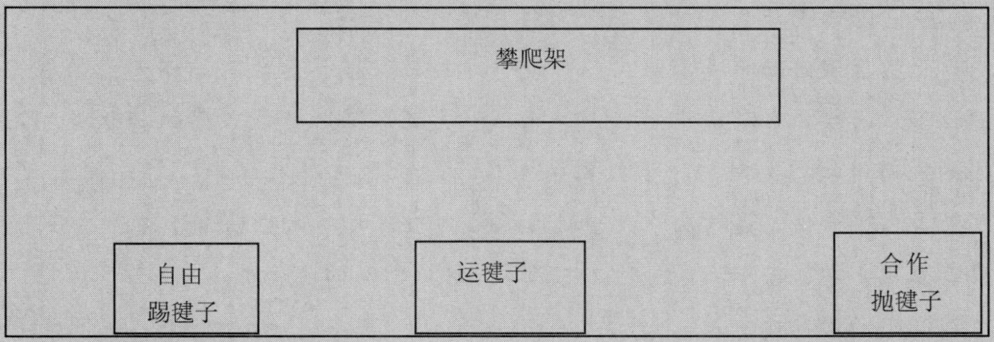

七、活动预设玩法

1. 自由踢毽子。

①材料：麻绳、毽子。

②拼法：把毽子系在架子上。

③玩法：用夹子夹紧毽子，然后用脚的内部踢毽子，按抽取到的数字踢相应的数量。要求踢得高、踢得准，发展脚力。

2. 运毽子。

①材料：水瓶若干个、小篮筐。

②拼法：用水瓶在地上拼成一条障碍路。

③玩法：手持毽子放背后或头上，然后越过障碍。（可单人亦可双人合作。）

3. 合作抛毽子。

①材料：抛接垫、毽子、小屏风、框子。

②拼法：屏风置于中间，双方各站一边。

③玩法：玩法似乒乓球，两人各持一个抛接垫，双手握住抛接垫的边，成功地把毽子抛投过屏风至对方处即为胜。

4. 自由踢毽子。

①材料：麻绳。

②拼法：毽子置于框中，一部分毽子绑上麻绳。

③玩法：幼儿自由选择毽子，选择空旷位置进行活动。

八、活动规则

1. 注意遵守游戏规则。

2. 踢毽子时，要用脚的内侧。

3. 运毽子时，毽子中途不能掉下来，如掉下来必须重新再来。

中、大班区域活动名称：西关童乐园

一、活动设计意图

体育区域活动渗透了幼儿各种动作发展的技能，这次将广州西关的歌曲童谣融入游戏，在游戏中加入闯关形式，更富挑战性。我们尝试提供多种不同的民间游戏，如跳绳、滚铁圈、揪尾巴，让幼儿在游戏中了解民间文化，发展身体平衡性、灵敏性等，并利用低结构的材料，让幼儿通过拼砌、搭建，真正在玩中学、学中玩，同时也增强体育区域活动的趣味性。

二、活动目标

1. 对民间体育游戏感兴趣，能与同伴合作完成游戏。

2. 遵守游戏规则，保持身体力量持久和爆发。

3. 能主动关心同伴，积极参与游戏。

三、活动重点

利用走、跑、攀爬、力量持久等技能通关，在游戏中提高身体的灵活性和协调性。

四、活动难点

与同伴合作，设计出难度不同的游戏路线。

五、活动材料

手印、脚印、纸棍、纸球、折纸(报纸、广告纸)、怪兽水泥柱。

六、场地安排

1. 开始。

小桥

2. 拱门击球。

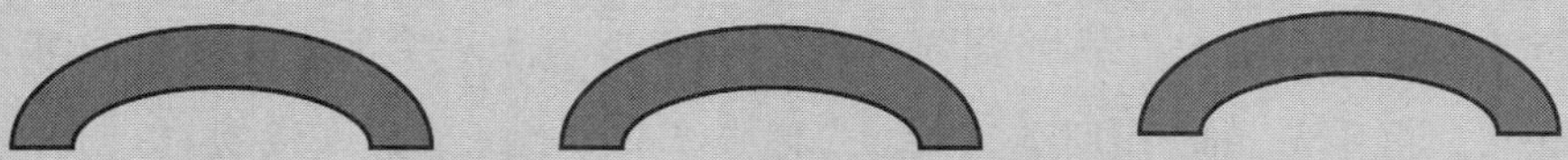

3. 过铁索桥，击打怪兽。

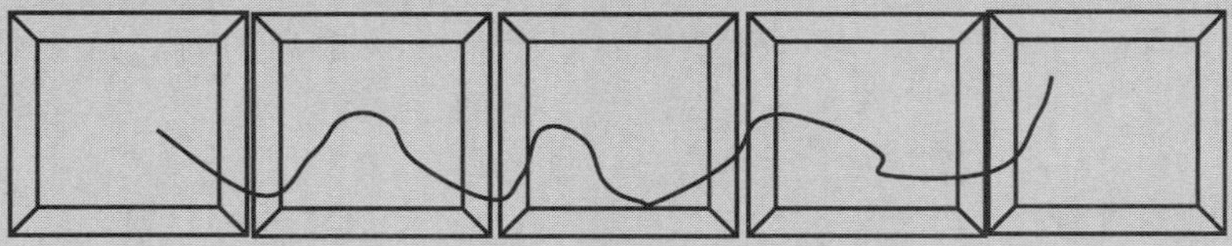

4. 折飞机，投掷。

七、活动预设玩法

两人一同游戏，大带小。

1. 过小桥：可以爬过、走过小桥，保持身体平衡。

2. 拱门击球：一个幼儿身体做拱门，另一个幼儿拿纸棍击球。

3. 过铁索桥：控制身体力量，保持平衡走过铁索桥。

4. 击打怪兽：幼儿可以选择直接使用工具(沙包、纸球)进行投掷，也可折纸飞机爬上大型玩具向前投掷。

八、活动规则

1. 按关卡进行游戏，通过即进行下一关，不可重复或跳过任意一关。

2. 按照返程路线，可选择重复游戏或选择其他区域，若选择其他区域，需将手环取下。

中、大班区域活动名称：骑牛牛推车

一、活动设计意图

民间游戏形式鲜明、活动多样，在浓郁的趣味性中蕴含着各种身体发展的知识技能和技巧，弘扬着民族的性格和精神。爬行是幼儿最早掌握的身体移动方式，他们随着年龄的增长，爬行方法的种类、动作的熟练程度和爬行速度随之发展，同时中、大班幼儿的手脚和腰部力量发展已经比较成熟，动作比较协调。而且大班幼儿喜欢与同伴合作游戏。从幼儿的生活实际出发，把内容丰富、玩法有趣、简单易学的民间体育游戏“骑牛牛推车”融入区域活动中，可加强幼儿手脚和腰部的锻炼，发展幼儿爬的动作技能，发展肌肉耐力，并能体会到与同伴合作、沟通的重要性，在尽情享受游戏带来的快乐的同时，达到锻炼身体、增强体质的目标。

二、活动目标

1. 练习俯卧撑地走和手膝着地向前爬行的动作。

2. 发展跨坐在同伴背上及抬起同伴脚的身体协调能力和灵敏性。

3. 积极参与活动，在活动中能遵守游戏规则。

三、活动准备

赶牛的鞭子、水果卡片若干，大型玩具2个，大树4棵，题卡若干。

四、活动预设玩法

幼儿两人结伴，以进入森林寻宝藏游戏情境，先从入口抽题卡，按照题卡答案，运用与同伴“骑牛牛推车”游戏形式进入森林，寻找有答案的水果或者星星。

1. 骑牛牛：一个幼儿手拿鞭子骑在另一个幼儿(“牛”)身上，被骑的牛要驮着身上的幼儿手膝着地，爬行到森林，手拿鞭子的幼儿负责摘与答案相配的水果或者星星。

2. 推车：一个幼儿双手放于胸部，两膝着地趴下，另一个幼儿双手抬起趴下的幼儿的双脚，配合着前面的幼儿，俯卧撑地向前行。

五、活动规则

1. 骑在背上的幼儿用脚点着地，甩鞭子时力度恰到好处。

2. 进入森林寻宝路必须从入口进，找到答案后从出口出，不走回头路，一直向前，向出口方向离开。

活动路线图

一般而言，户外区域活动可以以班级、同龄组、混龄组为单位组织。

案例 6-11

混龄组户外体育区域活动方案①

一、设计意图

《指南》指出：教师要开展丰富多样、适合幼儿年龄特点的各种身体活动，利用多种活动发展身体平衡和协调能力，发展幼儿动作的协调性和灵活性，鼓励幼儿进行跑跳、钻爬、攀登、投掷、拍球等活动。为促进我园幼儿走、跑、跳跃、钻爬、投掷等动作的发展，发展并传承民间体育游戏，特设置本户外体育区域活动方案。

① 该案例由广东省广州市荔湾区沙面实验幼儿园提供。

二、活动目标

1. 大胆选择喜欢的区域和活动材料，自主、愉快地进行游戏。

2. 在活动中发展走跑、钻爬、跳跃、投掷、拍球等基本动作技能。

3. 喜欢与各种运动器材互动，乐于参加户外体育区域活动。

三、活动准备

1. 走跑区：雪糕筒、跑道、红旗、可乐瓶。

2. 钻爬区：高低拱门、爬行垫、爬网。

3. 跳跃区：呼啦圈、跳跳砖、袋鼠跳、绳子、纸棍、跳格梯等。

4. 平衡区：轮胎、过河石、平衡木、梅花桩等。

5. 车区：三轮自行车、三轮小货车、警车、滑板车、自制小推车等。

6. 综合区：各种积木、幼儿设计的玩具城搭建示意图、各种玩具、花、树泡沫板、小印章。

四、活动过程

1. 集体律动。

2. 幼儿自由选择区域。

3. 幼儿与区域的负责教师一同利用已有的器材和器械搭建、创设活动区域。

4. 幼儿进行户外区域活动，教师一旁观察、指导。

5. 放松律动。

6. 活动分享。

7. 幼儿与教师一同把器材放回原处。

三、区域活动的指导

（一）区域活动的指导原则

区域活动的氛围越宽松，材料越丰富，形式越多样，幼儿主体性发挥越好，越能促进幼儿大胆探索、自信表现、专注学习的品质。如何推进区域活动顺利进行，不断提高区域活动质量和水平，在区域活动中培养幼儿学习品质，化解区域活动中的冲突等问题，都需要教师进行有效的指导。

1. 室内区域活动的指导原则

（1）必要性原则

在幼儿进行室内区域活动时，教师要细致地观察幼儿在玩什么、怎样玩、和谁玩以及在活动中的具体行为表现，根据幼儿经验和操作情况进行合理判断，以确定教师指导的必要性和准确时机。当幼儿出现纠纷或过激行为，存在安全隐患时；当幼儿遇到困难和挫折难以实现游戏愿望时；当游戏遇到瓶颈，幼儿主动寻求帮助时；当幼儿出现无所事事，单调又无奈地重复相同动作时；当幼儿长时间不与他人进行任何交流交往时；当幼儿不断更换区域，不能专心活动时；当幼儿情绪压抑，发呆叹气时……教师要及时捕捉并适时介入，施以必要的指导。

(2)隐蔽性原则

①指导对象隐蔽。室内区域活动中幼儿分散到各个区域，活动的项目内容众多，活动过程灵活多变，没有固定的时空，具体的指导目标要靠教师的教育智慧去捕捉，存在指导对象的隐蔽性。

②指导者身份隐蔽。室内区域活动强调幼儿的主体地位，尊重幼儿在区域活动中的自主表现，大多数情况下教师都不干预幼儿活动，以避免导致活动性质改变。教师指导的身份具有隐蔽性，不动声色，以伙伴身份或游戏中的角色身份平行或直接介入，进行启发和引导。

③指导手段隐蔽。室内区域活动中教师的指导多以小组和个别指导为主。教师实施指导的方式灵活多样，有直接指导和间接指导，以间接指导为主，存在隐蔽性。教师指导语言要具体形象，以激发幼儿的活动欲望，支持、鼓励幼儿持续活动，提升活动质量。

(3)针对性原则

①根据年龄特点，开展针对性指导。各年龄段幼儿的发展特点不同，教师指导的策略也不同。对小班幼儿的指导，要少些空洞语言，多些直观形象的动作示范；对中、大班幼儿的指导，可直接以玩伴身份介入，通过参与活动进行间接指导。

②根据室内区域功能和内容不同，开展针对性指导。各区域功能不同、活动内容不同，指导重点也有区别。例如，娃娃家游戏区的指导重点在于人际交往和与人沟通，美工区的指导重点在于观赏作品和大胆创作表现，阅读区的指导重点在于良好阅读行为习惯的养成，科学区和数学区的指导重点在于工具的使用、操作技能练习和思维培养。

③根据个体差异性，开展针对性指导。幼儿之间的发展是不同步的，存在较大的个体差异，教师指导的重点在于帮助幼儿依靠材料进行自我学习和经验建构。因而教师的指导要因人而异。首先观察幼儿在区域活动中的表现，准确判断个体的最近发展区，然后为他们搭建发展的支架，提供深化活动的支持，实施有针对性的指导。

2. 户外区域活动的指导原则

(1)安全性原则

幼儿园安全大于一切，在指导幼儿开展户外区域活动前，教师要排查安全隐患，在保证幼儿安全的前提下创设活动区域和开展游戏。游戏过程中，教师要注意培养幼儿的安全意识，教育幼儿在操作器械和搬运器材时注意保护自己和他人。在吉布森和沃克设计的“视觉悬崖”研究中，绝大部分婴儿在会爬的时段前后就能区分平面的深浅，能防止自己在看上去有危险的地方跌落，这表明婴幼儿很早就具有安全意识，具有对危险的自我判断能力。所以，教师不应该将自己认为危险但对幼儿而言其实是有意义的探索行为加以严厉制止。

(2)主体性原则

幼儿是有能力的、积极主动的活动主体。在户外区域活动中，教师应当充分尊重幼儿的意愿和兴趣，充当活动的支持者和观察者，而非主导者，给予幼儿自由选择活动器材和玩伴的机会与权利，使幼儿真正成为活动的主人。

(3)适宜性原则

维果茨基提出了“最近发展区”概念，他认为幼儿有两种水平，一种是幼儿目前已经达到的水平，另一种是幼儿通过努力可以达到的水平。在幼儿户外区域活动中，教师要会观察并把握幼儿的最近发展区，为幼儿提供适宜的活动材料，满足不同水平幼儿的发展需求。

(二)区域活动的指导策略

1. 室内区域活动的指导策略

(1)建立和遵守区域活动规则是开启室内区域活动的保障

没有规矩，不成方圆。区域活动规则的建立和遵守，是保障区域活动顺利开展的内在需要。区域活动规则需要师幼共同制订，规则的遵守需要教师引导幼儿耐心坚持。

①师幼共同制订规则。规则是群体中每个人都要遵守的，因此规则建立要让幼儿直接参与进来。只有幼儿自己认同和接纳的规则，他们才能更好遵守。

②帮助遵守规则。幼儿规则意识的养成不是一朝一夕的，需要教师用心巧妙地安排。教师既可通过榜样示范、模仿学习、游戏巩固等方式让幼儿掌握规则；也可以通过环境的布局、材料的投放、图示标志的设计，如图文并茂的规则书、暗示区域人数的小脚印、禁止喧哗的符号等发挥环境暗示作用，让幼儿了解规则；还可以根据区域活动中的具体情况，组织幼儿相互讨论，修改不合理的规则，增加管用的规则，以强化幼儿对规则的理解和意识，形成自律行为。

(2)适时、有效的指导是开展室内区域活动的助力

①通过材料指导。没有区域材料就没有区域活动，教师将教育目标物化到材料之中，通过提供适宜的材料引导幼儿有序发展，通过调整材料引导幼儿的发展方向。

②通过伙伴指导。幼儿在区域活动中会自然找寻自己的伙伴，形成三三两两的小组，一起游戏。“三个臭皮匠，顶个诸葛亮”，教师要发挥幼儿喜欢与小朋友一起学习和好模仿的特点，加以适切的指导，如设置小组共同的任务，引导幼儿分工协作，相互学习，自行解决冲突和矛盾，自然无痕地以优促差、以强带弱、以大带小。

③通过参与指导。教师以玩伴的身份参与活动，自然地平行介入或交叉介入开展指导，通过语言或行为，与幼儿真情互动，根据游戏进程，解困惑、给支持，如补充提高活动水平的材料，充当幼儿模仿的示范者，自然而然地帮助幼儿丰富游戏内容和情节，提高活动水平于无痕之中，不会给幼儿造成压力。

④通过讨论指导。室内区域活动能够彰显幼儿的个性，每个幼儿都有自己的主见。教师可以通过活动前的讨论，帮助幼儿增强活动开展的计划性和目的性，获得丰富的想法和启发，提高自主学习和建构能力。活动中的讨论，使活动难以顺利进行的困难和纠纷得到解决，锻炼了幼儿协商讨论解决问题的能力。活动后的讨论可以帮助幼儿展示成果，梳理、分享经验，获取同伴的经验资源，提升活动的成就感。

(3)观察、记录和评价是深化室内区域活动的前提

①观察。观察是理解、尊重幼儿的基础，有利于获得幼儿在室内区域活动中的准确图像，有的放矢地开展指导，也是调整区域环境的依据和延展活动的生发点，是科学评价幼儿的第一手材料，是家园沟通的鲜活素材。在开展室内区域活动时，教师要有意识地采用直接观察和间接观察，参与观察与非参与观察，结构性观察与非结构性观察，时间取样观察、事件取样观察、个体取样观察的方法，留心观察幼儿的神情、体态、行为，对区域的热衷和参与状态，动作发展操作表现，使用材料情况，人际交往、语言表达、偶发行为、活动结果、区域环境对幼儿的影响等。

②记录。记录是观察的重要组成部分，是观察的延续。记录的主要方法见本书第八章第四节。记录要本着客观、公正、真实、详细、无偏见、无主观判断的原则，记录后要进行分析反思，要保护幼儿的隐私权。

③评价。评价是室内区域活动开展的重要组成部分，是教师运用专业知识审视区域活动的过程。评价的主要内容包括以下几点。

第一，评价幼儿活动的兴趣和参与度，看幼儿参与时是否兴致高昂地摆弄玩具、操作材料，是否喜欢与同伴合作、分享和交往，活动时是否专注投入，参与时间是否较长，对活动结果是否关注。

第二，评价幼儿在室内区域活动中的自主性、目的性和计划性，看幼儿在室内区域活动中是否有较强的计划性，如是否积极选择喜欢的区域、主动选择玩伴和材料、主动与同伴交流和交往、主动寻找合作、出现争执时不轻易放弃；看幼儿是否有明确的兴趣和愿望，知道怎么玩。

第三，评价幼儿参与群体活动的兴致，在群体活动中的位置和作用，如处于主动地位，愿意出主意，喜欢跟从别人，有和谐、较稳固的交流与合作的朋友，能与同伴分享区域及材料，能自觉地遵守规则，较少与同伴发生纠纷，自己有办法解决与同伴的争议，如协商、退让、讲理、轮流、寻求调解。

第四，评价幼儿的认知发展水平，如活动中幼儿能勇敢面对困难和问题，积极寻找办法解决；活动中幼儿创作的作品水平高低，是否有艺术性和表现力，是否有独创性、复杂性和完整性；活动中幼儿是否既呈现已有经验，又能灵活运用和迁移经验，让游戏富有变化；活动中幼儿思维活跃，能创造性地使用材料，喜欢选择有难度、有挑战的材料，发挥一物多玩的功效；活动中幼儿善于表达自己的愿望和兴趣，清晰表达自己的意见，不轻易与人发生肢体纠纷，善于用语言沟通交流，评价自己和别人较准确。

第五，评价幼儿的规则意识和守规则的能力，幼儿能清楚地知道区域活动的规则，能自觉约束自己遵守规则，若违反规则愿意改正，若同伴违反规则，也能规劝和制止。

2. 户外区域活动的指导策略

(1)激发幼儿的运动动机

幼儿园可结合实际情况和幼儿心理特点，在区域设置、材料投放及活动计划三方面创造适宜的活动条件，激发幼儿参与运动的动机。例如，在创设户外体育区域的时候，可结合幼儿的兴趣及爱好，创设趣味爬坡区、综合投掷区、趣味寻宝区等幼儿喜爱的活动区域，并根据幼儿的喜好及运动特点及时更新材料，让幼儿在参与体育锻炼的同时，满足其好奇心和探寻秘密的愿望。

(2)制订户外区域活动规则

户外区域活动不同于室内区域活动，幼儿的活动范围大大增加，可操作的活动材料更具开放性、挑战性和运动性。如果没有良好的规则，就不可避免地会出现幼儿拥挤、争抢玩具、在活动区间隙跑跳等危险行为。因此，教师在组织户外活动前，要与幼儿“约法三章”，制订户外区域活动的相关规则，如“凭手环进区”

(控制区域人数)、设置公共通道(避免区域拥堵)等。

(3)合理运用音乐信号

音乐是户外区域活动不可或缺的一部分，在轻松、愉悦的音乐中，活动的氛围会无形中被带动，能够更好地激发幼儿运动的热情。不同的音乐还可以表达不同的信息，可以将音乐分为四部分：律动热身—构建区域—游戏环节—整理环节。各种音乐的信息不仅可以让运动变得有序，还能够保证幼儿的活动量和运动量，避免长时间的搭建，影响幼儿的运动效果等。

(4)适时关注和介入指导

幼儿的水平具有个体差异，因此，教师在设置游戏的时候应当充分考虑不同年龄段幼儿的发展水平和发展需要，结合幼儿的实际水平，设置能够同时满足大、中、小班三种不同活动水平的活动内容。在活动过程中，教师要时刻观察幼儿的活动状态，及时调整活动材料的投放，引导幼儿在活动中获得应有的发展。

相关链接

广东省广州市荔湾区幼儿园区域活动评价表①

幼儿园及班级		评价人		总得分	
评价项目	评价要素			得分	
				自评	他评
区域活动保障(20分)	1. 工作目标：全园计划中是否列入环境创设和区域活动要求。(5分)				
	2. 教研活动：每学期的教研活动中是否有关于研讨区域设置和组织开展区域活动的内容。(5分)				
	3. 考核工作：在对教师工作的考核中是否有区域设置和组织开展活动的内容。(5分)				
	4. 家园工作：在家园工作中是否向家长宣传或讲解区域活动的意义。(5分)				
区域活动设置(30分)	1. 区域空间分割科学合理，因地制宜，合理布局，区域数量与大小适宜，每班为幼儿提供与年龄段相适应的活动区角不少于6个，动区与静区避免相互影响，开放与封闭程度有所差异(因需而设)，区域之间联动。(5分)				

① 该表由广东省广州市荔湾区教育发展研究中心教研员裴光华提供。

续表

评价项目	评价要素	得分	
		自评	他评
	2. 区域材料既能体现学期目标，又与月、周目标相符，隐含教育价值，能满足幼儿需要，能引发幼儿积极、高效地与材料互动。(5分)		
	3. 区域活动时间每日不少于1小时。(5分)		
	4. 区域材料符合幼儿的实际年龄特点和水平，并体现领域特点。区域空间体现以幼儿为本，能站在幼儿的立场进行规划和设计；区域能为幼儿喜爱和留恋，能促进幼儿全面发展。(5分)		
	5. 为幼儿提供的材料体现高结构与低结构相结合，即有主体材料、工具性材料和辅助性材料，又有不加工材料、半成品材料、成品材料，材料数量充足，有层次性，具有可操作性。(5分)		
	6. 活动区的材料安全、卫生(没有锐利、有毒、易破碎的材料)。(5分)		
组织区域活动过程(30分)	1. 规则要求：建立区域活动常规，材料投放由少到多，摆放有序，固定物品的取放处以符号或图示一一对应，幼儿能自行按标志进行适当整理。(4分)		
	2. 师幼共同建立规则，执行规则，设置“进区活动卡”，幼儿可根据自己的兴趣、意愿、能力按规则进区活动。(4分)		
	3. 能引导幼儿共同参与制订区域规则，师幼关系和谐，区域空间规划和谐有序，有动态变化，又有安全、卫生、健康等要点。(2分)		
	4. 观察指导：能细致观察幼儿的活动，了解幼儿的需要和发展水平，并有记录和反思。(4分)		
	5. 能巡视、照顾全体幼儿的活动，在活动过程中给予适时适度的指导。(3分)		
	6. 能根据安排有重点地指导，对游戏水平低的幼儿有针对性地指导。(3分)		
	7. 组织引导：根据幼儿现有发展状况，引导幼儿选择适合的活动。(4分)		
	8. 能根据幼儿操作情况及时调整指导策略，有效处理临时出现的各种情况。(2分)		
	9. 能根据幼儿目标达成度调整活动计划。(4分)		
幼儿参与(10分)	1. 参与活动积极主动，自觉遵守规则，学会合作并互不干扰。(3分)		
	2. 积极地应用活动材料，创造性地活动。(3分)		
	3. 大胆表现自己获得的经验，能体验到活动和成功的愉悦。(2分)		
	4. 个别幼儿能够灵活解决活动中的问题。(2分)		
区域活动实效(10分)	1. 多数幼儿能完成活动任务，基本实现教育目标。(4分)		
	2. 每个幼儿都有不同程度的收获，有再活动的愿望。(4分)		
	3. 能够自我评价，与同伴交流游戏经验。(2分)		

本节自评

本节知识点	了解程度				
	☆☆☆☆☆	☆☆☆☆	☆☆☆	☆☆	☆
区域活动的内涵与特点					
区域活动的设计内容					
区域活动的指导原则与策略					

思考与练习

1. 幼儿园学科教学活动的设计内容有哪些？如何指导？
2. 幼儿园主题教学活动的特点是什么？设计内容有哪些？如何指导？
3. 幼儿园方案教学活动的设计内容有哪些？如何指导？
4. 幼儿园区域活动的设计内容有哪些？如何指导？

实践与操作

1. 收集一个幼儿园学科教学活动的案例，分析其内容，并指出优缺点。

2. 以小组为单位，设计一个主题教学活动方案，阐明设计思路，说明活动的开展过程，相互评价各组设计的活动方案。

3. 以小组为单位，设计一个方案教学活动，阐明设计思路，说明活动的开展过程，相互评价各组设计的活动方案。

4. 以小组为单位，选择一所幼儿园，实地调查其区域活动开展情况，分析其优缺点，并提出针对性建议。

学习反思

第七章

幼儿园教学手段与教学方法

学习目标

1. 了解传统教学手段与现代教学手段的差异。
2. 学会正确使用幼儿园常见的教学手段。
3. 掌握幼儿园常用的教学方法的名称及运用要求。
4. 能灵活运用幼儿园常用的教学方法。

本章导言

徐老师是一位在小学工作多年的教师，她刚刚从小学转岗到幼儿园工作。在组织幼儿园教学活动时，她将小学的教学手段、教学方法运用于幼儿园教育教学活动中，可幼儿始终无法积极主动地参与活动，学习兴趣不浓，注意力很容易分散，致使徐老师的教学活动效果大打折扣。她不明白这究竟是为什么。

思维导图

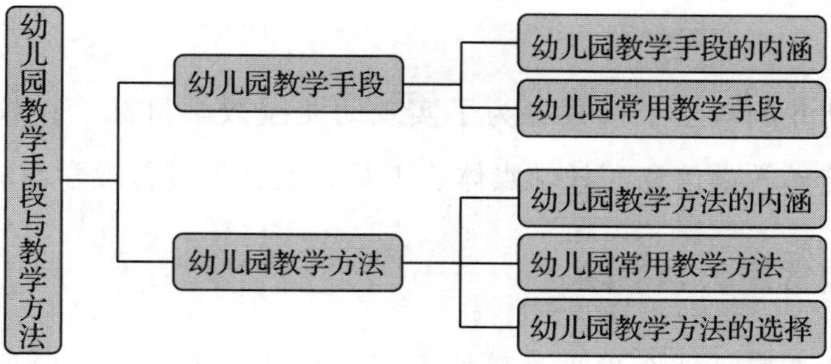

徐老师教学过程中幼儿投入欠佳、教学效果不好的原因可能有多种，例如，教具准备不够充分，教师教态不够亲切自然，教学方法运用不恰当等。其中最主要的原因可能是教学手段与教学方法运用不恰当。幼儿园中，相当一部分教师都会碰到上述情境中的问题。幼儿园教学手段与教学方法的掌握是幼儿教师上岗任教的重要条件。幼儿教师对教学方法与教学手段的掌握，能够使幼儿园教育教学活动顺利开展，并有效达成教育教学活动目标，最终使幼儿身心获得健康发展。那么，幼儿园教学手段与教学方法的内涵是什么？幼儿园常用的教学手段、教学方法有哪些？使用这些教学手段、教学方法应注意哪些方面？本章拟就这些问题与同学们展开讨论。

第一节　幼儿园教学手段

幼儿园教学手段是幼儿园教学过程的组成要素，其主要功能在于把幼儿园教学内容有效地传递给幼儿，并促进幼儿对这些内容的理解和掌握。幼儿教师应该了解常用的教学手段和运用这些教学手段应注意的问题，这样才能有效开展幼儿园教学活动。

一、幼儿园教学手段的内涵

学者们对教学手段有不同的认识。刘克兰主编的《现代教学论》对教学手段做了狭义与广义的区分。她认为教学手段“一般是指‘师生教学互相传递信息的工具、媒体或设备’，这是狭义的理解。从广义来讲，我们可以这样理解：所谓教学手段就是为了实现预期教学目的，教师和学生用来进行教学活动，作用于对象的信息的、精神的、物质的形态和力量的总和"①。有的学者认为教学手段是指为实现教学目的，在教学过程中师生利用能够互相传递教学信息的教学媒体(设备)进行教学的方式。②

我们认为幼儿园教学手段是指为了实现幼儿园教学目标，在教学过程中师幼利用能够互相传递教学信息的教学媒体、工具、设备等进行教学活动的方式。

二、幼儿园常用教学手段

教学手段的发展受社会进步与科技发展的影响，不同社会阶段，教学手段呈现出不同的状态。从历史和科学技术的发展来看，我们可将幼儿园教学手段分为传统教学手段和现代教学手段。

(一)传统教学手段

传统教学手段即教学中主要以语言和普通教具为媒体进行教学的方式。传统教学手段可分为两大类：一类是基本教学手段，即主要运用教师自身的身体器官作为教学手段，如口耳相传、身体示范等。另一类是用实物材料作为教学手段，如教材、粉笔、黑板、标本、模型、图片、图表等。③

1. 传统教学手段的特点

与现代教学手段相比，传统教学手段具有以下特点。

(1)教学成本较低

使用传统教学手段进行教学，无须像多媒体教学那样必须有成本较高的多媒体设备(电脑、投影仪、操作台、话筒等)，只要有教师、一支粉笔、几件简易教具(挂图、作图工具)等即可，而这些教学设备的成本比多媒体设备的成本要低得多。

(2)操作灵活自如

在幼儿园教学中，传统教学手段的使用既方便又灵活，教师开口即可讲课，拿起粉笔就能板书，拿起作图工具就能在黑板上绘制图形、表格，即使电力供应中断，也不影响正常教学，不像多媒体教学那样完全依赖电力供应。

(3)可以随机应变

在幼儿园教学中，往往会出现备课时未曾预料到的、不在教学设计控制内的突发情况，如由幼儿答问或提问衍生出的问题，这些临时生成的教学内容也是幼

---

① 转引自唐智松：《刍议传统教学手段与现代教学手段的整合》，载《教育改革》，1998(1)。

② 张传燧、彭玲艺：《新中国现代教学手段发展演变述析》，载《湖南师范大学社会科学学报》，2008(1)。

③ 王升：《现代教学论》，105页，石家庄，河北人民出版社，2004。

儿园教学的有机组成部分，需要教师临场处理。在这种情形下，教师完全可以随机应变，灵活处理，而不影响授课进度和授课效率，而且可能会产生意想不到的教学效果。

(4)直接影响幼儿

传统教学中，教师的个人特长、个性化教学风格与学科教学内容有机结合，往往有相得益彰的功效，能直接影响幼儿。例如，漂亮的字迹、美观的板书、声情并茂的朗诵、流畅潇洒的作图、动作娴熟的实验演示，通常都能给幼儿留下终生难忘的深刻印象，并能产生直接的或潜移默化的影响，使幼儿更崇敬、更仰慕教师。而现代教学手段在这方面则无疑要逊色得多。

(5)留有想象空间

传统教学多是教师借助实物教具，以自身为教学手段，完全可以做到绘声绘色、绘形传神。因为没有视频的定格和先入为主，教师更能凭借语言的魅力和魔力给幼儿留下无限丰富的想象空间和多姿多彩的审美感受。这与多媒体教学太满太实、缺乏留白、阻塞想象的弊端形成鲜明对比。

传统教学手段尽管具有上述优点，但与现代教学手段相比较，它也有明显不足，主要是：讲授内容受到时空限制，不能展示三维空间图像，不能模拟实验操作过程，不能重复回放教学内容，单位时间信息容量偏少等。

2. 传统教学手段的运用

为了使传统教学手段的作用得到最大限度的发挥，幼儿教师在运用传统教学手段时，应该注意以下几个方面。

第一，教师与幼儿面对面交流时，应重视语言的生动性、形象性，配合体态语言去感染幼儿，从而调动幼儿学习的主动性、积极性。

第二，教师在与幼儿互动的过程中，应通过提问或者观察幼儿表情、行为等方式及时反馈信息，随时调整教育教学方式。

(二)现代教学手段

现代教学手段是指将各种电化教育器材和教材，即幻灯机、投影仪、录音机、录像机、电视机、计算机等运用到幼儿园教学中的教学方式。

现代教学手段可分为四类：①视觉手段，如幻灯、投影等；②听觉手段，如电话、有线和无线广播、留声机、录音等；③视听手段，如电影、电视、录像等；④视听综合训练手段，如语言实验室、计算机辅助教学系统等。

1. 现代教学手段的特点

与传统教学手段相比，现代教学手段具有以下特点。

(1)形象性

现代教学手段能提供图、文、声、像，形象生动，可以对幼儿的视觉、听觉甚至心理触觉产生全方位的刺激，例如，可以将世界各地的自然景观、秀美风光、民族风情表现得栩栩如生，给幼儿留下深刻印象，有助于多角度激发幼儿的学习兴趣，调节幼儿的学习情绪，集中幼儿的注意力。

(2)动态性

现代教学手段可以化静为动，通过动画模拟、过程演示，使静止图像成为动态画面，从中观察整个变化过程，有利于反映概念及过程，改变传统教学中单调、枯燥的教学氛围。

(3)交互性

现代教学手段可以通过设置互动环节，使幼儿有更多的参与机会，学习更为主动，并通过创造反思的环境，帮助幼儿形成新的认知结构。

(4)模拟性

现代教学手段通过对真实情境的再现和模拟，不仅有利于幼儿的主动发现、主动探索，还有利于发展幼儿的联想思维和建立新旧知识之间的联系。

(5)重复性

现代教学手段可以重复回放教学内容，能将其全部内容，大到整个教学过程，小到每一个动画或每一段文字，重复无数遍地进行放映、演示，有利于突破教学中的难点，帮助幼儿记忆，克服遗忘，牢固掌握所学知识。

(6)高效性

现代教学手段因其能容纳更多的信息，因此能增加课堂教学容量，优化教学结构，突破空间限制，节约教学时间，扩大幼儿知识面，提高课堂教学效率。

同传统教学手段一样，现代教学手段也有不足，主要体现在以下方面：一是由于幼儿身体娇嫩，如果让幼儿长时间地面对电脑、电视，不但容易视觉疲劳，造成视力下降，而且电脑、电视产生的辐射也对幼儿的身体健康不利；二是滥用媒体素材、过多地添加动画效果将影响幼儿的注意力，使幼儿不能抓住知识重点，影响教学效果。

2. 现代教学手段的运用

在运用现代教学手段时，教师要懂得合理、适度地运用，这样才能更好、更充分地发挥现代教学手段的优势。

(1)现代教学手段的选用应结合具体的教学目标及内容

例如，在教幼儿认识不同的动物时，仅仅运用幻灯片还不够，因为在这种情况下幼儿对不同动物的认识停留在动物外形上，因此，教师可以运用电脑、电视等将不同动物的外形、习性、鸣叫等全面地展示在幼儿的面前，从而引导幼儿对不同动物有全面的认识。

(2)要明确教师的主导性，发挥教师的主导作用

现代教学手段的运用，只是教学的辅助，而不能反客为主。教师是整个教学过程的引导者和组织者。教师不是放映员，教师要从幼儿的反馈中迅速做出反应，协调教学进度，发挥教师的主导作用。

(3)忌盲目用现代教学手段代替幼儿的思维与操作

现代教学手段不是万能的，无论它多么新奇、有创意，教师切记，幼儿的主动思维才是关键。让幼儿通过主动思考与学习，加上实际的动手操作才能完美地完成教学的目的。

(4)不要总是片面追求现代教学手段的所谓技术含量

很多教师把自己课件的界面制作得色彩十分绚丽，文字变化频繁，背景音乐多，节奏强烈。这种片面追求技术含量的结果，往往会分散幼儿的关注点，影响教学效果。只有充实的内容和完美的形式有机结合，才能真正发挥现代教学手段的价值。

(5)不要为了用多媒体而用，不考虑整节活动的实际需求

在运用现代教学手段时要视课程而定，在需要的环节恰当地加入现代教学手段元素，什么时候用，什么环节用，让现代教学手段恰如其分地出现，这样才能达到用现代教学手段优化教学的真正目的。例如，大班科学活动“动物的保护色”中，教师播放了一段录像：在充满神秘、动感的音乐声中，一条变色龙被放在桌面上，一双手在它的面前逐一放上红色、绿色、紫色、黑色的太阳镜，在它爬过这些阻碍物的同时，身体的颜色随即变成与之相应的红色、绿色、紫色、黑色……这段录像把变色龙变色的过程具体、形象、生动地展示在幼儿的面前，让幼儿充分感受到了变色龙随着环境变化而迅速改变身体颜色的特殊本领，激发了幼儿进一步探究动物保护色的欲望。教师再演示有关的课件，在生动形象的画面中，幼儿知道了像枯叶蝶、竹节虫、北极熊等动物是利用保护色躲在与自己身体颜色相似的环境中来保护自己的，还有一些动物能随着环境的变化而改变自己身体的颜色，把自己隐藏起来，更好地保护自己。

(6)教师素质差异制约着教学手段的运用

如果一个教师善于根据自己的素质特点，选用某种教学方法来弥补不足，会收到意想不到的效果。例如，一个普通话较差的教师，可利用电教设备如录音机朗诵，来弥补缺陷而取得良好的教学效果。因此，教师要正确地选择教学手段，首先要正确地认识自身素质，善于扬长避短，根据自己的特点选用恰当、有效的

教学手段。当然，教师的素质条件不是先天的，缺乏某些素质，经过一番学习和努力，是可以具备的。对某些先进的教学手段，如果是需要的，就应努力学习掌握它。

总之，不同教学手段具有不同的特性和功能，孰优孰劣不能一概而论，要形成和建立科学合理的教学手段功能观，恰当选用教学手段，实现教学手段的最优化。一定要把握选择教学手段的基本原则：一是要服从教学目标和教学对象的需要；二是要从现有的教学条件出发，优化组合各种教学手段，以便灵活方便地使用。

拓展学习

请扫描文旁二维码，阅读材料《增强现实技术应用于幼儿园教学：价值逻辑与行动策略》①，说一说增强现实技术的优势在哪里，此技术运用于幼儿园教学需要什么条件。

本节自评

本节知识点	了解程度				
	☆☆☆☆☆	☆☆☆☆	☆☆☆	☆☆	☆
幼儿园常用教学手段的特点					
幼儿园常用教学手段的运用策略					

第二节　幼儿园教学方法

幼儿园教学方法是幼儿园教学系统中的重要因素之一，是联系教师与幼儿及其课程内容的中介和桥梁。采用有效的教学方法，对于幼儿积极地参与教学活动，以及教师实现幼儿园教学目标、完成教学任务、提高教学效率和质量、减轻幼儿的学习负担都具有十分重要的意义。

① 摘自杨婷、杨晓萍：《增强现实技术应用于幼儿园教学：价值逻辑与行动策略》，载《陕西学前师范学院学报》，2019(9)。

一、幼儿园教学方法的内涵

学者们对教学方法有不同的认识。有的认为教学方法是指教学活动中，教师借以进行全面发展教育所采用的方法，它既要考虑教师怎么做，又要考虑幼儿怎样学。① 有的认为教学方法是为达到教学目的、实现教学内容、运用教学手段而进行的由教学原则指导的、一整套方式组成的、师生相互作用的活动。② 还有的认为教学方法是为了完成一定的教学任务，师生在共同活动中采用的工作方式，它既包括教师教的方法，也包括学生学的方法。③ 这些解释为我们认识幼儿园教学方法提供了有益的启示。

我们认为幼儿园教学方法是指为设计和实施教学活动、完成教育教学任务、达成教学目标，师幼在共同活动中所采用的方法，它既包括教师怎么教的方法，也包括幼儿怎么学的方法。

二、幼儿园常用教学方法

不同教学方法的选用关系着教学目标的达成程度。在选用教学方法时，教师应该考虑教学内容与教学要求的不同，结合不同年龄阶段幼儿身心发展的特点与规律以及每个幼儿的学习方式，采用能够有效激发幼儿的学习兴趣与热情、有效达成教学目标的适宜的教学方法。

(一)教师教学的方法

幼儿园中教师教学的方法通常分为语言类方法和直观感知类方法。

1. 语言类方法

语言类方法是指教师通过语言表达，向幼儿描绘情境、叙述事实、解释概念、说明道理，引导幼儿获得间接经验的教学方法。语言类方法通常有讲授法、谈话法和讨论法。

(1)讲授法

讲授法是指教师通过语言描述、说明和解释，向幼儿传递信息的一种方法，一般包括讲述和讲解。讲述是指教师通过口头语言向幼儿生动地叙述、说明要讲解的教学内容，包括叙事、描述、解释等表述方式。例如，个人见闻的讲述，运用图片、画册进行的讲述或有趣新闻的讲述等。讲解是指教师通过口头语言向幼

---

① 黄人颂：《学前教育学》，313 页，北京，人民教育出版社，1989。

② 王策三：《教学论稿》，244～245 页，北京，人民教育出版社，1985。

③ 中国大百科全书总编辑委员会《教育》编辑委员会、中国大百科全书出版社编辑部：《中国大百科全书·教育》，151 页，北京，中国大百科全书出版社，1985。

儿解释和说明知识、材料、某个概念或原理等。讲解是让幼儿学习新知识技能、巩固已学的知识技能、进行道德品质教育的不可缺少的一种方法。

教师在运用讲授法时应该注意以下几点。

①讲述与讲解都要求教师语言生动形象、清晰准确、简明扼要、富有感情、语速适中，能引起幼儿的兴趣，使幼儿容易理解和接受。

②教师在讲解时应该结合幼儿现有的经验水平，符合幼儿的年龄特点，能启发幼儿的思维。

③配合其他方法使用。幼儿是通过多种感官对事物进行感知而获得认识的，教师可将讲授法与其他教学方法结合起来使用，以收到更好的教学效果。例如，讲解与操作相结合，讲解与设疑相结合，讲解与讨论相结合。

④恰当运用体态语配合讲解，增强有声语言的表意效果。

案例 7-1

理解“侧面钻”①

在组织中班健康教育活动“学习侧面钻”时，为了让幼儿理解侧面钻的动作要领，教师进行了如下讲解。

教师：“我今天带来了一个小玩具，你们看，这是什么？现在请一个小朋友出来表演，大家看他是怎么钻的。”(教师出示拱门)

教师：“他是这样钻的。我这里也有一种钻法，你们看看跟他的钻法有什么不一样的地方。”(先伸腿过去)

教师：“我钻的方法和他钻的不一样，我用的是侧面钻。先是正面站立，转身下蹲，伸腿过去，双手撑地，移动身体，然后起立转身。”(边示范边讲解)

上述案例中，为了让幼儿理解侧面钻的方法，教师在采用讲解法时，边示范动作要领边用简洁的语言向幼儿讲解，语言生动形象，通俗易懂。

(2)谈话法

谈话法又称回答法，是指教师根据一定的主题，通过师幼之间的交谈来传达信息的一种方法，是教师引导幼儿运用已有的经验和知识回答教师提出的问题，使幼儿获得新知识、新经验或巩固、检查已获得的知识与经验的方法。这种方法可以使幼儿零星的认识系统化，巩固已学的知识，形成概念，得出结论和获得新

---

① 莫源秋、韦凌云等：《幼儿教师实用教育教学技能》，154 页，北京，中国轻工业出版社，2012。引用时有改动。

知识，同时可以培养幼儿的听说能力，促进幼儿的思维发展。

教师在运用谈话法时应该注意以下几点。

①根据幼儿的知识经验准备好谈话的问题。在谈话之前，教师应该了解幼儿已有的知识经验，准备好谈话的问题，问题应紧扣谈话内容并富有启发性。

②面向全体，培养幼儿良好的谈话习惯。谈话中，教师应该面向全体幼儿，积极调动幼儿说话、思考的积极性，并且应该培养幼儿基本的行为习惯，例如，仔细倾听同伴，懂得按次序轮流说话，不随意打断别人，与别人说话时能够用眼睛看着对方，不说脏话、粗话等。

③谈话过程中，教师要引导幼儿谈话的内容，并给予一定的评价。对回答很好的幼儿及时鼓励，对有困难的幼儿要给予帮助，对回答错误的幼儿根据情况进行纠正。既要注意保护幼儿表达自己知识经验的积极性，又要巩固提高其已有的知识经验，培养他们的口语表达能力。

④谈话结束时，教师应该用简短而必要的语言进行小结，以再次整理、巩固、强化幼儿在谈话活动中学习到的经验与知识，使之逐渐形成概念。

案例 7-2

我找到的冬天①

师(微笑着提问)：“小朋友们，现在是什么季节?”

幼儿(争着说)：“冬天。”

师：“冬天的天气怎么样？你怎么知道现在是冬天的呢?”

幼儿 6：“因为我们现在都穿棉袄了。”

众幼儿：“我也穿了。”

师：“为什么要穿棉袄呢?”

幼儿 2：“因为冬天很冷。”

幼儿 9：“我奶奶还给我穿了棉背心。”

幼儿 17：“早上妈妈骑摩托车送我来上学，我都冷死了，妈妈给我戴了手套，还围了围巾。”

教师：“嗯，冬天冷，人们穿上了棉衣，戴上了手套、围巾保暖。除了人们衣物上的变化，你还看到哪些东西变化了?”

幼儿 6：“我看到我家房子后面的树没有叶子了，叶子都变黄掉下来了。”

---

① 朱春华：《农村幼儿园大班“晨间谈话”的行动研究》，硕士学位论文，南京师范大学，2015。引用时有改动。

(说着，他做了一个树叶掉落的姿势。)

师(点头)：“还有谁有不一样的发现吗?”

幼儿 8：“早上爷爷送我来上学，我看见路旁边的田里有很白很白的霜，爷爷说天冷了才会有霜。”

幼儿 10：“我家院子里种的花都冻死了，叶子都掉下来了，妈妈说天冷了，要把花搬到房子里。”

幼儿 13：“我看麦子就不怕冷，现在还是绿绿的。”

师(摸摸幼儿 13 的头)：“你观察得很仔细。有些植物怕冷，还有一些是不怕冷的。还有其他人要说说自己的发现吗?”

幼儿 9：“天冷了，我家旁边的小池塘里结冰了。我爸爸带我去看的。”

幼儿 6：“我家院子里小缸的水也结冰了，我还拿冰玩呢。”

幼儿 12(对着幼儿 6)：“冰拿到手上就化了，你不冷吗?”

幼儿 6：“我不怕冷，冰还有点透明呢，摔在地上就变成了好多块，很好玩。”

幼儿 9：“我也玩过冰，我哥哥带我到结冰的池塘边，弄一小块冰，扔在结冰的池塘里，冰能滑好远好远，可好玩了。”

(幼儿 9 边说边站起来，伸出手臂做了一个扔冰的姿势，由于用力太大，身体不自觉地前倾了一下。

幼儿 9 不自觉地喊了一声：“哎哟!”此时，小朋友都笑了起来。)

师：“大家说了很多冬天的特征，都是细心观察的好孩子！冬天很冷，但正是因为天气冷，大自然给我们带来了许多礼物。”

案例中，为了让幼儿了解冬天的特征，教师结合幼儿已有的生活经验与幼儿谈论“我找到的冬天”，整合幼儿原有的关于冬天的知识经验，加深其对冬天特征的了解与把握。

(3)讨论法

讨论法是指幼儿在教师的指导下，全班或小组围绕某一个中心问题，通过发表各自的意见和看法，共同研讨、相互启发、相互学习、交流意见的一种教学方法。

教师在运用讨论法时应该注意以下几点。

①讨论前教师应根据幼儿的知识与经验准备好具有吸引力、能引发幼儿思考、能展开讨论的问题。

②给幼儿足够的讨论时间，鼓励幼儿大胆发表自己的想法，充分尊重他们的意见，鼓励幼儿争论，促进幼儿之间意见的交流与分享。

③讨论过程中，教师仔细倾听，不急于下结论，启发和帮助幼儿找出正在讨论的问题的核心思想。

④讨论结束时，教师对讨论的情况进行小结，概括幼儿讨论的内容与幼儿的表现。

案例 7-3

我们一起想办法①

有一次，我们做完早操回活动室，小朋友向我告状，说甲推倒乙。于是，我把这一问题提出来让小朋友讨论：“乙站在甲面前，挡住了甲，甲要拿毛巾，把站在她面前的乙推倒了。谁做得不对？为什么这样做不对？如果你是甲，你会怎么做？”大家展开讨论后，我请小朋友发言。有的说：“甲推人不对。”“推了小朋友会摔倒，会疼。”我问：“如果你是甲，你会怎么做？”鹏宇说：“跟小朋友道歉，说‘下次我不会推你了’。”“还有什么方法？”铭仪说：“甲可以从乙旁边绕一个圈走过去拿毛巾，这样乙就不会摔倒了。”“嗯，铭仪讲得真好，还有没有不同方法？”则胜说：“跟乙讲‘请让一下，我要拿毛巾’。”我乘机问甲：“下次你再遇见小朋友挡了你的路，你会怎么说？”她说：“对不起，请你让开一点，我要取毛巾。”“这就对了，那你现在该怎么做呢？”“去跟乙道歉。”通过你一言，我一语的讨论，一场矛盾解决了，幼儿同时获得了如何与人和睦相处的经验。

案例中，教师抛出论题，给予幼儿足够的时间，让其根据自己的经验畅所欲言，从而获得正确的经验。

拓展学习

请扫描文旁二维码，阅读材料《浅谈讨论法在幼儿园社会教育中的运用》②，说一说幼儿园社会教育活动中怎样运用讨论法，要注意什么问题。

① 黄洁：《“讨论法”的实践与体会》，载《教育导刊》，2003(2～3)。引用时有改动。

② 摘自张小媛：《浅谈讨论法在幼儿园社会教育中的运用》，载《学前教育研究》，2000(2)。

2. 直观感知类方法

直观感知类方法是指教师以直观形式向幼儿呈现实物、教具，对幼儿示范表演和做演示实验，引导幼儿获得直接经验的教学方法。因为它符合幼儿思维具体形象的特点，能激发幼儿的兴趣和求知欲，在幼儿园教学方法中占有重要地位。直观感知类方法通常包括示范法和演示法。

(1)示范法

示范法是指教师通过自身规范化的语言和动作，为幼儿提供学习的榜样，以便幼儿进行模仿。例如，在积木造型活动中，教师通过示范的方式教会幼儿排列、组合、接插、镶嵌、编织、黏合、旋转、螺丝等主要的结构技能；在体育活动中，教师通过示范，教幼儿学会不同的体育动作等。

使用示范法时应注意以下几点。

①教师的言语示范必须清楚、正确、响亮，富有表现力和感染力；动作示范必须规范到位，保证每个幼儿都能清楚地观察到。

②教师的示范要力求化繁为简，突出重点和难点，常伴有语言的讲解。

③示范既可由教师来做，也可以让幼儿来做。

案例 7-4

跳远①

“小朋友们在跳远的时候请注意，跳的时候要屈膝，小手也要高高地举过头顶，眼睛看着远处的白线，老师说跳的时候再跳。听好老师的口令。”

…………

“刚才已经体验了一次跳远，小朋友要注意什么，还记得吗？跳的时候要屈膝，然后注意什么？小手往高处伸，能伸多高就伸多高，最后眼睛要看前面，对不对？老师让小朋友跳的时候再跳。”

案例中，教师通过规范的语言和动作，让幼儿把握跳远的要领，并在不断反复中加深幼儿对跳远要领的把握。

(2)演示法

演示法是指教师通过向幼儿展示各种实物或直观教具，引导幼儿按一定的顺序注意物体的各个方面和各种特征，使他们获得对某一事物或现象较完整的感性

① 马博达：《幼儿园大班体育游戏教师指导现状研究》，硕士学位论文，辽宁师范大学，2016。引用时有改动。

认识的一种方法。①例如，大班幼儿理解地球、月亮、太阳运行之间的关系，明白白天和黑夜的交替无疑是较为困难的事情。教师很难单纯地通过语言讲授让幼儿理解这个内容，但如果教师利用地球、月亮和太阳模型进行演示，边演示边讲解，既能吸引幼儿的学习兴趣，集中幼儿的注意力，又能让幼儿较好地理解三者之间的运行关系及昼夜的交替。

运用演示法时应注意以下几点。

①选择好演示的材料。演示材料的大小、颜色必须符合幼儿的需要，给幼儿留下鲜明的感知印象。例如，在教幼儿如何刷牙时，可选择牙齿模型进行演示。为了让所有的幼儿均能看到教师的演示，教师选择的牙齿模型应比实际的牙齿尺寸大很多。

②选择好演示的时机。演示需在恰当的时候进行，一般而言，不需要演示时，都要把演示材料收起来或遮掩住，以免过早地呈现材料，导致幼儿对演示缺乏兴趣。

③演示常结合恰当的语言讲解。演示时，需要教师边演示边配以恰当的语言讲解，采取演示与讲解相结合，让幼儿在观察的过程中通过教师的语言描述更好地领悟所教的内容。例如，为了帮助幼儿掌握刷牙的正确方法，教师采用模型演示的方法。教师出示牙齿模型，演示刷牙的同时配合简单的讲解："小牙刷，手中拿，上牙从上往下刷，下牙从下往上刷。咬合面来回刷，里里外外都刷刷。"

案例 7-5

会变脸的月亮②

教师：我们借助三球仪来看一看，当月亮转到这个位置(用手操作三球仪)——太阳和地球中间的时候，太阳的光照射到的是与月亮对着的那一面，那么月亮背着太阳的那一面就不能被照到，它是不发光的，我们是看不到的。当太阳、地球、月亮三个是这样的角度的时候，叫作日食。日食的时候我们是看不到月亮的。

案例中，教师借助教具并结合恰当的语言进行讲解，帮助幼儿更好地理解日食。

① 黄人颂：《学前教育学》，315 页，北京，人民教育出版社，1989。

② 冯东霞：《幼儿园科学教学活动中教师言语行为的研究——以鞍山市 A 幼儿园为例》，硕士学位论文，鞍山师范学院，2018。引用时有改动。

(二)幼儿学习的方法

幼儿园教学中幼儿学习的方法通常分为活动类方法、直观类方法和实践类方法。

1. 活动类方法

活动类方法是一种以幼儿的实践活动为主的学习方法，主要包括游戏法和操作练习法。

(1)游戏法

游戏法是指教师以游戏的口吻或用游戏的形式引导幼儿参与到活动中进行学习的方法。游戏是符合幼儿年龄特点的活动，在游戏中幼儿注意力集中，学习兴趣浓厚，智力活动积极，因而也容易获得最佳的教学效果。例如，中班幼儿在学习“5以内各数的加法”时，可设计一个到果园里“摘果子”的游戏。“秋天到了，果园里的果子成熟了，小朋友去帮农民叔叔、阿姨们摘果子。”教师发给每个小朋友一张数字卡，数字分别是1，2，3，4。“小朋友出发了，要乘汽车去，可是，驾驶员叔叔说只有数字‘5’才能上车，怎么办呢?”可以让幼儿互相“找朋友”：“你的数字和另外一个小朋友的数字合起来是‘5’就能上车了。”果园到了，教师再发给每个幼儿一张算式卡，让他们根据算式卡(如2＋3＝?)到果园里去摘果子。幼儿随着《摘果子》的音乐声，高高兴兴地跑到果园里摘果子(如2＋3＝5，就摘取5个果子)，轻轻松松地完成任务。这样反复进行几次游戏活动，就能巩固幼儿对“5以内各数的加法”的运算能力，幼儿也学得非常轻松、愉快。

使用游戏法时应注意以下几点。

①所采用的游戏应服务于活动目标。

②可将游戏作为教育活动的一个环节，也可以用一个游戏贯串整个教育活动。

案例7-6

小猪滚球[①]

师：“今天的小猪滚球，要求小猪们在滚球的时候，先把球宝宝放在地上。这条白色的线，就是快乐农场的大门。小猪们请注意啦，如果你们没有把小球放在快乐农场的大门外，农场主奶奶可就不开心了，她会让你们把小球重新放回到筐里。”

师：“把球滚进快乐农场的小猪们，要把滚小球的小木棍拿回到农场主奶奶那里。小猪们听明白了吗?”

---

① 马博达：《幼儿园大班体育游戏教师指导现状研究》，硕士学位论文，辽宁师范大学，2016。引用时有改动。

案例中，教师以游戏的口吻引导幼儿参与到活动中，极大地吸引了幼儿活动的兴趣，有利于教师活动的展开。

(2)操作练习法

操作练习法是指幼儿在教师的指导下，通过亲自练习、重复操作而获得、巩固知识、技能技巧的一种方法。操作练习法可帮助幼儿形成简单的技能和习惯，同时可培养幼儿克服困难和认真工作的优良品质。操作练习可分为模仿练习和创造练习。模仿练习是幼儿根据范例或教师的示范进行的练习；创造练习是幼儿对已有的表象和材料进行加工、改造、制作，独自进行构思并加以表现的练习。

在运用操作练习法时，教师应该注意以下几个方面。

①操作练习前，教师应该为幼儿提供相应的操作材料，并给予正确的示范，保证每一个幼儿都能够看得清楚、明白，并对幼儿提出明确的练习要求、讲解操作的方法和步骤。

②练习时，采用幼儿感兴趣的形式进行，练习方式应该生动、活泼、多样化，避免简单、重复的机械练习。例如，让小班幼儿练习钻和手脚着地屈膝爬的动作，如果单纯地让幼儿钻和爬，幼儿很快就会失去兴趣。而如果教师把这两个动作放在一个特定的情境之中："今天小蚂蚁们要到山洞去捡豆子，它们要爬过田埂，钻进山洞，才能取到豆子。"教师游戏前将相对两张椅子间系一根绳子做"山洞"，将豆子撒在"山洞"的地上。游戏开始，幼儿(扮作蚂蚁)成一纵队，站在起点线前，从左侧"田埂"开始，手脚着地屈膝爬，然后钻入"山洞"，出洞后再爬过"田埂"到达终点，将拾起的豆子放入小桶内，这样就有趣得多。

③及时指导。练习操作中，教师应巡回观察，针对不同发展水平的幼儿提出不同的要求，对幼儿操作练习的情况及时做出反馈。

④练习操作结束后，教师应组织幼儿进行简单的总结，再次整理、巩固、强化在活动中学习到的知识经验以及技能技巧，使之逐渐形成概念。

案例 7-7

我是一名小战士①

教师："我们都是优秀的小战士，今天先跟老师学学如何像小战士一样战斗，好不好?"教师趴在垫子上，一手拿着一个沙包，一手支撑着地，缓慢地匍匐前进，教师回头看着幼儿们："看看老师是如何做到的，小战士们必须像老师一样做，撑着地，一边爬一边看着前方。大家看明白了吗?"

① 马博达：《幼儿园大班体育游戏教师指导现状研究》，硕士学位论文，辽宁师范大学，2016。引用时有改动。

案例中教师通过榜样作用，引导幼儿进行模仿操作与练习，从而使其获得正确的知识经验。

2. 直观类方法

直观类方法是指幼儿通过五官直接感知客观对象、认识客观对象的学习方法，通常包括观察法和参观法。

(1)观察法

观察法是指幼儿在教师指导下，有目的地感知客观事物和幼儿自发观察事物的过程。观察法可以保证幼儿在直接接触事物的过程中，运用多种感官直观、生动、具体地认识事物，提高幼儿感官的综合活动能力，为发展幼儿的抽象思维能力、形成概念提供丰富的感性经验。幼儿运用观察法可以对个别物体进行观察，可以对不同事物进行比较观察，还可以对某个对象进行较长期的系统观察。例如，小班幼儿对“小白兔”外形特点的观察属于对个别物体的观察，中班科学活动中幼儿可以观察比较“塑料制品与纸制品的区别”，大班幼儿对“蚕宝宝的生长过程”的观察需要较长时间。

使用观察法应注意以下几点。

①精心选择能激发幼儿兴趣的观察对象。兴趣是幼儿观察的起点，只有抓住幼儿感兴趣的事物，他们才会乐意参与观察。幼儿喜欢观察活的、动的物体，喜欢颜色鲜艳的东西，喜欢观察摆放位置明显的东西。例如，花园里美丽的鲜花及各种玩具、餐具、家具、小动物等。

②制订必要的观察要求与规则。观察活动中，教师要向幼儿提出明确而具体的要求，如观察什么、怎样观察、注意什么问题，引起幼儿对观察对象的主要特点、细节变化的注意。

③观察过程中，教师要引导幼儿学会观察，掌握观察的技能，鼓励幼儿积极思考，学会分析、比较，启发幼儿发现问题、提出问题，鼓励幼儿发展自己的看法。教师不能过早地将观察结果告知幼儿，不能用自己的语言代替幼儿的观察。

④观察结束时，教师组织幼儿进行总结性谈话，引导幼儿畅所欲言，用自己的语言将观察到的现象说出来，整理、巩固、强化幼儿在观察活动中学习到的经验与知识，使之逐渐形成概念。

(2)参观法

参观法是指教师根据教学目标要求，组织幼儿到自然界、生产现场和其他社会生活场所，让幼儿通过对实际事物和现象的观察、研究获得新知识的方法。

使用参观法时应注意以下几点。

①做好参观前的准备，包括确定观察目的、选择观察对象、拟订参观计划、了解参观的环境条件等。

②参观前，应让幼儿明确参观目的、参观中的注意事项。

③参观过程中，教师要细心观察幼儿的情况，鼓励幼儿发现问题、提出问题、相互交流，激发幼儿的参观兴趣，启发幼儿从不同的方面了解参观对象。

④参观结束时，教师要组织幼儿交流参观感受、总结参观印象，让幼儿将参观过程中所获得的知识经验进一步巩固和条理化。

3. 实践类方法

实践类方法是指幼儿通过操作实践、亲自探索去感知、发现客观事物的一种学习方法，通常包括探究发现法和感知体验法。

(1)探究发现法

探究发现法是指幼儿在教师的指导下或由所处环境而引起刺激，通过与客体相互作用、自己的探究，发现事物的特点、发展变化的原因和内部联系，找出变化的规律，获得相关知识和经验的方法。

使用探究发现法时，教师应该注意以下几个方面。

①提供探究的环境和丰富的物质材料。环境和物质材料是支持幼儿探究的重要条件，教师应该结合幼儿的发展水平，根据幼儿的年龄特点、兴趣需求等，为幼儿提供探究的环境和丰富的物质材料。

②激发幼儿探究的动机。教师应该采用提问等各种方式，促成幼儿间的讨论，从而激发幼儿的探究欲望。例如，在大班的科学探究活动中，教师提出了一系列推测性问题："纸能站起来吗？站起来的纸上能放积木吗？这样折叠后的纸上能放多少块积木呢？怎样做能让纸上放的积木又稳又多呢？"幼儿依据教师的提问进行操作探究，并不断总结在纸上摆放积木的经验。伴随着一个个问题的解决，幼儿探索的积极性和欲望得到了充分的激发与有效的维持。

③教师给予幼儿支持、引导。幼儿学习活动的顺利进行离不开教师的支持与引导。在探究中，教师应时刻关注幼儿的活动，在恰当的时机以合适的方式介入幼儿的探究学习中，以促进幼儿探究学习的顺利进行。

④探究结束时，教师组织幼儿讨论，引导幼儿将自己的探索发现与同伴分享，并进行归纳提升。

案例 7-8

让磁铁浮起来[①]

活动一开始，老师出示图片说："有一天兔妈妈请小兔帮忙，要将磁铁送到游乐场，可是遇到一条河，没有船，它该怎么办呢？"

幼儿 8 大声回答："可以游过去。"幼儿 7 看着图片说："磁铁那么大，小兔会沉下去的。"

老师说："今天我们要来完成一个挑战，用这三种材料帮助小兔运磁铁。"接着老师出示了三张材料的图片，请幼儿观察。老师问："你们觉得哪种材料能够让磁铁过河？"

幼儿 1 说："纸盘肯定可以。"

老师追问："为什么？"

幼儿 1 回答："纸盘能够浮起来，可以把磁铁放在纸盘上。"幼儿 8 说："报纸应该也可以。"

老师又问："为什么？"

幼儿 8 回答："因为报纸会浮起来啊。"幼儿 3 问："那可以放在纸胶泥上吗？"旁边的幼儿 4 说："当然不行了，纸胶泥太轻太小，放不下磁铁。"可是幼儿 10 大声反驳道："把纸胶泥变成盘子的样子不就可以了吗？"幼儿 15 说："纸胶泥还可以把磁铁裹起来，这样就不会沉下去了。"

老师问："你们对纸胶泥有了不同的意见，怎么办呢？"

幼儿 15 想了想，说："那我们试一试就知道了。"

老师拿出记录纸说："这个想法非常好，动手实验是一个验证猜想是否正确的好办法。现在请你们把自己想到的这三种材料的使用方法记录下来，待会儿可以试一试，记得把结果记录下来。"

案例中教师通过适时的引导，指引幼儿进行自主探究，从而获得知识经验。

(2)感知体验法

感知体验法是指幼儿通过感觉器官、自己的亲身体验，认识、判别事物特性，获得相关的知识与经验的方法，强调"做中学"。例如，大班的体验活动"妈妈怀孕"，教师让幼儿扮演"孕妇"，每个孩子衣服里塞一个篮球，体验妈妈怀孕的辛

① 庄珊：《幼儿园大班科学探究活动的教师指导策略研究——以 Z 幼儿园为例》，硕士学位论文，四川师范大学，2017。引用时有改动。

苦。幼儿为了保护好肚子里的“小宝宝”，都变得格外小心。走路的时候轻手轻脚，弯腰捡东西的时候更是小心翼翼，尽量不去挤压“小宝宝”，说起话来细声细气，语气也变得很温柔……幼儿回到座位上的时候，都已经累得气喘吁吁、大汗淋漓了。有的说：“当妈妈真辛苦呀。”有的说：“妈妈太辛苦了，我们要爱妈妈。”还有的说：“我回家的时候要亲亲妈妈，谢谢她把我生出来。”这次“妈妈怀孕”的体验活动，让幼儿对妈妈的孕期生活有了感性认识，更深刻地体会到了妈妈的辛苦，爱妈妈、爱长辈的情感意识也在不知不觉中形成，成为其自觉行为。①

运用感知体验法时，教师应注意以下几点。

①教师应该为幼儿创设一个真实的情境，让幼儿在其中感受、体验，以获得知识与经验。

②供幼儿感知体验的材料必须安全、卫生。

③教师应为每个幼儿提供亲身感知体验的机会。

④观察幼儿感知体验的全过程，提供有针对性的指导。

⑤感知体验结束时，教师注意引导幼儿自己归纳感知体验结果。

三、幼儿园教学方法的选择

教学目标能否实现，在很大程度上取决于教学方法的选择和运用。教学方法无所谓优劣，不存在任何情况下对任何幼儿都行之有效的、唯一的“最佳方法”。所谓教学中好的教学方法，实际上是教学中采取了最适宜的教学方法。教师应根据以下方面选择合适的教学方法，这样才能够实现教学活动效果的最优化。

(一)根据教学目标的要求选择

根据不同的教学目标选用不同的教学方法是走向教学最优化的重要一步，因此，围绕目标的实现来选择方法是一条重要原则。特定的目标往往要求特定的教学方法。在教学方法的选择方面一定要考虑教学所追求的目标是什么，然后根据不同种类的目标选择相应的教学方法。

(二)根据具体的教学内容选择

除了教学目标，不同教学内容制约着教学方法的选择。即使是同样的教学目标，学科领域不同、具体内容不同，所要求的教学方法也往往不一样。

(三)根据幼儿的年龄特征和学习特点选择

教学方法的选择还应该考虑幼儿的年龄特征和知识经验的准备情况。例如，有些幼儿对某种事物有大量的感性知识，教师一讲，幼儿就可以理解，就不必都

---

①　陈燕：《让每个孩子都成为好孩子——体验式教学在幼儿园德育中的运用》，载《幼教园地》，2009(7～8)。

使用直观教具进行演示，而有些幼儿缺乏感性认识基础，就必须采取直观演示的方法。有的幼儿必须在教师讲解后才能清晰地把握知识，也有的幼儿要通过亲自动手操作后才印象深刻，还有的幼儿只有对经过充分讲解或自己发现的知识才过目不忘。对处于不同年龄阶段的幼儿及思维水平不同的幼儿要采取不同的教学方法。例如，对于小班幼儿，探究发现法和讲解法往往不能达到预期的教学目标。

(四)根据教师的素质与个性特点选择

教师的素质与个性特点也是选择教学方法不可忽视的重要因素。教学方法的选用，只有适应教师的素养条件、能为教师所掌握，才能发挥作用。有的方法虽好，但教师缺乏必要的素养，自己驾驭不了，仍然不能在教学实践中产生良好的效果。由于教师个性的影响，不同教师使用同一方法的效果显然也会有差异。这里的个性主要是指在教师个性心理特征基础上表现出来的教学风格，对不同的课堂气氛的好恶，与幼儿的亲疏程度等。例如，一位平时总是表情严肃的教师在使用游戏法时，可能就不如一位平时和蔼可亲的教师采用这类方法的效果好。

(五)根据幼儿园与地方可能提供的条件选择

这方面的条件包括社会条件、自然条件、物资设备等。例如，在现代技术设备较好的条件下，教师就有可能使用较多样的方法，使幼儿更快地获取知识、更牢固地记忆知识。如果没有现代化的设备和条件，教师就只能更多地选择语言讲解和其他可能的方法了。就教学条件而言，农村幼儿园和城市幼儿园的条件是不一样的，教师应该尽量利用各自的优势来进行有效的教学。

教学是个复杂的矛盾运动过程，“教学有法，但无定法”。“教学有法”是指任何一种教学都要掌握一定的教学方法，用科学的教学方法进行教学。教学方法有科学性，任何教学方法的选择都不是随意的，都是有根据的。教师在选择教学方法时，要从上述几个方面考虑，到底应该采用哪种教学方法。“教无定法”是指实际教学活动中，不能总用一个固定不变的教学方法，对教学方法不能公式化和模式化，要善于艺术地、灵活地运用教学方法。因为教学条件在不断地发生变化，幼儿在变，教学硬件在变，教师的素质在变，教师应该根据教学条件的变化采用或创造不同的教学方法。任何好的教学方法都是相对的，以上讲的各种教学方法之间都有密切的联系，教师在完成教学任务时，往往要采取多种方法的结合，综合、合理地运用。

拓展学习

请扫描文旁二维码，阅读材料《论幼儿园教学方法的创新》①，说一说怎样创新幼儿的学法。

本节自评

本节知识点	了解程度				
	☆☆☆☆☆	☆☆☆☆	☆☆☆	☆☆	☆
幼儿园常用教学方法					
教学方法的优化组合使用					

思考与练习

一、请思考并回答以下问题

1. 什么是幼儿园教学手段？幼儿园常用的教学手段有哪些？运用幼儿园教学手段应注意什么？

2. 什么是幼儿园教学方法？幼儿园常用的教学方法有哪些？各种教学方法的运用有什么具体要求？

3. 幼儿园教学方法的选择依据有哪些？

二、想一想

以下案例运用了哪些教学手段与方法，这些方法使用恰当吗？为什么？你有更好的方法吗？

中班科学教育活动：排排乐②

(一)活动目标

1. 观察并发现物体间隔排列的规律，并能按一定的规律进行物体排列。

2. 尝试运用不同的物品与方式，大胆创造、表现排序规律。

3. 感受数学活动中的规律美，并能把规律排序应用于生活。

---

① 摘自李忠忱：《论幼儿园教学方法的创新》，载《教育导刊(下半月)》，2009(9)。

② 宗颖：《中班数学活动：生活中的排排乐》，载《教育导刊(下半月)》，2015(4)。

(二)活动准备

1. PPT课件。

2. 剪刀、纸片、瓶子、积木等材料若干。

3. 操作音乐。

(三)活动过程

1. 生活导入，引导幼儿寻找、发现生活中的规律。

师(引导幼儿欣赏PPT)：老师在幼儿园拍了一组照片，咱们一起来看一看。

(1)出示玩具筐：这是什么？这些玩具筐是怎么排列的呢？(幼：蓝、红、蓝、红……)

(2)师：你能从下面的图片中找出两组一一间隔、有规律地排序的物体吗？(毛巾按颜色排列，瓶子按大、小、大、小排列，幼儿按男、女、男、女排列等。)

(3)教师总结：在生活中，只要你用心去发现，就能找到许多像这样有规律的排序。

2. 提供材料，鼓励幼儿借助材料探索、创造规律。

操作一：两种材料两个一组，有规律地排一排。

(1)交代游戏规则：今天我们来玩一个排排队的游戏。老师给每组准备了两组材料，请你将这两组材料也像刚才一样，两组物体一一间隔、有规律地排列。(提供材料：记号笔和纸、纸和积木、积木和杯子、杯子和剪刀、剪刀和记号笔。)

(2)幼儿操作并分享交流。

师：谁来介绍一下，你是怎么排的？(幼：剪刀、记号笔、剪刀、记号笔……)

师：如果接着往下排，应该排什么？

师：除了这种排法，还有其他不同的排法吗？(记号笔、剪刀、记号笔、剪刀……)

师：我发现了一种很特别的排法！看看这个小朋友是怎么排的？他的排序有什么不同的地方？(幼：记号笔、打开的剪刀、记号笔、打开的剪刀……)

教师总结：只要我们稍稍改变一下排列的先后顺序或物体的形状，就出现了不同的排法。

操作二：一种材料两个一组，有规律地排一排。

(1)师：我们可以很容易地将两种材料一一间隔、有规律地排列，那如果只用一种材料，是不是也可以按这个方法来排一排呢？(提供材料：纸、积木、杯子、剪刀、记号笔。)

(2)幼儿操作并介绍排列的方法。

根据幼儿现场排列的情况，教师有针对性地选择几组幼儿介绍。

①剪刀组。

师：谁来介绍一下，你是怎么排的？（幼：朝上的剪刀、朝下的剪刀、朝上的剪刀、朝下的剪刀……）

总结：通过改变剪刀的摆放方向，一种材料也能有规律地排列。

②纸片组。

师：观察、比较一下这两位小朋友的队伍，一样吗？

（幼1：正方形纸、长方形纸、正方形纸、长方形纸……

幼2：一张正方形的纸、两张正方形的纸、一张正方形的纸、两张正方形的纸……）

总结：通过改变纸片的形状或数量，一种材料也能有规律地排列。

③杯子组。

师：观察、比较一下这四位小朋友排的队伍，你能找到几种排列方法？

（幼1：朝上的杯子、朝下的杯子、朝上的杯子、朝下的杯子……

幼2：一个杯子、两个杯子、一个杯子、两个杯子……

幼3：一个杯子口朝上、两个杯子口朝下、一个杯子口朝上、两个杯子口朝下……）

(3)教师总结：只要改变一下数量、形状、方向，一种材料同样可以两个一组、有规律地排列。

操作三：一种材料三个一组，有规律地排一排。

①师：刚才我们挑战了一种材料两个一组、有规律地排列。那么，用一种材料，能不能三个一组、有规律地排列呢？

②幼儿操作。

③相互检查、交流。

师：小朋友的排法还有很多，我们相互看一看、找一找，有哪些不同的排列方法？同时也相互检查一下，如果发现排得不对的地方，可以帮着一起纠正。

(4)教师总结：通过变化数量、形状、方式，还能玩出三个一组、有规律地排列方法。只要我们用心去创造，还能挑战四个一组甚至更多的排列方式。

3. 活动延伸：经验拓展，鼓励幼儿用身体动作排一排。

师：如果不用材料，就用我们的身体，是不是也可以有规律地排列呢？（幼儿自由组合，去操场上排一排、玩一玩。）

实践与操作

1. 观摩幼儿教师的教学活动，讨论该教师所用的教学手段与教学方法。

2. 设计一次教学活动，并在小组中说出自己设计的教学手段与教学方法。

学习反思

第八章

幼儿园教学活动的指导策略

学习目标

1. 了解幼儿园教学活动导入、展开及结束的一般策略，并能在实践中运用。

2. 了解幼儿园教师有声语言与无声语言的含义、特征，掌握幼儿教师有声语言与无声语言的使用策略，并能在实践中科学使用有声语言与无声语言。

3. 了解幼儿园教师提问的含义与作用，掌握提问的策略和技巧，并能在幼儿园教学活动中进行有效提问。

4. 了解幼儿园教学活动中观察的意义、观察幼儿的方法及步骤。

本章导言

在幼儿园中班实习的小张想组织一次“春天的色彩”的语言教学活动，但她有很多疑问：“我该如何导入活动，如何使活动达到高潮，如何结束活动？如何使幼儿在整个教学活动中注意力高度集中？使用什么语言引导幼儿？怎样提问能达到更好的教学效果？在活动中我都需要观察幼儿的哪些表现和行为，如何去观察？”想到这些问题，小张陷入了沉思……

思维导图

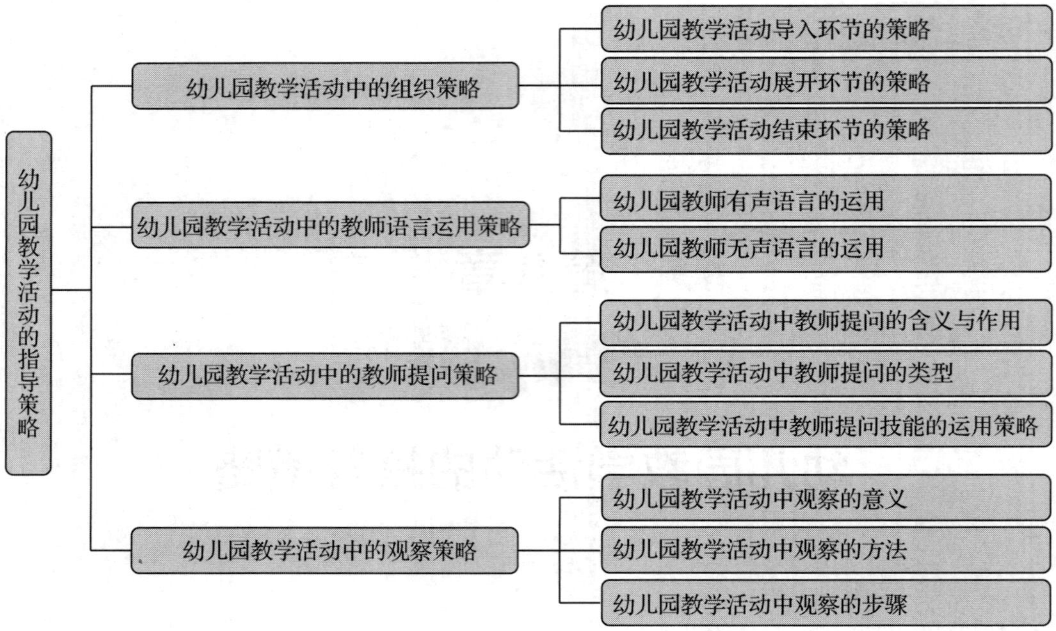

几乎每个幼儿教师都遇到过类似的问题，如何把握教学活动的各环节，做好教学活动的导入、展开和结束；如何使用语言，怎样提问才能使教学活动生动、有吸引力；如何通过观察，了解幼儿在教学活动中的表现和知识掌握情况，确保教学活动顺利、高效地完成？本章拟就这些问题展开讨论。

第一节　幼儿园教学活动中的组织策略

幼儿园教学活动的组织是将一个具体的活动方案付诸实践的过程。幼儿教师对教学活动的组织是幼儿有效学习的前提。一个完整的活动一般包括导入、展开与结束三个环节。在教学活动的导入环节，幼儿的注意力往往集中在上节课或者自己感兴趣的内容上，教师需要通过组织活动对其进行引导，将幼儿的注意力集中到本节课的教学活动中；在教学活动的展开环节，教师需要采取一定的策略，使幼儿的好奇心和求知欲得到充分调动，注意力集中到教学活动中；在教学活动的结束环节，教师需要采取相应的策略，完整地结束教学活动，加深幼儿的印象，巩固教学效果。教师只有合理地做好导入、展开和结束三个环节的工作，才算是完整地组织好了幼儿园教学活动。

一、幼儿园教学活动导入环节的策略

俗话说“良好的开端是成功的一半”，教学活动也是如此。若要使教学活动一举成功，达到先声夺人的效果，出色的导入对整个教学活动的开展有着至关重要的影响。教学活动的导入是指在活动开始之初，教师引导幼儿进入教学活动的组织方式。导入环节的目的在于吸引幼儿注意力，激发幼儿学习兴趣，激活幼儿思维，对教学活动的任务和目的提出明确要求。导入的策略多种多样，但要求与教学活动内容有直接或间接的联系，具有趣味性、启迪性、针对性(点题)和简洁性(时间不宜太长，一般2～3 分钟)等特点。

具体而言，一般有以下几种方法：演示导入法、视频导入法、图片呈现法、故事导入法、游戏导入法、悬念导入法、问题导入法。

(一)演示导入法

演示导入法即通过情境、小品、舞蹈、木偶等表演形式导入新课。

案例 8-1

幼儿园科学教育活动——空气[①]

师：小朋友们，老师今天拿来了两支蜡烛和一大一小两个广口瓶，接下来，老师给小朋友们做一个小实验。老师先把蜡烛点上，然后放在桌子上。(小朋友们目不转睛地盯着蜡烛看。)现在，老师要用一大一小两个广口瓶分别罩住蜡烛，小朋友们仔细观察，会发生什么呢?

幼(齐答)：小瓶子里的蜡烛灭了……

师：小朋友们，为什么小瓶子里的蜡烛灭了，而大瓶子里的蜡烛还在燃烧呢?

上述案例中，教师通过小实验的演示，引发了一个奇妙的现象，激发了幼儿探求新知识的欲望。这种导入方法在一定程度上弥补了幼儿感性经验的不足，使幼儿做好了经验上的准备，符合幼儿的思维特点，从而让幼儿更好地掌握了教学活动中的知识。

(二)视频导入法

视频导入法即把原来非连续发生的事件制作成连续的片段，在短时间内展现

---

① 张嵩：《幼儿园小班教学活动导入环节的功能与组织策略研究》，硕士学位论文，东北师范大学，2012。引用时有改动。

一个直观、生动的过程。一目了然地将现象呈现在幼儿面前，给予幼儿直观的视觉感受，可以很好地激发幼儿探讨和解决问题的兴趣，更好地培养幼儿的观察力和想象力，也符合幼儿的学习特点。

案例 8-2

给妈妈洗脚①

在石河子实验幼儿园大班教学活动“感恩父母”中，郑老师在活动开始前，通过多媒体教学工具为幼儿播放了央视公益感恩视频《给妈妈洗脚》。通过直观的感受引起幼儿的思考和模仿欲望，激发幼儿学习的激情，不少幼儿都表示回家要为爸爸妈妈洗一次脚。之后，郑老师为幼儿讲述了感恩、孝道等中华民族传统美德，很好地完成了计划的教学活动任务。

案例中如果教师只利用语言进行描述，难免有些枯燥，难以引起幼儿共鸣。教师在活动开始前，通过直观的视频播放方式让幼儿感受并引起幼儿的思考和模仿欲望，激发幼儿学习的激情，更好地达到了教学效果。

(三)图片呈现法

呈现图片既简单、经济又直观、形象，是幼儿教师较常用的导入方式。呈现的图片有两种：一种是单页单幅、非连贯的图片；另一种是单页单幅、单页多幅或多页多幅，具有连贯性或有故事情节的图片。比如，在认识动物的学习过程中，教师可以通过向幼儿展示漂亮的动物图片来吸引幼儿的注意力和激发其学习兴趣。

(四)故事导入法

以故事导入既能有效地吸引幼儿的注意，又能借助故事情节反映幼儿教学活动中的问题，生动直接。作为活动的导入部分，教师在讲故事时宜简不宜繁。

案例 8-3

科学活动：认识蚯蚓②

师：“老师先给小朋友们讲一个故事，好不好？”

幼(齐答)：“好。”

师：“那小朋友们安静了，故事开始了。小松树一觉醒来，伸了个懒腰，

① 该案例由新疆石河子实验幼儿园教师郑凤丽提供。

② 袁爱玲、何秀英：《幼儿园教育活动指导策略》，122页，北京，北京师范大学出版社，2007。引用时有改动。

'哇，睡得真舒服！''咦，是哪位好心的朋友帮我把周围的泥土松得软软的了，难怪我昨晚像睡在床垫上一样舒服！'小松树决心找到这位好心的朋友。小朋友，你们猜猜看，他会是谁呢？"（故事一讲完，老师就问幼儿。）

幼 1："蚂蚁。"

幼 2："蜈蚣。"

幼 3："蚯蚓。"（幼儿们都纷纷猜测是谁。）

师："原来他是一条正在松土的蚯蚓。小朋友，你们想不想认识小松树的这位好心的朋友——蚯蚓呀？"（幼儿的兴趣在老师声情并茂的讲述下被调动起来，都表示想要认识蚯蚓。）

上述案例中，教师通过精心设计、自编的这样一个故事作为活动的导入环节，成功地使许多幼儿克服了因蚯蚓外观不雅而产生的厌恶心理，甚至是恐惧心理。在活动过程中，就连班上最胆小的女孩都敢用手去触摸蚯蚓，找它的头，用放大镜看它的皮肤。从整个教学活动来看，幼儿的反应证明了这个导入环节是成功的。

（五）游戏导入法

游戏可以吸引幼儿全身心地投入活动，给予幼儿最真实的体验。在教学活动中，有时单纯地讲道理、分析问题并不能使幼儿全身心投入，而游戏则可以让幼儿获得更多的实践机会，培养幼儿良好的行为和优秀的品质。比如，在进行大灰狼和小白兔的故事学习时，可以让幼儿分别扮演大灰狼和小白兔等角色，使幼儿在游戏中学习，达到更好的教学效果。

案例 8-4

美术活动：小兔的一天①

师："小朋友们，勤劳的小兔子又开始了它忙碌的一天。今天小兔子有好多任务啊，它要到蔬菜店、理发店、水果店去，但是从它家到各个商店没有路。小兔子着急了，那咱们帮帮它好不好，帮它修几条笔直的路，好吗？"

幼（齐答）："好。"

师："现在每个小朋友面前都有一张小兔子家到各个商店的图片，我们帮它修路吧，看看谁修的路最近。"

① 张嵩：《幼儿园小班教学活动导入环节的功能与组织策略研究》，硕士学位论文，东北师范大学，2012。引用时有改动。

在上述案例中，教学活动的目标是让幼儿练习画直线，通过幼儿为小兔子修路的游戏导入，能够激发幼儿的创造性思维，让幼儿把两个地方之间用直线相连接，这样小兔子能通过幼儿修的又平又直的路到各个地方去。游戏可以更好地达到教学效果。

(六)悬念导入法

采用悬念导入教学活动，可以使幼儿产生好奇心，激发幼儿追根问底的学习激情，培养幼儿主动探索的求知精神。

案例 8-5

科学活动：踩鸡蛋①

师："小朋友们，今天老师要给大家表演一个节目——踩鸡蛋。"(教师慢慢地踩上四只鸡蛋支撑的木板。)

幼1："老师，不要！这样鸡蛋会碎的！"(一个幼儿大声惊呼，个别幼儿还用小手把眼睛捂了起来，却又忍不住从手指缝里往外瞧。但奇妙的是，鸡蛋并没有像幼儿预料的那样破碎，于是幼儿由衷地拍起手来。)

幼2："哇，老师会气功！"

师："老师并不会气功，这里有秘——密——！"

在上述案例中，教师结合教学内容设置悬念，使幼儿置身于惊异之中，幼儿的求知欲得到充分激发，从而产生强烈的学习与活动欲望，创造出了积极探索的最佳教育情境。

(七)问题导入法

问题导入可以引发幼儿思考，引出后面将要开展的具体活动和需要注意的事项等。问题导入以"提出探究任务"为主，有时也会融入规则提示。问题导入法可以吸引幼儿的注意，激发其学习兴趣和热情，达到较好的学习效果。

案例 8-6

社会活动：不做小糊涂②

(小班社会活动"不做小糊涂"开始时，老师出示了一张画，画上画着一个在晨间穿着拖鞋跑步的小朋友。)

---

① 刘云艳：《幼儿园教学艺术》，43页，重庆，西南师范大学出版社，2001。引用时有改动。

② 袁爱玲、何秀英：《幼儿园教育活动指导策略》，124页，北京，北京师范大学出版社，2007。引用时有改动。

师："老师给大家朗诵儿歌：'早上空气真正好/小糊涂呀起得早/穿着拖鞋去晨跑/一、二，一、二/哎呀呀，哎哟哟。'小朋友，儿歌中，小糊涂能跑得远吗？"

幼(齐答)："不能。"

师："为什么不能穿拖鞋跑步呀？"(老师叫了一个幼儿来回答。)

幼1："鞋容易掉，那样就得光脚跑步了。"

幼2："光脚跑步，脚会疼的。"(另一个幼儿补充道。)

师："穿拖鞋跑步容易掉，那小朋友跑步时都穿什么鞋子呢？其他鞋子应该什么时候穿呢？"(幼儿争先恐后地回答。)

在上述案例中，教师结合儿歌，通过提出一系列难度适中的问题引导幼儿回答，让幼儿的思维集中到教学活动中来，使幼儿在回答问题中获得成就感和满足感，提高了学习的积极性，很好地完成了此次教学活动的任务。

二、幼儿园教学活动展开环节的策略

幼儿园教学活动的展开环节是教师集中和保持幼儿注意力，引导幼儿主动探索，形成良好的活动氛围，将幼儿的情绪、内隐的及外显的智力活动推向最为活跃的状态，师幼之间的配合达到最佳的行为方式。为了达成以上目标，教师需采用一些展开策略。常用的活动展开策略包括悬念法、情动感染法、随机应变法、奇特操作法、启发诱导法、竞赛法。

(一)悬念法

在心理学上，悬念是指人们急切期待的心理状态。教师可以在教学活动中需要掀起高潮的部分设置悬念，使幼儿集中注意力，唤起其学习兴趣，激发其探究的欲望，产生"逼人期待"的活动效果。

案例 8-7

摸彩票[①]

为了使幼儿更好地学习"6，7，8的相邻数"，王老师设计了一个游戏"摸彩票"，在黑板的左、中、右处分别贴上一个醒目的数字6，7，8。对应每个数字，在其下方的黑板边缘设一个"彩票箱"，里面有若干个1～9的数字卡片。

---

① 袁爱玲、何秀英：《幼儿园教育活动指导策略》，130页，北京，北京师范大学出版社，2007。引用时有改动。

在活动过程中，每次上来三个幼儿，分别在每个“彩票箱”里摸出三张“彩票”，若完全正确，就获奖“一百万”(一位小朋友精心制作的卡片，上写“一百万”)。摸奖的幼儿总是既紧张兴奋又有着强烈的期盼，没摸奖的幼儿在下面也很兴奋，口中大喊“一百万！一百万！”每当幼儿摸到某个相邻数但贴错了位置，下面的幼儿总是重重地为他叹息；有的幼儿全部都中了，下面的幼儿也会为他大声喝彩，有的幼儿还兴奋地跳了起来，或去抱抱他。整个活动气氛非常热烈。

在上述案例中，王老师巧妙而成功地将社会上的“摸彩票”与幼儿园的教学活动相结合，改为一个幼儿智力游戏，将幼儿欲知结果的期望心理放大到了极致，让幼儿心中产生了强烈的悬念感，引发幼儿参与活动的动机。并且，在活动过程中，要想中奖，除了要抽中卡片之外，还要正确地贴上卡片。这就充分调动了幼儿的学习积极性，形成了一个气氛热烈、智力活跃的活动高潮。

(二)情动感染法

充满浓浓感情色彩的教学活动可以使幼儿产生一种身临其境的感觉，获得情感波动，仿佛自己就是童话故事的主人公。比如，在童话《白雪公主》的学习过程中，教师可以用带有情感色彩、跌宕起伏的表达，在关键之处凝理注情、动人心灵，可以使幼儿入情以获得强烈的情感体验，注意力始终集中在教师的讲述中，对教学活动产生深刻的印象，以达到预期的活动目的。

案例 8-8

轻轻[①]

幼儿诗歌“轻轻”的教学活动中，教师配以图片内容，在音乐《春江花月夜》(片段)的伴奏下，用柔和、甜美的声音朗诵诗歌(幼儿凝神陶醉)；然后学习理解诗歌内容；最后引导幼儿仿编诗歌。教师启发幼儿：“天上的云彩是轻轻的，风也是轻轻的；小船是轻轻的，划起来也是轻轻的。那么，还有哪些东西也是轻轻的？它们动起来也是轻轻的?”教师引导幼儿先用叙述性语言表达自己的想法，然后在教师的帮助下形成诗句。(幼儿创编的诗句“轻轻的摇篮轻轻地摇”“轻轻的鱼儿轻轻地游”“轻轻的浪花轻轻地翻”“轻轻的风儿轻轻地吹”等。)教师与幼儿一起朗诵幼儿自编的诗歌。

① 刘云艳：《幼儿园教学艺术》，60页，重庆，西南师范大学出版社，2001。引用时有改动。

在上述案例中，整个教学活动虽然没有欢歌笑语、大起大落的环节，没有紧张和刺激，只有师幼的一片陶醉，但强烈的心灵感染难以言述。该教师说她在设计这一活动方案时，是用情去拟写的。正是如此，她才在组织幼儿学习时奏出了教学的最强音。

(三)随机应变法

幼儿在活动中以无意识注意为主，注意力集中时间短，容易分散，而且易被某一声响、某一新事物或新情境所吸引。在活动过程中需要根据情境做出有利于幼儿发展和教育目标实现的调整，而不是拘泥于预定计划与目标。

案例 8-9

荷花？金鱼！①

在一次春游时，王老师带领中(2)班的孩子到公园里开展认识荷花的教学活动。开始时，车轮般大小的碧绿的荷叶、清香袭人的荷花吸引着所有的孩子，他们一边看、一边闻、一边七嘴八舌地议论……可是几分钟后，呱呱叫的小青蛙引起了孩子的关注，池塘里游来游去的鲤鱼更是吸引了许多孩子的目光，并引发了关于“鱼”的争论：“鱼为什么总不睡觉啊？”“它们根本就不用睡觉！”“不对，它们睡觉了，是睁着眼睛睡觉的。”“胡说，我们都要闭着眼睛睡觉，鱼怎么可能睁着眼睛睡？”……

在上述案例中，王老师预设的教学活动是认识荷花，但她发现幼儿的兴趣转移到了鱼上。于是，王老师暂时抛开荷花，引导幼儿展开对“鱼”的探究活动。虽然未能达到认识荷花的教学目标，但是王老师根据幼儿的表现调整并灵活处置教学活动的内容，使幼儿注意力始终集中在教学活动上。

(四)奇特操作法

好奇心强是幼儿的一大心理特点，活动过程中利用新颖、奇特的操作和玩具等材料进行活动，能有效地激发幼儿的学习兴趣，使其形成高潮体验。

案例 8-10

认识酸碱反应②

幼儿园科学活动“认识酸碱反应”中，其中一个教学环节是让幼儿自制“跳跳糖”，材料有柠檬酸、苏打和棉花糖。在教师示范之后，幼儿自己动手制作，

---

① 王喜梅、李红英：《实施教育活动　观察须先行》，载《幼教园地》，2004(6)。引用时有改动。

② 刘云艳：《幼儿园教学艺术》，59页，重庆，西南师范大学出版社，2001。引用时有改动。

并将自制的跳跳糖放到嘴里感觉是否“跳”。成功了的幼儿欢呼雀跃，又投入新的制作过程，并将制好的糖分给其他幼儿吃；失败的幼儿也重新投入新的制作中，认真操作，成功后同样欢呼雀跃。

在上述案例中，柠檬酸、苏打和棉花糖等材料对幼儿来说都是新奇的，操作是自主的，幼儿不仅可以享受到自己的劳动成果，还可以有新鲜的成功体验，对达到良好的教学活动效果有较大的促进作用。

(五)启发诱导法

活动高潮的意境，往往是由教育活动的主导者——教师“拨”“导”而达成的。善于点拨、启发有力的幼儿教师总是能“循循善诱”，达到较好的教学效果。

案例 8-11

风娃娃①

在科学教育活动“风娃娃”中，一位教师是这样掀起活动高潮的。在一轮示范完成后，教师向幼儿提问：“用什么办法可以熄灭蜡烛?”(幼儿回答“吹风”。)“为什么风可以吹灭蜡烛?”(幼儿回答“风把空气吹动了”。)“现在教室里没有风，用什么办法可以产生风呢?”(幼儿回答“用手扇、用嘴吹……”)“为什么这样可以产生风呢?”(幼儿回答“手扇、风吹都使空气动了”。)

在上述案例中，教师通过这样的问答、诱导，使内容层层深入。这样不仅可以使幼儿的注意力时刻集中在教学活动内容上，而且可以使幼儿对教学活动中的新知识有更加深刻的了解，达到较好的教学效果。

(六)竞赛法

大脑处于竞赛状态时的效率要比无竞赛时的效率高得多，即使对毫无直接兴趣的智力活动，因渴望竞赛取胜而产生的间接兴趣，也会使幼儿忘记事情本身的乏味而兴致勃勃地投入到竞赛中去。因此，在幼儿园教育活动中运用恰当的竞赛手段制造高潮，也是符合幼儿身心发展特点的。幼儿园体育活动、语言活动、数学活动、音乐活动等都可以运用竞赛法达到高潮。

---

① 袁爱玲、何秀英：《幼儿园教育活动指导策略》，123页，北京，北京师范大学出版社，2007。引用时有改动。

案例 8-12

复习"认识几何图形"①

一位教师组织中班数学活动"复习'认识几何图形'"，其中开展了一个竞赛游戏"看谁站得快又对"。游戏规则和玩法：将幼儿分成人数大致相等的四队，每队前面的小椅上放若干纸片(纸片上分别有△、▭、□、○四种几何图形)，每队前方5米远处的地面画上如下边的示意图。幼儿得令后，每组幼儿依次拿一纸片跑到对面指定的图形处，比一比哪组幼儿做得又快又对。在这一活动中，幼儿不仅要能够正确认识几何图形，而且要在极短时间内思考手中的几何图形与地面哪一图形是对应的。

在上述案例中，幼儿活动的参与性、积极性、兴趣得到了充分调动，由本来对几何图形无直接兴趣的认识活动转化为通过竞赛而产生间接兴趣的智力活动，这样有助于形成"紧张而活跃"的气氛，提高教学的效率和质量。

三、幼儿园教学活动结束环节的策略

我们说"良好的开端是成功的一半"，那么精彩的结尾就是成功的完美标志。教学活动结束环节应该和开始及高潮紧密相连，引人注意，将幼儿的学习思维推向新的高峰，延伸幼儿的学习热情，使教学给幼儿留下深刻的印象，完美地结束教学活动，达到最好的教学效果。常用的活动结束策略有以下几种：总结归纳法、水到渠成法、操作联系法、延伸扩展法、游戏表演法。

(一)总结归纳法

在教育活动的结束环节，教师用准确简练的语言，把活动的主要内容，尤其是直接实现目标的内容加以总结归纳，使幼儿加深对所学知识、技能印象的策略，就是总结归纳式策略。

① 刘云艳：《幼儿园教学艺术》，57～58页，重庆，西南师范大学出版社，2001。引用时有改动。

案例 8-13

中班健康教育活动：暖暖的太阳，新鲜的空气①

一、活动目标

1. 知道太阳、空气与人们的身体健康有密切的关系。

2. 知道多晒太阳、多在空气清洁的户外开展游戏活动，可以使人的身体更健康。

二、活动准备

幼儿用书《暖暖的太阳，新鲜的空气》。

三、活动过程

1. 身体健康离不开太阳。

提问：图片中有谁？他们在干什么？小朋友为什么喜欢在太阳下玩游戏？妈妈为什么要抱小娃娃到外面晒太阳？

(在太阳下游戏会感到很舒服、很暖和，小朋友们正在长身体，更需要多晒太阳，太阳光能帮助我们身体多吸收钙，使骨头长得结实。)

出示佝偻病、O型腿患儿的照片，介绍太阳的重要性。

小结：太阳真好，照在身上很温暖，能帮助我们杀死衣服和其他东西上的细菌，使人们不生病或少生病，使我们的骨头长得粗壮结实。没有太阳的照射，我们会生病。人离不开太阳，人需要多晒太阳才会健康。

2. 讨论：清洁的空气对我们的身体健康有好处。

提问：图片中的小朋友怎么啦？他们为什么会这样？

(空气被污染了，小朋友把被污染的空气吸入体内，就会感到很难受，甚至会中毒、生病，影响身体健康。)

提问：图片中的小朋友怎样才能不难受呢？

(捂住嘴、鼻子，尽快到空气新鲜的地方。千万注意不要去空气被污染的地方。)

你需要空气吗？清洁的空气对我们有什么好处？什么地方空气清洁？

活动总结：太阳和空气真好，能使我们身体健康。小朋友们要多晒太阳，多呼吸新鲜、清洁的空气，这样才能使我们更好地健康成长！

上述案例中，教师选择适合幼儿接受的语句，简洁明了地对整个过程进行总结，对幼儿施以潜移默化的正面影响。

---

① 王丽玲：《幼儿园集体教学活动结束环节的功能和组织策略研究》，硕士学位论文，东北师范大学，2013。引用时有改动。

教师在使用总结归纳法时应注意以下两点。

第一，充分调动幼儿的参与性，教育效果会更好。根据本班幼儿的实际水平与特点，决定是否先启发幼儿自评或他评，然后再加以补充、小结。

第二，在总结归纳的具体方式上，视情况而定。可以用简明扼要的语言复述讲解要点，也可以启发幼儿回忆复述要点，还可以引导幼儿创编儿歌、游戏等形式或使用现成的儿歌、游戏等形式形象化地总结。

(二)水到渠成法

水到渠成地结束教育活动，是按照活动内容的顺序，根据幼儿的认知规律一步一步地进行，最后自然收笔。

这种结束策略的成果体现在结束方式上，却在整个活动过程中都需要下功夫。它要求教师精心设计活动内容及其结构，准确把握活动的进程与时间、节奏，环环相扣，才能有效地达到预期的目标。

案例 8-14

啤酒桶波尔卡①

在音乐欣赏活动“啤酒桶波尔卡”的结束环节，张老师帮助小朋友分角色，随音乐做动作。她将小朋友分成人数相等的两组，一组扮演啤酒桶，另一组扮演小老鼠。张老师启发“小老鼠”找到一个“啤酒桶”，并和它一起跳舞，互相逗乐。幼儿在“乐”中结束了活动。

如案例中展示的一样，幼儿在“乐”中结束了活动，水到渠成，避免了在过程中教师突然中断幼儿的活动，然后再说教一通，影响幼儿的情绪。

(三)操作练习法

教师在活动结束时，引导幼儿进行多种多样的操作活动、练习方式，巩固所学知识，进一步形成技能的结束策略，就是操作练习法。

案例 8-15

给爸爸妈妈制作跳跳糖②

在幼儿园科学活动“认识酸碱反应”活动结束时，教师可以与家长联系，让家长帮助幼儿准备制作跳跳糖的材料，并协助幼儿制作在科学活动“认识酸碱反应”中学习到的跳跳糖。

---

① 袁爱玲、何秀英：《幼儿园教育活动指导策略》，139～140页，北京，北京师范大学出版社，2007。引用时有改动。

② 刘云艳：《幼儿园教学艺术》，59页，重庆，西南师范大学出版社，2001。引用时有改动。

在上述案例中，幼儿可以在家自制跳跳糖，通过操作练习，轻松愉快地巩固所学知识，获得经验，得到满足和提高自信心。

教师在运用此策略时要注意以下几点。

第一，操作、练习材料要充分。最好是能有生活材料、自然材料、废物利用材料，便于幼儿将生活与所学进行双向迁移，获得学习意义。

第二，设计的操作活动在内容上要能集中运用所学知识或技能。

第三，操作活动与前面各环节有机联系、自然过渡。

（四）延伸扩展法

在幼儿教育活动结束环节，有的教师所设计的内容并不是活动的终结，而是把这次活动作为导线，将幼儿巧妙地引入下面或以后的活动中去，使活动的内容间、幼儿的各类活动间具有连续性，这种策略就是延伸扩展法。在“认识青蛙”活动结束时，教师可以要求幼儿在课下观察真实的青蛙是否和谜语中所描述的一样，这样既可以使幼儿加深对青蛙的认识，也可以使幼儿获得更多的生活经验。

（五）游戏表演法

游戏表演法是在幼儿教育活动的结束环节经常运用的策略。幼儿的身心发展特点决定了其在学习活动中容易疲劳，而幼儿天生喜欢游戏，在游戏中易兴奋，易掌握所学内容。利用游戏表演法结束不仅能满足幼儿玩耍表演的欲望，而且能锻炼幼儿的表演能力，还能检验幼儿对教学活动目标的完成情况。

案例 8-16

中班音乐活动：快乐的长颈鹿①

一、活动目标

1. 知道植物对人类及动物的重要作用。

2. 了解植物与环境的依存关系。

二、活动准备

长颈鹿头饰、录音机、音乐磁带。

三、活动过程

教师以长颈鹿的身份出现，带领幼儿出去游戏。教师装作肚子饿，和幼儿一起找树叶吃，吃完之后肚子疼……幼儿帮忙一起找原因：原来是吃了不干净的树叶。大家听大树（配班老师）的讲话才知道污染对大树和环境的影响。大家一同给大树爷爷洗澡。

---

① 王丽玲：《幼儿园集体教学活动结束环节的功能和组织策略研究》，硕士学位论文，东北师范大学，2013。引用时有改动。

在上述案例中，教师在教学活动结束时，采用游戏的方式使幼儿明白了讲卫生的重要性，不吃不干净的食物，养成良好的卫生习惯。相比呆板的说教，游戏的结束方式更适合幼儿的身心发展特点，幼儿愿意接受，并且对教学活动中的所学知识印象深刻。

拓展学习

请扫描文旁二维码，阅读材料《卓越幼儿园教师的教学行为特征》[①]，说一说如何形成卓越幼儿园教师所表现出的教学行为。

本节自评

本节知识点	了解程度				
	☆☆☆☆☆	☆☆☆☆	☆☆☆	☆☆	☆
幼儿园教学活动导入环节的策略					
幼儿园教学活动展开环节的策略					
幼儿园教学活动结束环节的策略					

第二节　幼儿园教学活动中的教师语言运用策略

教学语言是教师用来向学生传递教学信息的符号系统，特别是把自己明白的意思转化为展开的具有规范语法结构、能为学生理解的语言形式。它包括教师在教学过程中所使用的口头语言、书面语言以及体态语言。[②] 幼儿园教学活动中的教育对象主要是3～6岁的幼儿，他们的思维具有具体形象性特点，主要依靠口头语言来接受和交流信息。因此，在组织幼儿园教学活动时，为了便于幼儿理解和接受，达到应有的教学效果，教师主要是运用口头语言和体态语言向幼儿传递和表达教育教学内容。本节将幼儿教师的语言分为有声语言（口头语言）和无声语言（体态语言），下面就围绕幼儿教师有声语言和无声语言的运用展开讨论。

---

① 摘自张娜、蔡迎旗：《卓越幼儿园教师的教学行为特征》，载《学前教育研究》，2019(9)。

② 顾明远：《教育大辞典（简编本）》，200页，上海，上海教育出版社，1999。

一、幼儿园教师有声语言的运用

幼儿教师的有声语言直接影响教学效果，进而影响教学目标的达成。

(一)有声语言的含义与特征

有声语言即教学口头语言，是幼儿园教师在教学过程中遵循教学规律，用语言生动、规范、流畅、正确和有效地传递教育教学内容的行为方式。幼儿教师教学中有声语言的运用通常具有以下特征。

1. 情感性

感情是沟通心灵的桥梁。富有感情的教学语言，不仅作用于学生的感官，更重要的是作用于他们的心灵；不仅影响他们的知识水平、智力、能力，还影响他们的人格结构。教学语言的情感性决定了语言的交往过程不是接受式的，而是感应式的、体验式的。有声语言的情感性表现为教师在运用语言传递教学信息、实现教育目标时，用饱满的激情、抑扬顿挫的语气、真情实感的教学语言感染幼儿。幼儿的情感发展以情绪占主导地位，具有易感性，即听到伤心的故事会情不自禁地哭，听到低沉的语调会感到害怕，听到欢快的语调会手舞足蹈。教师在表现有声语言的情感性时切忌过分和做作。

案例 8-17

幼儿园大班语言教育活动：爸爸本领大①

这个活动是有爸爸在场参与的故事活动。教师引导幼儿欣赏完散文《爸爸的手》之后，激发幼儿对爸爸的热爱和崇敬之情。

师："散文里爸爸有一双什么样的手？"

幼："大大的手。"

师："大大的手可以为我们做什么？握住爸爸的手，你有什么感觉？请小朋友们找到自己的爸爸，共同进行大手拍小手的活动。"(在音乐中进行拍手游戏。)

师："散文中爸爸为小朋友做了什么事情？为什么？你的爸爸是怎样爱你的？"(请爸爸说一句话或做一个动作，让幼儿感受到爸爸的爱。)

爸爸和幼儿共同作画并展示。

---

① 教育部教育管理信息中心：《全国优秀幼儿语言教育活动课例评析》，161～163页，重庆，西南师范大学出版社，2011。引用时有改动。

在活动快要结束的时候，师："爸爸那么爱你们，你们也向爸爸表达一下你们的爱，好吗?"(幼儿热烈地拥抱和亲吻爸爸。)

在上述案例中，教师的有声语言拉近了父亲与幼儿之间的感情，有丰富的情感表达，让幼儿充分了解父爱并且感受到父爱，既可以培养幼儿对父亲的尊重和热爱，又可以自然巩固双方的情感关系。这种感情不仅有利于课程目标的实现，也作用于幼儿的心灵。

2. 形象性

幼儿的思维主要是具体形象思维，这就要求教师的语言具有形象性。有声语言的形象性是指教师在传递教学信息、实现教育目标时，运用生动形象、娓娓动听的语言，抓住物体与现象的客观特征，结合幼儿易于理解的词语进行恰当的描述，多用比喻、拟人、夸张等修辞，使语言更生动形象。

案例 8-18

幼儿园小班艺术(美术)教育活动："挽救"小蜡笔[①]

在美术活动中，小朋友们精挑细选了蜡笔，但是当蜡笔涂不出颜色的时候，很多小朋友就把蜡笔外面的纸撕掉，结果弄得幼儿身上、桌上到处都是蜡笔的颜料。这时，教师把蜡笔放到桌子上，故作神秘地问道："咦，是谁在哭呀?"在幼儿的好奇中，教师用夸张的语气大声说："原来是小蜡笔在哭呀，你为什么哭呀?"小朋友们静静地听着老师与蜡笔的对话："哦，你是因为冷了才哭呀！那你的衣服呢?""让小朋友撕掉了，呜……""蜡笔宝宝别哭，我们帮你穿衣服。"于是，小朋友们和教师一起用准备好的彩色纸、双面胶给蜡笔穿衣服。

在上述案例中，教师把蜡笔外面的纸比作蜡笔的衣服，用拟人的手法说蜡笔因为冷而哭了，抓住了蜡笔外面的纸的特点，让蜡笔外面的纸以一种更加符合幼儿身心特点的形象出现在幼儿面前，使幼儿更能理解和接受教师所要传递的信息。

3. 启发性

教学语言的基本功能和特征就是对幼儿的指引和导向，所以，在运用有声语言教学时，要始终坚持以启发幼儿作为指导思想，充分发挥幼儿作为学习主体的能动作用。有声语言的启发性是指教师在传递教学信息、实现教育目标时充分激

---

① 陈泽铭、王先达：《优秀幼儿教师教育艺术 99 例》，104 页，上海，华东师范大学出版社，2011。引用时有改动。

发幼儿学习的内部诱因，采用能调动幼儿主动探索和积极思维的语言激发幼儿发现问题、提出问题和解决问题的欲望。

案例 8-19

幼儿园中班科学游戏：声音的传播①

在科学游戏“声音的传播”中，老师对其中一个幼儿提问。

师：“假如你现在在这个教室里，老师把这个教室的门和窗都关得严严实实的。这个时候，你的好朋友都在外面喊你：‘景丞，景丞，快下来呀，我们一起去玩游戏。’你觉得你能听到他们的声音吗？”

幼：“可以。”

师：“为什么呀，我把门窗都关了呢？”

幼：“因为这个门没有关紧，还是有缝隙的。”

师：“那如果老师把它关得紧紧的，没有一点缝隙了，你还能听到声音吗？”

幼：“还能。”

师：“那这个声音是怎么跑进来的呢？”

幼：“因为这个门不太厚，声音能穿透进去。”

师：“如果是一堵很厚很厚的墙呢？”

幼：“那就不可以了。”

在这个案例中，教师通过循序渐进的提问，结合幼儿身边的情况——朋友叫你去玩，你能不能听到这个声音，一步步假设，对幼儿提问，并且验证假设。教师的这种有声语言引发了幼儿的思考，使其了解了声音传播与物体之间的因果关系。

4. 逻辑性

教学语言的逻辑性是指为了培养幼儿的逻辑思维能力，在传递教学信息、实现教育目标时教师能按照语法规则，层次清楚、准确地表达概念，以引导幼儿逐步分析，使其明确概念、恰当判断、合乎逻辑地进行推理。

案例 8-20

幼儿园科学教育活动：捕捉、观察蚂蚁②

在幼儿寻找和观察蚂蚁的整个过程中，教师逐步向幼儿提问：“仔细找一找，看看哪里能找到蚂蚁？”“捉一只蚂蚁看一看，看它长什么样？”“仔细看一看，

①② 施燕：《学前儿童科学教育与活动指导》，44页，上海，华东师范大学出版社，2014。引用时有改动。

蚂蚁在地上爬来爬去干什么?”“蚂蚁的家在哪里?”“蚂蚁发现食物后会做什么?”“蚂蚁用什么办法告诉同伴前面有食物?”

在上述案例中，教师在幼儿寻找和观察蚂蚁的过程中，逐步向幼儿提出围绕蚂蚁这个主题的相关问题。这些问题从找到蚂蚁、观察蚂蚁到了解蚂蚁的生活习性，环环相扣，逻辑清晰，引导幼儿的活动，促进幼儿的思考。

5. 简练性

幼儿有意注意时间短，教师传递信息时应充分把握幼儿的这一特点，用精练易懂的语言在幼儿有意注意时效内传递信息。教学语言的简练性是指教师在传递教学信息、实现教育目标时，用简单、明了、精练的语言来准确表达教育教学内容，在教育教学活动中围绕中心、突出重点。为了达成有声语言的简练，教师要克服语病，避免出现“嗯”“啊”“好不好”“对不对”“懂吗”等多余的语言或其他一些口头禅。

案例 8-21

幼儿园中班科学(数学)教育活动：认识图形[①]

在活动快要结束的时候，教师问幼儿：“今天，我们认识了哪几种图形呢?”

幼 1：“四边形。”

幼 2：“圆形。”

幼 3：“三角形。”

教师：“对，我们今天认识了四边形、圆形和三角形，还在我们的教室里找到了这些形状，以后我们还要在图形家族中学习更多的图形。今天就学到这里了。”

在上述案例中，教师以提问的方式让幼儿回忆教学内容，对幼儿各式各样的回答进行了一个简单明了的总结和提炼。这是教师对活动的目标和重点有清晰了解后的归纳。这种归纳突出了教学目标，总结了教学重点。

6. 儿童化

教学语言的儿童化是幼儿园教师语言能力的基本要求，表现为语音、语汇、

① 蒋俊华：《幼儿园集体教学活动中教学指导语策略之研究》，硕士学位论文，华南师范大学，2007。引用时有改动。

语法、语用上具有语汇浅显、形象化词语多、句子短小、句法结构简单、语气词多、语调舒缓、语气略显夸张等特点。

案例 8-22

中班语言教育活动：小花籽找快乐①

中班语言教育活动“小花籽找快乐”的第四部分，教师带领幼儿在游玩中进行角色对话。

师：“刚才小朋友们讲得真好，现在我们一起来演‘小花籽找快乐’的故事好吗?”

幼：“好!”

师：“请小朋友戴上小花籽的头饰，走到太阳公公面前。”

师：“小花籽们，我们看到谁啦?”

幼：“太阳公公。”

师：“我们一起来问太阳公公快乐不快乐?”

师幼：“太阳公公，你快乐吗?”

录音机放太阳公公的话：“快乐快乐！我给大家阳光和温暖，大家喜欢我。”

在上述案例中，教师用太阳公公这样贴近幼儿生活、充满童趣的称呼并且带着惊讶的语气说：“我们看到谁啦?”让太阳这样一个现实生活中很客观的东西变得形象，让幼儿更好地理解活动内容，获得愉快的情感体验。

(二)有声语言的运用策略

1. 语调运用策略

语调运用策略是指教师在教学活动中运用语言的旋律以及声调的高低变化，对课堂教学意图和情感进行表达的一种能力。例如，讲到故事高潮的地方，声音激昂；讲到有曲折悬念的地方，用低沉的声音，引起幼儿的注意。幼儿教学语言的语调调种颇多，有低沉、高昂、平直、曲折等，各用于表现不同的感情色彩。教师在活动中不应单一使用某种语调，而应根据不同的情况、不同的语言表达环境，灵活使用不同的语调。

---

① 教育部教育管理信息中心：《全国优秀幼儿语言教育活动课例评析》，111～115页，重庆，西南师范大学出版社，2011。引用时有改动。

案例 8-23

幼儿园小班语言教育活动：唱歌比赛①

在“唱歌比赛”导入环节之后，教师一边操作手偶一边讲述故事。

师：“你们想谁会得第一呢？那就请听故事《唱歌比赛》吧。”

师：“叽叽叽、叽叽叽，这是谁在唱？”

小白兔：“小鸡唱得怎么样？”(学习词语：太轻)

幼儿模仿小鸡的叫声。

师：“呷呷呷、呷呷呷，这是谁在唱？”

小白兔：“小鸭唱得怎么样？”(学习词语：太响)

幼儿大声模仿小鸭的叫声。

师：“汪汪汪、汪汪汪，这是谁在唱？”

小白兔：“小狗唱得怎么样？”(学习词语：太快)

幼儿大声模仿小狗的叫声。

师：“咩咩咩、咩咩咩，这是谁在唱？”

小白兔：“小羊唱得怎么样？”(学习词语：太慢)

幼儿慢声模仿小羊的叫声。

师：“喵喵喵、喵喵喵，这是谁在唱？”

小白兔：“小猫唱得怎么样？”

幼：“不快、不慢、不响、不轻。”

师：“谁得第一名？”

幼儿用最好听的声音模仿小猫的叫声。

上述案例中，教师在说“叽叽叽”和“咩咩咩”的时候采取的是轻音，在说“呷呷呷”和“汪汪汪”的时候用的是重音，而且语速比较快，声音比较激昂，符合这些小动物的声音特点，让幼儿更加容易理解轻、响、慢、快的意思，加深幼儿对故事内容的理解。

2. 修辞运用策略

修辞运用策略是指在教学活动中教师巧妙运用比喻、拟人、夸张、摹状等修辞手法，使语言生辉，增强感染力，让幼儿能从幽默、风趣、委婉、含蓄的语言中加深对教学内容的印象，从而收到良好的教学效果。

---

① 教育部教育管理信息中心：《全国优秀幼儿语言教育活动课例评析》，9页，重庆，西南师范大学出版社，2011。引用时有改动。

案例 8-24

幼儿园中班科学教育活动：辨别鸡蛋①

在科学教育活动中，教师讲解为什么可以用转动的方法来辨别鸡蛋的生与熟。教师一边转动鸡蛋一边说："把鸡蛋放在桌子上，用手转动它，转得很快的是熟鸡蛋，转不起来的是生鸡蛋。因为熟鸡蛋里的蛋黄和蛋白是紧紧抱在一起的，已经变得硬硬的，转的时候不晃荡，所以转得快。生鸡蛋的蛋黄和蛋白没有抱在一起，还是可以流动的，转的时候总是在蛋壳里晃荡，所以就转不起来。"

在这个案例中，教师用拟人的手法，用一个"抱"字将蛋黄和蛋白的关系形象化，除让幼儿觉得好奇之外，更让幼儿准确地理解了事物之间的抽象关系。

3. 节奏运用策略

节奏运用策略是指教师在教学活动口语表述中采取语词之间和语句之间的恰当停顿，运用语言的快慢、强弱的变化而形成语流态势，从而更准确、鲜明、清晰地体现教学内容和情感。例如，舒缓的内容，语言应缓慢、轻柔；轻快的内容，语言应流畅、欢快；悲伤的内容，语言应缓慢、低沉。不同节奏语言的教学能体现各种意境，充分发挥幼儿的思维，获取丰富的知识。

案例 8-25

幼儿园中班艺术（音乐）教育活动：小雨点②

在活动结尾部分，教师请小雨点到花园、池塘、田野做客。

师："刚才我们去了哪些地方做客？"（幼儿回答"花园、池塘还有田野"。）

师："小雨点到花园里，碰到了——"（故意拉长声音。）

幼1："碰到了花儿。"

幼2："花儿乐开了嘴。"

师："小雨点落在花园里，花儿乐得张嘴巴。那小雨点落到池塘里的时候——"（声音故意停顿。）

幼1："碰到了鱼儿。"

幼2："鱼儿乐得张嘴巴。"

---

①② 蒋俊华：《幼儿园集体教学活动中教学指导语策略之研究》，硕士学位论文，华南师范大学，2007。引用时有改动。

师："最后，小雨点落到田野里的时候——"（声音故意停顿。）

幼（迫不及待地回答）："苗儿乐得张嘴巴。"

师："小朋友们说得对不对呢？我们来听一听吧！"（教师以疑问语气提出建议。）

在这个案例中，教师把幼儿比作小雨点，到花园、池塘、田野等地做客，通过三次停顿强调了不同的场景，帮助幼儿回忆歌词。而且在提问时故意拉长声音，放慢节奏，以促进幼儿的思考，达成教学目标。

4. 语气运用策略

语气运用策略是指教师运用口头语言的力度、幅度、速度和间断来表达自己的感情或暗示某种意图，以达到对教学意图的表达和感情色彩的表现。语气的使用要恰当、准确，否定与肯定要明朗，交叉使用疑问、感叹、请求、叙述等几种语气，多用亲切、柔和的语气。

案例 8-26

幼儿园语言（戏剧）活动：狼和小羊[①]

在戏剧活动前段表演中，有这样两句台词："小羊，晚上我要来吃掉你！""狼说晚上要来吃掉我。"教师在示范这两句台词的时候，说道："小羊，晚上我要来吃掉你！"（教师用一种凶狠、霸道的语气，并且"吃掉"用重音。）教师又说道："狼说晚上要来吃掉我。"（教师用柔弱、害怕的语气表达。）

在这个案例中，教师用不同的语气和重音表现不同角色的性格特点，不仅表现出了狼的凶狠、霸道，也表现出了小羊的柔弱、害怕，这种语气符合这个戏剧的角色和活动内容。

拓展学习

请扫描文旁二维码，阅读材料《幼儿教师语言的不规范性及其对幼儿的影响》[②]，说一说如何避免幼儿教师语言的不规范性问题。

---

① 刘金玉、蔡涛、鲁晶：《在幼儿园艺术领域中开展戏剧活动的实践研究》，载《学前教育》，2015(5)。

② 摘自万春：《幼儿教师语言的不规范性及其对幼儿的影响》，载《六盘水师范学院学报》，2015(1)。

二、幼儿园教师无声语言的运用

(一)无声语言的含义与特征

无声语言又称体态语言。它是指口语交际活动中教师通过手势、表情、姿态等手段来传递教学信息的一种语言方式。无声语言常常辅之以各种动作表情，如眉开眼笑、点头哈腰、挥手致意、眼神默许等来帮助表达自己的思想情感，补充和强化有声语言的信息，使教与学的信息和情感得以交流和沟通，从而达到更好的教学效果。幼儿教师运用无声语言需注意以下几点。

1. 自然得体

教师的无声语言是教师内心情感和思想的流露，应随着教学内容、活动情境的变化而转换。幼儿模仿性强，教师的一举一动、一顾一盼都会成为幼儿效仿的对象，因此教师在教育活动中的身姿手势及表情都应符合教育内容和幼儿的年龄特点。对中、大班的幼儿，教师通过体态语言来沟通与交流，可起到一种暗示的作用。

案例 8-27

幼儿园语言(民谣)教学活动：大象鼻子荡秋千①

在民谣教学活动“大象鼻子荡秋千”中，教师在唱民谣的时候，用长长的双臂演绎大象的鼻子。当唱到“请您荡秋千”的时候，教师双手抱起幼儿，随着“唔——唔”的拟声词，让幼儿在空中顺时针旋转一圈。幼儿既惊讶又兴奋，眼睛放光，都期待下一次荡秋千时能轮到自己。

在这个案例中，教师用自己的双臂充当大象的鼻子荡起幼儿，让幼儿都很兴奋，通过这种无声语言实现幼儿与教师之间更好的沟通。

2. 和谐

体态语言主要是指手势语、身姿语和表情语等，这几种体态语言在课堂上可以单独使用，也可以综合使用，综合使用时效果更好，但一定要注意各种体态语言之间的协调性。例如，幼儿回答对了问题，教师一边说“你真棒”，一边伸出大拇指，这对幼儿既有鼓励作用，也能使幼儿心灵快乐。通过有声语言与无声语言的和谐配合、愉快的表情和手语的和谐配合，幼儿能很快掌握内容和意境，从而达到教学的目的。

---

① 陈碧琴：《幼儿民谣教学之“聆听重复”策略》，载《今日教育(幼教金刊)》，2015(5)。引用时有改动。

案例 8-28

幼儿园中班教学活动：小白兔过桥①

在中班教学活动“小白兔过桥”中，教师首先有表情地示范朗读一遍儿歌，向幼儿提问：“儿歌中有哪些动物呢?”然后教师出示小白兔和山羊公公的头饰，一边操作一边朗诵：“小白兔，过小桥，走到桥上瞧一瞧(教师一边走一边瞧一瞧)，山羊公公过来了，摇摇摆摆走上桥(教师摇摇摆摆地走)。小白兔，往回跑，站在桥头把手招(教师往回跑并且招手)。”

在这个案例中，教师不但用了表情这个无声语言，而且加入了眼神(瞧一瞧)、行姿(走，摇摇摆摆地走)、手势(招手)等体态语言。这些无声语言的综合使用，使整个活动更加和谐。

3. 适度

幼儿教师在应用体态语言时要注意力度、幅度，其频率要根据教学的内容和目标的需要而定。做到力度适中，幅度不宜过大，频率不宜过多，根据有声语言的需要，该用则用，但不可滥用。

案例 8-29

幼儿园小班社会教育活动：走路要学小花猫②

在社会教育活动“走路要学小花猫”中，教师结合儿歌进行动作示范。儿歌及动作说明：走路要学小花猫(举起左手、右手，五指张开朝两侧打开)，脚步轻轻静悄悄(脚尖踮起轻轻走，并且保持一定的距离)；不要学那小螃蟹(两手侧平，手指向下摇动)，横冲直撞真糟糕(两脚向外弯步走)。坐着要学小白鹅(昂起头，挺起胸膛)，挺起胸膛精神好(双手放好，坐姿端正)；不要学那小青虾(两手伸高躬起)，驼着背来弯着腰(弯着腰驼着背)。唱歌要学百灵鸟(双手张开放在嘴边)，迎着春风多美妙(张开小嘴，头部左右摆动)；不要学那小乌鸦(双手两侧飞舞)，张开嘴巴哇哇叫(双脚走碎步，张嘴叫)。

在这个案例中，教师在示范过程中动作的力度适中，幅度不大：“脚尖踮起轻轻走，并且保持一定的距离”“头部左右摆动”“双脚走碎步”。这些没有一个具体的标准，需要教师在示范过程中根据教学目标进行适度调节。

---

① 教育部教育管理信息中心：《全国优秀幼儿语言教育活动课例评析》，98～100 页，重庆，西南师范大学出版社，2011。引用时有改动。

② 唐敏智：《小议幼儿园教师的肢体语言》，载《科学大众(科学教育)》，2015(4)。引用时有改动。

（二）无声语言的运用策略

幼儿园教师在教育教学活动中所运用的无声语言很多，包括手势语、身姿语、表情语、目光语、空间语及服饰与打扮等。下面主要讨论手势语、身姿语和表情语的运用。

1. 手势语及其运用策略

手势语是指教师根据教学内容的需要，通过使用手臂、手掌、手指的动作来传情达意的体态语言。它能增强有声语言的说服力和感染力，弥补有声语言的不足，强化幼儿的记忆，促进教学目标的实现。

手势语在幼儿园中一般有三种：第一，情意手语，主要采取拥抱、摸头、拍肩等动作来表达说话者的情感。例如，一个幼儿的回答令教师很满意，教师摸了一下这个幼儿的头。第二，指示手语，采用动作来指明要说的人、事物、方向等。例如，教师做手心向下姿势，示意幼儿坐下；食指放在紧闭的嘴上表示休息、安静；竖起大拇指一般表示肯定、称赞幼儿在活动中的突出表现，表达教师满意、欣喜的心情。对于一些极具创造性的回答和练习完成好的幼儿，教师不妨竖一下大拇指。在组织幼儿竞赛后，教师可伸出食指和中指成V形或击掌，表示胜利。第三，形象手语，用动作来描摹具体的人或物的形貌特征。例如，教师手拿一个苹果，用手指在苹果周围画一个圈，问幼儿苹果是什么形状。

教师在运用手势语时要做到：第一，手势语与教学内容一致，既不可无目的地乱动，又不可固定不变。第二，要自然得体，幅度、频率适宜，富有节奏。例如，需要全体幼儿同时起立时，使用双手上抬的动作。需注意的是，两小臂要稍微分开，构成扇面形，扇面大开口延伸开去，要能包含全体幼儿；手掌上抬的动作，幅度要大一些，力度感要强。如果需要全体中某一列起立时，手掌应略靠拢，呈平行状，掌尖对向该列幼儿，并注意避开其他幼儿。第三，要避免消极的手势语。例如，教师伸出小拇指，表示的是对幼儿行为的轻蔑，这有伤幼儿的自尊心，应避免使用。

2. 身姿语及其运用策略

身姿是指人的身体姿态，由头部、躯干和双腿的动作构成。人的身姿除点头、摇头等头部动作外，还可以分为站姿、坐姿、行姿等。身姿语是指教师在教学中借助站姿、坐姿、行姿等身体姿态来表现教学内容、传递教学信息的一种体态语。正确、良好的站姿、坐姿、行姿体现了教师的基本素质。站姿要求做到肩平、腰直、身正、立稳，忌左右摇晃，以免给人轻率、傲慢或慌张的感觉。坐姿应上身略微前倾，面向说话人，双目平视，下颌微收，双肩平正、放松，挺胸，立腰。忌跷起二郎腿、不时晃动或东倒西歪，以免给人不耐烦的感受。教师的行姿对幼儿的影响很大，正确的行姿能使幼儿跟在教师的身后不掉队，精神抖擞，步履矫健。幼儿教师在教学活动中的坐姿要端正，在郊游或者早操中要注意站姿和行姿的规范。

3. 表情语及其运用策略

表情语是指教师通过脸部和嘴部肌肉的运动，传达或辅助传达教学内容及相关信息的体态语言。

微笑是面部表情的基本形式，也是教师在教育教学活动中面部表情的基本要求。幼儿园教师在教学中应多用欢乐的笑与微笑。笑能给幼儿鼓励，能给幼儿安慰，能给幼儿胆量。眼神(目光)是表情语的核心，常言道："眼睛是心灵的窗户。"教师的目光不仅是心灵的窗户，而且是其借以传达教学信息和组织教学的重要手段。幼儿园教学目光语主要有三种：注视、探视和环视。注视是指教师将目光集中到某一物体或幼儿身上，对他们进行关注，引起该幼儿的注意力和对物体的重视。探视是指教师将目光左右或前后移动，带有寻求解答、得到帮助的一种试探性的观察方式。环视是指教师视线覆盖活动室里的每一位幼儿，表明教师对全班幼儿的关心和较强的课堂局面控制力。① 教师通过目光的交替使用，使幼儿园的教育活动达到应有的效果。

幼儿教师要使教育教学活动开展得有声有色，必须掌握有声和无声两种语言的运用策略，同时还要将两者结合起来，运用自如，恰到好处地展示两种语言的技能和技巧，使两种语言的功能在教育教学活动中发挥最佳效果，以达到应有的教学目标。

本节自评

本节知识点	了解程度				
	☆☆☆☆☆	☆☆☆☆	☆☆☆	☆☆	☆
幼儿园有声语言的含义与特征					
幼儿园有声语言的运用策略					
幼儿园无声语言的含义与特征					
幼儿园无声语言的运用策略					

① 赵伶俐：《课堂教学设计与操作技术》，114页，重庆，西南师范大学出版社，2001。

第三节　幼儿园教学活动中的教师提问策略

在幼儿园教学活动中，教师的提问是一种与幼儿思想交流的重要手段。它能激发幼儿的求知欲，发展幼儿的思维，有利于发挥幼儿的主体性。因此，教师在活动中怎样设置问题，启发幼儿回忆、思考、观察、操作、探索，使教学活动达到一定的效果，需要教师讲究一定的提问策略。在幼儿园教学活动中，由于活动的分类和形式不同，教师运用提问的策略也各异，下面分别予以叙述。

一、幼儿园教学活动中教师提问的含义与作用

(一)幼儿园教学活动中教师提问的含义

提问是教师根据幼儿园教学目标与要求，向幼儿提出一些问题，要求幼儿回答，通过问答这种形式引导与帮助幼儿获取或巩固知识的方法。[①] 具体而言，提问是教师启发幼儿思考掌握教学的重点、要点，并检查其是否达到或在何种程度上达到教学目标，而向幼儿提出问题的操作方式。

(二)幼儿园教学活动中教师提问的作用

提问在幼儿园教学活动中起着重要作用。好的提问表现出以下作用。

1. 增进师幼交流

教学活动是教师和幼儿共同参与的双边活动，师幼在教学中存在大量的交流。实现师幼互动、双向交流的方法很多，其中常用且有效的就是恰当地提问。一个好的问题犹如一条纽带，会将师幼间的认识和感情紧密地联系起来，架起师幼双向交流的桥梁。

2. 集中幼儿注意

幼儿的注意集中时间短而且容易分散，如果教师一直在讲，那么活动氛围会十分沉闷。如何增强教学的吸引力，把幼儿的注意磁石般地牢牢吸引住，以顺利完成教学活动呢？实践证明，当教师提出问题时，往往会使幼儿的注意处于高度集中的状态。良好的教学提问艺术既是一种镇静剂，又是一股凝聚力，它能保证教学活动的顺利开展。

3. 激发幼儿兴趣

教师精心设计的新奇的教学问题，可以激起幼儿强烈的求知欲和浓厚的学习

① 沈龙明：《实用课堂教学艺术》，75～76页，长春，东北师范大学出版社，2001。

兴趣。例如，小班健康教育活动“小蝌蚪找妈妈”，活动过程中，教师做着蝌蚪游的动作，并念儿歌：“小蝌蚪，游呀游，圆圆脑袋黑油油，细细尾巴扭呀扭。小河里面游呀游，游来游去想一想，妈妈，妈妈你在哪儿?”此时，教师看到幼儿注意力有些分散，便问：“小朋友们，小蝌蚪的妈妈到哪里去了呢？如果你们没有看到自己的妈妈，怎么找妈妈呢?”通过这样的提问，唤起幼儿的生活经验，激起幼儿的兴趣，活跃了活动气氛，而且引出了后面小蝌蚪找妈妈的环节。①

4. 促进幼儿思维的发展

幼儿园教学活动中一个巧妙的提问，常常可以一下子打开幼儿思想的闸门，收到“一石激起千层浪”的效果。例如，在区域活动②中，熊熊在建筑区搭建了15层高的又稳又漂亮的“金字塔”，教师提问：“熊熊，你是怎样把这个金字塔建得这么稳的？你能给同学们展示一下吗?”通过熊熊的展示，幼儿发现了一个规律：越下层的木片数量越多，越上层的木片数量越少。教师通过提问，激起了幼儿在观察中的思考。在热烈的讨论中，幼儿了解了数量、结构、稳定性的关系等知识。

5. 锻炼幼儿表达能力

幼儿表达能力的提高，总是离不开一定的语言表达情境及相应活动。教师提问的目的之一就在于为幼儿创造条件，给他们增加一些表达的机会，提高他们的口头语言表达能力，使他们学会熟练地组织语言、准确地表达自己的观点、提高语言表达的逻辑性和灵活性。

6. 提供教学反馈信息

教师通过提问，可以了解幼儿对知识的理解程度，检查幼儿对所教重点内容的掌握情况，探明幼儿知识链条上的漏洞和产生错误的原因，全面掌握幼儿的个别差异和个性特点，反省自己教学中的不足，灵活地调整后续教学活动。同时，幼儿通过问答，可以从教师那里获得评价自己学习状况的反馈信息，在活动中不断审视自己，改进自己的学习态度、方法、习惯等，使自己后续学习活动更富有成效。所以，教师应深刻地认识并充分利用教学提问这一重要功能，为更好地提高教学质量和效率服务。

二、幼儿园教学活动中教师提问的类型

教师的提问从不同的角度可以分成不同的类型。最有影响的是根据布卢姆的认知领域六层次分法(识记、理解、运用、分析、综合、评价)，将教学活动中的

① 孙梦亥：《小蝌蚪找妈妈(小班)》，载《幼儿教育》，2005(9)。

② 丁晓函：《金字塔搬家》，载《学前教育(幼教版)》，2015(3)。

提问分为认知性提问和非认知性提问。认知性提问又可分为低认知性提问和高认知性提问，低认知性提问包含识记、理解和运用层次的提问，高认知性提问包含分析、综合和评价层次的提问。非认知性提问又可分为情感态度性提问和常规性提问。下面主要讨论认知性提问。

(一)识记层次的提问

识记层次的提问是指用来确定幼儿是否记住先前所学的材料(包括对已有概念、规则、方法、过程等内容)的提问。问题的内容不会超出幼儿先前所掌握的知识范围，幼儿对这类提问的回答涉及的心理过程主要是回忆，这是认知性提问中最低层次的提问。在这类提问中，教师常用的关键词是：谁、什么事、哪里、什么时候等。例如，在讲完《小鸡快跑》的故事后提问：故事中除了有小鸡之外，还有其他什么动物呢？

(二)理解层次的提问

把握所学材料的意义，即对所学知识有一个基本的理解，属理解层次的提问。理解层次的提问要求幼儿能够用自己的话来叙述所学知识，能比较和对照知识或事件的异同，能把一些知识从一种形式转变为另一种形式。这类提问可以帮助幼儿组织所学知识，弄清它们的含义。在回答这类问题时，幼儿需要掌握基本的知识储备。在这类提问中，教师常使用的关键词是：叙述、比较、对照、解释等。例如，在给幼儿讲完《小老鼠上灯台》的故事后提问：哪个小朋友能够再把故事给其他小朋友讲一讲呢？

(三)运用层次的提问

运用层次的提问是将所学材料运用到新的情境中，包括对概念、规则、方法的运用。运用层次的提问是指可用来鼓励和帮助幼儿运用已学知识解决问题的提问。它要求幼儿了解、分析问题的情境，将掌握的知识运用于问题之中。在这类提问中，教师常使用的关键词是：应用、运用、分类、选择、举例等。例如，在给幼儿讲解《小鸡快跑》时，提问：小鸡们可以通过什么方式跑出农场？引导幼儿想出小鸡可以借助工具或者与其他动物合作等方式跑出农场。①

(四)分析层次的提问

分析层次的提问是指要求幼儿分析知识的结构、因素，弄清事物间的关系或事物的前因后果的提问。在这类提问中，教师常使用的关键词是：为什么、什么原因、分析等。在欣赏散文诗《夜里什么人不睡觉》时，诗中有这样的句子："黑夜的星空下，火车在大地上奔跑……车上的旅客在火车上睡得又香又甜，就像在家

① 田佳：《调动参与感，一场美术教学中家长的互动体验》，载《今日教育(幼教金刊)》，2015(5)。

里一样。”[1]在听完这首诗后，教师提问：为什么车上的旅客睡得又香又甜，像在家里一样呢？这是什么人的功劳呢？启发幼儿思考，原来是火车上工作人员的不睡觉才能使旅客睡好。

(五)综合层次的提问

综合层次的提问是指用来帮助幼儿将所学知识以另一种新的或有创造性的方式组合起来，形成一种新的关系的提问。这类问题有助于发展幼儿的创造力，考察幼儿对某一内容的整体理解。在这类提问中，教师常使用的关键词是：如果……会……，总结一下等。例如，在中班规则游戏“给小兔子送萝卜”中，小朋友摆好萝卜地、小兔子的家、交通信号灯、交警等，但是在这个过程中发生了送萝卜的车翻了，红灯、黄灯、绿灯一起亮了，导致撞车等事件，但最后还是成功地把萝卜送到了小兔子的家。在活动结束后，教师提问：如果让你再给小兔子送一次萝卜，你有什么更好的办法将萝卜很快地送到小兔子家里吗？[2]

(六)评价层次的提问

评价层次的提问是指帮助幼儿根据一定的标准判断事物价值的提问。它要求幼儿对一些观念、问题的解决办法或伦理行为进行判断和选择，并提出自己的见解。在这类提问中，教师常使用的关键词是：你对……有什么看法、判断等。例如，教师给大班幼儿讲解了我国击剑运动员栾菊杰的故事。当年栾菊杰与苏联运动员比赛时，不慎负伤了，她就在心中默念：“千万不能让别人知道我受了伤，只要能把五星红旗挂上去，就算让我去死我也干，拼了!”最后她终于赢得冠军，将五星红旗升上了国际剑坛。讲完故事后，教师就问幼儿：“栾菊杰为什么在受伤后还能赢得冠军呢?”幼儿就有了“因为她努力”“因为她自我暗示”等答案，通过这种评价性的提问激发幼儿的生活经验和树立自己的价值观。[3]

三、幼儿园教学活动中教师提问技能的运用策略

教师在教学活动中的提问是增进师幼交流、集中幼儿注意力、促进幼儿思维、调动幼儿主动参与教育活动的一种手段。教师应灵活、机智地应用提问策略，以更好地为教学活动服务，使之达到应有的效果。因此，教师应该把握提问的时机、提问的对象、提问的方式、提问的难度、提问的新异性、提问的层次。

(一)提问的时机

在什么时候提出问题最为恰当？总的来说，要在教师创造了问题情境、激起了幼儿的注意时才提出问题，并且问题应提在教学内容的关键处、理解知识的疑

---

① 朱涤瑕：《幼儿园散文诗歌欣赏教学的四种指导策略》，载《今日教育(幼教金刊)》，2015(6)。
② 许婕：《探究使我们慢下了脚步》，载《学前教育(幼教版)》，2015(3)。
③ 于美荣：《巧用自我暗示法提高幼儿的自信心》，载《学前教育(幼教版)》，2014(12)。

难处和思考问题的矛盾处。这样才能使幼儿有接受问题的心理准备和愿望。那么是先提出问题再点名回答，还是点名后再提出问题？在教学实践中应当是先提出问题，让每位幼儿都投入思考，然后再组织幼儿回答问题。

(二)提问的对象

教师在提问时需坚持面向全体、照顾个别的总原则。考虑提出的问题是否调动了全体幼儿的积极性，给予幼儿平等回答问题的机会，适当地增加提问幼儿个体的数量，力求大部分幼儿得到不同程度的锻炼。同时根据不同的幼儿提出不同的问题，针对幼儿的个性差异选择提问对象，如对胆小、孤僻的幼儿的提问应相对简单容易些，对胆大、好动的幼儿的提问应相对难一些。提问时避免以惩罚为目的来选择提问对象。

(三)提问的方式

其一，教师提出的问题要具体、准确、明了，答案的内涵和外延应清楚，不能模棱两可。例如，在美术活动“秋天的大树”中，教师在开始活动前提问：秋天的树叶是什么颜色的？和春天的树叶的颜色有什么不同？这种准确的提问让幼儿了解秋天的树叶和春天的树叶的颜色不同，而且使幼儿在想象中欣赏秋天的美丽。

其二，教师提问时声音清楚，使大家听得明白，不要对同一个问题说好几遍，以免使幼儿养成不专心听问的习惯。

其三，提问的态度要亲切、和蔼，带几分神秘。切忌在幼儿回答时故意大量反问、追问，弄得幼儿心惊胆战、手足无措，不要事先将答案框得太死，当幼儿答得不符合要求时，一般不要非得“引君入瓮”不可。例如，在幼儿回答完问题后，如果觉得和预设的答案不同，教师不要反复追问“是吗”“还有呢”等问题让幼儿害怕。

(四)提问的难度

根据最近发展区理论，教师的提问应难易适度，提出的问题在幼儿已有经验的基础之上，要稍高于幼儿现有水平，这些问题是幼儿在独立思考或教师提示后能回答的。例如，在“快乐小鸭”歌唱教学活动中，第一次听歌曲后教师提问：“谁来了?”第二次听完后提问：“到底是谁来了？它在做什么?”第三次听完后提问：“发生了一件什么事情呢?”[①]虽然幼儿在第一次听到后可能不知道答案，但是通过多听让幼儿在已有经验的基础上不断猜测和验证，最后得到答案。

(五)提问的新异性

教师的问题要力求能激发幼儿的兴趣。例如，大班科学活动“报纸的妙用”中，教师这样导入：“小朋友，你们看，我带来了什么礼物？(边说边随手揭去遮盖魔

---

① 陈碧琴：《幼儿民谣教学之“聆听重复”策略》，载《今日教育(幼教金刊)》，2015(5)。

术箱的布。)哇！原来是一只神秘、漂亮的魔术箱！你们想知道里面有什么东西吗？好，我们就来做‘你问我答猜猜猜’的游戏，猜猜魔术箱里到底有什么东西。现在请你们提问，我来回答。”

幼 1：“什么东西做的？”

师：“纸做的。”

幼 2：“做什么用？”

师：“用来看的，可以从上面了解许多新闻。”

…………

师：“好，现在你们猜出里面是什么东西了吗？”

幼(异口同声地)：“报纸！”

通过师幼互相设疑答疑，吸引了幼儿的注意力，激发了幼儿接受新事物的信心和求知的欲望。①

(六)提问的层次

一个教学活动的提问应有合理的安排，做到环环相扣，将问题设计成一个个由浅入深、由易到难、前后衔接的问题。例如，在自主游戏活动“医生看病”中，有的幼儿不愿意参加，但是教师拿出手机：“你会使用手机吗？让我们来把小朋友们玩的医生游戏拍下来好吗？我们先拍哪里呢？如果我们去看病，应当先做什么，后做什么呢？”②通过这种递进的提问，幼儿不由得提起兴趣，加入这个游戏中。

想一想

科学教育活动“认识声音”中，教师先敲小铃，然后问幼儿：“刚才你们听到了什么声音？”接着又问：“你们是用什么听到小铃的声音的？”出乎意料，有一位幼儿回答说他是用眼睛看到的。于是，教师又提问：“那你看到的声音是怎样的呢？是圆的还是方的？”那位幼儿犹豫再三，回答说：“声音是圆的。”这时教师也没辙了。

本次活动不告而终，请分析问题出在哪里。

① 朱良、陈思群：《幼儿教育案例选》，169 页，杭州，浙江大学出版社，2004。

② 沈群英：《解读童心，玩出精彩》，载《今日教育(幼教金刊)》，2015(1)。

本节自评

本节知识点	了解程度				
	☆☆☆☆☆	☆☆☆☆	☆☆☆	☆☆	☆
幼儿园教师提问的含义与作用					
幼儿园教师提问的类型					
幼儿园教师提问技能的运用策略					

第四节　幼儿园教学活动中的观察策略

观察评价是幼儿教师应当具备的重要的专业知识和能力，是幼儿教师一项十分重要的基本功。《专业标准》规定，幼儿教师需要“掌握观察、谈话、记录等了解幼儿的基本方法”，“有效运用观察、谈话、家园联系、作品分析等多种方法，客观地、全面地了解和评价幼儿”。幼儿园教学活动中的观察是指幼儿教师对幼儿在教学活动中的表现、动向进行细察，并通过幼儿的言语、行为及情感来了解幼儿内心世界的一种行为。幼儿教师要能随时随地捕捉幼儿发出的需求信息，并快速做出正确的判断和反应。凭借这种能力，教师才能与幼儿进行良好的沟通，并在相互作用中对幼儿进行有效的指导和提供针对性的帮助。

一、幼儿园教学活动中观察的意义

理解幼儿是教育的基础，对于一个称职的幼儿教师来说，他的第一个技能也是最重要的技能是读懂幼儿，能够从幼儿的行为和行为变化中分析出他们的情感和需要。[①] 观察幼儿是理解的基础，因为幼儿用语言表达自己的能力很弱，对其自身状态的把握能力也很弱，这就需要教师对幼儿的各种行为表现、情感、需要等进行观察，获取了解幼儿的第一手材料。如果把幼儿比喻为一部摆在教师面前的难读的作品，理解它很不容易，而观察就是读懂这部作品的必由之路。一个不会观察的教师是不称职的。在幼儿园教学活动中，观察主要有以下几个方面的意义。

(一)有利于因材施教，进行针对性教学

每个幼儿都是独特的个体，因遗传、家庭、环境等因素的不同，每个幼儿都

---

① 王烨芳：《学前儿童行为观察与分析》，9页，南京，江苏教育出版社，2012。

有着不同的发展速度，接受知识和新事物的快慢也不同，兴趣爱好也不尽相同。教师只有通过教学活动中的观察，才能深入了解每个幼儿的实际情况，合理安排教学计划，促进每一个幼儿健康成长和全面发展。

案例 8-30

不一样的眼神，不一样的提问①

在教学活动中，教师观察幼儿的眼神，并有针对性地进行提问，是实现面向全体、因材施教的一种有效方法。例如，有的幼儿眼睛炯炯有神，他们往往注意力集中、思维活跃，对他们的提问就应带有一定难度，让他们积极思考后解答。有的幼儿流露出怀疑的眼神，对他们的提问就得降低难度，重在让他们大胆说出自己的想法和见解。有的幼儿眼神游离不定或茫然，这说明他们还没掌握所学的内容，提问就得针对一些最基本的教学内容进行，并根据他们的回答情况进行补偿教学。

（二）有利于了解幼儿能力发展水平

幼儿教育科学研究及幼儿科学教育技术的不断发展和完善，为我们提供了了解和检测幼儿能力发展水平的手段和方法，但观察仍然是幼儿教师和研究者获得幼儿能力发展水平信息的主要途径之一。在幼儿园教学活动中，对幼儿能力发展水平的检测一般是通过量表考查和观察两种途径进行的，但对从事一线教育的幼儿教师而言，观察比用量表考查要简便易行，也更能真实、直接地反映幼儿的客观状况，便于教师全面地了解幼儿的能力发展水平。

案例 8-31

小小“领导”②

小明和小刚都是李老师班上的学生。李老师发现在游戏时，小明有很多主意，组织能力很强，许多小朋友常围在小明身边，也愿意听从小明的安排，小明常常担任小朋友们的“小老师”；而小刚却没有自己的主见，总是跟在别人后面，在游戏中常常处于“配角”或者可有可无的地位，也很害怕主动和别的小朋友交流玩耍。

上述案例中，幼儿教师通过观察，以及对幼儿在活动中的表现和行为的分析，了解幼儿之间能力上的差异。比如，小明具有较强的领导能力，教师可以针对其

---

① 摘自孙毅敏：《提问与眼神》，载《早期教育（教师版）》，1997(3)。

② 许卓娅：《幼儿园课程理论与实践》，122页，南京，南京师范大学出版社，2002。引用时有改动。

特长进行强化；小刚社交能力较弱，教师可以在之后的教学活动中着重加强对其社交能力的培养。

(三)从侧面了解幼儿的心理需要

观察不但可以使教师了解幼儿在学习水平、社会性等认知与能力上的发展状况，还可以通过对幼儿行为特征的分析，深入了解幼儿的心理状况。一般来说，幼儿的心理变化往往能通过语言、表情、动作等方式表露出来。有时，一个原来活泼的幼儿突然沉静下来、默不作声，有可能是遇到了不顺心的事；而一向听话、内向的幼儿突然有粗暴的言行，也可能是他需要发泄内心的不满。识别幼儿语言或动作中真正隐含的心理状态，有时是比较困难的，这就需要教师细致、敏锐地观察和对幼儿有深入了解。

案例 8-32

“沉默”背后的故事①

小祥原来是个性格相对外向、比较活泼、喜欢和小朋友们玩耍的孩子，可是最近几天不知道为什么突然变得很沉默，不爱说话也不爱玩耍了。当老师问他怎么了时，他也不说。老师和小祥家长交流了一下小祥的近期情况，可是家长并没有感觉小祥有什么异常情况。之后，老师便更加仔细地观察小祥的情况。在一次认识动物的学习中，老师让每个人介绍自己熟悉的动物，到小祥时，小祥突然哭了起来。老师仔细询问小祥，原来，和小祥一起长大的小狗“毛毛”前段时间死了。老师把这个情况跟小祥家长进行了交流，周末的时候家长带着小祥去宠物市场又买了一只可爱的小狗。慢慢地，小祥又恢复了原来活泼开朗的性格。

上述案例中，小祥表现的细微变化可能不会引起家长的注意，如果不是教师的细心观察与发现，可能会导致小祥性格上的变化。长期忽略幼儿的心理需要，不利于幼儿的健康成长和发展。

(四)有利于促进幼儿教师的专业素质发展

随着学前教育改革的深入，幼儿教师逐渐更新了教育理念，但是面对复杂多变、教无定法的教育情境，许多教师还是会产生诸多不适。而观察可以为教师提供一个反思平台，清楚地再现幼儿的学习状况和自身的教育行为，并引导教师明白哪些教育行为才是有价值的，怎样才能做得更好。这样的观察和分析可以使教师的专业能力得到提高。

① 该案例来自河南省宜阳县盐镇乡小天使幼儿园，李萌老师观察并记录。

案例 8-33

让幼儿开心入园①

赵老师是一个参加工作不久的幼儿教师，这学期，她接手了一个小班。自开学以来，她就开始对自己班上每一位幼儿的入园适应情况进行观察。她的工作记录中有这样的文字："××小朋友走到幼儿园门口，抱着妈妈说不愿上幼儿园，经过了解，该小朋友性格内向，害怕与别的小朋友一起玩。"可以说，这是一次不大的观察，但是经过长期的积累，赵老师已经可以通过对新入园幼儿的哭闹时间、家长处理方法、幼儿情绪变化等过程的细节观察，根据不同幼儿的特点采用不同的切实有效的新生入园教育策略。

如上述案例所示，赵老师根据自身观察的积累，针对不同幼儿的特点采用切实有效的新生入园教育策略，使幼儿开心入园的同时，教师自身的能力也得到了锻炼，在新生入园教育方面受到领导和家长的认可。

二、幼儿园教学活动中观察的方法

在幼儿园教学活动中，观察幼儿的方法很多，常见的有实况详录法、取样观察法(时间取样观察法、事件取样观察法)、等级评定法、描述观察法(日记描述法、逸事记录法)、行为检核法。幼儿教师或观察者可以根据观察的需要，选择合适的方法。

(一)实况详录法

实况详录法是指幼儿教师在教学活动中详细、完整地记录被观察幼儿在自然状态下发生的行为，然后对所收集的资料进行分类，并加以分析的方法。它可以是对被观察幼儿的行为进行连续的定期观察，也可以是定点的持续观察。实况详录法可在观察现场用纸笔记录，还可利用录音、录像等设备，将观察行为和事件全部实录下来，供以后分析处理。

在实况详录法的实施过程中，幼儿教师作为观察者的主要任务是尽可能对行为进行详细客观的描述，不做主观推断和分析，犹如绘画中的素描一样。

实况详录法能提供较为详尽的行为信息和行为发生的背景信息。实录下来的资料可以较为完整地保存，也可供反复观察和分析使用。

① 该案例来自河南省宜阳县盐镇乡小天使幼儿园，李萌老师观察并记录。

案例 8-34

现场详录①

观察对象	丽丽	幼儿年龄	4岁	观察地点	幼儿园教室
观察时间	9：20—9：35		活动内容	自由游戏	
时间	幼儿行为				
9：24—9：29	丽丽慢慢地走到图书角，乐乐、冬冬和天天已经坐在那儿看书了。她坐下来，但没有和任何人说话。天天对丽丽的到来立刻做出了反应，说：“嗨！丽丽，和我一起读书好吗？”丽丽说：“我不会读。”天天说：“我们先看画画吧！”丽丽慢吞吞地表示同意：“好吧。”天天高高兴兴地走过去取书。丽丽没有和冬冬打招呼，乐乐和冬冬也没有对丽丽说什么。				
9：29—9：35	天天拿了一本书回来，想靠近丽丽坐下，但丽丽往边上移了移，使他们之间保持了一段距离。乐乐问：“你们两个在干什么呀？”天天回答说：“不用管，我们忙着呢！”丽丽却一语不发，站起身来慢慢走向积木区。				

上述案例中，通过实况详录法的记录，我们可以从中清楚地发现丽丽是个胆怯、羞涩，近乎有些畏缩的女孩，缺乏社交能力。实况详录法可以将干瘪的语言文字叙述转换为翔实、生动的影像记录，方便观察者对问题进行重复性观看和解决。

(二)取样观察法

取样观察法是一种严格、系统的观察方法，是观察者根据一定的标准，抽取一定的幼儿行为进行观察、记录和研究。运用这种观察法，要求观察者事先做好周密的计划和准备，选取对象具有较强的可靠性和代表性。观察前，观察者需事先决定取样的方式。常见的取样方式有时间取样和事件取样。

1. 时间取样观察法

时间取样观察法是指幼儿教师在教学活动中，根据事先设定的观察对象、观察问题，在规定时间长度内获得目标现象在观察时间内的行为样本。在观察过程中，可将描述的行为类别事先转换成代码，以便在现场观察时能迅速准确地判断。时间取样观察法适用于记录快速而连续发生的行为。

时间取样有很多方式，教师可以用“正”或“√”表示某种行为(如幼儿使用某种特殊的语言)。在观察时段内出现的频率，可以累计在观察时间内，指出某行为

---

① 陶保平：《学前教育科研方法(修订版)》，75页，上海，华东师范大学出版社，2006。引用时有改动。

(如举手)出现的次数；也可以在观察的时段内，指出某行为是否一直持续。从这样的观察中，教师可以知道在该观察时段内，目标行为到底有没有发生。

案例 8-35

幼儿亲社会行为时间取样记录①

某幼儿园王老师想要了解幼儿的亲社会行为，她准备从 9：30 到 11：00 的集中教学活动中，观察自己班级 15 名幼儿亲社会行为及其发生的频率，一共观察 90 分钟。王老师将这 90 分钟平均分配在 15 名幼儿身上，即每名幼儿观察 6 分钟。为了取得具有代表性的行为，她准备在一星期内反复这个过程 3 次，这样每一名幼儿一共观察记录 3 次，每次 6 分钟。下表是其中一名幼儿的观察记录表。

亲社会行为时间取样记录表

观察对象		飞飞		年龄		5 岁		性别	女
序号	日期	开始时间	结束时间	行为出现次数					备注
				合作	分享	谦让	帮助	同情	
1	3.20	9：30	11：00	√√		√√			
2	3.21	9：30	11：00	√	√√				
…………									

通过观察并马上记录，可以看到在单位时间内每一种目标行为出现的次数。例如，飞飞在 3 月 20 日和 21 日都发生了亲社会行为，但发生的次数是不同的，20 日发生了 4 次，21 日发生了 3 次。通过取样记录表不仅可以了解幼儿行为出现的次数，而且知道出现目标行为的种类。

2. 事件取样观察法

事件取样观察法是取样观察并记录某种特定事件的方法。在进行事件取样观察法之前，教师应事先明确观察的对象、目的、所要研究的行为及时间、地点等，并设计出方便、实用的记录表格。

① 王琼：《时间取样观察法在幼儿园中的运用》，载《齐齐哈尔高等师范专科学校学报》，2013(2)。引用时有改动。

案例 8-36

一位教师与两位小朋友的互动[①]

为了观察教师在吃午饭时如何帮助小班幼儿佳佳和陈陈，观察者在观察之前把教师与幼儿的对话及幼儿在得到教师帮助前后的行为作为观察目标，设计了如下观察记录表。

午餐时教师与幼儿互动观察记录表

幼儿	时间	教师与幼儿互动前的表现	教师与幼儿的语言互动	教师与幼儿互动后的表现	观察者的疑问和解释
佳佳	11:00				
	11:05				
陈陈	11:00				
	11:05				

11:00吃午饭时，大家都在吃饭，佳佳愣在那里，眼睛看着别的小朋友，教师走过去说："佳佳今天吃饭要自己来。"于是，佳佳拿起勺子看着自己的碗，过了10秒左右，用勺子吃了第一口，慢慢地在嘴里嚼，边嚼边看着其他小朋友。吃第二口时，勺子一斜，饭掉在了桌上。吃第三口时也不顺利，菜从碗里到嘴里，就掉了一半。教师走过来对她说："佳佳今天自己吃了3口，老师看见了，很好。"……接着教师走到陈陈面前，把她碗里的青豆拿出来，单独放在一个碗里，陈陈笑了……

11:05，教师自己拿起勺子，帮忙喂佳佳吃饭，边喂边说："吃一口饭，喝一口汤。佳佳就像这样吃饭好吗?"……

在上述案例中，幼儿教师通过观察完成表格内容并进行整理分析，可以对设定的观察目标有清楚的了解和认识，对幼儿的进步也有清晰的了解，便于在接下来的活动中帮助幼儿进步和成长。

(三)等级评定法

等级评定法是在教学活动中对幼儿进行观察后，用等级评定量表对所观察的行为事件的特征加以评定的一种方法。等级评定法不必对教学活动中的每一次观察的具体事实进行描述或记录，而是在观察之后，按等级评定量表规定的项目，凭借总体印象，对观察对象的行为特征给予数量化的评定，即用数量化的形式来判断行为事件在程度上的差异。等级评定法相对简便，容易操作，在实践中运用较广。

① 王烨芳:《学前儿童行为观察与分析》，45页，南京，江苏教育出版社，2012。引用时有改动。

案例 8-37

幼儿园教学活动等级评定[1]

为了了解幼儿在××教学活动中的表现，教师对幼儿的表现和行为进行观察，并在观察结束之后，在下表中选出最适合幼儿情况的答案。

幼儿园教学活动等级评定量表

幼儿姓名		性别		年龄	
观察时间			观察者		
行为	优	良	中	差	较差
在教学活动中，幼儿的积极性					
在教学活动中，幼儿回答问题的情况					
在教学活动中，幼儿掌握知识的情况					
…………					

说明：幼儿教师依照所设定的行为问题，对幼儿在教学活动中的表现根据一定的标准进行评定。

优：注意力集中，积极参与教学活动；积极回答问题，答案标准；完全掌握教学活动中的知识。

良：注意力基本集中，参与教学活动；能够正确回答问题；良好掌握教学活动中的知识。

中：注意力基本集中，参与教学活动热情不高；基本能够正确回答问题；基本能够掌握教学活动中的知识。

差：注意力基本不在教学活动中，基本不参与教学活动；回答问题答案有所偏差；较少掌握教学活动中的知识。

较差：注意力不在教学活动中，不参与教学活动；不回答问题或回答问题答案完全错误；基本没有掌握教学活动中的知识。

上述案例中，教师可以根据等级评定量表的记录，清楚地了解幼儿在教学活动中的表现以及幼儿对知识的掌握情况。

(四)描述观察法

描述观察法是指幼儿教师对幼儿在教学活动中的表现、行为进行观察，并用

① 王烨芳：《学前儿童行为观察与分析》，49～50页，南京，江苏教育出版社，2012。引用时有改动。

记叙性或描述性语言记录观察对象的动作、语言和活动，从中获得幼儿个体或群体在教学活动中的表现。描述观察法比较灵活和方便，观察者受限制较少，适于幼儿教师或家长在幼儿园或家庭日常生活中使用。

根据观察记录和目的要求及效果的不同，描述观察法可分为日记描述法与逸事记录法。

1. 日记描述法

教学活动中采用的日记描述法，是指教师较长时间记录一个或几个特定幼儿在教学活动中的表现和行为信息，主要记录幼儿在教学活动中发生的新行为或新事情。教学活动日记一般由任课幼儿教师来写，一部完整的教学活动日记往往是一部幼儿在教学活动中表现的成长史。持续而有规律的教学活动日记能长时间保存，可以帮助教师了解日常教学活动中容易发生的问题和对应的解决方案。

案例 8-38

一位美术老师的一则日记①

观察时间：×月×日

观察地点：××幼儿园中班

观察对象：刚刚

观察记录：今天我上美术活动课。我讲解完毕之后，幼儿们开始动手画自己的画。刚刚左手放在纸上，右手握笔，想画点什么，但又停住了。向左右望望，又想画点什么，可还是没有下笔，他抬起头来看了一眼对面的强强的画。强强正全神贯注地画一只小花猫，刚刚看清楚了，也在自己的纸上画了一只同样的小花猫。画好后，他又停住了，握着笔开始犹豫。这时，他又看了一眼强强的画，强强正在画一座桥，刚刚看到了，又在自己的纸上画了一座桥，和强强的一模一样。后来刚刚又照强强的画，画了同样的鱼、花朵、树木和山坡。

上述案例中，不难发现，虽然刚刚具有一定的绘画造型能力，但是缺乏绘画构思能力和独立性与创造性。教师可以在今后的教学活动中有针对性地加强刚刚的绘画构思能力和独立性与创造性。

2. 逸事记录法

逸事记录法是幼儿教师对在教学活动中可以表现幼儿个性或对幼儿某方面的

---

① 刘云艳：《幼儿园教学艺术》，250页，重庆，西南师范大学出版社，2001。引用时有改动。

发展有价值、有意义的行为情境所做的记录。幼儿教师可以在观察后，简略写下观察的摘要或心得。这些记录可能是幼儿在教学活动中表现出的里程碑事件(如××开始主动回答问题了)、行为事件(如××在今天的教学活动中表现得很兴奋)或重要的偶发事件(如××在手工课上，第一次争抢游戏材料)。逸事记录不受观察时间的限制，无须连续跟踪观察，运用起来简单方便，可以让教师了解一些其他方法所不易捕捉到的幼儿在教学活动中的行为。

案例 8-39

幼儿为什么“揉眼”①

王老师有时在中午饭后会组织幼儿看一会儿动画片。但是昨天王老师发现胡胡在看电视的时候不断揉眼睛，不看电视就不揉了，由此，王老师想起前两天也看到其他幼儿有类似的情况。王老师突然意识到，看电视、电脑对幼儿的眼睛不好，要尽量减少看电视、电脑的时间。一方面，王老师和家长说不要让幼儿长时间看电视；另一方面，自己也要少给幼儿看电视、电脑。

上述案例中，王老师在带班过程中看到了重要的偶发事件——几名幼儿揉眼睛的动作，于是便以逸事记录的方式简单记录了事件的过程，并谈了自己的感想。教师在记录中简单推测了原因，并期望通过不断观察修正结论。事实上，幼儿园教师每天都在做着类似的观察和反省，如果记录下来便是运用了逸事记录法。

(五)行为检核法

行为检核法又称清单法，是将在教学活动中要观察的行为项目排列成清单式的表格，然后通过观察，检查该行为在教学活动中是否呈现的一种方法。行为检核法操作简单方便，在观察研究中使用频率相对较高。

实施行为检核法，必须在观察前制订好观察表格，列出所要观测的具体项目。在教学活动观察过程中，只要所列行为一出现，便可在该项目上做出记录。

案例 8-40

大班幼儿认识图形能力的检测②

某幼儿园要检测大班幼儿对圆形、正方形、三角形等图形的认识情况，具体测试幼儿按名称指出图形、按图形说出名称两个方面的能力。为了详细记录每个幼儿对图形的认识情况，该幼儿园设计了下表。

---

①　王烨芳：《学前儿童行为观察与分析》，60～61 页，南京，江苏教育出版社，2012。引用时有改动。

②　陶保平：《学前教育科研方法(修订版)》，84 页，上海，华东师范大学出版社，2006。引用时有改动。

大班幼儿认识图形能力的行为检核表

幼儿姓名		性别		记录者	
观测内容		按名称指出图形		按图形说出名称	
		能	不能	能	不能
圆形					
正方形					
三角形					
菱形					
长方形					
椭圆形					

通过上述行为检核表，幼儿教师可以清楚地知道幼儿对圆形、正方形、三角形等图形的认识情况。

三、幼儿园教学活动中观察的步骤

教学活动中的观察是一项系统性工作，在进行观察前，要做好准备工作，严格按照观察的步骤来进行，并确保实事求是、客观公正。教学活动中观察的一般步骤如下。

(一)明确研究问题，选择观察对象

在进行教学活动观察之前，应明确研究问题，据此确定观察对象、时间等。

(二)制订观察计划

根据所要研究的问题及观察对象等，制订观察计划。计划中要明确观察的目的、重点、范围、要收集的材料、观察的次数、每次观察的时间、采用的仪器、制订哪些表格以及填写的要求等。

(三)做好观察准备

观察准备是否充分，往往影响观察的成败。只有周密的观察准备，才能准确地收集观察材料。观察准备的主要工作有：根据观察计划的要求，将要观察的内容具体化和指标化；选择观察途径和方法；确定人员分工及应变措施等。

(四)观察并客观记录观察内容

幼儿教师在教学活动观察过程中要注意看、听、问、思、记等的互相配合，以便达到最佳效果。应该客观真实地记录观察内容，以便后续工作的开展。

(五)整理分析观察内容

幼儿教师在教学活动观察过程中应详细检查记录材料，确保材料全面完整、正确无遗漏，对需要加以说明的做出说明，在观察结束后将观察记录材料进行分

类并整理保存。

(六)针对观察中的问题提出解决方案或改进措施

幼儿教师对观察记录材料应进行分析研究，提出自己的认识、见解，并加以理论论证，撰写成研究报告。报告需对观察中发现的问题提出解决方案或改进措施。

拓展学习

请扫描文旁二维码，阅读材料《让教室里的评价“活跃”起来——浅谈幼儿教师观察与记录的选择策略》[①]，说一说幼儿教师在观察中常有哪些困惑。

本节自评

本节知识点	了解程度				
	☆☆☆☆☆	☆☆☆☆	☆☆☆	☆☆	☆
幼儿园教学活动中观察的意义					
幼儿园教学活动中观察的方法					
幼儿园教学活动中观察的步骤					

思考与练习

1. 请分析下面案例中语言的使用是否合理，并说明原因。

中班语言教育活动：小壁虎借尾巴

师：“那天咱们看到了一只小壁虎，小朋友们还记得它吗？它是怎么爬的呀？来，咱们一块儿来学一学。”(随着背景音乐，教师与幼儿一起学着小壁虎的动作爬进活动室。)

引导幼儿看课件、听故事，听完第一遍故事后，教师开始提问。

师：“×××告诉我，他那天看见一只小壁虎的尾巴断了，那你们说说，小壁虎的尾巴断了，怎么办?”(让幼儿进行集体讨论，然后说说他们给小壁虎想了什么办法。)

师：“今天我也看见一只小壁虎的尾巴断了，咱们一起看看它的尾巴是怎么弄断的。”(观看课件)“小壁虎找小鱼干什么呀？它借到尾巴了吗？它对小鱼说了什

---

① 摘自秦旭芳、王源滔：《让教室里的评价“活跃”起来——浅谈幼儿教师观察与记录的选择策略》，载《天津师范大学学报(基础教育版)》，2016(3)。

么？它又对老牛说了什么呢?”

请幼儿尝试仿编小壁虎借尾巴的对话，然后教师扮演小壁虎，幼儿扮演小鱼和老牛，进行角色表演。

2. 请分析下面案例的提问方式是否合理，并说明原因。

中班科学教育活动：温暖的阳光

师：“夏天到了，小朋友最怕什么?”

幼：“热。”

师：“热是因为什么?”

幼：“太阳。”

师：“是太阳照在你身上，还是——?”

幼：“太阳。”

师：“是太阳照在你身上，还是发出的什么东西照在你身上?”

幼(立即回答)：“发出的什么东西。”

师：“发出的什么让你身上暖暖的?”

幼：“阳光。”(“阳光”二字终于出现。)

师：“啊，对了，是阳光。”

3. 总结整理幼儿园教学活动的观察方法及观察步骤，并选择一种观察方法进行实践练习。

实践与操作

1. 设计一次主题教学活动进行实践练习。

2. 学习优秀活动案例中的语言表达和提问方式，尝试设计一个活动并实践操作，用得体的语言表达和提问。

学习反思

第九章

国内外幼儿园课程与教学改革

学习目标

1. 了解国外幼儿园课程与教学改革的历史沿革以及国外著名的幼儿园课程方案，明白每一种课程方案所代表的课程与教学理念，明确当代国外幼儿园课程与教学改革的关注点。

2. 了解国内幼儿园课程与教学改革的历史沿革，明确当代国内幼儿园课程与教学改革的关注点。

3. 对国内外幼儿园课程与教学改革的走向能有初步的了解。

本章导言

纪录片《德国制造的孩子》在最后的字幕部分写道：在我们播放这个影片的同时，德国会有23个婴儿诞生，中国会有684个婴儿呱呱坠地，世界则有4428个婴儿出生。世界飞速发展，我们生活在一个快速变革的时代。教育专家认为，2016年最迫切需要的十种工作，在2006年时根本不存在，我们必须教导现在的学生，毕业后投入目前还不存在的工作，使用根本还未发明的科技，解决我们从未想过的问题，今天我们的孩子到底需要什么？

这是影响课程与教学改革的核心因素，在这个快速变革的时代，能对国内外幼儿园课程与教学改革的关注点以及走向进行分析，是我们作为未来的幼教工作者应当具备的知识和素养。

思维导图

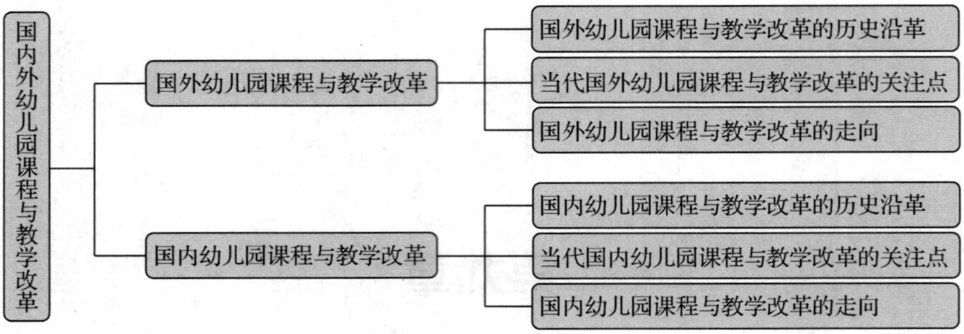

第一节　国外幼儿园课程与教学改革

自1816年近代最早的学前教育机构——欧文创办的幼儿学校诞生以来，世界各国幼儿教育共同的特征是走出传统，另创教育新纪元，开拓教育新天地。处在这种充满多变与挑战的知识潮流中，世界各国都努力促使本国幼儿教育发展与变革，力求培育出有竞争力的下一代。从不同角度对国外幼儿园课程与教学的变革进行剖析，总结改革的关注点，分析改革的走向，能够对幼儿园课程与教学的理论研究与实践运用有所裨益。

一、国外幼儿园课程与教学改革的历史沿革

教育改革是社会改革的重要组成部分，自近代学前教育机构产生起，在教育民主化、个性化等浪潮的冲击下，世界发达国家纷纷对本国幼儿教育进行了改革，而首要的就是课程与教学改革。本节对国外幼儿园课程与教学改革的梳理跳出了国别的界限，而以时间发展为主线，从总体上探讨近代以来西方发达国家的幼儿园课程与教学改革历程。

(一)国外19世纪幼儿园课程与教学改革

国外幼儿园课程与教学的改革要从1816年空想社会主义者欧文在苏格兰创立世界上第一所幼儿学校——新拉纳克幼儿学校谈起。当时，幼儿学校的教育内容很广泛，除了进行普遍的无神论教育外，还设置了包括诸多自然学科的科目。欧文主张，0～5岁的儿童，应给他们以最好的营养，2岁前在保育室，2岁后进入幼儿学校，受到合适的体力锻炼，给他们打下发展智力，获取知识，培植优秀的意

志、习惯、技能和道德的基础。[①] 欧文试图通过幼儿学校来形成一种能促进幼儿全面发展的新的教育体系，培养出智、德、体、美全面发展的新人。[②]

但严格来说，欧文创办的幼儿学校具有贫民救济的性质，还不能算作正规的教育，直到1837年，福禄培尔在德国始创幼儿园，并取得成功，自此才有了真正的学前教育机构，也标志着幼儿教育由“看管”转向“教育”。从19世纪50年代开始，福禄培尔式幼儿园先后传至英、法、美、俄、日等国。在福禄培尔式的幼儿园中，教育的目的就是要唤醒人类内在的精神本性和力量，培养万物统一的人生观。为此，福禄培尔设计了主要包括游戏及“恩物”、作业、歌谣、语言四个方面在内的一套完整的课程。

福禄培尔认为，游戏过程最能体现幼儿的积极性、主动性和创造性。他制订的幼儿游戏体系将游戏分为两大类：第一类是活动性游戏，一种圆圈游戏，在游戏中团体游戏和诗歌游戏相互配合，让幼儿模仿自然及周围生活中的一些事物，如模仿小河流水等；第二类是精神性游戏，主要是发展儿童的认识能力、创造力、想象力和道德品质。为此，他专门为该类精神性游戏设计了玩具——“恩物”。此外，福禄培尔还为幼儿园创立了一种新的教学活动形式——作业。作业是幼儿体力、智力和道德品质和谐发展的一个主要方法。作业的种类有纸工、绘画、拼图、串联小珠、镶嵌、泥塑等。在福禄培尔看来，幼儿只有掌握“恩物”的使用后，才能进行作业活动。此外，福禄培尔幼儿园的课程还包括歌谣和语言。为此，福禄培尔还专门编写了一部歌谣——《慈母游戏和儿歌》。福禄培尔还指出，无论在游戏还是在作业过程中，成人要注意结合使用各种材料发展幼儿的语言能力。[③]

(二)国外20世纪以来幼儿园课程与教学改革

19世纪末到20世纪初，受西方政治思潮的影响，欧美各主要资本主义国家产生了各种教育思潮，并深刻影响着学前教育课程与教学的发展，主要体现在20世纪以来先后涌现的各种课程方案。

1. 蒙台梭利教育方案

20世纪初，自蒙台梭利创办“儿童之家”，出版《蒙台梭利早期教育法》以后，她以崭新的理念在世界学前教育界引起了轰动。她认为，教育并非教师能够给予什么，而是由个人自然产生的程序，通过环境中的各种经验而来，而不是只听讲就能获得的。教师的任务应该是在各种特殊环境中准备各种文化活动的激励物，同时避免让幼儿受到强制性的干扰。蒙台梭利认为，教育的目的在于运用科学的方法，激发儿童的“内在潜力”，使之获得自由展现和自然的发展，培养儿童成为

---

① 严仲连、陈时见：《美国幼儿园课程的改革及启示》，载《学前教育研究》，2000(6)。

②③ 周玉衡、范喜庆：《学前教育史》，154、158页，上海，复旦大学出版社，2009。

具有“独立、自主”精神和善于工作的人。[①] 蒙台梭利主张的课程内容主要包括日常生活教育、感官教育、语言和数学四个基本领域，此外，课程中还包括音乐、艺术、运动和戏剧。蒙台梭利认为，课程方案的实施应为幼儿提供有准备的环境，使用特殊的蒙氏教具以及做好观察、示范指导和准备工作。

拓展学习

请扫描文旁二维码，阅读材料《验证还是质疑：美国教育学界对蒙台梭利教育的批判》[②]，说一说你对蒙台梭利教育的评价。

2. 银行街(Bank Street)早期教育方案

银行街教育学院创建于1916年，学院为孩子们创建了幼儿园。其创始人米切尔坚信教育的力量能影响和改造社会。银行街早期教育方案强调儿童现实生活的经验和兴趣，并倾向于发展儿童实践活动的能力和经验。具体而言，其主要是围绕“社会学习”(social studies)而组织起来的整合式课程。其学习内容主要包括七个方面：人类与自然环境，人与家庭、社区以及更广阔的外部世界的关系，代与代之间的联系与沟通，通过神话、宗教、科学、艺术了解生命的意义，受某种价值观支配的个体和集体的行为，将变化视为生活的常态，学会如何解决问题。[③] 该早期教育方案以上述内容为主题，以整合的方式整合美术、音乐、数学、科学、阅读、书写等各种不同的经验，以促进儿童在社会性、情感和认知等方面的共同发展。银行街早期教育方案在实施中，其教学原则主要体现在以下几个方面：重视幼儿的经验，重视活动和游戏，课程内容要反映起源和方法，课程回归生活，课程组织与实施要有弹性，学习材料的准备，学习的顺序性，强调主动学习和探究性学习。

拓展学习

请扫描文旁二维码，阅读材料《美国银行街教育学院儿童课程的特点与启示》[④]，说一说银行街教育学院儿童课程对我国幼儿教育有什么启示。

---

① 郑健成：《学前教育学》，276页，上海，复旦大学出版社，2007。

② 摘自祝贺：《验证还是质疑：美国教育学界对蒙台梭利教育的批判》，载《学前教育研究》，2019(10)。

③ M. C. Day, R. K. Parker (Eds.), *The Preschool in Action: Exploring Early Childhood Programs* (2 nd Edition), Boston, Allyn & Bacon, 1972, p. 432.

④ 摘自郑小贝、洪明：《美国银行街教育学院儿童课程的特点与启示》，载《基础教育》，2012(3)。

3. 华德福幼儿教育课程模式

1919年，奥地利教育家鲁道夫·施泰纳根据人智学的理念，于德国的斯图加特创立了第一所华德福学校。华德福教育以学校为纽带，意在帮助成人和孩子的身、心、灵健康、平衡地成长，在学习科学知识和生活技能的同时，丰富心灵情感，不断地探索人生，以提升人文精神，成为精神意义上独立和自由的人。在学前教育阶段，华德福教育不提供正规的课程，重点在于回应幼儿身、心、灵的发展与需要，帮助他们获得和谐的情感、创造的意志及自由思想的能力。所以他们需要的是想象、节奏与活动的教学。“创意游戏”就是幼儿学习中一项最重要、最本能的学习。华德福的幼儿每天至少各有一次户外、室内自由创意游戏活动，每次游戏时间约为45分钟。在世界各地的华德福幼儿园里，教师讲故事、艺术活动也是重要的学习内容。艺术活动主要包括：色彩的学习、绘画活动、蜂蜡捏塑、手工制作、歌曲欢唱等。

华德福教育主要通过四种手段来实施课程：一是给幼儿创造美好、善良、和谐的环境和氛围，将善的东西呈现在幼儿面前，而将丑陋和邪恶的东西隐藏、隔离开来。二是给幼儿树立榜样，成人的言谈举止要谨慎，同时成人也要净化自己的心灵。三是开展常规感恩教育活动。每日饭前，幼儿都要在教师的带领下采用诵诗、歌咏的形式感谢大地，感谢动物、植物、矿物，感谢父母等，日复一日，年复一年。四是将感恩、善良等内容融入日常教学活动之中。文学、艺术活动中以善和美为永恒的中心主题。

4. 瑞吉欧项目活动课程模式

20世纪60年代以来，瑞吉欧幼教体系逐渐形成。20世纪80年代以后，瑞吉欧项目活动课程模式逐渐变成了继蒙台梭利教育模式之后在世界范围内最具影响力的课程模式之一。瑞吉欧教育的目标就是要创造一个和谐的环境，使在这个环境中的每一位幼儿、教师都感到自在、愉悦并生活得幸福。瑞吉欧教育注重发展幼儿的创造力，帮助幼儿形成完满的人格。瑞吉欧的幼教体系是一种儿童本位的课程论，瑞吉欧的幼儿学校没有预先设计好的课程，没有固定的“教材”或预先设计好的“教育活动方案”。课程内容来自周围的环境，儿童生活中感兴趣的事物、现象和问题，来自其各自的活动。① 瑞吉欧课程的实施主要通过方案教学进行。在教学方法上，瑞吉欧教育模式认为教育就是要为幼儿带来更多的可能性去创新和发现；要给幼儿创设学习的情境，并帮助幼儿在与情境中的人、事、物相互作用的过程中主动建构知识。另外，瑞吉欧教育模式在主题网络编制的过程中，尽管

① 郑健成：《学前教育学》，293页，上海，复旦大学出版社，2007。

有教师预设的成分，但主题的开展是以幼儿为中心的，并由幼儿决定主题进行的空间与时间，强调"以学定教"。

5. 高瞻课程模式

高瞻课程模式开始于1962年，是美国"开端计划"中第一批通过的帮助处境不利的学龄前幼儿摆脱贫苦的学前教育方案。进入20世纪90年代以后，高瞻课程的应用已遍及世界上许多国家，成为当代主要的学前儿童课程模式之一。高瞻课程的内容主要围绕幼儿认知发展应获得的10类58条关键经验展开，涉及幼儿认知发展的各个领域。教师在幼儿园的一日活动中要为幼儿创设环境、提供条件，以帮助幼儿逐步获得这些经验，促进他们的良好发展。而高瞻课程的实施是由"计划—做—回忆"三个环节以及其他一些活动组成的。"计划—做—回忆"三个环节是课程实施中最重要的部分，目的在于发展幼儿的兴趣、能力，尤其是解决问题的能力。通过这些环节，幼儿有机会充分表达自己参与活动的意愿，也能使教师密切地参与到整个活动过程之中。

二、当代国外幼儿园课程与教学改革的关注点

教育改革的核心是课程改革，而教学改革又是课程改革的"集中反映"。由于世界各国国情的不同以及文化的差异，国外幼儿园课程与教学改革的模式不尽相同，但各国幼儿园的课程与教学改革基本上反映了幼儿教育的整体发展状况，因而其关注点也呈现出一些共同的特征。

（一）加强政府的政策导向

各国政府为了有效推进幼儿园课程与教学改革，陆续出台了相应的教育法规、政策和课程标准，以确保课程与教学改革的方向。相关的教育法规、政策和课程标准明确规定了各国学前教育的性质、总体目标、课程内容、组织方式以及评价手段等，直接规范和指导着幼儿园课程与教学的改革。

相关链接

英国、美国、瑞典、澳大利亚等国的教育法规、政策和课程标准①

英国在2000年9月颁布的面向3～5岁幼儿的《基础阶段课程指南》，明确提出了幼儿教育的六大领域：个性、社会性和情感的发展，交流、语言和读写，数学发展，认识和理解周围世界，身体发展，创造性发展。幼儿园课程设置基本上是依据这六大领域进行的。为了推动课程改革，英国还专门成

① 摘自何茜：《国外幼儿园课程改革的基本经验与发展趋势》，载《比较教育研究》，2012(5)。

立了课程设置委员会(The Curriculum Councils)，并制定了相应的课程大纲，规定了具体的课程设置。

2000年，美国“开端计划”项目署制定了《“开端计划”儿童发展结果框架》，将幼儿的学习内容划分为八个领域。2010年12月，其又对该框架进行修订，扩展了幼儿的学习领域，并将框架更名为《“开端计划”儿童发展与学习框架》。这种政策的修订也有利于幼儿园及时调整课程设置，提高教育质量。

瑞典国家委员会早在1998年就颁布了全国第一部幼儿园课程标准，后来几次修订。课程标准规定了幼儿园的基本价值观和任务，以及幼儿园课程的目标和准则。幼儿园课程主要根据国家统一的课程标准进行调整和设置。

澳大利亚的维多利亚州于2000年修订了《课程标准框架》，规定了八大学习领域——艺术、英语、体育和健康教育、外语、数学、科学、社会和环境研究、技术，并制定了这些学习领域的课程标准。加强政府的政策导向，不仅有利于统一幼儿园的课程标准，而且有助于提高幼儿园课程的质量。

(二)强调“儿童本位”的课程理念

当代国外的幼儿园课程与教学改革特别强调儿童的兴趣、需要以及身心发展规律，并从儿童的实际情况出发，构建真正有利于儿童可持续发展、和谐发展的课程，这也成为当今世界幼儿园课程与教学改革的基本共识。在确立幼儿园课程的目标时，各国始终坚持以幼儿的全面发展为本。①

相关链接

英国、美国、新加坡、澳大利亚等国的教育目标②

英国政府出台了《2004年儿童法》，法案以“每个儿童都重要”(Every Child Matters)为国家儿童发展的战略目标，从国家政策的角度对幼儿教育的发展提出了明确指向，旨在促进儿童的发展和获得幸福生活。

美国的“开端计划”主要是通过政府对幼儿教育的经济投入解决贫困幼儿入园的困难，而后颁布的《早期学习机会法》则为全美幼儿的学习与发展提供了充分的法律保障。该法要求为幼儿的发展提供高质量的服务体系，使幼儿

①② 摘自何茜：《国外幼儿园课程改革的基本经验与发展趋势》，载《比较教育研究》，2012(5)。

在此阶段获得有益的早期学习经验，并为将来的成功奠定基础。

新加坡的幼儿园课程目标涉及对幼儿的自我意识、智力、道德、价值观、审美、生活技能、环境意识等多个方面，强调促进幼儿的全面发展，致力于培养完整的人。新加坡2003年颁布的《幼儿园课程框架》，明确提出把“全面发展的原则”作为幼儿园课程设置的六项原则之一。

澳大利亚2009年颁布的《全国幼儿教育发展战略》提出到2020年，幼儿教育的目标是使所有的幼儿有一个最好的开端，为其创造美好的自我。

可见，“儿童本位”的课程理念得到了各国的普遍认同。

(三)注重幼儿教师的课程参与

教师对课程与教学的理解情况关系着课程与教学改革的成败。幼儿园课程与教学改革不断强调对教师赋权增能，注重教师的参与权。当前，国外幼儿园课程与教学改革中，课程的结构一般比较灵活，内容的选择也更加灵活。此外，改革越来越关注课程的生成性，而课程的生成又为教师的课程参与提供了广阔的空间。所谓“生成”，是指教师在与幼儿的互动中根据幼儿的兴趣和需要，充分利用自己的智慧激发幼儿的潜能和创造性，以促进幼儿发展的过程。

相关链接

瑞吉欧课程的生成性①

瑞吉欧教育者认为，课程有“三分之一的确定和三分之二的不确定与新事物”。“三分之一的确定”主要是指教师对儿童身心发展的一般规律和教育基本原理的掌握，它的作用贯穿于课程活动的始终。“三分之二的不确定与新事物”是指教师要时刻注意观察、发觉、倾听和反思，以便及时应对课程情境的变化。瑞吉欧课程作为生成课程的典型代表，其内容主要来源于师生互动，强调教师根据儿童的需要、兴趣、所处环境等因素及时发挥决策权并进行调整，适时生成新的课程内容，以最大限度地满足儿童合理的兴趣发展和需要，促进儿童的发展，体现了教师在课程设置上拥有较大的选择权和参与权。

---

① 摘自王春燕：《对幼儿园课程预设与生成统一的思考》，载《早期教育(教师版)》，2004(8)。

（四）重视与家长和社区的联系

幼儿园教育是学前教育的重要组成部分，除此之外，还应把家长的参与纳入进来，使之形成一个有机的整体。作为幼儿的第一任教师并且也是最持久和最具影响力的教师，家长的参与对幼儿在认知、语言、情感、行为、态度以及社会交往等方方面面的发展都会产生长远而深刻的影响。此外，家长的参与还能有效保障家长受教育的权利，促进家长的发展。1999 年召开的"21 世纪国际幼儿教育研讨会"上通过的《全球幼儿教育大纲》明确指出：儿童的发展是家庭、教师、保育人员和社区共同的责任。①

相关链接

"开端计划"中家长参与学前教育课程与教学的表现②

20 世纪 60 年代，美国长期积累的种族歧视和贫富悬殊等社会矛盾日益尖锐，迫使联邦政府积极探求解决的途径。1964 年 1 月 8 日，约翰逊总统提出"向贫困宣战"的口号。关于幼儿发展理论的研究表明，贫困产生的根源在于幼儿阶段教育的缺失以及生活环境的恶劣。由此，"开端计划"作为反贫困斗争的一个综合性服务计划应运而生。其目的是通过为处境不利的幼儿提供补偿教育，使他们能够有一个良好的开端并为其日后在学校的成功做好准备。"开端计划"创造了不少机会，让家长亲身参与到课程与教学中来。家长的参与主要通过以下两种形式。

一是家长作为雇员观察员或者志愿者参与课堂活动和教育活动。家长作为辅助人员与幼儿一起活动，既增加了自己跟幼儿接触的机会，又增强了他们各方面的技能。据统计，2008 年春季在参加"开端计划"项目的家长中，经常参与课堂观察的占 71%，而经常在孩子们教室里做志愿者的家长占 59%。2009—2010 计划年度，"开端计划"各个项目的志愿者人数达到了 1335620 人。

二是家长参加"开端计划"提供的各种教育活动，包括家长教育班、识字项目、工作培训项目等。相关调查发现：参加"开端计划"的家长每周参与教育和培训活动的时间要比未参加"开端计划"的家长多，并且他们也很乐于参加各种教育活动。到 2009 年秋季，参加"开端计划"的幼儿当中，至少一方家长拥有高中文凭或者通过考试的占 68%；在新加入该计划的家庭中，母亲

---

①②　邵明星、杨晓萍：《从"开端计划"到"确保开端计划"：美英两国促进幼儿教育家长参与》，载《现代中小学教育》，2013(8)。引用时有改动。

拥有高中文凭或者通过考试的占54%，父亲在这方面所占的比例更是达到了64%。这说明，通过参加各种教育活动，家长的受教育水平得到了相应的提升。

另外，社区的参与在幼儿园的课程与教学中也起着不可忽视的重要作用。社区参与幼儿园的课程能够使幼儿园充分利用社区的环境资源和场所，为幼儿教育创建最佳的课程学习环境，也有利于调动社区人士参与幼儿教育的积极性，优化幼儿园课程。社区资源的有效利用能拓展幼儿的活动空间，扩大幼儿课程的领域。例如，美国芝加哥大学实验学校幼儿园为幼儿提供了社会研究领域课程，主张幼儿学习社区、家庭和自我三种形式的课程。在英国，教师为了使幼儿更好地理解四季变换，充分利用社区的公园、绿地等资源设置有关季节的主题，让幼儿进行学习。为了形成幼儿的自我认同感和增加对周围环境的认识，英国的幼儿园课程还设有“认识和理解周围世界”这一领域，要求教育者在与幼儿的互动过程中，让幼儿学习自己生活的家庭和社区的文化与信仰。①

相比其他学段，幼儿园阶段是家长、社区与教育机构联系最为紧密的时期。因此，幼儿园和家长、社区合作也由此成为世界许多国家和地区学前教育课程与教学改革的一个重要方向。

三、国外幼儿园课程与教学改革的走向

社会的变革、科技的创新、学科理论的发展等一系列挑战促使幼儿园的课程与教学不断变革，推陈出新。一方面，社会各方面的变化，特别是社会关系的复杂化、家庭结构的多样化、移民等带来的文化和语言的多样性等因素，给幼儿的适应性提出了新的要求；另一方面，其他相关学科的研究和发展也不断推动幼儿园课程与教学的变革。整体而言，国外幼儿园课程与教学改革呈现出了一些基本的走向。②

(一)早教化

2003年，在埃及召开的世界早期教育大会重申了早期教育实施的重要性，并指出：我们必须重新思考我们的未来。目前教育和其他许多学科的研究都证明了早期教育的重要性，这是一个值得关注的新研究，尤其是脑科学的研究。研究成果表明，6个月婴儿的脑重已达到成人脑重的一半；5岁时的脑重已达到成人脑重

①② 何茜：《国外幼儿园课程改革的基本经验与发展趋势》，载《比较教育研究》，2012(5)。

的90%。我们要抓住这一快速发展阶段，开发幼儿的智力。幼儿期是智力开发的关键期，因此，幼儿园课程与教学也必须从早期开始。①

(二)专业化

学前教育成为一个专业，这是一个不容置疑的现实。学前教育的发展，也呼唤幼儿教师职业专业化。幼儿教师的专业化势在必行，提高幼儿教师的专业化水平是当务之急。确立幼儿教师职业专业化、推进幼儿教师专业化进程，一直是国际组织和各国政府努力的目标，也是世界各国教育发展战略的共同举措。20世纪80年代以后，世界各国对教师专业化的探索达到了空前的高度。旨在大幅度提高教师质量和专业水平的教师专业化运动成为世界众多国家教师教育的主导运动与发展目标。②

(三)法制化

作为基础教育的重要组成部分，学前教育是为人生奠基的教育。当今一些发达国家和地区都十分重视学前教育的立法。荷兰早在1956年就颁布了《学前教育法》，对中央、省及地方当局三级管理、权责分明的学前教育体制进行了明确的规范；美国、澳大利亚已于20世纪70年代为本国的学前教育立法；英国、德国、法国、韩国等也相继颁布了学前教育法律。我国十三届全国人大常委会立法规划将制定《学前教育法》列为重点推进项目。2019年4月18日，教育部召开新闻发布会，表示会专门组建立法起草小组，组织专家研究论证、进行国际比较，开展立法专题调研，加快推进立法工作。

(四)综合化

综合素质成为当前考核学习者的主要标准，学前教育也同样要培养具有综合素质的幼儿。因此，幼儿园的课程与教学开始利用学科交叉、知识渗透、问题解决等方式来实施综合教育。全美幼儿教育协会(NAEYC)也坚持将综合教育看作学前教育最为重要的发展趋势之一，并努力尝试将数学、健康、美术、音乐、社会、体育和语言等科目的国家标准转换成适合幼儿发展的综合性教育方案。

(五)文化多元化

近年来，由于经济全球化的发展趋势日渐凸显，培养具有兼容并包和国际视野的"世界人"成为学前教育的重要目标，当前学前教育课程与教学的发展趋向也正是以此为指导的。在课程的设置与教学实践过程中，国外幼儿园开始注重多元文化的渗透与安排，如芬兰托幼机构支持沙米人、吉卜赛人和其他移民幼儿的语言和文化。

---

①② 冯君：《幼儿园教育教学改革的宏观思考》，载《黑龙江教育学院学报》，2007(2)。

(六)本土化

本土化发展趋势是相对于文化多元化而言的，由于多元文化的全球发展趋势，以至于出现了“强势文化对弱势文化的侵袭”现象。因此，热爱并保持本民族文化的传统就成了教育的重要议题。各国的学前教育非常重视传统文化的教育，以保持本民族文化的基因与特色。幼儿园也把传统文化、民族文化等内容作为课程与教学的重点之一，并引导幼儿形成并保留向外弘扬、传播传统文化的意识。

(七)信息化、科技化

近年来，信息技术和科学技术在整个教育领域和生活领域的广泛应用，使幼儿园的课程、教学与信息技术和科学技术之间的联系日益频繁，信息化、科技化成为国外幼儿园课程与教学改革中的又一显著特征。未来的“学前儿童生活在计算机时代，他们不仅必须从计算机中学习，而且还需要学习计算机”①。

本节自评

本节知识点	了解程度				
	☆☆☆☆☆	☆☆☆☆	☆☆☆	☆☆	☆
国外幼儿园课程与教学改革的历史沿革					
当代国外幼儿园课程与教学改革的关注点					
国外幼儿园课程与教学改革的走向					

第二节　国内幼儿园课程与教学改革

自从1903年我国第一所公立幼儿教育机构武昌蒙养院建立以后，国内的幼儿园教育发生了翻天覆地的变化。我国幼儿教育也有100多年的历史，而幼儿园的课程与教学改革一直是幼儿园教育发展的核心。梳理我国幼儿园课程与教学改革的历程、总结改革的关注点、分析改革的走向，能够为当前及今后我国幼儿园课程与教学改革的实践提供有益的经验和借鉴。

一、国内幼儿园课程与教学改革的历史沿革

回顾100多年来我国幼儿园教育的发展史，幼儿园课程与教学改革始终是一条

① B. Spodek & N. S. Saracho，“New Directions in Curriculum Development”，In N. S. Saracho & B. Spodek，ed.，*Contemporary Perspectives on Early Childhood Curriculum*，Information Age Publishing，2002，p. 271.

重要的主线。根据幼儿教育管理的主要特征和改革的实践特点，我国的幼儿园课程与教学改革大致可以分为三个阶段。

(一)20世纪20年代至30年代的幼儿园课程与教学改革

20世纪初，中国的幼儿园开始建立，学前课程与教学的发展还处于起步创立阶段。当时的学前教育课程与教学有着浓厚的日本化特性。

1919年五四运动为各种先进教育思想在中国的传播创造了有利的条件，例如，杜威在1919年来华讲学。我国的一些教育家，如陈鹤琴、张雪门、胡适等通过出国留学，接受并引进了这些教育思想。同时，他们也发现了直接照搬国外思想对学前教育造成的种种弊病，于是他们提出了幼儿园教育教学科学化、本土化的主张，推动了中国第一次学前教育课程与教学改革。1925年，陈鹤琴提出了以大自然、大社会为中心的幼儿园课程，实施“整个教学法”，并提出五指活动课程，注重儿童直接经验的获得。张雪门也于1931年开始了对行为课程的研究。

20世纪20年代至30年代的幼儿园课程与教学改革在理论上“确立了儿童的主体性，认定了课程应来源于儿童的生活，课程应包括儿童在幼儿园的一切活动，提出了课程的编制应依据儿童的心理水平”①。应当说，20世纪80年代以来的幼儿园课程与教学改革的内容与方式在很大程度上受到了这次改革的影响。例如，现在的幼儿园“五大领域”主要就是借鉴了陈鹤琴先生的五指活动课程。

(二)20世纪50年代至60年代中期的幼儿园课程与教学改革

1949年10月1日，中华人民共和国成立了。自此，中国经历了社会性质的变化，在新民主主义教育方针的指导下，政府对幼儿教育进行了改革与发展。中央人民政府于1949年12月召开第一次全国教育工作会议，会上明确指出了教育工作的指导方针：“以老解放区新教育经验为基础，吸收旧教育有用经验，借助苏联经验，建设新民主主义教育。”②在这样的指导方针下，学前教育课程与教学面临着全面的改造。教育部于1951年颁布了《关于改革学制的决定》，于1952年颁布了《幼儿园暂行规程(草案)》和《幼儿园暂行教学纲要(草案)》，规定幼儿园招收3～7岁的幼儿，目的在于促进幼儿的健全发展；活动项目主要包括体育、语言、认识环境、音乐、计算、画图手工；还规定教学中要强调教师的主导作用，并将教育贯穿于幼儿的一日生活中。受苏联心理学界的影响，这一时期的课程与教学改革重视教学对幼儿发展的重要性，常用的教学方法有讲解与讲述、示范与示例、提问与谈话、练习与游戏等。

---

① 朱家雄：《幼儿园课程》，299页，上海，华东师范大学出版社，2003。

② 《中国教育年鉴》编辑部：《中国教育年鉴(1949—1981)》，684页，北京，中国大百科全书出版社，1984。

这一时期的学前教育理论与实践工作者通过辛苦的付出，形成了对于幼儿年龄、心理发展较为客观准确的认识，并形成了新中国本土化的幼儿园学科课程体系建设，建立了比较系统的分科课程理论体系和框架。各学科的计划性也比较强，教学中既有各科的计划，也有每日的必修作业、选修作业以及户外活动计划，教师在准备教学活动时，每一科、每一教学内容都有具体的教学要点与计划。例如，南京师范大学1960年编写的《幼儿园美工教材》明确规定了小班幼儿美术教学中的具体操作建议：要求在画小朋友时，头是圆的，下面是长圆的身体，躯干两旁有两条长长的手臂，躯干下面有两条长长的腿。

总的来说，20世纪50年代至60年代中期的幼儿园课程与教学改革很好地促进了幼儿的全面发展，积极地促进了新中国学前教育的发展，对中国幼儿园课程与教学的影响也是根深蒂固的。可以说这次改革奠定了新中国成立乃至80年代前学前教育课程与教学的发展格局，时至今日，这种传统的课程与教学观在教学实践中仍占主要地位。没有老一代学前教育工作者的辛勤研究与付出，就不会有我们今天的学前课程与教学的发展。

(三)20世纪80年代以来的幼儿园课程与教学改革

20世纪80年代以来，随着政治、经济、社会文化的发展，学前教育工作者也以幼儿园的课程改革为突破口，展开了大规模的幼儿教育改革运动。这一时期，包括蒙台梭利、杜威以及皮亚杰等人的思想开始更为广泛地传播，近现代国内著名教育家的思想也再次受到重视，特别是陈鹤琴先生的教育思想。这些都为80年代以来的幼儿教育改革提供了背景和条件。

20世纪80年代初开始的幼儿园课程改革始发于南京的“幼儿园综合主题教育”课程改革实验。很快，这次实验的影响就在全国各地扩展开来，北京、上海等地都出现了类似的幼儿园课程改革实验研究。这些实验的针对性很明确，那就是学科课程过分强调系统的单科知识和技能，忽视了各学科的内在联系以及幼儿的实际活动和经验。

20世纪90年代，以原国家教委1989年颁布的《幼儿园工作规程(试行)》为标志，国家力量开始介入并主导幼儿园整体教育改革。《幼儿园工作规程(试行)》是以传统教育观念的转变为核心的纲领性文件，它的主要改革精神体现在以下几个方面：①注重幼儿的身心全面发展；②强调德、智、体、美、劳等方面的相互渗透和有机结合；③强调幼儿的主动活动，为幼儿发展提供充分的活动机会；④强调游戏在幼儿教育中的重要作用；⑤强调教育要注重幼儿的个体“发展适宜性”，注意“因人施教”；⑥强调寓教育于幼儿园一日活动和环境中；⑦强调幼儿园活动的过程。《幼儿园工作规程(试行)》所倡导的课程与教学是一种包括幼儿园环境、一日生活的各种活动在内的“活动性课程”，其主要成就是在观念层面上成功地将现代学前教育的基本理念植入了成千上万的幼儿教育实践者的头脑中。

进入21世纪，为了进一步深化幼儿园教育改革，全面落实1996年颁布的《幼儿园工作规程》，教育部于2001年颁发了《纲要》，突出强调了以下几点：①幼儿园教育应以幼儿发展为本，“尊重幼儿的人格和权利，尊重幼儿身心发展的规律和学习特点，以游戏为基本活动，保教并重，关注个别差异，促进每个幼儿富有个性的发展”；②要以建构的过程来促进幼儿的学习与发展；③幼儿园课程要为幼儿提供整合的、情境化的、生活化的经验。《纲要》是《幼儿园工作规程》的发展和深化，是《幼儿园工作规程》实施多年的成果结晶。它的实施，标志着中国学前教育改革进入了一个新的阶段。①

2012年10月，为帮助幼儿教师、家长及社会各界对3～6岁儿童学习与发展的目标达成共识，教育部颁发了《3～6岁儿童学习与发展指南》(以下简称《指南》)，开启了“学前教育发展史册的崭新篇章”。《指南》以“领域—子领域—目标—各年龄段典型表现”的逻辑框架，从健康、语言、社会、科学、艺术五大领域描述了幼儿的学习与发展，并分别对3～4岁、4～5岁、5～6岁三个年龄段末期幼儿应该知道什么、能做什么、大致可以达到什么发展水平提出了合理期望。除了说明部分对“关注幼儿学习与发展的整体性”“尊重幼儿发展的个体差异”“理解幼儿的学习方式和特点”以及“重视幼儿的学习品质”的强调，贯穿《指南》始终的核心理念为“以幼儿为本”。可以说，《指南》指明了当下幼儿园课程与教学改革的具体方向。

二、当代国内幼儿园课程与教学改革的关注点

自20世纪80年代开始的课程与教学改革远未结束，进入21世纪，时代对于未来人才的要求是当前我国学前教育面临的不可避免的挑战。在新的历史时期，我国幼儿园课程与教学改革的关注点也有相应的变化，主要体现在以下几个方面。

(一)幼儿园课程与教学的价值取向问题

课程与教学价值取向是指课程与教学的理论与实践过程中所持的一种观念倾向，它直接影响着课程内容的选择、课程的实施、课程的评价以及教学的全过程。

包括课程与教学在内的传统的学前教育是学习取向的，目前我国的学前教育总体上仍然是学习取向的。而以卢梭为代表的近现代学前教育的立场却是成长取向的。所谓“学习取向”，就是将学前教育还原为学前学习。值得注意的是，虽然学习是学前教育的主要任务之一，但并非学前教育最重要的、最迫切的任务。由

① 朱家雄：《中国视野下的学前教育》，24页，上海，华东师范大学出版社，2007。

于学前儿童正处于身心发展的关键期，因此，学前教育的重心应该是“成长取向”，即保护和培育，培养“根器”，注重儿童的身心发展，并以儿童的成长为主要目标。

让我们去学前教育的现场看看。某幼儿园的家长公告栏前，前来接孩子的家长们正在记录这样的布告。

案例 9-1

温馨提示①

今日家庭作业：

小班：拼音“b”“p”“m”“f”各写10遍。

中班：“人”“口”“天”各写20遍。

大班：“锄禾日当午，汗滴禾下土”写10遍，拼音“ao”“ou”“iu”各写20遍。

这是一所典型的学习取向的幼儿园，并且带有明显的小学化倾向。其教师自觉正在使幼儿“身心健康成长”，却不知其中的荒唐。我们知道，目前不少国内的幼儿园，尤其是私立幼儿园往往存在这种教学风格，我国学前教育目前所处的困境可见一斑。因此，当前我国幼儿园的课程与教学改革亟待走出学习取向的困境，进而转向成长取向。

(二)幼儿园课程的整合问题

在20世纪80年代进行的课程与教学改革中，学前教育理论工作者试图使幼儿园课程实现综合化，从而改变传统的分科课程的弊端，使幼儿园课程更加接近幼儿的生活经验。然而，由于思想深处并未改变重结果的传统，课程的设置仍然强调特定的目标，使得所谓的综合课程变成了各学科的“大拼盘”，而以幼儿的经验来设计课程就成了一句口号。

20世纪90年代中期以来，随着课程理论与实践的发展，幼儿园课程与教学改革又出现和发展了领域课程。2001年颁布的《纲要》从政策上确立了健康、语言、社会、科学、艺术五大领域的幼儿园教育内容，并确立了幼儿园领域课程模式的地位。此外，《纲要》也提出了幼儿园教育内容要注重“全面性”“启发性”及各个领域内容的“相互渗透、有机结合”，反映了幼儿教育课程与教学整体新观念的导向。

当前对于幼儿园整合性课程的有益探索和成果主要有“主题课程”或“整合课程”。二者都是基于某个主题，通过综合化的方式实施幼儿园各领域的课程，意在通过课程的实施，让幼儿获得该主题的完整经验。此外，很多幼儿园引入的瑞吉

---

① 摘自刘晓东：《从学习取向到成长取向：中国学前教育变革的方向》，载《学前教育研究》，2006(4)。

欧方案教学也是幼儿园整合性课程的表现形式之一。

(三)幼儿园课程与教学内容的来源问题

幼儿园课程与教学内容的来源主要包括“预设”和“生成”两类。“预设”就是大家常说的计划，一般是指在教育教学活动前教师对幼儿可能经历的过程和自己所要达到的活动目标的预测或者假定。而“生成”则是指在执行预设过程中的“变数”，通常是教师与幼儿在活动过程中，师生互动随机产生的新的活动信息，教师根据新信息调整以前的预设。

那么在日常教学过程中，两者孰轻孰重呢？正如尼采所言：“一切都在生成，在永恒地回归。”幼儿园课程强调在师幼互动过程中，教师通过对幼儿的需要和感兴趣的事物的价值判断来调整课程，以促进幼儿更加有效地学习。课程的内容呈现出随机性、灵活性和生成性特征。教师依据幼儿在活动中表现出来的兴趣、问题和困惑，支持、帮助和引导他们去研究、探索，是一个动态的师生共同学习、共同建构的过程。这样既能满足幼儿当前的兴趣和需要，也能促进幼儿的长远发展。幼儿园教育强调课程和活动的生成性，但绝非否定预设课程，而是要根据实际情况，将两者有机结合。教师在日常的教学过程中，必然应当有预设性的活动。但当幼儿临时产生各种兴趣，遇到“不速之客”时，教师要尽力去指导，有时甚至可以改变全部预定的设计，最大限度地激发幼儿的潜能，促进幼儿的发展。

(四)幼儿园教学游戏化问题

游戏是幼儿的基本活动。20 世纪 80 年代以来，中国的幼儿园比以往任何时期都更加注重游戏在课程与教学中的地位。近年来，在安吉游戏热潮的推动下，我国幼教领域日益强调游戏，尤其是自主游戏对幼儿园课程与教学的重要价值。

在教育理念上，学前教育工作者明白了游戏对幼儿教育的重要作用。教育实践中，他们也将游戏作为幼儿园的“基本”活动，这对于改变传统的以赫尔巴特为代表的教学观是有益的。但是，我们也应当看到，不少学前教育工作者由于缺乏游戏理论，反而造成了游戏的泛化甚至异化，将有幼儿教师发起的活动统称为游戏，结果使不少“幼儿游戏”变成了“游戏幼儿”；自主游戏中则由游戏的“高控”走向游戏的“失控”。这不仅使幼儿游戏的价值难以发挥，而且教学活动中的应有教育价值也难以体现。

在幼儿园活动中，从性质上看，游戏与教学是两种不同的活动，它们对于幼儿的发展和教育具有不同的价值。但是在幼儿园的教育实践中，游戏与教学又以极为复杂的方式结合在一起，往往难以区分。为“游戏”正名，其目的是避免将游戏和教学混为一谈，如何在课程与教学改革中正确地处理好两者之间的关系，从而使幼儿园的活动对幼儿更加有意义，是摆在学前教育工作者面前的一项重要的任务。

拓展学习

请扫描文旁二维码，阅读材料《“课程游戏化”还是“游戏课程化”——命题背后的价值取向》①，说一说幼儿园怎样实现游戏课程化。

(五)幼儿园课程教学活动中的师幼互动问题

幼儿园课程的价值是通过教学活动来实现的。传统的教学活动是在幼儿教师的带领下，以集体教学为组织形式、以知识的传授为中心的师幼双边活动，强调教师的中心地位。由于受苏联经验的影响，我国老一代幼儿教师基本上都持这种观念，而且根深蒂固。近年来，随着课程的变革与发展，教学领域也发生了很大的改变，幼儿园教学从幼儿被动接受观向主动发现观转变，但平时的教学活动更多的还是一种师幼授受活动。

先让我们看看两个幼儿园课程教学活动的实例。

案例 9-2

认识骆驼②

教师先让幼儿看一幅画，画上画的是漫漫无际的沙丘。

师：“大家看看，这是一幅什么画，画上画的是什么？你们看到后想到了什么？”

幼：“小山丘，沙漠。”

师：“对，是沙漠！你们看到后想到了什么呢？沙漠里最缺少的是什么？”

幼1：“沙漠里最缺少水。”

幼2：“沙漠里没有草，也没有树。”

幼3：“沙漠里有仙人球，是我妈妈说的。”

幼4：“沙漠里有骆驼。”

师(对幼4)：“好，真聪明！”

师：“沙漠环境恶劣，骆驼是最常用的运输工具，现在就让我们一起认识一下骆驼。”

---

① 摘自黄小莲：《“课程游戏化”还是“游戏课程化”——命题背后的价值取向》，载《中国教育学刊》，2019(12)。

② 王春燕：《中国学前课程百年发展与变革的历史研究》，283～284页，北京，教育科学出版社，2004。引用时有改动。

（于是教师又出示一幅画有骆驼的图，并要幼儿仔细观察一下。）

师："看骆驼的眼睛，它的眼睛上有两层睫毛，鼻子会一张一开，大家想想是为什么？"

（幼儿叽叽喳喳讨论一番后，教师做了总结。）

师："是为了保护眼睛，防止沙尘进到眼睛里。"

师："再看看骆驼的脖子。"

幼："很长很粗。"

师："再看骆驼身上最大的特点是什么？"

幼1："有一个弯曲的地方。"

幼2："人坐的时候掉不下来。"

幼3："是用来挂东西的。"

幼4："是用来储存水的吧？"

师："讲得好，让我们给他鼓掌。驼峰就是为了使骆驼在没有水的沙漠中长途行走而给自身供水的。下面我们再想想骆驼的毛能干什么？"

（接着教师就继续进行关于骆驼的毛能干什么、皮能做什么的讨论。这一过程中，有些幼儿不感兴趣了，在讨论别的问题，于是教师使劲地拍着手维持教学秩序，让幼儿按照自己的思路去讨论。）

教师自始至终地强化幼儿对骆驼的认识，是以一个知识权威人士向幼儿传授关于骆驼的知识，教师成了课程与教学活动的主宰，幼儿的感情没有参与其中，幼儿的兴趣没有被激发，整个教学活动局限在事先设定好的一问一答之中。

案例9-3

米歇尔在幼儿园的生活①

米歇尔(Michelle)蹦蹦跳跳进了教室，手里拿着一个牛奶盒，里面有一只螳螂。教师注意到米歇尔进了教室，微笑着和她打招呼。教师注意到米歇尔在门旁的签到卡上签名，并把自己的外套挂在标着自己名字的柜子里。当米歇尔走过来时，教师注意到了米歇尔的盒子。教师听米歇尔讲她是怎么和她的兄弟一起捉到了螳螂，并且做了一个装螳螂的容器。教师建议米歇尔把盒子放在门旁边的展示桌上，给别的小朋友观察，如果他们选择这样做的话。米歇尔照着教师的话做了，那里有三个小朋友。米歇尔告诉他们自己是怎样抓

① 该案例摘自北京师范大学刘焱教授在西南大学教育学部为研究生所做的讲座内容。

住螳螂的，怎样做装螳螂的容器的。她让一个朋友帮她系紧她的画画工作服，把纸夹到画架上，她要画她的螳螂。教师观察了她的画，建议米歇尔也许可以就螳螂写一些什么。米歇尔画完了螳螂后，就到读写区，那里的桌子上放着许多纸和笔。在筐里她找到了自己的日记本，她写了一些关于螳螂的事情，在上面画了螳螂，教师帮她标出了日期……

教师根据不同幼儿所感兴趣的事物跟每个幼儿交流，让他们就自己感兴趣的事物做点什么。在这个过程中，幼儿获得了快乐和成长，教师也更加了解幼儿。师幼之间形成了一种很好的互动，这样的课程教学才是完整意义上的教学，也才是师幼之间心灵的交流，才能使课程的教学真正具有教育意义。

三、国内幼儿园课程与教学改革的走向

在新的历史时期，我国幼儿园课程与教学改革的走向主要体现在以下几个方面。

(一)课程与教学管理多元化和自主化

我国幼儿园课程与教学的管理已经开始并且将会继续朝着多元化和自主化的方向发展。这种趋势主要是基于以下几个方面的原因。

第一，经济全球化趋势和教育的多元化发展方向，影响着面向现代化、面向世界、面向未来的幼儿园课程与教学，要求在管理层面走向多元化和自主化。

第二，中国地域广袤，经济和文化发展不平衡等现实情况决定了教育资源不均匀，全国范围内课程的统一性和标准化不切实际。

第三，国家课程改革的基本导向强调幼儿的兴趣和需要，让每一个幼儿都获得相应的发展，只有多元化和自主化的课程与教学才能保证这一目标的实现。

2001年由教育部颁布的《纲要》就规定了各地方幼儿园在遵循总体的教育目标、教育内容和实施原则的基础上，可根据自己的实际情况确定课程与教学内容。

(二)课程与教学改革的立足点更多地放在幼儿身上

在充分考虑我国当前社会文化背景和知识特点的前提下，我国幼儿园课程与教学不仅在理念上而且在实践中越来越关注幼儿自身的发展特点与需要，尊重幼儿活动的权益，关注幼儿活动的过程，关注每一个幼儿在原有水平上的发展。

“将立足点更多地放在幼儿身上”不仅体现在理念层面，而且在实践中渐渐地发生了根本的变化。教育工作者已经开始将注意力放在处理好幼儿生成的任务和教师预定的任务之间的关系上，注意识别和充分满足幼儿智能发展不均衡导致的

个体差异，注意灵活运用幼儿自身发展的纵向指标而非仅仅幼儿之间的横向指标来给出判断……在这些基础上，一些适合中国社会文化背景又有利于儿童发展的课程以及教学方案必然会不断涌现。

(三)婴幼儿课程与教学的一体化发展

婴幼儿课程与教学的一体化既是对“学前教育”本意的回归，又是对当代学前教育发展趋势的回应。就学前教育的本意来看，它不仅包含对 3～6 岁儿童的幼儿教育，还包含 0～3 岁的婴儿教育。0～6 岁这一人生的初始阶段，是一个相对比较完整的年龄阶段，也有必要对其实施整体性的教育。幼儿园扩大教育对象的范畴，从原来的3～6 岁扩大到 0～6 岁，是幼儿及家长的现实需要。

(四)家庭和社区更多地参与幼儿园的课程与教学

幼儿园、家庭和社区不仅是幼儿活动的主要场所，更是学前教育过程中的重要因素，三者的相互配合才能更好地促进幼儿的发展。自 20 世纪 80 年代以来，我国的学前教育不再局限于幼儿园，家庭和社区的参与越来越受到重视。幼儿园—家庭—社区的合作，顺应了现代教育思想。这种合作开始寻求教育的连贯性，并积极寻求影响幼儿发展的各种教育因素的密切配合，从而使幼儿园的课程与教学摆脱局限于幼儿园的孤立状态。时至今日，开展并促进幼儿园—家庭—社区的合作，已经成为当前以及今后一段时间我国幼儿园课程与教学发展的一大趋势。

(五)重视教师素质和水平的提升

我国学前教育课程与教学改革在实践中面临的种种问题，与师资水平和素质有着很大的关系。可以说，师资水平和素质在一定程度上决定着未来幼儿园课程与教学改革的成败，因为幼儿园课程与教学改革的目标最终还是要通过教师的教育行为才能变成现实。当前，提高幼儿教师的水平和素质已成为政府机关、学术机构和教育机构最为关注的问题之一。随着时间的推移，中国的幼儿园课程与教学改革会伴随着教师水平和素质的提升而发生期望中的改变。

本节自评

本节知识点	了解程度				
	☆☆☆☆☆	☆☆☆☆	☆☆☆	☆☆	☆
国内幼儿园课程与教学改革的历史沿革					
当代国内幼儿园课程与教学改革的关注点					
国内幼儿园课程与教学改革的走向					

思考与练习

1. 国外不同课程方案的课程与教学各有什么特点和侧重点？

2. 我国课程与教学改革进程中相关的文件与法案有哪些？

3. 我国课程与教学改革和国外课程与教学改革之间有什么联系？

实践与操作

1. 以小组为单位，选择一所幼儿园，实地调查课程与教学活动中的师幼互动质量与现状，分析其优缺点，并提出针对性建议。

2. 以小组为单位，考察一所幼儿园课程与教学中家庭和社区的参与情况，分析其中存在的问题并探讨可行的对策。

学习反思

参考文献

一、著作类

[1]北京市教育科学研究所．陈鹤琴教育文集：下卷[M]．北京：北京出版社，1985.

[2]陈世联．幼儿园课程与活动指导[M]．重庆：重庆出版社，2007.

[3]陈文华．幼儿园课程论[M]．北京：科学出版社，2011.

[4]陈幸军．幼儿教育学：新版[M]．北京：人民教育出版社，2003.

[5]陈泽铭，王先达．优秀幼儿教师教育艺术 99 例[M]．上海：华东师范大学出版社，2011.

[6]戴自俺．张雪门幼儿教育文集：下卷[M]．北京：北京少年儿童出版社，1994.

[7]董旭花，韩冰川，王翠霞，等．小区域 大学问：幼儿园区域环境创设与活动指导[M]．北京：中国轻工业出版社，2013.

[8]冯晓霞．幼儿园课程[M]．北京：北京师范大学出版社，2000.

[9]高敬．幼儿园教育活动设计与实施[M]．上海：上海交通大学出版社，2013.

[10]高敬．幼儿园课程[M]．杭州：浙江教育出版社，2010.

[11]顾明远．教育大辞典：简编本 [M]．上海：上海教育出版社，1999.

[12]郝德永．课程研制方法论[M]．北京：教育科学出版社，2000.

[13]侯莉敏．幼儿教育基本理念与教师行为规范[M]．北京：教育科学出版社，2013.

[14]黄甫全，王本陆．现代教学论学程[M]．北京：教育科学出版社，1998.

[15]黄人颂．学前教育学[M]．北京：人民教育出版社，1989.

[16]霍力岩，孙冬梅，等．幼儿园课程开发与教师专业发展：比较研究的视角[M]．北京：教育科学出版社，2006.

[17]霍力岩．学前教育评价[M]．北京：北京师范大学出版社，2000.

[18]简楚瑛．学前教育课程模式[M]．上海：华东师范大学出版社，2005.

[19]教育部基础教育司．《幼儿园教育指导纲要(试行)》解读[M]．南京：江苏教育出版社，2002.

[20]教育部教育管理信息中心．全国优秀幼儿语言教育活动课例评析[M]．重庆：

西南师范大学出版社，2011.
[21]靳玉乐. 现代课程论[M]. 重庆：西南师范大学出版社，1995.
[22]李秉德. 教学论[M]. 北京：人民教育出版社，2000.
[23]李季湄，冯晓霞.《3～6岁儿童学习与发展指南》解读[M]. 北京：人民教育出版社，2013.
[24]李季湄. 幼儿教育学基础[M]. 北京：北京师范大学出版社，1999.
[25]李坤崇，欧慧敏. 统整课程理念与实务[M]. 台北：心理出版社，2000.
[26]李子建，黄显华. 课程：范式、取向和设计[M]. 香港：香港中文大学出版社，1996.
[27]李子建，杨晓萍，殷洁. 幼儿园园本课程开发的理论与实践[M]. 北京：人民教育出版社，2009.
[28]刘克兰. 教学论[M]. 重庆：西南师范大学出版社，1988.
[29]刘敏，万中. 幼儿园教育活动的组织与实施[M]. 成都：四川大学出版社，2011.
[30]刘晓东，卢乐珍，等. 学前教育学[M]. 南京：江苏教育出版社，2009.
[31]刘焱. 幼儿教育概论[M]. 北京：中国劳动社会保障出版社，1999.
[32]刘云艳. 幼儿园教学艺术[M]. 重庆：西南师范大学出版社，2001.
[33]孟宪承，陈学恂，张瑞璠，等. 中国古代教育史资料[M]. 北京：人民教育出版社，1961.
[34]莫源秋，韦凌云，等. 幼儿教师实用教育教学技能[M]. 北京：中国轻工业出版社，2012.
[35]倪敏. 幼儿园课程与教育活动设计[M]. 北京：中国劳动社会保障出版社，2000.
[36]潘懋元，王伟廉. 高等教育学[M]. 福州：福建教育出版社，1995.
[37]庞丽娟. 教师与儿童发展[M]. 北京：北京师范大学出版社，2004.
[38]秦元东，陈芳，等. 如何有效实施幼儿园主题性区域活动[M]. 北京：中国轻工业出版社，2013.
[39]邱学青. 学前儿童游戏[M]. 南京：江苏教育出版社，2001.
[40]全国十二所重点师范大学. 课程论[M]. 北京：教育科学出版社，2007.
[41]全国幼师工作协作组. 幼儿教师教育技能及训练[M]. 北京：北京师范大学出版社，2002.
[42]人民教育出版社幼儿教育室. 幼儿教育学[M]. 北京：人民教育出版社，1987.

[43]沈灌群．中国古代教育和教育思想[M]．武汉：湖北人民出版社，1956.
[44]施良方，崔允漷．教学理论：课堂教学的理论、策略与研究[M]．上海：华东师范大学出版社，1999.
[45]施良方．课程理论：课程的基础、原理与问题[M]．北京：教育科学出版社，1996.
[46]施燕．学前儿童科学教育与活动指导[M]．上海：华东师范大学出版社，2014.
[47]石筠弢．学前教育课程论[M]．北京：北京师范大学出版社，1999.
[48]石鸥，刘丽群．课程改革中的若干问题[M]．广州：广东教育出版社，2004.
[49]孙邦正．普通教学法[M]．台北：编译馆，1977.
[50]唐淑，钟昭华．中国学前教育史[M]．北京：人民教育出版社，1993.
[51]唐燕．幼儿园教育活动设计与实施[M]．上海：华东师范大学出版社，2013.
[52]屠美如．向瑞吉欧学什么：《儿童的一百种语言》解读[M]．北京：教育科学出版社，2002.
[53]王策三．教学论稿[M]．北京：人民教育出版社，1985.
[54]王春燕．中国学前课程百年发展与变革的历史研究[M]．北京：教育科学出版社，2004.
[55]王春燕，王秀萍，秦元东．幼儿园课程论[M]．北京：新时代出版社，2005.
[56]王春燕．幼儿园课程概论[M]．北京：高等教育出版社，2007.
[57]王升．现代教学论[M]．石家庄：河北人民出版社，2004.
[58]吴蓓．请让我慢慢长大：亲历华德福教育[M]．天津：天津教育出版社，2009.
[59]吴也显．教学论新编[M]．北京：教育科学出版社，1992.
[60]许卓娅．幼儿园课程理论与实践[M]．南京：南京师范大学出版社，2002.
[61]俞春晓．幼儿园集体教学活动设计方法与实例[M]．北京：中国轻工业出版社，2012.
[62]虞永平．生活化的幼儿园课程[M]．北京：高等教育出版社，2010.
[63]虞永平．学前教育学[M]．苏州：苏州大学出版社，2001.
[64]袁贵仁．中国教师新百科：幼儿教育卷[M]．北京：中国大百科全书出版社，2003.
[65]张华．课程与教学论[M]．上海：上海教育出版社，2000.
[66]张琳．幼儿园教育活动设计与实践[M]．北京：高等教育出版社，2005.
[67]赵伶俐．课堂教学设计与操作技术[M]．重庆：西南师范大学出版社，2001.

[68]赵旭莹，周立莉．幼儿园综合主题活动：设计技巧与优秀案例[M]．北京：中国轻工业出版社，2014.

[69]浙江省《幼儿园课程指导》编写委员会．幼儿园课程指导：教育活动设计[M]．北京：新时代出版社，2001.

[70]郑健成．学前教育学[M]．上海：复旦大学出版社，2007.

[71]钟启泉，黄志成．美国教学论流派[M]．西安：陕西人民教育出版社，1993.

[72]周玉衡，范喜庆．学前教育史[M]．上海：复旦大学出版社，2009.

[73]朱家雄．幼儿园教育活动设计与实施[M]．上海：华东师范大学出版社，2008.

[74]朱家雄．幼儿园课程[M]．上海：华东师范大学出版社，2003.

[75]朱家雄．中国视野下的学前教育[M]．上海：华东师范大学出版社，2007.

[76]朱小娟．幼儿教师适宜行为研究[M]．北京：教育科学出版社，2008.

[77][德]福禄培尔．人的教育[M]．孙祖复，译．北京：人民教育出版社，1991.

[78][美]卡洛琳·爱德华兹、莱拉·甘第尼、乔治·福尔曼：《儿童的一百种语言》，罗雅芬、连英式、金乃琪译，南京，南京师范大学出版社，2006.

[79][美]拉尔夫·泰勒．课程与教学的基本原理[M]．施良方，译．北京：人民教育出版社，1994.

[80][美]丽莲·凯兹．与幼儿教师对话：迈向专业成长之路[M]．廖凤瑞，译．南京：南京师范大学出版社，2004.

[81][美]玛丽·霍曼，伯纳德·班纳特，戴维·P. 韦卡特．活动中的幼儿：幼儿认知发展课程[M]．郝和平，周欣，译．北京：人民教育出版社，1995.

[82][意]蒙台梭利．童年的秘密[M]．马荣根，译．北京：人民教育出版社，2005.

[83][意]蒙台梭利．蒙台梭利幼儿教育科学方法[M]．任代文，主译校．北京：人民教育出版社，1993.

[84][美]乔治·A. 比彻姆．课程理论[M]．黄明皖，译．北京：人民教育出版社，1989.

[85][美]约翰·杜威．学校与社会·明日之学校[M]．赵祥麟，等，译．北京：人民教育出版社，2005.

[86][美]Carol E.，等．学前儿童课程：一种创造性游戏模式[M]．王丽，译．北京：中国轻工业出版社，2002.

[87][美]乔治 S. 莫里森(George S. Morrison)．当今美国儿童早期教育：8版[M]．王全志，孟祥芝，等，译．北京：北京大学出版社，2004.

[88][美]Hilda L. Jackman. 早期教育课程：架起儿童通往世界的桥梁[M]. 杨巍，等，译. 北京：中国轻工业出版社，2002.

[89][美]Sylvia C. Chard. 进入方案世界Ⅰ[M]. 蔡庆贤，译. 台北：光佑文化事业股份有限公司，1997.

二、学位论文类

[1]蒋俊华. 幼儿园集体教学活动中教学指导语策略之研究[D]. 广州：华南师范大学，2007.

[2]李应君. 幼儿园园本课程资源开发利用研究[D]. 兰州：西北师范大学，2004.

[3]任娟. 幼儿教师教学提问的研究[D]. 开封：河南大学，2008.

[4]邵小佩. 幼儿园生命关怀教学研究[D]. 重庆：西南大学，2012.

[5]施桂红. 幼儿园园外课程资源的开发与利用[D]. 济南：山东师范大学，2011.

[6]王雪梅. 华德福幼儿课程的研究[D]. 武汉：华中师范大学，2012.

三、期刊类

[1]陈时见，严仲连. 论幼儿园的园本课程开发[J]. 学前教育研究，2001(2).

[2]崔允漷. 课程与教学[J]. 华东师范大学学报(教育科学版)，1997(1).

[3]董小平，靳玉乐. 论课程与教学关系的重建[J]. 当代教育论坛，2006(22).

[4]范蔚. 实施综合实践活动对课程资源的开发利用[J]. 教育科学研究，2002(3).

[5]费广洪. 华德福幼儿教育课程理念及其启示[J]. 教育理论与实践，2008(10).

[6]冯君. 幼儿园教育教学改革的宏观思考[J]. 黑龙江教育学院学报，2007(2).

[7]何茜. 国外幼儿园课程改革的基本经验与发展趋势[J]. 比较教育研究，2012(5).

[8]何媛. 幼儿园主题活动的基本视角：儿童的经验[J]. 学前教育研究，2012(7).

[9]季震. 试论教学概念的界定[J]. 华东师范大学学报(教育科学版)，1990(2).

[10]李钰燕，霍力岩. 幼儿园主题教学活动结构及支持性策略的行动研究[J]. 幼儿教育，2013(36).

[11]刘金玉，蔡涛，鲁晶. 在幼儿园艺术领域中开展戏剧活动的实践研究[J]. 学前教育，2015(5).

[12]刘晶波. 瑞吉欧教育体系中的教师[J]. 幼儿教育，2002(2).

[13]刘霞. 幼儿园主题教育课程中主题网的功能与基本类型[J]. 学前教育研究，2011(3).

[14]吕智红. 张雪门的幼稚园行为课程[J]. 学前教育研究，1998(2).

[15]缪胤，房阳洋. 蒙台梭利教育和瑞吉欧教育之比较研究[J]. 学前教育研究，

2002(5).
[16]秦元东. 学科活动·单元主题活动·方案教学[J]. 幼儿教育(教育科学版), 2006(10).
[17]邵明星, 杨晓萍. 从"开端计划"到"确保开端计划": 美英两国促进幼儿教育家长参与[J]. 现代中小学教育, 2013(8).
[18]沈铁军. 幼儿园主题活动应注意的问题[J]. 学前教育, 2010(9).
[19]时萍. HIGH/SCOPE的关键经验对学前教育的启示[J]. 早期教育, 2005(5).
[20]唐智松. 刍议传统教学手段与现代教学手段的整合[J]. 教育改革, 1998(1).
[21]田正平. 蒙台梭利教育思想在近代中国: 纪念蒙台梭利"儿童之家"创办一百周年[J]. 河北师范大学学报(教育科学版), 2007(4).
[22]徐继存, 段兆兵, 陈琼. 论课程资源及其开发与利用[J]. 学科教育, 2002(2).
[23]王成刚. 当前幼儿园主题教学活动组织的偏差与反思[J]. 学前教育研究, 2008(9).
[24]王铁军. 校本课程: 理念·特点·策略[J]. 扬州大学学报(高教研究版), 2003(4).
[25]王春华. 瑞吉欧幼教模式述评[J]. 比较教育研究, 2001(10).
[26]王春燕. 关于学前教育课程整合的几点认识[J]. 幼儿教育, 2005(23).
[27]汪霞. 课程开发的目标模式及其特点[J]. 外国教育研究, 2002(6).
[28]吴刚平. 课程资源的理论构想[J]. 教育研究, 2001(9).
[29]吴燕玲. 浅析幼儿园主题活动的有效开展[J]. 教育导刊(下半月), 2011(12).
[30]许卓娅. 园本课程建设与反思型教师自我成长研究[J]. 早期教育, 2002(8).
[31]严仲连, 陈时见. 美国幼儿园课程的改革及启示[J]. 学前教育研究, 2000(6).
[32]虞永平. 试论园本课程的建设[J]. 早期教育, 2001(8).
[33]虞永平. 论幼儿园课程中的主题[J]. 学前教育研究, 2002(6).
[34]袁维新. 学科教学知识: 一个教师专业发展的新视角[J]. 外国教育研究, 2005(3).
[35]赵寄石. 幼儿园综合教育课程的主题设计[J]. 早期教育, 1990(10).
[36]张传燧, 彭玲艺. 新中国现代教学手段发展演变述析[J]. 湖南师范大学社会科学学报, 2008(1).
[37]张华. 课程与教学整合论[J]. 教育研究, 2000(2).
[38]张满清. 幼儿园教学活动方案撰写策略[J]. 福建教育学院学报, 2012(2).
[39]张廷凯. 课程资源: 观念重建与校本开发[J]. 教育科学研究, 2003(5).
[40]郑金洲. 走向"校本"[J]. 教育理论与实践, 2000(6).
[41]郑三元. 论幼儿园课程的本质[J]. 学前教育研究, 2005(3).
[42]周浩波. 从教学概念的分析谈教学论[J]. 教育研究与实验, 1990(1).
[43]周欣. "瑞吉欧"学校中教师的作用[J]. 早期教育, 2001(8).

[44]左瑞勇. 园本课程开发：流行背后的追问与反思[J]. 学前教育研究，2007(12).

[45]DAY M C，PARKER P K. The preschool in action：exploring early childhood programs (2nd Edition)[M]. Boston：Allyn & Bacon，1972.

[46]SPODEK B，SARACHO N S. New directions in curriculum development，In SARACHO N S，SPODEK B. Contemporary perspectives on early childhood curriculum，Information Age Publishing，2002.